Von Speziererinnen, Wegglibuben und Metzgern

Barbara Keller

Von Speziererinnen, Wegglibuben und Metzgern

Lebensmittelhandwerk und -handel in Basel 1850–1914

CHRONOS

Die Autorin dankt folgenden Firmen und Personen für ihre finanzielle
Unterstützung bei der Drucklegung dieser Publikation:
Coop, Basel
Kiosk AG, Muttenz
Beatrice und Hans H. Keller-Humm

Die vorliegende Arbeit wurde von der
Philosophischen Fakultät der Universität Zürich
im Wintersemester 2000/01 auf Antrag von
Herrn Prof. Dr. Hansjörg Siegenthaler
als Dissertation angenommen.

Umschlagbilder: Innenansicht einer Filiale des Lebensmittelvereins Zürich
(Archiv Coop Schweiz, Bild VSK 4757/3) und Spezereiwarengeschäft Geiger-
Miville, Marktplatz 24 (StABS, Neg. 3033)
© 2001 Chronos Verlag, Zürich
ISBN 3-0340-0527-X

Vorwort und Dank

Der Weg bis zum Vorliegen dieses Bandes war lang. Die Lizentiatsarbeit hatte ich über den Wohnbau in Zürich-Aussersihl verfasst. Zur Wahl eines völlig neuen Themas kam ich während meiner Marketingtätigkeit für die Coop-Zentrale in Basel. Dort erschloss sich mir facettenreich der heute in der Schweiz hoch konzentrierte Lebensmittelhandel mit seinem standardisierten Angebot. Weil mich die Frage nach der Befindlichkeit und Entwicklung dieser Branche in einer wichtigen Epoche der Wirtschafts- und Stadtgeschichte zu fesseln begann, zog ich eine ausführliche Forschung in Betracht. 1990 begann ich mit dem Studium der Fachliteratur, ab 1992 folgten Untersuchungen in den Archiven. Die Beschäftigung mit dem immer spannender werdenden Thema machte es nötig, meine Erwerbstätigkeit zu reduzieren und vorübergehend sogar ausschliesslich zu forschen. Pekuniär war das natürlich nicht interessant, und möglicherweise litt auch die Berufsentwicklung darunter. Insgesamt ergab sich eine grosse Bereicherung.
Als wichtiger Wendepunkt meines Vorhabens hat sich die Einladung der Schweizerischen Gesellschaft für Wirtschafts- und Sozialgeschichte zur Jahrestagung 1997 in Freiburg erwiesen. Sie bot mir die Gelegenheit, die vorläufigen Ergebnisse einem interessierten Publikum zu präsentieren und mit den Teilnehmenden zu diskutieren. Es entstanden auch Kontakte, die mich zur Weiterarbeit ermunterten, so etwa mit Béatrice Veyrassat, Anne Radeff, Jakob Tanner und Margrit Müller.
Ein besonderer Dank gebührt Professor Hansjörg Siegenthaler, der an der Thematik Gefallen fand, die Arbeit mit Fragen und kritischen Anregungen begleitete und in der Schlussphase mit einem engen Zeitplan unterstützte.
Ein Grossteil der Forschungsergebnisse gründet auf Quellenmaterial des Staatsarchivs Basel-Stadt. Die Mitarbeiterinnen und Mitarbeiter des Staatsarchivs haben mich bei der Arbeit mit Rat und Tat freundlich und aufmerksam unterstützt, wofür ich mich bedanken möchte.
Für die kritisch-konstruktive und sorgfältige Durchsicht des Textes bin ich Markus Bergheimer sehr verbunden, der sich während den Entstehungsjahren auf Distanz hielt und erst konkrete Resultate sehen wollte. Ebenfalls gelesen und mit

Anmerkungen versehen hat das Manuskript mein Vater Hans H. Keller. Wenige Tage später ist er ganz unerwartet verstorben. Seine Begeisterung für ausgewählte Aspekte der Arbeit hat mich überrascht und gefreut.
Die Illustration mit Fotos wurde aus Gründen der Anschaulichkeit ein wichtiges Anliegen und erforderte eine aufwändige Dokumentensuche. Zum vorliegenden Ergebnis hat die Bildbearbeitung durch Rolf Trefzer wesentlich beigetragen.
Gedankt sei ferner vielen weiteren Personen in Archiven und Bibliotheken, die ich nicht namentlich nennen kann.

Basel, 1. Mai 2001   Barbara Keller

Inhalt

0	Einleitung	11
0.1	Thematik	11
0.2	Stand der Forschung	12
0.3	Untersuchungsbereiche und erste Ergebnisse	14

Teil I: *Grundlagen der Lebensmittelversorgung*

1	Wirtschafts-, Bevölkerungs- und Verkehrsentwicklung	21
2	Orte des Lebensmittelverkaufs	27
2.1	Die verschiedenen Frischwarenmärkte	27
2.2	Strassen- oder Hausierhandel und Hauslieferdienst	32
2.3	Öffentliche Verkaufslokale	34
2.4	Private Verkaufsgeschäfte oder Läden	38
2.5	Einkaufszentren	41
3	Handels- und Gewerbefreiheit	43
3.1	Die letzten Jahre des Zunftwesens 1848–1874	43
3.2	Weitere Beschränkungen der Handels- und Gewerbetätigkeit 1850–1914	47

Teil II: *Aufschluss aus den Adressbüchern*

4	Hauptquellen: Beschreibung und Vorgehen	55
4.1	Bedeutung der Adressbücher als historische Quelle	55
4.2	Vorgehen bei der Datenerhebung aus den Adressbüchern	55
4.3	Gültigkeit und Zuverlässigkeit der Adressbuchdaten	56
5	Die Branchen, ihre Sortimente und die Ladeninhaber	63

6	Umfang von Lebensmittelhandwerk und -einzelhandel	83
6.1	Entwicklung im Vergleich zu Bevölkerungswachstum und Wirtschaftskonjunktur	83
6.2	Versorgungsdichte im Lebensmittelbereich	86
7	Strukturelle Veränderungen in der Lebensmittelversorgung	93
7.1	Bedeutungsverlust des Lebensmittelhandwerks	93
7.2	Zuwachs bei den Spezialgeschäften	95
7.3	Expansion und Schrumpfung	97
7.4	Wachstumsbranchen	100
8	Filialunternehmungen: Ein Phänomen des 19. Jahrhunderts	101
8.1	Unternehmenswachstum durch Filialisierung	101
8.2	Entstehung und Bedeutungsgewinn von Filialunternehmungen	104
8.3	Expansionsmöglichkeiten im Kontext von Familienbetrieben	112
8.4	Reaktionen auf den Konzentrationsprozess	122
9	Lebensmittel als Erwerbsquelle für Handwerker- und Arbeiterfamilien	129
10	Frauen als Unternehmerinnen	135
10.1	Bedeutung der Frauen im Lebensmittelhandel	135
10.2	Zivilstand und Handlungsfähigkeit	138
10.3	Soziale Lage und Selbstverständnis der Händlerinnen	148
11	Standorte der Lebensmittelgeschäfte und Einkaufsstrassen	151
11.1	Standortwahl und -änderung von Lebensmittelläden	152
11.2	Basler Ladenstrassen um 1886	154
11.3	Läden als Treffpunkte und Nachbarschaftszentren	155

Teil III: Beschäftigte, Betriebsgrösse und Rechtsform:
Die Betriebszählung von 1905

12	Die Beschäftigten in den Lebensmittelgeschäften	167
12.1	Einleitung	167
12.2	Die Berufsbildung 1850–1914	170
12.3	Lehrlinge und Lehrverhältnisse	179

12.4	Die Nationalität der Beschäftigten	183
12.5	Beschäftigte nach Geschlecht: Frauenarbeit im Lebensmittelbereich	184
13	Betriebsgrösse und Rechtsform	187
13.1	Die Betriebsgrösse	187
13.2	Die Rechtsform	189

Teil IV: Öffnungszeiten, Ladeneinrichtung, Warenbeschaffung und Konkurse

14	Öffnungszeiten der Läden	195
14.1	Gesetzliche Regelungen	195
14.2	Ladenöffnungs- und Arbeitszeiten im Verkaufsalltag	197
15	Ladeneinrichtungen: Beispiel Spezereihandel	201
15.1	Inventare als Quelle und Datenauswahl	202
15.2	Möblierung der Läden, Gefässe und Geräte	203
15.3	Die wertvollsten Einrichtungsgegenstände	207
15.4	Gesamtwert der Ladeneinrichtungen	209
15.5	Zusammenfassung	211
16	Die Warenbeschaffung der Händler am Beispiel der Spezierer	213
16.1	Die Lieferanten von Basler Spezierern	214
16.2	Lieferantenkredite, Reinvermögen, Liquidität und Geschäftsguthaben	226
16.3	Fazit zur Warenbeschaffung von SpezereihändlerInnen	230
17	Konkurse der wichtigsten Branchen im Vergleich	233

Teil V: Die Anfänge der staatlichen Lebensmittelüberwachung

18	Lebensmittelkontrolle und öffentlicher Chemiker	239
18.1	Lebensmittelverfälschung im Blickfeld des öffentlichen Interesses	239
18.2	Die Tätigkeit des öffentlichen Chemikers	242
18.3	Verfälschung und Verderb	262
18.4	Lebensmittelkontrolle im Dienste der Basler Öffentlichkeit	271

Teil VI: Synopsis: Marketingmix in der Lebensmittelbranche

19	Instrumente und Neuerungen	277
19.1	Die «vier P» des modernen Marketings im Einzelhandel	277
19.2	Das Marketingverhalten von Lebensmittelhändlern historisch betrachtet	277
19.3	Neuerungen im Lebensmitteleinzelhandel	286

Anhang

1	Tabellen	297
2	Gesetze und Verordnungen des Kantons Basel-Stadt zum Lebensmittelhandwerk und -handel	309
3	Basler Filialunternehmungen mit drei und mehr Verkaufsstellen	317
4	Inventare von Spezierern: Ladeneinrichtungen und -geräte	347
5	Inventare von Spezierern: Warenlieferanten	371
6	Tätigkeiten des öffentlichen Chemikers 1857–1913 in tabellarischer Übersicht	385

Anmerkungen	397
Tabellen-, Figuren- und Abbildungsverzeichnis	421
Literatur- und Quellenverzeichnis	427

0 Einleitung

0.1 Thematik

Eine bevölkerungs- und flächenmässig sich im Wachstum befindende Stadt stellt vermehrte und neuartige Anforderungen an die Lebensmittelversorgung durch Handwerk und Handel. Im 19. Jahrhundert waren die Verkaufslokale im Erdgeschoss von Wohn- und Geschäftshäusern untergebracht und flächenmässig durch den Gebäudegrundriss festgelegt. Gelegentlich führte Platzknappheit dazu, dass eine neue Lokalität gesucht werden musste. Generell hingen Umsatz und Grösse eines Ladens vom Sortiment sowie vom Kundenkreis bzw. Einzugsgebiet ab. Während Spezialgeschäfte Kunden weit über die Stadt hinaus haben konnten, richteten sich die Anbieter von Gütern des täglichen Bedarfs an die Nachbarschaft im Radius von fünf Gehminuten. Die Einkaufsmobilität der Endverbraucher hatte auf Grund der Arbeits- und Lebensumstände und der sich daraus ergebenden knappen Zeitbudgets enge zeitlich-räumliche Grenzen.[1]

Die Ausrichtung auf die Nachbarschaft bedeutete, dass bei wachsender Bevölkerung und einem sich ausdehnenden Siedlungsgebiet die Zahl der Geschäfte ansteigen musste, um eine Lebensmittelversorgung auf dem bisherigen Niveau zu gewährleisten. Mit dem Stadtwachstum liessen sich zusehends Verkaufsläden in den Vorstädten sowie in den neuen Wohnquartieren ausserhalb der Stadttore nieder und nahmen die Nahversorgung der Bevölkerung wahr. Eine Möglichkeit, sich als Detaillist Vorteile der *economies of scale* zunutze zu machen, lag in der Eröffnung von Filialverkaufsstellen; eine weitere bestand in der gemeinsamen Warenbeschaffung durch Einkaufsorganisationen.

Überdies waren mit steigenden Realeinkommen, wie sie sich für den betrachteten Zeitraum belegen lassen,[2] Nachfragesteigerungen bzw. -verschiebungen im Konsum von Lebensmitteln und Gebrauchsgütern zu erwarten. Diese hatten sowohl auf den Umfang der Branche als auch auf die Gewichtung von Handwerk und Handel Auswirkungen. Volkswirtschaftlich gesehen war die Lebensmittelversorgung eine wichtige Branche, wurden doch in dieser Zeit noch mehr als die Hälfte der Haushaltseinkünfte breiter Bevölkerungskreise für Nahrungsmittelkäufe verwendet.[3] Dabei spielte die Versorgungsbranche in der zunehmend arbeitsteiligen

Gesellschaft eine zusehends wichtigere Rolle. Sie war es ja, welche u. a. die Erzeugnisse der jungen Nahrungsmittel- und Gebrauchsgüterindustrie an die Konsumenten vermittelte, die Feinverteilung besorgte.

0.2 Stand der Forschung

Der Einzelhandel entwickelte sich im 19. Jahrhundert parallel zum industriellen und bevölkerungsmässigen Wachstum der Städte. Trotz der grossen Bedeutung, die der Eindeckung mit täglichen Bedarfsgütern (vor allem mit Lebensmitteln) über Dritte ausserhalb der Selbstversorgerwirtschaft zukommt, ist der Einzelhandel bis heute in der wirtschaftshistorischen Forschung nur wenig beachtet und seine Funktion damit offensichtlich unterschätzt worden. Die Vielzahl kleiner Marktteilnehmer erschwert zweifellos die Analyse dieser von den Beschäftigten her gesehen umfangreichen Branche. Auch liegen kaum Quellen in Form von Geschäftsbüchern etc. vor. Im Vergleich zu den produzierenden Gewerbe- und Industriebranchen des 19. Jahrhunderts, den Trägern der so genannten Industriellen Revolution, ist der Einzelhandel kläglich vernachlässigt worden und steht bis heute völlig unterbelichtet da. Auf Grund des schwierigen Zugangs zur Branche erstaunt es auch nicht, dass bisher in erster Linie einige wenige ins Auge stechende Grossbetriebe wie Warenhäuser, Konsumgenossenschaften und allenfalls Filialunternehmungen eine gewisse Beachtung erfahren haben. Als herausragende, aber eher untypische Beispiele vermögen sie nur wenig über die gesamte Branche auszusagen.

Im deutschsprachigen Raum ist der Forschungsstand bescheiden. Unter dem Stichwort Handel kommt auch in Nachschlage- und Standardwerken zu Wirtschaft und Wirtschaftsgeschichte in der Regel allein der Gross- sowie der Import- und Exporthandel zur Sprache.[4] Gustav Schmoller, ein früher Vertreter der Wirtschaftsforschung, hat sich zwar differenziert mit Handwerk und Einzelhandel auseinander gesetzt. Dabei liefert er wertvolle Einblicke in die wirtschaftlichen Zustände und Veränderungen in der zweiten Hälfte des 19. Jahrhunderts.[5] Auch die Schriften des Vereins für Socialpolitik enthalten Publikationen zu unserem Themenkreis.[6] Eigentliche Branchenstudien fehlen jedoch.

Sozialhistorische Studien der letzten Jahrzehnte gewähren in erster Linie Aufschluss über die soziale Lage des Einzelhandels bzw. der Einzelhändler.[7] Eine Gesamtsicht aus dieser Warte vermittelt die 1998 veröffentlichte Studie von Haupt und Crossick zur Sozialgeschichte des Kleinbürgertums.[8] Die neuere Sozialgeschichte hat sich sodann den Fragen des Konsums wiederholt und in letzter Zeit intensiviert gewidmet.[9] Die Konsumforschung betrachtet gesellschaftlich-kulturelle Vorgänge rund um den Erwerb und Verbrauch bzw. Verzehr von Produkten.

Dabei steht das Verhalten der KonsumentInnen im Vordergrund: bei der Annoncen-Lektüre, vor dem Schaufenster eines Warenhauses, beim Einkauf an der Ladentheke oder am Mittagstisch. Aber über den Einzelhandel als Branche erfahren wir aus dieser Forschung nicht viel.
Einige grundlegende Aspekte des kleinen Lebensmittelhandels im Umfeld einer wachsenden Grossstadt hat der Urbanist Karlbernhard Jasper in seinem Artikel über den Lebensmitteldetailhandel von 1870–1914 in Köln festgehalten.[10] Der Autor betrachtet die Adressbücher als bedeutendste Quelle zur Erfassung der Branche. Auf Grund dieser Datenbasis legt er den wichtigen Beitrag von selbstständigen Unternehmerinnen dar. Zugleich verweist Jasper auf die Bedeutung der kleinen Nachbarschaftsläden und die Funktion der Vorstädte als Einkaufsstrassen auf halbem Weg zwischen Stadtzentrum und neuen Aussenquartieren. Schliesslich ist vor kurzem das seit Jahren in Aussicht gestellte und fast enzyklopädische Werk von Uwe Spiekermann erschienen, welches Entstehung und Entwicklung des modernen Kleinhandels in Deutschland 1850–1914 darstellt.[11] Der Forscher hat mit bemerkenswertem Aufwand Datenmaterial aus Archiven verdichtet und gibt eine erste Bestandesaufnahme und einen Überblick zum ganzen weiten Spektrum des Einzelhandels. Konkrete Einblicke in den Einzelhandel der Stadt Basel und wertvolle Hinweise gewährt uns der 1978 als Neujahrsblatt erschienene Beitrag von Vögelin.[12]
Mehr Beachtung haben der Einzelhandel und seine Entwicklung zur Zeit der wirtschaftlichen Umwälzungen des 19. Jahrhunderts in Grossbritannien gefunden. Die gewichtigsten Beiträge zum Thema stammen zweifellos von Jefferys, Alexander, Mathias und Winstanley.[13] Während sich die beiden erstgenannten der allgemeinen Entwicklung der Branche widmen, stellt Mathias die Bildung von nationalen Filialketten ins Zentrum seiner Betrachtungen und illustriert die Vorgänge an der Geschichte der Firmengruppe Allied Suppliers. Er versteht die Filialisierung und die damit einhergehenden neuen, oft auch vertikal integrierten Grossunternehmungen mit eigenen Produktionsbetrieben sowie neuen Handelstechniken als eigentliche Einzelhandelsrevolution. Jefferys hingegen untersucht 100 Jahre Einzelhandelsgeschichte zwischen 1850 und 1950 mit Schwergewicht nach dem Ersten Weltkrieg und eher summarischen Betrachtungen zur vorangehenden Zeitperiode. Er stellt fürs 19. Jahrhundert die landwirtschaftliche Selbstversorgung in den Vordergrund und beurteilt den Einzelhandel in Ladengeschäften als noch extrem entwicklungsbedürftig und rückständig. Auf diesem Hintergrund vertritt Jefferys die Meinung, dass Läden mit festem Standort erst gegen 1900 hin eine grössere Bedeutung in der Warenverteilung erhielten. Gemessen an differenzierteren Forschungsarbeiten erscheint diese Darstellung als Schwarz-Weiss-Malerei, mit deren Hilfe der Autor die Zustände vor und nach 1914 zu kontrastieren trachtet. Im Gegensatz dazu hat Alexander bereits für die erste

Hälfte des 19. Jahrhunderts tief greifende Entwicklungsprozesse im Einzelhandel nachgewiesen.[14] Diese Veränderungen ergaben sich als logische Anpassung der Branche an die neuen Versorgungsbedürfnisse einer wachsenden städtischen Bevölkerung. Sie betrafen einerseits die Handelstechniken und die Organisation der Einzelhandelsbetriebe bis hin zu ersten Filialunternehmungen und andererseits die Neudefinition und Umverteilung der Rollen der verschiedenen Versorgungskanäle, des Markthandels, des Strassenhandels (ambulantem Warenvertrieb) und der festen Ladengeschäfte. Diese Veränderungen im Distributionssektor sind klar erkennbar, und zwar trotz geringem wirtschaftlichem Druck zu Neuerungen und zur Rationalisierung. Dem arbeitsintensiven und bereits mit vergleichsweise wenig Kapital zu betreibenden Einzelhandel standen nämlich immer ausreichend günstige Arbeitskräfte zur Verfügung. Positiv bewertet Alexander die hohe Leistungsfähigkeit des Sektors – es sind keine Versorgungsengpässe auszumachen –, welcher mit bescheidenen Verteilungskosten einen wichtigen Beitrag zur gesamtwirtschaftlichen Entwicklung leistete.

Neuere empirische Studien, die einiges Licht auf den Einzelhandel werfen, verdanken wir der historischen Geografie, wie sie seit rund zwei Jahrzehnten in Grossbritannien betrieben wird. Als Quelle stützen sich die Forscher in Ermangelung von Statistiken auf Adressbücher, die sie u. a. für Langzeitstudien auswerten. Einen Eindruck, was diese Forschungsrichtung beizutragen vermag, vermittelt das Werk von Benson und Shaw.[15] John Benson, von Haus aus Historiker, hat ausserdem aufschlussreiche Beiträge zur Erforschung von Einzelhandel und Konsum beigesteuert.[16]

0.3 Untersuchungsbereiche und erste Ergebnisse

Im *Teil I* gehen wir auf die Rahmenbedingungen für Lebensmittelhandwerk und -handel in Basel ein, wie sie in der zweiten Hälfte des 19. Jahrhunderts und bis zum Beginn des Ersten Weltkriegs bestanden. Darunter fallen etwa die Entwicklung der Wirtschaft, der Bevölkerung und des Verkehrswesens. Da Lebensmittel ausser in privaten Ladengeschäften auch auf den öffentlichen Frischwarenmärkten, teilweise noch über zünftig geprägte Verkaufseinrichtungen sowie im Strassenhandel eingekauft werden konnten, ist diesem engeren Umfeld der Branche ein Abschnitt gewidmet. Ausserdem bestimmten der Übergang zur Handels- und Gewerbefreiheit sowie auch weiterhin bestehende Regelungen und Einschränkungen den gesetzlichen Rahmen, in welchem sich der Lebensmittelhandel des späteren 19. Jahrhunderts abspielte.

In *Teil II* beschäftigt uns, wie sich der Einzelhandel mit Lebens- und Genussmitteln und seine wichtigsten Branchen in dieser Zeit des raschen Stadt- und Wirt-

schaftswachstums entwickelten. Dabei stützen wir uns in erster Linie auf die Adressbücher als Quelle.
- Unerlässlich ist zunächst ein Überblick über die verschiedenen Branchen im Lebensmittel- und Gebrauchsgüterhandel, wie sie sich uns im Adressbuch präsentieren, sowie einige ergänzende Erläuterungen zu ihrer Definition und Abgrenzung untereinander. So können 19 verschiedene Betätigungsfelder ausgemacht werden, was die Vielfalt des untersuchten Marktes eindrücklich veranschaulicht.
- Dann interessiert der Umfang der Lebensmittelbranche und ihr Wachstum zwischen 1854 und 1914. Es kam zu einer massiven Ausdehnung, gemessen an der Anzahl der am Markt auftretenden Geschäftseinheiten. Die Versorgungsdichte (Anzahl Ladengeschäfte je 10'000 Einwohner) war 1854 und 1910 gleich hoch, was bedeutet, dass sich der Lebensmittelmarkt erwartungsgemäss auch in Basel parallel zur rasant wachsenden Bevölkerung vergrösserte. Während der Rezessionsphase 1877–1885 stieg die Versorgungsdichte markant an. Dieser Mechanismus wird vor allem in frühen wirtschafts- und sozialgeschichtlichen Studien wiederholt erwähnt – Stichwort «Übersetzung des Handels» – und die mangelnde Qualifikation der branchenfremden Händler moniert.[17] Dem Personenkreis, der in dieser Zeit einen Laden eröffnete, wird nachgespürt und seine soziale und wirtschaftliche Herkunft erhellt.
- Ein besonderes Augenmerk erhalten sodann die strukturellen Veränderungen im Einzelhandel mit Lebensmitteln. Die traditionellen Lebensmittelhandwerke Bäckerei, Konditorei, Metzgerei und Bierbrauerei erlitten zwischen 1854 und 1886 einen grossen Bedeutungsverlust. Der Frischproduktenhandel wurde demgegenüber eindeutig wichtiger. Der Handel mit landwirtschaftlichen Frischprodukten ging von den Selbstproduzenten der umliegenden Landschaft, welche ihre Erzeugnisse in der Stadt unter freiem Himmel zum Verkauf anboten, zusehends an reine (Markt-)Händler und Fachgeschäfte über, die in der Stadt ansässig waren. Diskutiert wird der Trend zur feineren Strukturierung des Lebensmittelhandels und zur Vermehrung der Fachgeschäfte.[18]
- Ferner wird die Entstehung von Filialunternehmungen untersucht, ein wirtschaftliches Phänomen, das im 19. Jahrhundert in grossstädtischen Zentren hoch entwickelter Wirtschaften in Erscheinung trat. Dem Einzelhandelsgeschäft, insbesondere dem Lebensmittelladen des täglichen Verbrauchs, waren, wie bereits angeführt, in seinem Geschäftsumfang Grenzen gesetzt. Das heisst, ein solches Geschäft versorgte in der Regel ein bestimmtes Einzugsgebiet und hatte darüber hinaus praktisch keine Ausstrahlung und Kundschaft. Unternehmenswachstum und die Nutzung von *economies of scale* waren daher in erster Linie durch die Eröffnung weiterer gleichartiger Verkaufsstellen an

anderen Standorten möglich. Das einmal gewonnene Know-how konnte so mehrfach genutzt werden, gleichzeitig verbesserten sich die Einkaufskonditionen mit grösserem Umfang der Bezugsmengen. Eventuell lohnte es sich für diese Händler gar, als Grosshändler tätig zu werden und über den eigenen Bedarf hinaus noch weitere Einzelhändler zu beliefern. Als weitere Möglichkeit konnte ein Grosshändler mit zunächst nur *einem* angegliederten Detailverkaufsgeschäft zusätzliche Filialen eröffnen. Die erste Filialunternehmung in Basel kann bereits 1861 festgestellt werden. 1914 gehörten 16% aller Verkaufsgeschäfte zu Filialunternehmungen. Dabei hatte der überwiegende Teil aber nur gerade zwei Verkaufsstellen. Die Zahl der grösseren Lebensmittelketten war auffallend klein.
- Frauen spielten in einigen umfangreichen Branchen des Lebensmittelhandels als selbstständige Unternehmerinnen eine bedeutende Rolle. Ihre Lage wird in der vorliegenden Untersuchung beleuchtet. Die selbstständige Handelstätigkeit erlaubte Frauen mit unmündigen Kindern die Verbindung von Familienaufgabe und Erwerbstätigkeit, und zwar besser als die Fabrikarbeit. Zudem bot der Handel auch verhältnismässig gute Einkommensaussichten. Die Händlerinnen waren etwa zur Hälfte verwitwet.
- Abschliessend befassen wir uns mit der Standortwahl von Lebensmittelgeschäften und zeigen auf, wie sich die Läden in bestimmten Strassenzügen zu einer Einkaufslandschaft zusammenfügten. An der Spalenvorstadt, die heute weit gehend unverändert ist, kann die Ladensituation mit einem Augenschein noch überprüft werden, was für historisch Interessierte lebendiges Anschauungsmaterial darstellt.

Teil III ergänzt das Branchenbild mit statistischen Informationen aus der Eidgenössischen Betriebszählung von 1905 und vertieft die Thematik der Beschäftigten und ihrer Berufsbildung. Auch die Betriebsgrösse und die Rechtsform von Lebensmittelbetrieben werden zum Thema gemacht.
- 1905 waren 4669 Personen im Vertrieb von Lebensmitteln beschäftigt, was 9% aller Erwerbstätigen entsprach. Beobachtbar ist die Institutionalisierung der kaufmännischen Ausbildung und der spezifischen Verkaufsausbildung. Es entstand ein neuer Beruf: die Verkäuferin.
- Je Betrieb arbeiteten 1905 im Durchschnitt 3,6 Personen. 30% waren Alleinbetriebe, die von ihren InhaberInnen ohne weiteres Personal geführt wurden. Was die Rechtsform angeht, gab es im Lebensmittelhandwerk nur ganz wenige Kollektivunternehmungen. Anders war die Situation im Lebensmittelhandel. Hier bestanden zwischen den Branchen erhebliche Unterschiede. Grosshandels- sowie Import- und Export-Unternehmungen mit grösserem Absicherungs- und Kapitalbedarf zeichneten sich durch einen hohen Anteil an Kollektivunternehmungen aus.

Teil IV der Arbeit zeigt wichtige, bis dahin noch ausgesparte Aspekte des Einzelhandels auf:
- Ein erster Abschnitt beschäftigt sich mit den Öffnungszeiten der Geschäfte und den sich daraus ergebenden Arbeitszeiten der hinter den Ladentheken arbeitenden Personen. So legte der Allgemeine Consumverein Basel 1882 die Öffnungszeiten sommers von 6.30 bis 20.30 Uhr und winters von 7 bis 20 Uhr fest. Es ist davon auszugehen, dass die Konkurrenzsituation innerhalb der einzelnen Branchen zur Angleichung der Öffnungszeiten führte.
- Zeitgenössische Ladenausstattungen werden am Beispiel des Spezereiwarenhandels unter Beizug von amtlichen Inventaren beschrieben und analysiert. Die wichtigsten Einrichtungsgegenstände in den Verkaufsräumen waren Ladenkorpusse, Ladentische, Schäfte, Kästen und Schränke sowie Waagen mit dazugehörigen Gewichten. Bedeutende Neuheiten hielten um 1900 in die Spezereiläden Einzug: Kühlschrank, Kaffeemühle, Registrierkasse.
- Die Inventaraufnahmen erlauben uns auch erste Annäherungen an die von der Fachliteratur bisher kaum erforschte Warenbeschaffung von Lebensmittelhändlern. Unter den Gläubigern sind nämlich auch Lieferanten auszumachen. Als Beispiel dient wiederum der Spezereiwarenhandel. Die Warenbeschaffung erwies sich als aufwändige und anspruchsvolle Aufgabe. Viele Spezerer standen mit einem bis zwei Dutzend Lieferanten in Geschäftsbeziehung.

In *Teil V* wechseln wir die Optik, indem die öffentliche Lebensmittelkontrolle und das Bild des Lebensmittelhandels aus dieser speziellen Warte zur Sprache kommt. Untersucht werden Beginn, Entwicklung, Zuständigkeit und Stellenwert der öffentlichen Lebensmittelkontrolle sowie die von ihr aufgezeigten Zustände und Mängel in der Lebensmittelbranche. Sauberkeit und Ordnung bzw. Hygiene in den Verkaufs-, Lager- und Produktionsräumen sowie die notorische Problematik der Lebensmittelverfälschung werden aus dem Blickwinkel der amtlichen Aufsichtsbehörde gezeigt. Von Bedeutung ist auch, wie und wann der Staat entsprechende Institutionen und die gesetzliche Basis für deren Handeln schuf sowie finanzielle Mittel dafür zur Verfügung stellte. Fest steht, dass im Verlaufe des 19. Jahrhunderts staatlicherseits die Aufgabe übernommen wurde, die Bevölkerung vor Täuschung und Betrug im Lebensmittelbereich zu schützen. Viele neuartige Verarbeitungs- und Herstellungsverfahren kamen zur Anwendung. Die Konsumenten kannten die Produzenten nicht mehr persönlich. Die Wege der Lebensmittel von der Herstellung bis zum Verbrauch wurden durch Handel und Zwischenhandel länger. Solche Faktoren konnten der Lebensmittelverfälschung leicht Vorschub leisten.

Teil VI fasst die Absatz- bzw. Marketingmassnahmen des damaligen Lebensmitteleinzelhandels zusammen. Zahlreiche Belege zeigen: Es wurde ein modern anmutender Marketingmix mit gezielter Sortimentsgestaltung und Serviceleistung, mit Preispolitik bis hin zu den Rabattmarken, mit Standortwahl inklusive Filialisierung als Distributionspolitik sowie mit Werbung und Absatzförderung betreiben. Auch liefert dieser Teil einen Überblick zu den wichtigsten Neuerungen bzw. Veränderungen in Lebensmittelhandwerk und -handel des späteren 19. und frühen 20. Jahrhunderts. So lässt sich auf dem Hintergrund eines tief greifenden politischen, wirtschaftlichen und sozialen Wandels der Bogen spannen von der herkömmlichen Nahrungsmittelversorgung, etwa dem Anken- oder Buttermarkt, der in der Barfüsserkirche stattfand, hin zu überaus dynamischen Entwicklungen mit eventuell sogar nationalen und internationalen Filialketten. Stets ging es dabei um die Befriedigung einer Grundnachfrage. Praktisch umgesetzt bedeutet das: Kundschaft zu bedienen, also das zu beschaffen, anzubieten und zu verkaufen, was gewünscht wurde. Je länger, desto mehr entwickelten sich so Lebensmittelhandwerk und -handel zu einer kaufmännisch rentablen Dienstleistung.

Teil I:

Grundlagen der Lebensmittelversorgung

1 Wirtschafts-, Bevölkerungs- und Verkehrsentwicklung

Dank der wichtigen Verkehrsader, die der Rhein darstellte, war Basel seit dem Mittelalter eine bedeutende Handelsstadt. Am Zoll- und Umschlagplatz Basel siedelten sich Betriebe des Grosshandels, des Transportgewerbes und des Finanzwesens an. Seit dem 16. Jahrhundert hatte sich die Seidenbandweberei zu einem starken Gewerbezweig herausgebildet. In ihrem Umfeld wurden auch verwandte Branchen der Seidenverarbeitung ansässig, die vor- und nachgelagerte Arbeitsprozesse vom Rohprodukt bis zum marktfähigen Seidenband abwickelten: Spinnereien, Zettlereien, Färbereien und Appreturbetriebe. Bis ins 19. Jahrhundert hinein war die Seidenbandweberei im Verlagswesen organisiert, d. h. die Produktion erfolgte vorwiegend in Heimarbeit durch die Bauern der umliegenden Landschaft. Bereits in der ersten Jahrhunderthälfte setzte die Verlagerung der Produktion in Fabriken ein, welche teilweise im Stadtgebiet lagen, in erster Linie im St.-Alban-Tal und im Mühlenquartier Kleinbasels, weil zunächst noch Wasserkraft die Maschinen antrieb. Mit der Mechanisierung entwickelte sich die Seidenverarbeitung vom einstigen Heim- und Manufakturgewerbe zur bedeutendsten Industriebranche der Stadt Basel.[1] Als Nebenzweig der Seidenindustrie entstand in der zweiten Hälfte des 19. Jahrhunderts im Umfeld der Färbereibetriebe allmählich und mit einer zunächst relativ bescheidenen Beschäftigtenzahl die Industrie der Farbenchemie. Natürliche Farbstoffe aus Übersee – Produkte des Drogen-Importhandels – wurden zusehends durch synthetische Farben[2] ersetzt (vgl. Tab. 1, S. 22).

Gemäss dem Ergebnis der Fabrikzählung von 1870 waren mehr als drei Viertel der in industriellen und gewerblichen «Grossbetrieben» (mehr als zehn Beschäftigte) Erwerbstätigen in der Seiden verarbeitenden Industrie beschäftigt, während lediglich 2,2% in Chemiefabriken arbeiteten. Weit mehr Beschäftigte als die Chemiebranche zählten damals die Metall verarbeitenden Betriebe mit 8,3% und die Baubranche mit 5,5% der Beschäftigten (vgl. Tab. 2, S. 22).

Bewegung kam eigentlich erst nach 1888 in die Beschäftigtenstruktur nach Sektoren. Von 1888 bis 1910 ging die noch verbliebene Landwirtschaft deutlich zurück, die Beschäftigten in Industrie und Handwerk verminderten sich um 3 Prozentpunkte, während der Dienstleistungsbereich über 5 Prozentpunkte bzw. mehr

Tab. 1: *Fabriken mit zehn und mehr Beschäftigten in Basel-Stadt, 1870*

Branche	Fabriken	Beschäftigte	
	(n)	(n)	(%)
Seide	28	5154	77,6
Chemie	3	147	2,2
Metall	12	542	8,2
Bau	12	366	5,5
Übrige	9	431	6,5
Total	64	6640	100,0

Quelle: Fabrikzählung von 1870; vgl. Sarasin, 78.

Tab. 2: *Erwerbstätige im Kanton Basel-Stadt nach Wirtschaftssektoren, 1870–1910*

Sektor	Anteil der Erwerbstätigen (%)				
	1870	1880	1888	1900	1910
1. Landwirtschaft	4,5	4,2	3,8	2,4	1,8
2. Industrie und Handwerk	52,4	54,2	52,4	51,8	49,2
3. Dienstleistungen	43,0	41,6	43,8	45,8	48,9
Handel	14,4	14,4	15,6	16,4	20,2
Verkehr	4,5	5,1	6,0	8,6	9,2
Öffentliche Verwaltung, wissenschaftliche und freie Berufe	4,6	4,4	6,8	8,3	8,5
Persönliche Dienste	4,4	3,5	3,1	0,9	2,0
Dienstboten	15,1	14,2	12,3	11,6	9,0

Quelle: Sarasin, 81. Der Autor hat die Übersicht aus verschiedenen Quellen zusammengestellt, dabei die Kategorien «Personen ohne Beruf» (Rentiers etc.) weggelassen und die den Angehörigen zugerechneten häuslichen Dienstboten in die Statistik als Erwerbstätige aufgenommen. In die Kategorie «Persönliche Dienste» fallen Herrschaftskutscher, KrankenpflegerInnen etc.

als 10% an Beschäftigten zulegte. Innerhalb des Dienstleistungssektors wiederum war von 1888 bis 1910 vor allem Verkehr und Handel in raschem Wachstum begriffen. Ebenfalls steigend war der Beschäftigtenanteil von Verwaltung und freien Berufen, während derjenige der persönlichen Dienste und Dienstboten rückläufig war.

Fig. 1: *Hochbauinvestitionen und Bevölkerungszunahme in der Stadt Basel, 1850–1913*

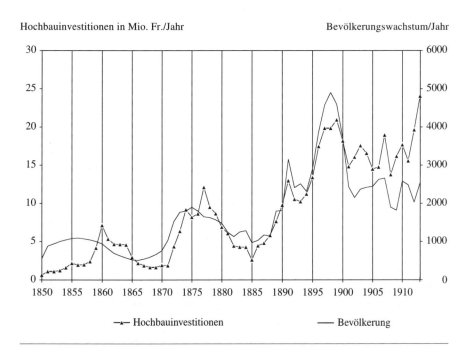

Quellen: Beck, 24 f.; Statistisches Jahrbuch des Kantons Basel-Stadt.

Das Wirtschafts- und Stadtwachstum erfolgte in drei Konjunkturschüben (vgl. Fig. 1). Diese lassen sich am besten anhand der Hochbauinvestitionen[3] und der Bevölkerungszunahme[4] nachvollziehen, welche klar drei Wachstumszyklen aufwiesen mit Höhepunkten in den Jahren 1860, 1877 und 1899. In den ersten beiden Zyklen lief die Bevölkerungsentwicklung der Konjunktur voraus, während sich im dritten und ausgeprägtesten die beiden Grössen praktisch parallel bewegten.
Die zweite Hälfte des 19. Jahrhunderts war durch ein ganz ausgeprägtes Wachstum der Städte gekennzeichnet. Im Jahr 1850 zählte der Kanton Basel-Stadt 29'790 Einwohner, davon waren 7270 oder 24% Ausländer. 1910 war die Bevölkerung auf 134'670 Personen angewachsen, und der Ausländeranteil betrug jetzt 50'630 Personen bzw. 38%. Die 1850er-, 70er- und 90er-Jahre waren durch rasantes Bevölkerungswachstum gekennzeichnet. Zwischen 1850 und 1860 sowie 1870 und 1880 betrug es 35% und 36%, von 1890 bis 1900 gar 45%.[5] Obwohl der Geburtenüberschuss – lebend Geborene abzüglich Gestorbene –

leicht anstieg, beruhte die Bevölkerungszunahme in erster Linie auf Wanderungsgewinnen, der Differenz zwischen Zuzügern und Wegzügern. Im betrachteten Zeitraum wiesen mittlere und grosse Ortschaften der Schweiz eine Bevölkerungszunahme aus, auf Kosten der kleinen Gemeinden. Menschen ländlicher Herkunft zogen vom Land in die Stadt, um in Gewerbe, Industrie und Dienstleistungsberufen ihr Auskommen zu finden. Zwischen 1870 und 1910 wies Basel nach Zürich von allen Schweizer Städten das zweitstärkste Bevölkerungswachstum auf.[6] Die Statistiken zeigen, dass von den Zuwanderern, die 1888 in Basel lebten, 40% im südwestdeutschen Raum geboren waren und 36% in Ortschaften der Nordwestschweiz (Kantone Baselland, Aargau, Solothurn, Bern).[7] Während die Zuwanderer aus dem Kanton Baselland vorwiegend als Fabrik- oder Heimarbeiter in der städtischen Textilproduktion Beschäftigung fanden, also der Verlagerung der Textilproduktion vom Land in die Stadt Folge leisteten, waren von den Zuzügern aus dem Grossherzogtum Baden 35% Dienstmägde, 30% Gesellen, aber nur knapp 5% Arbeiter und Arbeiterinnen in der Textilverarbeitung.[8] Die ZuwanderInnen waren grösstenteils zwischen 20 und 30 Jahren alt, ledig und, gemäss statistischen Angaben zur Verweildauer, ein hochmobiles Bevölkerungssegment.[9]

Während die Stadtbevölkerung bis 1850 fast ausschliesslich auf dem Gebiet innerhalb der letzten und äussersten, 1398 vollendeten Stadtmauer lebte und arbeitete, begann sich danach die Besiedelung und Überbauung in raschem Tempo über diese Grenzen hinaus auszudehnen. Voraussetzung dafür war, dass die alte Stadtbefestigung als Schutzanlage aufgegeben wurde. Mit dem Inkrafttreten des Gesetzes über die Erweiterung der Stadt vom 27. Juni 1859 stand der Weg zur Schleifung der Mauern und Einebnung der Gräben frei. Damit öffnete sich die Stadt – sie hatte bis dahin auf der Grossbasler Seite nur vier Stadttore besessen – gegen das Umland hin. Auf dem landwirtschaftlich genutzten Wiesland des Stadtbanns, das bis dahin nur vereinzelte Hochbauten wie Landgüter, Rebhäuser etc. aufwies, entstanden in den Wachstumsschüben ab 1870 in kürzester Zeit neue Stadtquartiere.

Vergleichsweise früh, nämlich bereits im Jahr 1845, hatte sich Basel ans französische Eisenbahnnetz angeschlossen. Für den Bau des ersten Bahnhofs in der Nähe des St.-Johanns-Tors wurde die noch in Funktion stehende Stadtbefestigung erweitert. Der Durchlass in der Stadtmauer für das Bahntrassee wurde mit einem verriegelbaren Tor versehen. Mit der Nutzbarmachung des modernen Transportsystems verbesserte sich die Versorgung der Stadt mit internationalen Handelsgütern, was dem Import- bzw. Grosshandel neue Impulse verliehen haben dürfte. 1854 wurde die Bahnstrecke nach Olten eröffnet, mit dem ersten provisorischen Schweizer Bahnhof an der Langen Gasse (Nähe Aeschenplatz). 1860 löste der neue Centralbahnhof am Standort des heutigen SBB-Bahnhofs diese beiden ersten Bahnhöfe ab, womit ein binationaler Durchgangsbahnhof entstand. Zugang zum deutschen Eisenbahnnetz brachte im Jahr 1862 der erste Badische Bahnhof am Riehenring; er wurde 1912/13 an den heutigen Standort weiter ausserhalb des Stadtzentrums verlegt.

2 Orte des Lebensmittelverkaufs

Für den Kleinhandel mit Lebensmitteln bestanden in der Stadt Basel zwischen 1850 und 1914 verschiedene Absatzkanäle, die sich eher ergänzten als konkurrierten.[1] Dass traditionelle Verkaufseinrichtungen wie die Brotbänke und Scholen aus dem Stadtbild verschwanden, erklärt sich aus dem Ende des Zunftsystems. Ganz allgemein bot die Stadt auf Grund der bereits dargelegten Strukturveränderungen allen im Lebensmittelvertrieb Tätigen, den Strassenhändlern und Hausierern, den MarkthändlerInnen sowie den Inhabern von Ladengeschäften, ideale Rahmenbedingungen und Absatzchancen.

2.1 Die verschiedenen Frischwarenmärkte

Orte für den Handel mit landwirtschaftlichen Frischprodukten waren die *traditionellen Märkte*, bekannt auch als Wochenmärkte, die bis in die zweite Hälfte des 19. Jahrhunderts eine erstrangige Bedeutung für die Bedarfsdeckung der Einwohnerschaft hatten. Der grosse Markt für Obst und Gemüse sowie verschiedene Spezialmärkte für weitere Frischproduktengruppen spielten sich auf zentralen Plätzen, teils entlang von Strassen ab, meist unter offenem Himmel. Ländliche Produzenten, Gemüsegärtner und Markthändler erhielten an bestimmten Tagen und zu festgelegten Zeiten gegen die Abgabe einer Gebühr auf öffentlichem Grund einen Platz zum Verkauf ihrer Produkte. Mit der Ausdehnung der Stadt wurden zusätzliche Strassenmärkte in den Quartieren eingerichtet, so z. B. in Kleinbasel entlang dem Claragraben. Doch trotz Gebührenfreiheit an diesen neuen Standorten war das Interesse der HändlerInnen an Nebenmärkten gering.[2] So konzentrierte sich das Marktgeschehen auf das Stadtzentrum, während Landwirtschaftsprodukte in den Quartieren vorwiegend im Strassenhandel verkauft wurden. Ein Bericht aus dem Jahr 1889 erwähnt im Stadtzentrum folgende Märkte:[3] Für die gängigen Landwirtschaftsprodukte fanden täglich Gemüse- und Obstmärkte auf dem Markt- und dem Barfüsserplatz sowie am Claragraben statt. Der Geflügel- und Wildbretmarkt wurde freitags auf dem Andreasplatz abgehalten, der Fischmarkt ebenfalls freitags am Fischmarkt und der Ankenmarkt[4] in der Barfüsserkirche.

Über Vorschriften und Weisungen rund um den Marktverkehr geben die Marktordnungen[5] Auskunft, für unseren Zeitabschnitt zunächst die Marktordnung vom 26. November 1851. Sie nennt für den Handel mit Lebensmitteln drei Plätze: den Marktplatz für Obst, Gemüse und weitere Landwirtschaftsprodukte, den Andreasplatz für Geflügel, Wildbret, Spanferkel, Schweinefleisch, Lämmer, junge Ziegen und Würste und den Fischmarkt für Fische.[6] Alle drei lagen auf der Grossbasler Rheinseite. Ohne Bewilligung des Marktamtes sollte «in keinem Theile der Stadt ein Markt sich festsetzen dürfen».[7] Die Marktordnung von 1851 wurde in der Gesetzes-Gesamtausgabe vom Juni 1877 nicht mehr aufgeführt, mit der Begründung: «Wird als vielfach aufgehoben und veraltet nicht abgedruckt.» Offiziell abgelöst wurde sie allerdings erst durch die Verordnung betreffend die Märkte in Basel vom 19. September 1891, welche wichtige Rahmenbedingungen neu regelte. Inzwischen kamen jetzt Früchte und Gemüse wegen Platzmangels auf dem Marktplatz zusätzlich auch auf dem Barfüsserplatz zum Verkauf. Die Anbieter von Handelswaren wurden auf den Barfüsserplatz verwiesen, während der Marktplatz den Selbstproduzenten vorbehalten blieb. Weil Handelswaren zusehends an Bedeutung gewannen, durften sie ab 1909 auch auf dem Marktplatz verkauft werden. Unklar ist, wie der Marktverkehr von den 1870er-Jahren bis 1891 geregelt war und weshalb eine Neuregelung in Form einer Marktordnung so lange aufgeschoben wurde.

Erwähnenswert sind die Vorschriften betreffend Vorkauf, welche den Konsumenten günstigere, nicht durch Zwischenhandel erhöhte Preise gewährleisten sollten. Preise und Vorkaufsverbote boten immer wieder Diskussionsstoff unter den Konsumenten, Selbstproduzenten, Händlern und Behörden. Die Begriffe Vorkauf oder Fürkauf bezeichnet den Vorgang, bei dem ein Händler dem Produzenten Waren in Grosshandelsmengen abnahm zum anschliessenden Wiederverkauf an Konsumenten. Zunächst wurde der Vorkauf in Zeiten knapper Lebensmittelversorgung – so etwa in den 1850er-Jahren – noch für einzelne Grundnahrungsmittel wie Kartoffeln und Frischprodukte fallweise durch Verordnungen verboten bzw. eingeschränkt.[8] Im Jahr 1869 hob der Kanton Basel-Stadt die Bestimmungen zur Beschränkung des Fürkaufs offiziell auf.[9] Mit der Bundesverfassung von 1874 und der darin postulierten Handels- und Gewerbefreiheit galten Vorkaufsverbote dann zunächst als unvereinbar.[10]

Eine Petition mit 2813 Unterschriften forderte im Juli 1883 für Basel eine erneute Beschränkung des Fürkaufs. Wir zitieren einen Bericht: «Die Hauptklage des Publikums, welches den Markt zum Einkaufen besucht, geht nun dahin, dass diese Händler oder Fürkäufer schon in frühen Morgenstunden den Landleuten, welche ihre Produkte zu Markte bringen, dieselben sofort abkaufen, um sie dann mit einem gehörigen Zuschlag dem Publikum feilzubieten.»[11]

Die Zahl der Fürkäufer habe sich bedeutend vermehrt, hält der Bericht an den

Abb. 1: *Blick vom Marktplatz in Richtung Eisengasse nach der Platzerweitung von 1898. Fast in jedem Haus befindet sich ein Verkaufslokal, links neben der Nationalzeitung das Hauptgeschäft der Kolonialwarenhandlung Wwe. Riggenbach zum Arm. (StABS, Neg. Hö 4009 prov.)*

Regierungsrat weiter fest und fügt eine Namens- und Adressliste von 60 Fürkäufern bei.[12] Eine Beschränkung des Vorkaufs lehnte die Regierung von Basel-Stadt mit Verweis auf Art. 31.d. der Bundesverfassung von 1874 (Handels- und Gewerbefreiheit) ab. Allerdings reservierte eine Anordnung vom 3. September 1883 den Marktplatz für die Selbsterzeuger und verwies die Händler auf den Nebenmarkt auf dem Barfüsserplatz.

Nachdem der Bundesrat seine Meinung in einem Beschluss von 1890 revidiert hatte und Vorkaufsbeschränkungen als «polizeiliche Massregeln» sowie mit der Gewerbefreiheit vereinbar tolerierte, wurde in der Basler Marktverordnung von 1891 wieder ein Vorkaufsverbot verankert, und zwar «vom frühen Morgen bis 10 Uhr».[13] Ausgenommen vom Verbot wurde der Barfüsserplatz, wo Handelswaren zum Angebot kamen. Das in der revidierten Verordnung von 1909[14] erwähnte Vorkaufsverbot zwischen 8 und 12 Uhr dürfte wohl eher noch symbolischen Charakter gehabt haben, da der Vorkauf vor 8 Uhr erfolgen konnte.

Überwacht wurde das Marktgeschehen und die Einhaltung der Vorschriften durch

Angestellte der Marktpolizei. Längere Zeit war die Besorgung des Gemüsemarkts auf dem Marktplatz an eine Privatperson verpachtet.[15] Witwe Obrecht-Pfau († 30. August 1880) «war [...] berechtigt, von jeder Gärtnerin und Neudörferin, die einen Sitz auf dem Markt einnahm, 7 Rappen und von jedem Korb, den eine andere Verkäuferin auf dem Markt aufstellte, 3 Rappen zu fordern. Dagegen hatte sie die erforderlichen, der öffentlichen Verwaltung gehörenden Bänke im Stande zu halten und jeweilen aufstellen und wieder wegräumen zu lassen.» Sie bezahlte dem Staat einen jährlichen Pachtzins von 1800 Fr. und erzielte aus dieser Tätigkeit einen geschätzten Jahresertrag von 5000 Fr. Nach dem Tod von Witwe Obrecht übernahm die Marktpolizei die Marktbesorgung. Für die Aufsicht wurden «zwei Frauenpersonen sowie ein Dienstmann zum Aufstellen und Wegräumen der Bänke» angestellt. Die Auslagen hierfür beliefen sich 1884 auf 2208 Fr., die Gebühreneinnahmen auf 10'990 Fr.[16]

Welche Bedeutung hatten die Märkte für die Lebensmittelversorgung der Stadt Basel? Wie und wann vollzog sich die Gewichtsverschiebung von der traditionell bedeutsamen Versorgungseinrichtung Markt – einem öffentlichen Treffpunkt und Handelsplatz für landwirtschaftliche Produzenten und Konsumenten – hin zum Frischproduktenverkauf in festen Ladengeschäften? Diese Fragen können wir aus verschiedenen Gründen hier nicht abschliessend beantworten. Die Adressbücher geben keinen Aufschluss zur Bedeutung des Marktgeschehens bzw. zur Zahl der Beteiligten. Diese waren wohl, sofern in der Stadt wohnhaft, zum Teil unter den Obst- und Gemüsehändlern oder den Viktualienhändlern miterfasst, aber nicht als Markthändler erkennbar. Ein bedeutender Teil der AnbieterInnen auf dem Obst- und Gemüsemarkt kam aus der umliegenden Region täglich auf den Basler Marktplatz. Auch die Entwicklung der Einnahmen aus den Marktgebühren kann als Indikator nicht weiterhelfen, weil diese Zahlen nicht durchgehend vorliegen.[17] Für die zweite Hälfte des 19. Jahrhunderts wird klar ein Wandel vom vorwiegenden Selbstproduzentenmarkt hin zum Händlermarkt ersichtlich. Zu Ende unseres Zeitraums scheint der Verkauf von Handelsware auf dem Markt erheblich an Gewicht gewonnen zu haben.[18] Der Direktverkauf vom landwirtschaftlichen Produzenten an die Endverbraucher auf dem Marktplatz wurde also nicht unmittelbar vom Frischproduktenhandel in festen Ladengeschäften abgelöst. Einen Zwischenschritt stellte der Markthandel durch Wiederverkäufer dar. Obst und Gemüse hielten auch im 20. Jahrhundert nur langsam Einzug in die Ladengeschäfte. Vor dem Ersten Weltkrieg hatte sich diesbezüglich kaum viel getan. Verhältnismässig grosse Warenvolumen, Schmutz und Feuchtigkeit sowie die betragsmässig geringe Marge pro Gewichtseinheit waren Faktoren, die gegen den Ladenverkauf sprachen. Auch erwiesen sich kurze Wege zwischen Produzent und Konsument im Hinblick auf Frische und Qualität als vorteilhaft, zumindest für einen Teil dieser rasch verderblichen Produkte.

Abb. 2: *Szene auf dem Marktplatz um 1900, welche die Ausstattung der Stände und die Warenpräsentation gut zeigt. (StABS, Neg. 1726)*

Gegen Ende des 19. Jahrhunderts wurden bauliche Massnahmen getroffen, um dem umfangreicher gewordenen Marktgeschehen genügend Raum zu bieten. Pläne zum Bau einer Markthalle scheiterten 1884.[19] Doch die beengenden Verhältnisse auf Markt- und Barfüsserplatz drängten zu einer Vergrösserung der Marktfläche. Bei diesbezüglichen Abklärungen stützten sich die Gutachter[20] auf die aktuelle Zahl der HändlerInnen auf dem Markt: «Es lässt sich aus den bezahlten Marktgebühren entnehmen, dass der Markt in der stillen Zeit im Winter von ungefähr 150 bis 300 Verkäuferinnen besucht wird, in den besuchtesten Zeiten dagegen von ungefähr 500 bis 600 Marktfrauen. Dabei sind diejenigen nicht berücksichtigt, welche auf dem Marktplatz keinen Raum gefunden und die sich auf den Barfüsserplatz oder den Klaragraben begeben oder in den Strassen hausiert haben.»
Durch Abriss eines Häusergeviertes gegen die Schifflände hin wurde der Marktplatz in den Jahren 1890–1892 flächenmässig etwa verdoppelt.[21] Diese Entwicklung sowie die Feststellung, dass auch in den folgenden Jahren zusätzliche Marktplätze gefordert und diskutiert wurden,[22] ist aus unserer Sicht ebenfalls Indiz für die noch weit gehend intakte Bedeutung der Märkte im Rahmen der

städtischen Lebensmittelversorgung um 1900. Der Markt als Verkaufsort für landwirtschaftliche Frischprodukte konnte sich halten. Er vergrösserte sich bezüglich Zahl der Anbieter und umgesetzter Mengen gar mit dem Bevölkerungswachstum der Stadt.[23] Die Zusammensetzung der Anbieter hingegen veränderte sich, indem die reinen Händler die Selbstproduzenten langsam zu verdrängen begannen.[24]

2.2 Strassen- oder Hausierhandel und Hauslieferdienst

Für die Obst- und Gemüsehändlerinnen und -händler stellte der *Strassenhandel* bzw. das *Hausieren* in den Stadtquartieren eine Alternative zum Marktverkauf dar. Für die Bevölkerung war diese Vertriebsform, auch ambulanter Handel genannt, eine vergleichsweise bedeutende Versorgungsquelle. Der Hausierhandel wurde in allen Stadtteilen betrieben und kam vor allem den BewohnerInnen der neuen Wohnquartiere zugute. Denn diese lagen in zunehmender Entfernung vom Marktplatz und waren zunächst mit festen Ladengeschäften nur schwach erschlossen.[25] Der bereits erwähnte Bericht vom Dezember 1889[26] zeigt den Zusammenhang zwischen Markt- und Strassenhandel auf: «Manche Verkäuferinnen, die vom Marktplatz wegen Überfüllung desselben weggewiesen werden, ziehen dem Barfüsserplatz und dem Klaragraben das Hausieren in den Strassen vor, um dann wenn immer möglich, in später Stunde nach dem Marktplatz zurückzukehren. [...] Die äusseren, vom Marktplatz weit entlegenen Quartiere werden vielfach auf dem Wege des Hausierens mit Gemüse und sonstigen Bodenerzeugnissen versehen, ein eigentliches Verlangen nach besonderen Märkten hat sich für diese Stadtteile noch nicht in dringender Weise geltend gemacht, und der berechtigte, aber wenig gelungenen Versuch mit einem Markt in Kleinbasel spricht auch nicht für ein weiteres Vorgehen in dieser Richtung.»

Die Palette der im Strassenhandel angebotenen Produkte war breit. Ein Lebensmittel, das lange vors Haus geliefert wurde, war die Milch. Weiter zu nennen sind Obst und Gemüse, Geflügel, Fische, Käse, Butter, Back- und Konditoreiwaren, Brot, Südfrüchte, Gewürze, Schabzieger, Honig, Nudeln sowie Tabakwaren. Die Anbieter dieser Produkte waren ansässige oder auswärtige Bäuerinnen und Bauern, GemüsegärtnerInnen, Schwarzwälderinnen, Kanderer Bretzelifrauen, Glarner Schabziegermannli, aber auch Milchhändler, ViktualienhändlerInnen, Obst- und GemüsehändlerInnen, Wegglibuben und viele weitere mehr.

Die Bedeutung des Strassen- und Hausierhandels in der Lebensmittelversorgung des 19. Jahrhunderts darf nicht unterschätzt werden. Für die Quantifizierung sind leider keine Daten greifbar, selbst über die Zahl der Händler und ihre Branchen nicht, da für das Hausieren mit Produkten des Marktverkehrs keine Bewilligung

Abb. 3: *Der Milchmann lieferte sein Produkt auch bei viel Schnee vors Haus. Mehrere Touren pro Tag waren üblich. (StABS, Neg. 9811)*

erforderlich war.[27] Die Lebenserinnerungen einer früheren Zeitungsredaktorin[28] aus dem Jahr 1961 vermitteln einen Eindruck vom ambulanten Lebensmittelhandel um 1900: «Was war das damals zu Beginn dieses Jahrhunderts für eine bunte Schar, die täglich an der Hausglocke läutete! Schon in der frühesten Morgenstunde rückte der Wegglibueb mit dem knusprigen, noch warmen Gebäck in der schweren Hutte an. Zu jeder Stunde des Vormittags fuhr irgendein Milchmann mit seinem braven Gaul durch die Strasse. Wenn man es versäumt hatte, bei seiner ersten Tour Milch oder Butter zu kaufen, so konnte man das bei der zweiten, ja manchmal sogar noch am Nachmittag nachholen. [...] Auch damals kam immer derselbe Obsthändler, [...] Von Zeit zu Zeit meldete sich auch immer der Nudelverkäufer. [...] Im Frühjahr brachte die Italienerin, deren Mann als Maurer einen viel zu kleinen Verdienst für die kinderreiche Familie nach Hause brachte, ‹Pfaffenröhrli›, die sie auf den Äckern gestochen hatte, wo heute die Kehrichtverwertungsanstalt steht. Gemüsefrauen fanden es damals unter ihrer Würde, Löwenzahn zu stechen und zu verkaufen. Glarner Schabziegermannli verirrten sich selten in unsere Gegend; dafür aber brachten Kanderer Frauen in grossen Körben, die sie auf dem Kopf trugen, Ringe echter Kandererbretzeli. [...]

Die Schwarzwälderinnen, die im Sommer ihre selbstgepflückten Heidelbeeren und später im Jahr Preiselbeeren in die Stadt brachten, läuteten zwar nicht an den Türen. Das war auch nicht nötig; denn schon von weitem hörte man ihren Ruf ‹Heidelbeeri›, der immer den Akzent auf der letzten Silbe trug. Die Heidelbeeren wurden nicht nach dem Gewicht verkauft, sondern nach dem Glas – wie auch die Kartoffeln, die die Elsässer Bauern im Herbst nach Basel brachten, nicht nach dem Gewicht, sondern nach dem Sester gehandelt wurden. Die Heidelbeerfrauen trugen ihre Ware meist in einem Korb auf dem Kopf.»

Ähnlich wie der Hausierhandel trat der *Hauslieferdienst* der Geschäfte in den Strassen der Stadt in Erscheinung. Zwar entfiel das Ausrufen der Waren, da die Lieferung auf Bestellung hin erfolgte, doch die Transportmittel – Krätze, Handwagen, Karre, Pferdegespann und später auch das Fahrrad – waren dieselben. Das so genannte Austragen betrieben die Bäcker, Metzger und Molkereigeschäfte, wohl aber auch eine Vielzahl weiterer Branchengeschäfte des Lebensmitteleinzelhandels.

2.3 Öffentliche Verkaufslokale

Als öffentliche Verkaufslokale sind für die Stadt Basel die *Scholen* der Metzger und die *Brotlauben* zu nennen. Beide waren alte Institutionen zünftig-obrigkeitlichen Ursprungs, die in der zweiten Hälfte des 19. Jahrhunderts aufgegeben wurden.

Weitere öffentliche Handelseinrichtungen der Stadt Basel, wie das *Kornhaus* und das *Kaufhaus*, sind zu erwähnen. Das Kornhaus an der Ecke Spalenvorstadt/Petersgraben wurde 1864 aufgehoben. Das Kaufhaus als Umschlagplatz für Import- und Transitgüter lösten mit der Einführung des Eisenbahntransports in den frühen 1860er-Jahren Güterbahnhöfe und Zollfreilager ab. Weil diese beiden Institutionen hauptsächlich dem Grosshandel dienten, werden sie hier nicht näher behandelt.

In vielen europäischen Städten ersetzten im 19. Jahrhundert *Markthallen* als städtische Einrichtungen die zentralen Märkte unter offenem Himmel. Sie erlaubten ein von Wettereinflüssen unabhängiges Marktgeschehen und boten dem Lebensmittelverkauf bessere hygienische Rahmenbedingungen. In Basel erscheint das Stichwort Markthalle zwar ab 1873 im Verzeichnis der Rückstände, über welche der Regierungsrat dem Grossen Rat zu berichten hatte, 1884 wurde diese Pendenz dann jedoch von der Liste gestrichen.[29]

Abb. 4: *Zwei Strassen- oder Markthändlerinnen sind beim Voltaplatz unterwegs. (StABS, Neg. 1241)*

2.3.1 Fleischverkauf in den Scholen

Die Institution der Scholen ging auf das 13. Jahrhundert zurück. Die Verkaufshallen für Fleisch stellten wichtige Handels- und Einkaufsorte in der Stadt Basel dar.[30] Sie waren den drei Schinthäusern (Schlachthäusern) – zwei in Gross- und eines in Kleinbasel – angegliedert. Der Entledigung der Schlachtabfälle wegen lagen die Scholen an Wasserläufen, so die alte Grossbasler Schol, auch Grosse Schol genannt, seit spätestens anfangs des 15. Jahrhunderts über dem Birsig zwischen Sporen- und Sattelgasse und die Kleinbasler Schol am Rhein. Hauptsächliche Gründe für die Einrichtung von Scholen bestanden in der obrigkeitlichen Überwachung des Fleischhandels sowie der damit verbundenen Möglichkeit zur Erhebung von Steuern. Zur Zeit des Basler Konzils, in den 1430er-Jahren, liess die Stadt in Grossbasel eine zweite Schol erbauen, die Neue Schol an der Weissen Gasse. Die Kleinbasler Schol befand sich direkt am Brückenkopf, gegenüber dem alten Kleinbasler Rathaus.[31] Die Scholen waren im Eigentum der Stadtobrigkeit, welche die Verwaltung und Instandhaltung besorgte. Die Scholbänke, auf denen Frischfleisch verkauft wurde, ging an die Metzger als Lehen gegen einen jährlichen Zins. Zudem gelangte bis 1830 eine Steuerabgabe auf das zum Verkauf kommende Fleisch zur Anwendung, das so genannte Umgeld. Die Vergabe frei gewordener Banklehen fand nach Absprache mit der Metzgerzunft statt, wobei die Liste der Exspektanten, d. h. der bekannten Anwärter, berücksichtigt wurde. Das Banklehen konnte beim Tod des Inhabers an einen Sohn oder Bruder übergehen, aber auch auf den Metzger, welcher die Tochter des Verstorbenen heiratete. In den Scholen gab es bevorzugte und weniger günstig gelegene Bänke, je nach Standort innerhalb der Halle bzw. Kundenzugänglichkeit, Lichteinfall etc.[32] Für die Arbeit als selbstständiger Metzgermeister war der Besitz eines Banklehens Voraussetzung. Metzger ohne Banklehen konnten keine vollwertigen Zunftmitglieder sein und wurden als «ungmetzget» bezeichnet. Bei grosser Bewerberzahl war es für die Metzger oftmals schwierig, zu einem Banklehen zu kommen. Im Anschluss an die Helvetik mit ihrer Erwerbsfreiheit kannte Basel in der ersten Hälfte des 19. Jahrhunderts auch die Erscheinung so genannter Winkelmetzgereien, in welchen der offiziell nicht erlaubte Hausverkauf von Fleisch betrieben wurde. Der Scholzwang lockerte sich um die Mitte des 19. Jahrhunderts: 1847 wurde Kalb- und Schaffleisch, 1851 auch Rindfleisch für den Hausverkauf zugelassen.[33] Mit der Eröffnung des neuen Schlachthofs vor dem St.-Johanns-Tor erfolgte die Enteignung der noch aktiven Inhaber von Banklehen und die Schliessung der Lokale auf den 31. März 1871.[34] Der private Metzgereiladen wurde zur Regel.

Abb. 5: *Die alte Schol an der Sporengasse stand zünftigen Metzgern bis 1871 als Schlachthaus mit Verkaufshalle zur Verfügung. (StABS, Bild Schneider 21)*

2.3.2 Brotbänke, Brotlauben und Brothaus

Wegen der Brandgefahr wurden die Bäcker Grossbasels mit ihren Öfen 1486 in die Vorstädte verwiesen.[35] Nur zwei von ihnen durften an wenig zentralen Standorten – an der oberen Freien Strasse, auch Tiefe genannt, und am Blumenrain – weiter ihr Handwerk betreiben; es waren dies auch 1862 noch die beiden einzigen Innenstadtstandorte von Bäckereien. Für Kleinbasel gab es diesbezüglich keine Vorschriften. Die ungünstige Verkaufslage der Vorstadtbäckereien und das Bestreben der Obrigkeit nach möglichst einfacher Erhebung der Brotsteuern führte zur Einrichtung öffentlicher Verkaufsstellen für Brot, während das Hausieren mit Brot immer wieder, aber offensichtlich wenig erfolgreich verboten wurde. Der älteste Hinweis auf gemeinsame Verkaufseinrichtungen der Brotbeckenzunft geht ins Jahr 1477 zurück, als eine Verordnung den Verkauf in der Brotlaube erwähnte.[36] Wie bei den Scholen war auch bei den Brotlauben die Stadt für Bau und Unterhalt zuständig, wobei die Beckenzunft als Entgelt für die Benützung einen Laubenzins entrichtete. Brotlauben bestanden in früheren Zeiten an verschiedenen zentralen Orten der Altstadt und wurden von den Bäckern abwechslungsweise benutzt.[37] Nebst der «Unteren Brodlaube» an der Stadthausgasse 4/6/8, neben dem Haus zum Seufzen, ist in den Akten auch eine «Obere Brodlaube» erwähnt, die sich zuletzt beim Kaufhaus an der Rüdengasse (heute Hauptpost) befunden haben muss. Die Obere und Untere Brodlaube sowie das «Brodhaus» an der Weissen Gasse 7, wo fremde Bäcker seit dem 17. Jahrhundert an gewissen Tagen ihr Brot feilhielten, wurden 1804 auf Wunsch der Brotbeckenzunft von der Stadt wieder hergerichtet. 1808 diente das Brodhaus zur Hälfte als Schol,[38] ab 1850 wurde das Gebäude vollständig als Schol und Schlachthaus genutzt.[39] Auch die Obere Brodlaube ist zu diesem Zeitpunkt nicht mehr belegt. Einzig die Untere Brodlaube war übriggeblieben. Um 1869 hatten hier noch neun von insgesamt rund 80 Bäckern einen Platz, und als die Brotbeckenzunft die Lauben 1880 aufgab, waren es noch zwei Benützer.[40] Für das Verschwinden der Brotlauben sind verschiedene Gründe anzuführen. Einerseits waren die zünftigen Verbote gegen das Vertragen von und das Hausieren mit Brot weggefallen. Zudem konnten ab etwa 1870 in der Grossbasler Altstadt wieder Bäckereien erbaut werden, und als Alternative zur eigenen Verkaufsstelle betrieben die Vorstadtbäcker jetzt auch Brotablagen in Spezereigeschäften.[41]

Wie man sich die Bauweise dieser Brotlauben und Brotbänke vorzustellen hat, ist nicht ganz klar. Vermutlich handelte es sich um gegen den Regen geschützte und überdachte, sonst aber offene Verkaufslokale oder -buden. Eine Abbildung der Unteren Brodlaube aus dem 19. Jahrhundert zeigt einen eingeschossigen, schuppenartigen Anbau[42] an das Haus zum Seufzen (Stadthausgasse 4/6/8). Aus Bauplänen und Akten zu dieser 1790 und dann wieder 1869 neu erstellten Laube lässt sich auf 8–12 kioskartige Fensteröffnungen zur Strasse hin schliessen.[43] Diese zuletzt genutzte Untere Brodlaube befand sich in unmittelbarer Nähe zur Grossen Schol, gegenüber dem von zahlreichen Fotos bekannten Gasthaus «Zur Brotlaube».[44]

2.4 Private Verkaufsgeschäfte oder Läden

Private Verkaufsgeschäfte oder Läden waren keine Neuerscheinung des 19. Jahrhunderts. Allerdings fanden mit der Entwicklung des Lebensmitteleinzelhandels in dieser Periode zusehends auch die so genannten Marktwaren – die typischen Frischprodukte der regionalen Landwirtschaft – über Ladengeschäfte ihren Absatz. Hierzu trugen vor allem die Spezereigeschäfte bei, indem sie ihre Sortimente erweiterten. Parallel dazu traten auch neue Spezialgeschäfte wie Molkereien, Käse- und Butterhandlungen oder Comestiblesgeschäfte auf, doch war ihre Zahl eher gering. Vergessen werden darf auch nicht der Hauslieferdienst der

Abb. 6: *Im Jahr 1880 hat die Bäckerzunft auch die letzte, die untere Brotlaube in der Stadthausgasse aufgegeben. Der niedrige Anbau in der Bildmitte war mit einem Polizeiposten kombiniert. (StABS, Bildersammlung 2, 1032)*

Lebensmittelhandwerker und -händler, der damals bedeutend war, und die Vorteile des festen Ladengeschäfts mit den Annehmlichkeiten des ambulanten Handels verband.

Fest steht, dass sich im Zeitraum zwischen 1850 und 1914 das äussere Erscheinungsbild (Schaufenster) wie auch die Innenausstattung der Verkaufslokalitäten gründlich wandelten. Der Verkaufsraum entwickelte sich vom einfachen Verkaufs- und zugleich Lagerraum mit bescheidener Möblierung, wenig Tageslicht und Petrolbeleuchtung zum innenarchitektonisch gestalteten Verkaufsraum mit grossen sprossenlosen Schaufenstern und Gas- bzw. später elektrischer Beleuchtung. Die beiden Extreme seien hier kurz vor Augen geführt. Sie zeigen zwar lediglich die Bandbreite auf, denn bestimmt gab es schon um 1850 gehobene Verkaufsräume und auch um 1914 noch viele einfache, enge und dunkle Verkaufslokale.

Um 1850 präsentierte sich z. B. folgendes Bild: Hinter den meist kleinen, durch Sprossen viel geteilten Fenstern wurden die produzierten oder gehandelten Lebensmittel gezeigt, gelegentlich auch auf Regalen, auf mehreren Ebenen übereinander und in Abstimmung auf die Fenstereinteilung. Im Ladeninneren stand auf eng begrenztem Raum, der teilweise zugleich als Lager diente, ein einfacher Ladentisch. Möglicherweise wies die Rückwand hinter dem Ladentisch Regale mit oder ohne Schubladen auf. Tageslicht erhielt der Verkaufsraum nur spärlich. Zur Beleuchtung wurden abends Kerzen oder Petrollampen angezündet.

Im Gegensatz hierzu ein fortschrittliches Verkaufslokal um 1914: Grossflächige Schaufenster gaben bei Frischproduktengeschäften den Blick in den Verkaufsraum bzw. auf eine Verkaufsauslage frei. Spezerei- und Kolonialwarenhandlungen[45] gestalteten ihre Schaufenster zu dieser Zeit oft mit Massenpräsentationen, wobei eine grössere Zahl desselben Artikels, der in Würfelpackungen, Büchsen etc. abgepackt war, vorzugsweise zu Pyramiden aufgeschichtet wurde. An der Hausfassade neben oder an der Ladentüre wiesen Emailschilder mit einprägsamen Schriftzügen auf die erhältlichen Markenartikel hin. Die Ladengeschäfte waren zumeist mit dem Namen der Inhaber bezeichnet, entweder direkt über dem Schaufenster auf dessen Umrahmung oder mit grossen Lettern und von weitem sichtbar zwischen den Fensterreihen, möglicherweise ergänzt mit einem Verweis auf die Branche oder den Sortimentsschwerpunkt. Im Inneren herrschten nun dank der grossflächigen Fenster bessere Lichtverhältnisse. Auch waren die Ladenlokale in den Neubauten der Jahrhundertwende grosszügiger geworden. Der innenarchitektonisch gestaltete Verkaufsraum mit langen Verkaufstheken auf Brusthöhe wies Gas- bzw. elektrische Beleuchtung auf. Hingestellte oder aufgehängte Kleinplakate warben auch im Verkaufsraum der Spezerei- und Kolonialwarenhandlungen für Markenartikel.

Abb. 7: *Diese Ansicht der unteren Gerbergasse um 1860/70 vermittelt einen Eindruck der zahlreichen kleinen Ladengeschäfte in den Strassen. (StABS, Bild Schneider 46)*

2.5 Einkaufszentren

Eine Neuheit für Basel, eine Art frühes Einkaufszentrum, das eine Reihe renommierter Lebensmittelgeschäfte in einem Verkaufsraum vereinigte, waren die 1906 eröffneten Centralhallen und ihre wenig erfolgreiche Kopie, die Ringhallen. Welchem konkreten Vorbild diese Verkaufseinrichtungen folgten, ist unbekannt, doch regte wohl eine Auslandreise in eine europäische Metropole das Projekt an. Mit verschiedenen Anbietern und Ständen stand das Centralhallen-Konzept den städtischen Markthallen am nächsten.[46] In den Centralhallen fanden sich sieben bekannte Firmen mit ihren Bedienungsständen unter einem Dach zusammen, was gehobenen Einkaufskomfort versprach. Das umfangreichste der beteiligten Geschäfte war die Metzgerei Samuel Bell Söhne mit einer Frischfleisch- und einer Fleischwarenabteilung. Auf den 400 m^2 Verkaufsfläche des Erdgeschosses waren ferner der Gemüsehändler Ernst Dreyfus, die Kolonialwarenhandlung Preiswerk Söhne und die Käsefirma Oesterlin & Cie. vertreten.[47] Eine zentrale Treppe führte in den ersten Stock mit Erfrischungsraum und Verkaufsständen der Bäckerei Singer, der Blumenhandlung Wilhelm Schneider sowie der Drogerie und Getränkefirma Senglet & Cie. Letztere betrieb den Getränkeverkauf in Kombination mit einer Bar. Fotos zeigen eine einheitliche Innenausstattung in Holz und Marmor.

Dieses kleine Einkaufszentrum an der Ecke Streitgasse/Weisse Gasse beim Barfüsserplatz war von einer Aktiengesellschaft am Standort einer früheren Bell-Metzgerei und -Liegenschaft errichtet worden. Dem Verwaltungsrat der Centralhallen Basel AG gehörten 1910 Wilhelm Preiswerk-Imhoff, Samuel Bell und Ernst Dreyfus an, alle mit einem Fachgeschäft in den Centralhallen vertreten. Der sofortige Erfolg veranlasste die Centralhallen AG zu einem zweiten Neubauprojekt, den Ringhallen am Steinenring 60/Ecke Bachlettenstrasse.[48] Diese «Filiale» wurde am 30. Oktober 1909 eröffnet, doch war ihr – wohl aus Standortgründen – kein Erfolg und nur eine kurze Existenz beschieden.

3 Handels- und Gewerbefreiheit

Anschliessend an die Jahre der völligen Gewerbefreiheit von 1798 bis 1803 erfolgte in Basel die Wiederherstellung der Zunftverfassung. Dies bedeutete Zunftzwang für die Handwerke, allerdings wurde ihnen die alten rechtlichen Kompetenzen abgesprochen.[1] Die 1830er Wirren und die Abspaltung des Kantons Basel-Landschaft bewirkten einen konservativen Schub mit Fortdauer der Zunftverfassung. Die Wiedereinführung der Handels- und Gewerbefreiheit setzte ab den späten 1840er-Jahren schrittweise ein, wie im Folgenden gezeigt werden soll. Dabei blieben aber immer gewisse einschränkende staatliche Massnahmen und gewerbepolitische Reglementierungen bestehen, und zusätzliche wurden erlassen. Weiter in Kraft blieb etwa das staatliche Salzregal als Steuerquelle, neu hinzu traten z. B. Einschränkungen beim Wein- und Spirituosenverkauf aus gesundheitspolitischen Überlegungen oder die Eindämmung und polizeiliche Kontrolle des Hausierhandels durch eine Patentpflicht.

Die Bundesverfassung von 1848 gewährleistet in den Artikeln 29 und 41 die freie Ausübung von Handel und Gewerbe, allerdings nur auf kantonaler Ebene und nur den Kantonsbürgern und Niedergelassenen. Diese Einschränkungen fielen erst 1874, als die revidierte Bundesverfassung die «Handels- und Gewerbefreiheit im ganzen Umfang der Eidgenossenschaft» erklärte.[2] In der Folge bezeichneten die Bundesbehörden im Bereich von Lebensmittelhandwerk und -handel eine Reihe kantonaler Vorschriften und Gebräuche als unzulässig, so u. a. die amtliche Taxierung (= Preisfixierung) von Mehl, Brot und Fleisch, das Verbot betreffend Vorkauf/Fürkauf von Lebensmitteln und das Verbot der Errichtung von Apotheken wegen mangelnden Bedürfnisses.[3]

3.1 Die letzten Jahre des Zunftwesens 1848–1874

Für die Stadt Basel muss bis 1874 noch von einem beschränkten Zugang zu den Handwerken ausgegangen werden, auch für Kantonsbürger und Niedergelassene. Erst die Kantonsverfassung von 1875 – Folge der revidierten Bundesverfassung von 1874 – beseitigte die letzten Überreste zünftiger Bevorzugung und

Schutzmassnahmen. Sie beendete das konservative Regiment von Bürgermeister und Rat und ersetzte es durch eine siebenköpfige, besoldete Departementalregierung. Zugleich wurde die den Zünften 1803 zugewiesene Funktion als Wahlkörperschaften des Stadtbezirks für den Grossen Rat aufgehoben. Die letzten politischen Sonderrechte, das Vogtei- und Vormundschaftswesen, mussten die Zünfte im Jahr 1881 an den Staat abtreten.[4] So vollzog sich im Kanton Basel-Stadt der Übergang zur Gewerbefreiheit, bedingt durch restaurative Tendenzen, im Vergleich zu anderen Kantonen langsam und erst spät.

Von diesem zögernden Übergang zur Gewerbefreiheit waren in Basel-Stadt im Bereich der Lebensmittelversorgung vor allem die Metzger und Bäcker betroffen. Sie konnten sich bis 1874 zumindest noch teilweise durch die alte Ordnung mit ihren Schutzvorschriften, Privilegien, Einrichtungen und Regelungen vor unerwünschter Konkurrenz abschirmen.[5] Die Bundesverfassung von 1848 erwähnte das Zunftwesen mit keinem Wort, und in die Stadt Basel zugezogene Handwerker mussten sich mit Verweis auf das Dekret vom 8. Christmonat 1803[6] weiterhin mit Meisterstück und Aufnahmegebühr um die Zulassung in eine Zunft bemühen. Beschwerden an den Bundesrat bewogen den Kleinen Rat zwar zu einer abgemilderten Regelung der Meisteraufnahme.[7] Unangetastet blieb vorderhand die innere Organisation der Zünfte, die beschränkte Gesellenzahl und die Trennung der Gewerbe. Doch bereits 1855 sollte das Zunftsystem durch wesentlich abgeschwächte Schutzbestimmungen weiter beschnitten werden. Das zur Führung eines selbstständigen Gewerbebetriebs erforderliche Meisterrecht wurde jetzt leichter zugänglich.[8] Als 1870 eine Revision des Gesetzes von 1855 ins Auge gefasst wurde, ergab eine Umfrage bei den Zünften, dass 18 Gewerbe, darunter auch die Metzger und Bäcker, die ihnen 1855 zugestandenen Rechte noch anwendeten.[9] Von gesetzgeberischen Schritten wurde in Basel-Stadt im Hinblick auf die laufende Revision der Bundesverfassung jedoch abgesehen, da Letztere alle mit der Handels- und Gewerbefreiheit (Art. 31) in Widerspruch stehenden Gesetze und Verordnungen über zünftige Handwerke ausser Kraft setzen sollte.

3.1.1 Die Metzgerzunft und der Scholzwang

Eine augenfällige Institution aus Zunftzeiten waren die Basler Scholen mit Schlachthaus und Fleischverkaufshalle. Dem Zusammenwirken von Stadtobrigkeit und Metzgerzunft entsprungen, bedeuteten sie den Metzgern seit dem 13. Jahrhundert Auflage und Privileg zugleich.[10] Auflage vor allem für die wohlhabenderen Zunftmitglieder und jene Metzger ohne Zugang zu einem Banklehen, weil das Verbot des Fleischverkaufs in privaten Liegenschaften ihre Berufsaktivität einschränkte. Privileg waren die Scholen den weniger vermögenden Zunftmitgliedern mit Banklehen, da sie diese von jeglichen Investitionen in Geschäfts- und Verkaufsräume entbanden. Die Scholen ermöglichten die gegenseitige Kontrolle der Metzger, welche im Zunftsystem eine zentrale Rolle spielte. Und die begrenzte Zahl der Bänke schränkte die Zahl der aktiven Metzgermeister und damit den Wettbewerb ein. Erst wenn eine Metzgerbank frei wurde, konnte ein neues Zunftmitglied aufgenommen und ihm der Verkauf erlaubt werden. Die Metzger gehörten scheinbar zu den eifrigsten Verfechtern der Zunftprivilegien und der Scholen. Länger als anderen Zünften gelang es ihnen, nichtzünftige Meister vom Handwerk auszuschliessen.[11] Seit der Helvetik wurden zwar immer wieder so genannte Winkelmetzgereien beklagt, die den Hausverkauf von Fleisch unerlaubterweise betrieben. So verlauteten die Metzger 1843 in einer Denkschrift an den Stadtrat: «Die unselige Helvetia-Revolutionszeit, wo volle Gewerbefreiheit statt hatte, hat auch das verderbliche Creatum der Winkelmetzger geboren, gegen welchen Unfug alle bisher erlassenen Verordnungen machtlos waren.»[12]

Gerade für junge Meister war es schwer, ein Banklehen in der Schol zu erhalten, weshalb eine Gruppe unzufriedener Zunftgenossen im August 1846 die grosse Ungerechtigkeit sowie auch die unhygienischen Verhältnisse an den Scholen anprangerte und das Recht zum freien Verkauf im eigenen Laden forderten. Selbst hohe Bussen konnten die erbitterten Metzger in dieser Zeit von Not und Teuerung nicht vom Hausverkauf von Fleisch abbringen, sodass die Behörden zu amtlichen Schliessungen schritten. Die Beharrlichkeit der Metzger scheint sich gelohnt zu haben, denn Rat und Regierung erlaubten auf diese Protestaktionen hin 1847 wie bereits erwähnt zunächst den Hausverkauf von Kalb- und Schaffleisch, 1851 dann auch von Rindfleisch.[13] Die Zahl der privaten Metzgereiläden vor 1874 ist schwer zu schätzen, musste aber infolge des allmählich wegfallenden Scholzwangs ständig angestiegen sein. Klare Anhaltspunkte liefert ein Bericht aus dem Jahr 1866: Von den insgesamt 67 Metzgerbänken der drei Scholen wurden nur noch 28 benutzt.[14] Da das Adressbuch für 1862 55 Metzger aufführt, ist davon auszugehen, dass 1866 bereits 20–30 Metzgermeister den Hausverkauf betrieben. Für 1874 lassen sich nur noch 47 Metzgereien nachweisen.[15] Somit hatte die Schliessung der Scholen im Jahr 1870 offenbar kurzfristig die Zahl der selbstständigen Metzger verkleinert. Der Ort des Fleischverkaufs verlagerte sich jetzt definitiv in private Liegenschaften, eine Entwicklung, die Metzger mit geringen finanziellen Mitteln benachteiligte.

Trotz anfänglicher Widerstände einiger Metzgermeister war der Fleischverkauf in den Scholen 1871 eingestellt worden. Als Entschädigung für die zu jener Zeit noch genutzten 25 Banklehen hatte die Metzgerzunft je 1000 Fr. von der Stadt verlangt, doch wurden den Inhabern durch Ratsbeschluss vom 2. September 1871 schliesslich nur 400 Fr. zugestanden.[16]

3.1.2 Die Beckenzunft: Einschränkungen des Brotverkaufs und Brotlauben

Nebst dem Fleisch- unterlag auch der Brotverkauf zur Zeit des auslaufenden Zunftsystems noch Beschränkungen. So war den seit dem 15. Jahrhundert praktisch ausschliesslich in den Vorstädten domizilierten Bäckern das Hausieren mit Brot verboten. Als öffentliche Einrichtungen für den Brotverkauf wurden ihnen Brotlauben und Brotbänke zugewiesen, die an verschiedenen Stellen der inneren Altstadt bestanden. Sogar Bäcker aus der umliegenden Landschaft fanden Zulass. Ihre Brote waren günstiger als jene der Stadtbäcker, wovon finanziell schwächere Bevölkerungsschichten profitieren sollten. Allerdings durften auch solche Bäcker nicht hausieren, sie mussten ihr Brot im öffentlichen Brothaus an der Weissen Gasse verkaufen.[17] Das Hausierverbot zeigte im 19. Jahrhundert kaum mehr Wirkung, das Brothaus wurde nur noch schwach besucht und ab 1808 teilweise als Schol genutzt. Die Nachfrage nach Verkaufsbänken in den Brotlauben fiel im 19. Jahrhundert gering aus, weshalb diese Einrichtungen vor Erneuerungsarbeiten jeweils in Frage gestellt und 1880 ganz aufgegeben wurden.[18] Die Bäckereien in den Vorstädten lagen jetzt im Hinblick auf die zunehmende Kundschaft aus den neuen Wohnquartieren relativ günstig. Zudem nutzten die Bäcker andere Vertriebskanäle, wie etwa das Austragen von Brot, den ambulanten Verkauf von Kleingebäck durch so genannte Wegglibuben und zusehends mehr auch die Einrichtung von Brotablagen in Spezerei- und anderen Lebensmittelgeschäften.[19]

3.1.3 Amtliche Preise für Fleisch, Mehl und Brot

Aus der Zunftzeit stammte die in Basel noch bis 1864/65 von den Behörden vorgenommene Festlegung der Preise für Mehl, Brot und Fleisch, die so genannten Brot- und Fleischtaxen. Anschliessend wurde die Preisbildung dann «der freien Vereinbarung zwischen Käufer und Verkäufer überlassen».[20] Nicht ganz klar ist, ob es sich bei den Taxen um Höchst-, Durchschnitts-, Mindest- oder Richtpreise handelte. Eine Studie für Basel interpretiert sie schliesslich als Richtpreise und Spiegel der Marktlage.[21] Die Obrigkeit strebte den Schutz der Konsumenten vor überhöhten Preisen an, während den Zünften die Wettbewerbsbeschränkung und Mindestpreise ein zentrales Anliegen waren. Ob die Taxen in den Jahren der Nahrungsmittelknappheit um 1850 noch eine Schutzfunktion gegen die Teuerung hatten oder ob das Handwerk aus der Regelung mit festen Verkaufspreisen Vorteile zog, ist fraglich. Es bestehen Anhaltspunkte für einen Missbrauch des Taxsystems durch die Zünfte in den Jahren vor ihrer definitiven Abschaffung, und zwar sowohl für den Fleisch- wie auch für den Getreidemarkt.[22]

3.2 Weitere Beschränkungen der Handels- und Gewerbetätigkeit 1850–1914

3.2.1 Das Fürkaufsverbot für Marktwaren

Die Aufhebung des Verbots betreffend Vorkauf bzw. Fürkauf von Landwirtschaftsprodukten der Region war in der zweiten Hälfte des 19. Jahrhunderts und darüber hinaus ein immer wieder heiss diskutiertes Thema. Es ging dabei ausschliesslich um Waren, die auf den Marktplätzen zum Verkauf kamen, und die Auseinandersetzung spielte sich zwischen Händlern mit Produkten aus Eigenbau einerseits und den reinen Wiederverkäufern (Markthändlern) und deren Lieferanten, den Bauern und Gemüsegärtnern, andererseits ab. Das Fürkaufsverbot schränkte den Grosshandel mit tagesfrischen landwirtschaftlichen Marktprodukten ein. Die Verfechter des Verbots, das wiederholt als widersprüchlich zur Handels- und Gewerbefreiheit in Frage gestellt wurde, sahen in ihm eine wirksame Massnahm gegen die unnötige Erhöhung der Preise durch den Zwischenhandel. Dieses Argument ist aus ökonomischer Sicht schwer verständlich, weil sich die Preise aus der Konkurrenzsituation auf dem Marktplatz und der Konsumnachfrage ergeben und nicht allein durch das (günstige) Angebot von Selbstproduzenten. Es kann jedoch unter den Rahmenbedingungen einer relativen Knappheit an landwirtschaftlichen Frischprodukten und bei unvollkommener Markttransparenz eine gewisse Berechtigung haben. In der Tat hatte sich die Nachfrage nach Obst und Gemüse in den expandierenden Städten des späten 19. Jahrhunderts rasch vergrössert,[23] sodass ein Nachfrageüberhang möglich scheint. Erst mit der Marktordnung von 1929 fiel das Fürkaufsverbot endgültig dahin.[24]

3.2.2 Das Hausierverbot

In der Helvetik war – entgegen der sonst erklärten und praktizierten Gewerbefreiheit – ein scharfes Hausierverbot erlassen worden. Fremden wurde das Hausieren ganz verwehrt und Bürgern nur unter strengen Auflagen gestattet. Da aus wirtschaftlicher Sicht der Bedarfsdeckung ein generelles Verbot für einige Handelsbranchen und Landesteile wenig Sinn machte, liess das Gesetz vom 11. Juli 1800 Ausnahmen zu, unterstellte die Hausierer aber in jedem Falle der Patentpflicht.[25] Das Hausierverbot von 1816, das bis 1856 in Kraft blieb, untersagte in Basel das Hausieren generell, nahm jedoch eine lange Liste von Produkten davon aus, die von Textilien über Schiefertafeln, Barometer und Brillen bis zu Kupferstichen reichte.[26] Im Lebensmittelbereich war nur der Hausierhandel mit «Citronen und Pomeranzen» erlaubt, damals eine in unkonservierter Form offenbar in erster Linie über fahrende Händler erhältliche Delikatesse. Mit der Verordnung von 1856[27] fiel in Basel das bis dahin restriktive Hausierverbot für Lebensmittel weg. Das «Feilhalten von Lebensmitteln und anderen Gegenständen des Marktverkehrs sowie landwirtschaftlichen Produkten» stand jetzt jedermann frei, wobei die lebensmittelpolizeilichen Vorschriften der Marktordnung einzuhalten waren. Diese besondere Regelung für Lebensmittel wurde auch in späteren Hausierverordnungen[28] beibehalten, immer unter Hinweis auf die sanitäts- und marktpolizeilichen Vorschriften. Für das Hausieren mit ausgewählten Lebensmittelspezialitäten und Genussmitteln, wie etwa Honig, Schabzieger, Glarner Tee, Zuckerwaren, Zigarren und Tabak, musste hingegen unter Entrichtung einer Hausiergebühr ein Patent gelöst werden.[29]

3.2.3 Bewilligungen zur Eröffnung von Verkaufsläden und Werkstätten

Bis 1856 waren die Paragrafen 199 und 204 der noch stark zünftig geprägten Polizei-Strafordnung von 1837 in Kraft. Sie verboten das Errichten von Handwerker-Werkstätten auf dem Stadtgebiet vor den Toren im Bereich des Stadtbanns und knüpften die Eröffnung kaufmännischer «Kontore oder Niederlagen sowie auch von Läden zu Kleinhandelszwecken» für nicht im Kanton verbürgerte Personen an eine Gewerbebewilligung.[30] Anfragen betreffend Erlaubnis zur Einrichtung von Lebensmittelläden vor den Stadttoren, wie sie schon vor der Beseitigung der Stadtmauern einsetzten, wurden mit Verweis auf die genannten Paragrafen der Polizei-Strafordnung abschlägig beantwortet.[31] Im November 1856 gelangten betroffene Anwohner mit einer Petition zur Bewilligung von Läden vor den Stadttoren an die Regierung: «Hochdieselbe möge die Erlaubnis erteilen, dass vor den Toren die nötigsten Lebensbedürfnisse auch verkauft werden dürfen, wie sie in der Stadt und namentlich in den Spezereiläden feilgeboten werden. Da die Einrichtung für uns alle eine grosse Zeitersparnis und besonders für die wenig Bemittelten, welche wegen der billigen Miete vor den Toren wohnen, ein wahres Bedürfnis ist, so erlauben wir uns hiermit: Die an unsere hohe Regierung wegen dieser Angelegenheit gestellten Gesuche aufs wärmste zu empfehlen.»[32]
Diese Argumente vermochten den Kleinen Rat zur Aufhebung der beiden Paragrafen der Polizei-Strafordnung zu bewegen, womit zukünftig die «Errichtung von Kramläden und Bäckereien etc. vor den Toren» möglich sein sollte.[33] Doch sofort freigegeben wurde die Angelegenheit nicht. Unter «Berücksichtigung der veränderten Gewerbsverhältnisse und der vermehrten Bevölkerung des Stadtbanns» sah eine neue Verordnung nämlich noch immer eine Bewilligungspflicht für «Kramläden im Stadtbann» vor.[34] In der Folge wurde diesbezüglichen Gesuchen in der

Regel stattgegeben.[35] Ab den 1860er-Jahren reichte die Niederlassungsbewilligung zur Eröffnung eines Verkaufsladens aus. Die rasante Ausdehnung der Stadt und die dadurch veränderten Verhältnisse liessen die Verordnung von 1856 schon nach wenigen Jahren bedeutungslos werden. Ab 1856 stand es de facto allen in Basel Niedergelassenen frei, ein Verkaufsgeschäft oder einen handwerklichen Gewerbebetrieb zu eröffnen, auch ausserhalb der früheren Stadtmauern.

3.2.4 Bewilligungspflicht für Apotheken und Exklusivverkaufsrecht für «Arzneimittel»

Einer Bewilligungspflicht unterstanden – im Widerspruch zur Handels- und Gewerbefreiheit – im Kanton Basel-Stadt um 1874 die Apotheken.[36] Diese Bewilligung war mehr als eine Formalität zwecks sanitätspolizeilicher Aufsicht. Sie regulierte den Zugang im Sinne einer Wettbewerbsbeschränkung im Interesse der ansässigen Apotheker.[37] Auf gesamtschweizerischer Ebene zielte 1867 das Konkordat einiger Kantone über Freizügigkeit des schweizerischen Medizinalpersonals (Ärzte, Apotheker, Tierärzte)[38] darauf ab, der Gewerbefreiheit in medizinischen Berufen zum Durchbruch zu verhelfen. Gemeinsam organisierte Berufsprüfungen führten zu einem gegenseitig anerkannten Diplom (Fähigkeitszeugnis). Basel-Stadt trat dem Konkordat wenige Monate nach seiner Einrichtung bei. Die baselstädtische Apothekenverordnung von 1879 hält dementsprechend fest, dass jeder, der sich «über den Besitz des erforderlichen Apothekerdiploms ausweisen kann», eine Apotheke führen dürfe.[39] Doch 1899 musste die Eröffnung von Apotheken erneut bewilligte werden, angeblich um die Eignung der Räumlichkeiten prüfen zu können.[40] Wie frei die Apotheker der Konkordatskantone in ihrer Gewerbeausübung tatsächlich waren, ist schwer zu beurteilen. 1881 gab der Bundesrat einem Apotheker Recht,[41] der sich in der Stadt Zürich niederlassen wollte. Trotz abgelegtem Konkordatsexamen hatte sein entsprechender Antrag vom Sanitätsrat des Kantons eine Abweisung erfahren: «Mit Rücksicht auf das im Kanton Zürich noch aufrechtstehende Konzessionssystem betreffend Errichtung von öffentlichen Apotheken [...] müsse das erwähnte Gesuch, übereinstimmend mit dem Gutachten der Gemeinde- und Bezirksbehörden, in verneinendem Sinne entschieden werden, denn die Stadtgemeinde Zürich besitze bereits 11 öffentliche Apotheken auf eine Bevölkerung von zirka 25'000 Einwohner. Es treffe daher jetzt schon bloss zirka 2300 Einwohner auf eine Apotheke, eine Verhältnis, welches das als normal angenommene von 1 : 4000 bei weitem nicht erreiche. Die Apotheken seien ausserdem durch sämtliche Stadtteile so situiert, dass in keinem derselben das Bedürfnis nach einem neuen derartigen Institute nachgewiesen werden könne.»

Hinzu kam, dass den Basler Apotheken durch gesetzliche Grundlage das Alleinverkaufsrecht für gewisse Produkte vorbehalten war, etwa gemäss der Gift- und Arzneimittelverordnung von 1879[42] für die so genannten Geheimmittel, d. h. für Arznei- und Stärkungsmittel ohne Angabe der Zusammensetzung. Davon ausgenommen waren gesundheitsunschädliche kosmetische Mittel. Diese durften auch in anderen Geschäften verkauft werden. Die genannte Verordnung legte fest, dass nur Apotheken «zusammengesetzte oder zubereitete Arzneimittel» sowie «chemische Präparate» verkaufen durften. Diese Bestimmung wurde in der Verordnung von 1899 beibehalten und auf Anstoss der Apotheker-Vereinigung[43] mit der Abänderung von 1907 gar noch ausgedehnt. Sie lautete jetzt: «Der Verkauf von zusammengesetzten oder zubereiteten Arzneimitteln, von medizinischen Droguen, von chemischen Präparaten, die zu Heilzwecken Verwendung finden […], ist ausschliesslich den Apotheken […] gestattet.»[44]

Solche Reglementierungen sind Ausdruck eines erbitterten Kampfes zwischen den Handelsbranchen um das Verkaufsrecht für neuartige Konsumprodukte, der um die Jahrhundertwende entbrannte und auch in anderen Kantonen zu beobachten war. Dabei vermochten sich die Apotheker auf Kosten der Drogisten sowie anderer Verkäufer äusserst vorteilhaft zu positionieren. Bei den umstrittenen Produkten handelte es sich nämlich weder um Gifte noch um eigentliche Arzneimittel oder medizinische Spezialitäten, sondern um Markenprodukte aus den Bereichen Kosmetik sowie Nahrungs-, Stärkungs- und Genussmittel, z. B. Odol-Mundwasser, Eau de Cologne, Lanolin-Toiletten-Crème, Nestlé's Kindermehl gegen Magenleiden, Liebig's Fleischextrakt für Rekonvaleszente, Eier-Cognac gegen Appetitlosigkeit und Schwächezustände, Hafer-Kakao gegen Darmleiden oder die Emulsion Scott, ein Mittel gegen allgemeine Schwächezustände,[45] aber auch Richard Brandts Schweizerpillen, Ovomaltine und der Wohlschmeckende Fischtran der Fischmarktapotheke Basel.[46] Ihre Erfinder und Hersteller waren häufig Apotheker, was den Produkten zusammen mit dem entsprechenden Marketing zum Status der medizinischen Spezialität oder medizinischen Droge verhalf. So beabsichtigte Henri Nestlé in den späten 1860er-Jahren zunächst, sein Kindermehl als Nährmittel über Spezerei- und Comestiblesgeschäfte zu vertreiben, revidierte seine Meinung dann aber schon bald, weil die Konsumenten dem Produkt gemäss ihren Rückmeldungen oftmals heilende Eigenschaften zuschrieben.[47] Nestlé's Kindermehl wurde fortan vorzugsweise in Apotheken als Arzneimittel abgesetzt.

Weil Basler Drogerien und Spezereiläden im Jahr 1907 die oben genannten und weitere betroffene Produkte bereits in ihren Sortimenten führten, wurde ihnen für den Absatz der Lagerbestände eine Frist bis zum 31. Juli 1908 eingeräumt. Die Drogisten befanden sich als Nichtmedizinalpersonen gegenüber den Apothekern in einer schwachen Position, wobei die fehlende Berufsbildung – eine amtliche

Prüfung für Drogisten wurde diskutiert – immer wieder Angriffspunkt war. Als Reaktion auf die verschärfte Auslegung der Gift- und Arzneimittelverordnung gelangte der Verein Basler Drogisten am 21. September 1908 mit einem Rekurs an den Bundesrat und am 5. Februar 1909 an die Bundesversammlung. Er beklagte sich über die seines Erachtens ungerechtfertigte Einschränkung der Gewerbefreiheit. Allerdings ohne Erfolg: Der Entscheid des Basler Regierungsrats betreffend Verkaufsbeschränkung von Emulsion Scott auf die Apotheken hatte erneut einen Rekurs an den Bundesrat zur Folge,[48] der allerdings auch diese Beschwerde abwies. Weil die Verordnung Interpretationsspielraum liess, hatte das Sanitätsdepartement jedes neue Produkt dieser Kategorie zu begutachten und es als unbeschränkt handelbar bzw. den Apotheken vorbehalten zu deklarieren. 1913 lagen sich die Basler Regierung und der Verein Basler Drogisten wieder in den Haaren, diesmal ging es um den Verkauf der Zahnpaste Pebeco.[49]

3.2.5 Zusätzliche Verkaufsbeschränkungen für Lebensmittel und Haushaltsartikel

Der Handel mit einzelnen Waren und Warengruppen stand aus steuer- und/oder gesundheitspolitischen Gründen unter behördlicher Aufsicht und war an eine Patent- oder Bewilligungspflicht gebunden, so der Salz-, der Wein- und der Spirituosenverkauf.[50] Aus hygienischen Gründen wurde der Milchverkauf ab 1893 bewilligungspflichtig.[51] Sicherheits- und versicherungstechnische Überlegungen führten ab 1881 zur gesetzlichen Regelung des Petroleumverkaufs.[52]

Teil II:

Aufschluss aus den Adressbüchern

4 Hauptquellen: Beschreibung und Vorgehen

4.1 Bedeutung der Adressbücher als historische Quelle

Die Bedeutung der Adressbücher als Quelle unterstreicht folgende Tatsache: Entgegen den Begehren der Statistiker wurde die erste Eidgenössische Betriebszählung von 1905 unabhängig von einer vorangehenden Volkszählung durchgeführt. Weil demzufolge Haushaltungslisten als Basis fehlten, mussten die Betriebe bei der Vorbereitung der Erhebung direkt ermittelt werden. Der damalige Leiter des Statistischen Amtes von Basel-Stadt[1] hielt zum gewählten Vorgehen fest: «Auch die beste Ortskenntnis ist in einer Grossstadt für die Ermittlung der Betriebe, besonders der kleinen und kleinsten, belanglos. Einträglicher ist die Benützung eines Adressbuches. Für Basel musste das nach Branchen geordnete Register des Adressbuches von 1905, das ‹Verzeichnis der Einwohner nach ihren Geschäften und Gewerben› als Grundlage für das weitere Vorgehen benutzt werden.»

Zu Ende unseres Untersuchungszeitraums galt also das Adressbuch in den Augen von Fachleuten als zuverlässigste Basis für ein so gewichtiges Unterfangen wie die Betriebszählung. Doch auch David Alexander (1970) sowie Benson und Johnson (1992) stützen sich für ihre Branchenstudien des 19. Jahrhunderts auf Handels-Adressbücher, welche aus ihrer Sicht die am wenigsten unbefriedigende Quelle darstellen.[2]

4.2 Vorgehen bei der Datenerhebung aus den Adressbüchern

Zur Untersuchung der einleitend erwähnten Themenbereiche wurden zunächst in erster Linie die Adressbücher der Stadt Basel ausgewertet. Für unsere Zwecke nützlich sind allerdings nur die Ausgaben mit Branchenteil, wie sie für die Jahre 1854, 1862, 1874, 1877, 1880 und 1883–1914 vorliegen.

Zunächst haben wir diese Branchenteile für die erwähnten Jahre ausgezählt, um so weit als möglich Zahlenmaterial zur Verteilung der Betriebe auf die Branchen zu gewinnen und für die Jahre ab 1883 eine Zeitreihe zu erstellen. Parallel zu dieser Auszählung wurde eine Datei über die Unternehmungen mit Filialgeschäften angelegt. Falls im Adressbuch für einen Betrieb zwei oder mehrere Verkaufsstellen ausmachbar sind, haben wir diesen mit Branchenangabe in die Filialdatei aufgenommen und die Zahl der Filialen jährlich erhoben, solange der Betrieb weiterbestand, auch über allfällige Generationenwechsel hinweg. Da mehrere Ladengeschäfte derselben Firma meistens durch die Nennung verschiedener Adressen erkenntlich sind und eher selten durch den expliziten Zusatz «Filialen: ...», hat es gegolten, Fehlern auf Grund von Doppeladressen bei Eckhäusern oder durchgehenden Liegenschaften vorzubeugen. Hilfreich ist dabei der Beizug von zeitgenössischen Stadtplänen gewesen.

Um die Struktur des Lebensmitteleinzelhandels und -handwerks auf einer gesicherten Datenbasis zu untersuchen, sind für sechs Stichjahre sämtliche Verkaufsstellen ermittelt worden, die ausschliesslich oder teilweise mit Lebensmitteln handelten. Da der Zeitraum 1850–1914 möglichst gleichmäßig abgedeckt werden sollte, Branchenverzeichnisse vor 1883 aber nur für ausgewählte Jahre bestehen, sind für diese detaillierte Erhebung die Jahre 1854, 1862, 1874, 1886, 1898 und 1910 festgelegt worden. Mit Ausnahme des Zeitabschnitts 1854–1862 ergibt sich so ein 12-Jahres-Rhythmus. Jedes Geschäft ist mit Angabe zu Branche gemäss Branchenverzeichnis, Name und Vorname des Inhabers, Geschlecht des Inhabers und Adresse des Hauptgeschäfts erfasst worden. Wenn es sich dabei für 1854 um 334 in die Untersuchung einfliessende Adressen handelt, so sind es für 1910 dann 1504. Anschliessend haben wir die Daten bereinigt, d. h. die unter zwei oder mehreren Branchen aufgeführten Geschäfte sind *einer* Branche zugewiesen und nur einmal gezählt worden.[3] Sämtliche Daten haben wir auf Microsoft Excel Version 4.0 erfasst und ausgewertet.

4.3 Gültigkeit und Zuverlässigkeit der Adressbuchdaten

In den meisten Fällen entsprechen die im Branchenteil aufgeführten Personen- oder Firmennamen und die dazugehörige Adresse wohl dem Sitz eines festen Ladengeschäfts des Lebensmitteleinzelhandels bzw. -handwerks. Einige Einschränkungen ergeben sich allerdings:
- Bis 1871 bestanden in Basel die Scholen als öffentliche Verkaufslokale für Fleisch. Doch der Scholzwang hatte nach der Helvetik nicht mehr voll durchgesetzt werden können, so genannte Winkelmetzgereien entstanden, Verkaufslokale ausserhalb der Scholen. Und ab 1847 wurden schrittweise einzelne Fleischsorten für den Hausverkauf freigegeben.[4] Ein Eintrag im Branchenteil unter «Metzger» vor 1871 entspricht daher in vielen, aber nicht allen Fällen

einer Metzgerbank in einer der drei Scholen; allenfalls könnten auch private Verkaufslokale gemeint sein. Nach 1871 dürfte es sich ausschliesslich um Metzgereigeschäfte handeln, da die letzte Schol in diesem Jahr geschlossen worden war.
- Abweichungen bzw. Fehler bei der Auszählung sowohl der Metzger wie auch der Bäcker könnten dadurch entstehen, dass im selben Geschäft arbeitende Väter und Söhne im Adressbuch separat genannt werden. Oder die Witwe eines Meisters wird noch als Inhaberin aufgeführt, obwohl im Adressbuch bereits der Sohn bzw. ein anderer Nachfolger von ausserhalb der Familie als Bäcker oder Metzger an der selben Adresse vertreten ist. Diese Beobachtungen und die damit verbundenen Vorbehalte gelten für die erste Hälfte unseres Zeitraums stärker als für die zweite. Weil eine sichere Grundlage für entsprechende Korrekturen fehlt, haben wir davon abgesehen. Bei den Bäckern fällt betreffend Doppelvertretungen Folgendes ins Gewicht: Über den ganzen Untersuchungszeitraum hinweg sind gelegentlich zwei Bäcker an der selben Adresse anzutreffen, vom Namen her manchmal als Verwandte erkennbar. Obwohl ein Stadthaus oft zwei Verkaufslokale aufwies, erstaunt es dennoch, Bäckereien Tür an Tür vorzufinden. Aber gerade in der ersten Hälfte unseres Untersuchungszeitraums konzentrierten sich die Bäckereien in einigen wenigen Strassen (Spalenvorstadt, Steinenvorstadt, Aeschenvorstadt, Rheingasse, Rebgasse und Webergasse), sodass die unmittelbare Nachbarschaft von Konkurrenten in diesem Handwerk eher Regel als Ausnahme war.
- Weil die Adressbücher mit Ausnahme von 1854 Gross- und Einzelhandel nicht unterscheiden, ist ein Detailverkauf für die erfassten Geschäfte nicht immer gesichert. Einige wenige Firmen, vorwiegend im Bereich Drogerie- und Materialwaren, Kolonialwaren oder Weine und Spirituosen, könnten sich durchaus auf den Grosshandel beschränkt haben. Gewisse Anhaltspunkte sprechen aber dafür, dass der Grosshandelstätigkeit meist ein Detailverkauf angegliedert war, weshalb die Unterteilung nach Funktionen kaum möglich ist und wenig Sinn macht. Solches dürften auch die Ersteller der Adressbücher festgestellt haben. Allerdings wird damit der Grosshandel kaum fassbar. Betrachtungen über das Zusammenwirken zwischen bzw. die Funktionsaufteilung unter den Beteiligten werden sehr erschwert.
- Einige Sparten des Frischproduktenhandels können nicht eindeutig dem «sesshaften Handel» in Ladengeschäften zugeordnet werden, so etwa der Obst- und Gemüsehandel, der Viktualien-, der Fisch-, der Geflügel-, der Eier- und der Milchhandel. Wohl der grössere Teil dieser Frischprodukte wechselte zur betrachteten Zeit unter offenem Himmel vom Erzeuger oder Händler zum Konsumenten, und zwar im Strassen- oder im Markthandel. Es gibt wichtige Anhaltspunkte dafür, dass die im Branchenverzeichnis unter diesen Rubriken

aufgeführten HändlerInnen kaum alle über ein Verkaufslokal verfügten.[5] Zusätzliche Berufsangaben bzw. ursprünglicher Beruf der InhaberInnen, das Vorherrschen der Alleinbetriebe, ein hoher Frauenanteil usw. zeichnen insgesamt das Bild eines bescheidenen Kleinhandels, der aus finanziellen Gründen die Miete eines Verkaufslokals kaum erlaubte. Es liegen keine Quellen vor zur Überprüfung dieses Sachverhaltes, da die Eröffnung eines Ladengeschäfts mit wenigen Ausnahmen[6] nicht an eine spezielle Bewilligung gebunden war, einzige Voraussetzung war die Niederlassungsbewilligung. Für das Hausieren mit Lebensmitteln (ab 1882 eingeschränkt auf «Gegenstände des Marktverkehrs» wie Gemüse, Obst, Blumen, Eier, Butter, Fische, Wildbret, Geflügel und Brennholz) war in Basel keine Bewilligung bzw. kein Hausiererpatent nötig, es mussten allein die sanitäts- und marktpolizeilichen Vorschriften eingehalten werden.[7]

- Eine weitere Problematik kann darin bestehen, dass wir in unserer Untersuchung Produzenten bzw. Fabrikanten nicht als Einzelhändler erfasst haben. Detailverkauf war zwar möglich, musste aber nicht sein. Hier ergibt sich eine gewisse Fehlerquelle, wenn bedacht wird, dass in unserem Zeitraum noch die kleinbetrieblich-gewerbliche Lebensmittelproduktion für den regionalen Markt vorherrschte. Es stellt sich unseres Erachtens mit Recht die Frage: Ist ein Senffabrikant, Schokoladenfabrikant, ein Seifenmacher oder Müller ausschliesslich Fabrikant, oder betreibt er selbst auch den Direktabsatz seiner Erzeugnisse an die Letztverbraucher?

Ferner können die Branchenverzeichnisse in unbekanntem Ausmass unvollständig oder fehlerhaft sein. Anhand von konkreten Einzelfällen wird ersichtlich, dass Geschäfte erst mit einigen Jahren Verspätung oder gar nicht ausgewiesen wurden. Das Verzeichnis beruht für das jeweilige Jahr auf einer Vergangenheitsaufnahme und reagiert auf Veränderungen mit rund einem Jahr Verzögerung. Geschäfte mit sehr kurzem Bestand werden deshalb unter Umständen gar nicht erfasst. Welcher Branche ein Geschäft schliesslich zugeordnet wird, kann zumindest teilweise vom subjektiven Verständnis der Ersteller abhängig sein.

Die Aufführung ein und desselben Geschäfts unter zwei oder mehreren Branchen kann beim einfachen Auszählen der Adressbücher Verzerrungen bewirken. Die für einzelne Branchen und insgesamt ausgewiesene Anzahl Verkaufsgeschäfte fällt tendenziell zu hoch aus mit unterschiedlichen Abweichungen. In einigen Branchen ist die Abweichung von der effektiven Zahl der Geschäfte erheblich. Soll der Umfang der Branchen annähernd genau ermittelt werden, so müssen Doppel- oder Mehrfachzählungen durch den Vergleich von Inhabername und Adresse ausfindig gemacht und bereinigt werden. Dabei hat eine eindeutige Zuordnung jedes Geschäfts zur einen oder anderen Branche zu erfolgen.

Wir haben diese Datenbereinigung für die Stichjahrdaten so vorgenommen, dass

Tab. 3: *Doppel- und Mehrfachaufführungen im Branchenteil des Adressbuchs der Stadt Basel, 1854–1910*

Quelle	Geschäfte					
	1854	1862	1874	1886	1898	1910
Adressbuch-Auszählung (n)	334	407	501	993	1263	1503
Bereinigte Stichjahrdaten (n)	306	377	481	869	1060	1295
Anteil der effektiven Geschäfte an den Geschäften gemäss Adressbuch (%)	92	93	96	88	84	86

Quelle: *Adressbuch der Stadt Basel.*

– wo immer möglich – die vom Warenangebot her weiter greifende Branchenbezeichnung gewählt worden ist. Ein Verkaufsgeschäft, das sowohl unter «Käse- und Buttergeschäft» als auch unter «Spezerei» erschien, wird der vom Sortiment her umfassenderen Spezereibranche zugeordnet. Aller Wahrscheinlichkeit nach handelt sich es um ein Spezereigeschäft mit erwähnenswertem Angebot an Käse und Butter. Analog kommt ein Geschäft mit zwei Eintragungen unter «Wein- und Spirituosen» und «Kolonialwaren» zur Kolonialwarenbranche. In schwer entscheidbaren Fällen, etwa bei gleichzeitigem Eintrag unter «Milchhändler» und «Obst- und Gemüsehändler», «Milchhändler» und «Bierhändler» oder «Kolonialwarenhandlung» und «Spezerer», ist der Inhaber/die Firma im alphabetischen Einwohnerverzeichnis nachgeschlagen und die dortige Angabe als relevant betrachtet worden. Ein Datenvergleich der bereinigten mit den ausgezählten Werten für unsere Stichjahre macht den Fehler infolge Mehrfachzählungen ersichtlich und seine Variation abschätzbar. Insbesondere für die Zeit nach 1883, wo wir das Branchenverzeichnis zur Ermittlung von Zeitreihen jährlich ausgezählt haben, interessieren uns Höhe uns Konstanz der Abweichungen (vgl. Tab. 3).

Nach Branchen betrachtet, ergibt sich ein differenziertes Bild, das uns zeigt, welche Daten mehr und welche weniger zuverlässig sind (vgl. Tab. 4, S. 60). Die Verzerrung der erhobenen Zeitreihe für die Gesamtheit aller Ladengeschäfte durch Mehrfachzählungen ist also keine regelmässig lineare, sondern sie variiert für unsere Stichjahre zwischen den Extremwerten von 4% für 1874 und 16% für 1898. Im ersten Teil unseres Zeitabschnitts liegt sie bei durchschnittlich 6%, ist aber dann im zweiten mit durchschnittlich 14% deutlich höher. Angesichts der Unterschiede nach Branchen und auch über die Zeit hinweg können die erhobenen Daten nicht mit einem Korrekturfaktor bereinigt werden. Vielmehr sind die Abweichungen zu akzeptieren und bei der Arbeit mit den Daten zu berücksich-

Tab. 4: *Bereinigungseffekt nach Branchen, 1854–1910*

Branche	%-Anteil der Geschäfte, die nach Abgleich der Branchen im Adressbuch der Stadt Basel in den entsprechenden Rubriken übrig bleiben				
	1854	1862	1874	1886	1898	1910
Apotheker	100	100	100	100	100	100
Bäcker	100	100	100	99	100	100
Bierbrauer	100	100	100	100	100	100
Bierhändler			100	82	68	71
Comestibleshändler		100	75	81	72	77
Drogerie- und Materialwarenhandlungen	100	100	87	100	71	84
Eierhändler				63	55	52
Fisch-, Geflügel- und Wildbrethändler	100	75	100	71	80	53
Fleischwarenhändler				40	40	22
Honighändler			100	50		50
Hippenbäckerin	100	100				
Kaffeespezialgeschäft						100
Käse- und Butterhändler	40	63	88	48	50	59
Kolonialwaren und Landesprodukte	100	89	92	81	90	84
Konditoren/Zuckerbäcker	94	100	96	95	83	85
Metzger	100	100	100	99	100	100
Milchhändler		100	100	95	88	89
Mineralwasserhändler	33		40	60	13	23
Molkereigeschäft					100	100
Nudelmacherinnen	67	100				
Obst- und Gemüsehändler		78		79	89	96
Reformgeschäft						100
Salzverkäufer				18	10	8
Schokoladenfabrikanten und -handlungen		100				60
Spezierer	95	96	93	93	90	92
Südfrüchtehandlungen	33	20				
Teehandlungen					60	58
Traiteure	100	100	78	79	64	90
Viktualienhändler	100	100	100	74	90	95
Wein- und Spirituosenhandlungen	67	72	98	91	74	71
Zigarren- und Tabakhandlungen	72	96	100	85	89	95
Diverse Lebensmittelhändler		75				
Total	92	93	96	88	84	86

Lesebeispiele: Die Bäcker und Metzger sind mit 100% bzw. 99% praktisch ausschliesslich unter der entsprechenden Rubrik im Branchenverzeichnis anzutreffen. Bei den Käse- und Butterhändlern finden sich viele auch in anderen Rubriken, etwa unter Spezierer, Viktualienhändler etc.

Quelle: *Adressbuch der Stadt Basel,* Branchenteil und alphabetisches Verzeichnis.

Tab. 5: *Lebensmittelgeschäfte in der Stadt Basel im Adressbuch 1898 und 1910 (bereinigte Daten) sowie in der Eidgenössischen Betriebszählung von 1905*

Branche	Geschäfte (n)			Geschäfte (%)		
	AB 1898	BZ 1905	AB 1910	AB 1898	BZ 1905	AB 1910
Apotheken	25	27	29	2,4	2,1	2,3
Bäckerei-Konditorei	174	223	232	16,5	17,2	18,0
Metzgerei und Wursterei	91	85	96	8,6	6,6	7,5
Fleisch- und Wurstwarenhandel	13	26	13	1,2	2,0	1,0
Wildbret-, Geflügel- und Fischhandel, Konservenhandel (Comestibles)	35	23	26	3,3	1,8	2,0
Handel mit Milch, Eiern, Butter, Käse, Obst, Südfrüchten, Gemüse u. a. Marktwaren	234	197	290	22,2	15,2	22,5
Spezerei-, Kolonialwarenhandel, etc.	288	435	376	27,4	33,6	29,2
Wein- und Spirituosenhandel	74	76	85	7,0	5,9	6,6
Bierhandel	21	25	15	2,0	1,9	1,2
Mineralwasserhandel	1	9	3	0,1	0,7	0,2
Essighandel		1			0,1	
Tabak- und Zigarrenhandel	68	104	92	6,5	8,0	7,1
Drogeriewarenhandel etc.	29	63	31	2,8	4,9	2,4
Total	1053	1294	1288	100	100	100

AB = Adressbuch; BZ = Betriebszählung

Quellen: *Adressbuch der Stadt Basel; Ergebnisse der Eidgenössischen Betriebszählung vom 9. August 1905*, Bd. 1, Heft 4, Bern 1907, 217, 338, 347; Bd. 3, Bern 1911, 204; Bd. 4, Bern 1912, 156.

tigen. Für die Zeit bis 1874 erübrigen sich Bedenken, weil die Mehrfachzählungen bescheiden sind und die nur für isolierte Jahre vorliegenden Branchendaten ohnehin nicht mehr als einen Trend vermitteln. Für die späteren Jahre ist allerdings ein abweichender Verlauf von effektiver und im Branchenteil ausgewiesener Anzahl der Geschäfte denkbar. Besonders gefährdet wäre die Zuverlässigkeit durch abrupte Vorgehensänderungen beim Erstellen des Adressbuch-Branchenverzeichnisses. Unsere Arbeit mit den Daten hat allerdings keine Hinweise auf solche Diskontinuitäten geliefert.

Die Gültigkeit und Zuverlässigkeit der Adressbuchdaten kann für das Ende des Untersuchungszeitraums durch einen Vergleich mit den Ergebnissen der ersten Eidgenössischen Betriebszählung vom 9. August 1905 überprüft werden. Wir haben zu diesem Zweck die von Doppelzählungen bereinigten Daten der Stichjahrdaten von 1898 und 1910 denjenigen der Betriebszählung gegenübergestellt. Zu diesem Zweck sind die Daten vorgängig auf vergleichbare Basen verdichtet worden, wobei gewisse Ungenauigkeiten bezüglich Branchendefinition in Kauf genommen werden müssen (vgl. Tab. 5).

Im grossen Ganzen bestätigen die Ergebnisse der Betriebszählung unsere Daten. Vor allem der Vergleich mit 1910 fällt recht erfreulich aus, sowohl bezüglich der meisten Branchenanteile als auch vom Gesamtumfang her. Lassen wir uns aber nicht über verschiedene, teils erhebliche Abweichungen hinwegtäuschen. In der Rubrik «Drogeriewarenhandel etc.» erklärt sich der Unterschied mit der weiter gefassten Branche, die nebst dem Handel mit Drogerie- und Materialwaren auch jenen mit Petrol, Fetten, Ölen, Wachs, Kerzen, Seifen, Feuerwerkskörpern und Sprengmitteln einbezog. Die Betriebszählung scheint ferner in der umfangreichen Spezereibranche noch einige Geschäfte mehr ausfindig gemacht zu haben, als das Adressbuch aufführt, vermutlich unscheinbare Kleinst- und Nebenerwerbsbetriebe. Besonders erklärungsbedürftig ist die grosse Abweichung bei den Betrieben des Frischwarenhandels (Branche «Handel mit Milch, Eiern, Butter, Käse, Obst, Südfrüchten, Gemüse und anderen Marktwaren»). In der Betriebszählung gilt zwar der Grundsatz, dass jeder Betrieb, gleich welcher Rechtsform und Grösse, also «Anstalten, Kollektivperson, landwirtschaftliche oder technische Gewerbe, Handwerk oder Handelsgeschäft irgendwelcher Art, wenn auch in ganz kleinem Umfange, sei es als Haupterwerb oder als Nebenerwerb» erfasst werden soll.[8] Die entsprechende Verordnung nennt jedoch einige Kategorien von Betrieben, die nicht erhoben wurden, worunter auch die so genannten ambulanten Gewerbe fallen.[9] Frischproduktenhändler ohne festes Ladenlokal, welche den Markt- oder Hausierhandel mit Milch, Obst und Gemüse, Butter, Geflügel und Fisch betrieben, blieben also unerfasst. Diese Tatsache kann die grosse Abweichung hinreichend erklären. Gleichzeitig sehen wir uns in der oben geäusserten Vermutung bekräftigt, dass die im Adressbuch aufgeführten Milch-, Obst- und Gemüse- bzw. ViktualienhändlerInnen zumindest teilweise über kein Ladenlokal verfügten.[10]

5 Die Branchen, ihre Sortimente und die Ladeninhaber

Von der Wortbedeutung ihres Namens her lassen sich die Sortimente der Einzelhandelsbranchen nicht immer angemessen ableiten. Dies gilt etwa für den Kolonialwaren- und Landesproduktenhandel, für die Zuckerbäcker bzw. Konditoren, für die Spezierer und Viktualienhändler. Nebst dem Nachschlagen in Wörterbüchern hat die Arbeit mit den Daten, insbesondere die Datenbereinigung zur Beseitigung von Doppel- und Mehrfachzählungen, einigen Aufschluss über die Geschäftstätigkeit der Berufe und Branchen gegeben. Im Folgenden werden wir die Branchen mit ihren Aktivitätsschwerpunkten überblicksweise darstellen und auf Sortimentsüberschneidungen eingehen.

Apotheker
In Apotheken wurden in der betrachteten Zeit hauptsächlich Medikamente zubereitet und verkauft, teils auf Rezept eines Arztes, teils rezeptfrei. Die rezeptfrei erhältlichen Produkte gingen in Richtung Ernährung, Gesundheits- und Körperpflege, aber auch die so genannten Geheimmittel (Heilmittel ohne Angabe der Inhaltsstoffe) fielen darunter, deren Verkauf den Apotheken vorbehalten war. Zudem gehörten die Apotheken zu den Anbietern von natürlichem Mineralwasser. 1854 war einer von drei aufgeführten Mineralwasserhändlern ein Apotheker, in den 1890er-Jahren hiess es im Branchenteil unter Mineralwasserhändler (Natürliche Mineralwasser): «Auch in den Apotheken vorrätig». Natürliche Mineralwasser waren als Heilmittel mit garantiertem Ursprungsort erhältlich. Der Vertrieb erfolgte – in Steingut- und Glasflaschen abgefüllt – teilweise über weite Distanzen. In Anlehnung an kohlensäurehaltige natürliche Mineralwasser wurde ab der zweiten Hälfte des 19. Jahrhunderts dann «künstliches Mineralwasser», auch Sodawasser genannt, kleingewerblich hergestellt und in Flaschen abgefüllt.[1] Als Basis diente gewöhnliches Leitungswasser.
Teils überschnitt sich das Warenangebot der Apotheken mit jenem der Drogerie- und Materialwarenhandlungen, was wiederholt zu Streitereien führte und eine detaillierte Reglementierung der zulässigen Sortimente zu Gunsten der Apotheken zur Folge hatte.[2] Für die Eröffnung einer Apotheke war auch in der zweiten Hälfte des 19. Jahrhunderts eine Bewilligung notwendig, der Apotheker musste

im Hause wohnen (für den Nacht- und Sonntagsdienst wichtig), und Filialgeschäfte waren nicht erlaubt.[3] Wenn also ein ausgebildeter Apotheker wegen der von den Behörden bewusst eingeschränkten Apothekenzahl keine Erlaubnis zur Eröffnung einer Offizin erhielt, konnte es vorkommen, dass er sein Auskommen im Drogen- und Materialienhandel suchte und bei seiner Berufsausübung ins Grenzgebiet der beiden Branchen vorstiess, und es immer wieder zu Auseinandersetzungen mit dem Apothekerstand kam.[4] Unter die Drogen bzw. Materialien fielen nämlich u. a. auch die Rohstoffe, aus denen die Apotheker Heilmittel herstellten. Unser Datenmaterial weist aus, dass Apotheken in seltenen Fällen zugleich auch Drogerien waren, im Jahr 1898 sind zwei derartige Kombinationen nachgewiesen, 1910 eine einzige.

Bäcker
In erster Linie stellten die Bäcker Brot, aber auch Kleinbrote und trockenes Süssgebäck her. Überschneidungen mit einem benachbarten Lebensmittelhandwerk ergaben sich, indem Bäcker in wenigen Fällen und vor allem im zweiten Teil des untersuchten Zeitraumes zugleich auch als Zuckerbäcker bzw. Konditoren tätig waren. Einige wenige spezialisierten sich auf die Fabrikation von Leckerli, in einem Falle haben wir einen auch als Bäcker tätigen Eiernudelfabrikanten festgestellt, und die Bäckerei Christian Singer produzierte Zwieback und Brezeln im Grossen nebst dem Betrieb eines Filialnetzes von Bäckerei-Konditorei-Läden. Gemäss einer Erhebung[5] bestritt der Allgemeine Consumverein im Jahr 1910 mit dem Absatz von rund 10'000 kg Brotgebäck pro Tag etwa 23% der gesamten Versorgung der Stadt Basel. Der häufigste Neben- oder Zweitberuf der Bäcker war in unserem Zeitraum Wirt, gegen 1900 hin vermehrt auch Kaffeewirt. 1854 fand sich nur ein einziger Bäcker und Wirt mit der erklärungsbedürftigen Berufsangabe «Bäcker und Commis, Pintenwirtschaft». Gleichzeitig auch Wirte waren 1862 von 77 Bäckern sieben, 1874 von 80 deren sechs, und ein weiterer Bäcker wurde als «Wirt über die Gasse» bezeichnet, betrieb also einen Vorläufer des Take-aways. 1886 betätigten sich neun von 90 Bäckern als Wirte, 1898 sechs von 136 und 1910 nur noch sechs von 185. Während demnach 1862 und 1874 noch jeder zehnte Bäcker zugleich Wirt war, hatte diese Doppelfunktion 1910 an Bedeutung verloren.

Nebenämter aus der Zunftzeit liessen sich 1854 noch in Form des Kornmessers und Kornschauers feststellen, 1862 war ein Bäcker zugleich auch Kornhausschreiber. Selten zu beobachten waren ergänzende Aktivitäten im Lebensmittelhandel. Ab und zu wirkten Bäcker nebenbei als Salzauswäger, so einer im Jahr 1886, deren drei 1898 und fünf 1910. Darüber hinaus im Lebensmittelhandel tätig war 1854 J. Ch. Schmidt an der Spalenvorstadt, nämlich als Bäcker und Weinhändler, im selben Jahr auch Ludwig Henz an der Vorderen Steinenvorstadt

Abb. 8: *Die mittlere Freie Strasse vom Ringgässlein abwärts um 1880 wies vorwiegend feingliedrige Schaufensterfronten auf. (StABS, Bild Schneider 39)*

als Bäcker und Mehlhändler, oder 1886 Joh. Rombach-Haug an der Amerbachstrasse, der unten den Rubriken Bäcker und Viktualienhändler aufgeführt und im alphabetischen Verzeichnis der Einwohner als «Brod- und Esswaarendet.» bezeichnet wurde; da die Handelstätigkeit in diesem letzten Falle zu überwiegen scheint, haben wir diesen Betrieb den Viktualienhändlern zugerechnet. 1886 treffen wir ferner auf einen Bäcker, Frucht- und Mehlhändler, 1910 auf einen Bäcker und Agenten (Mehlhandel?) sowie auf einen Bäcker, Milch- und Käsehändler. Weiter vom Hauptberuf entfernt lag 1854 der Zweiterwerb als Fuhrhalter bzw. Holzsetzer. 1862 betätigte sich ein Bäcker nebenbei als Polizeigerichtsweibel, ein anderer als Bannwart. 1874 schliesslich ist ein «Ferger und Bäcker» auszumachen.

Eine gewisse Konkurrenz entstand den Basler Bäckern, als der schon erwähnte Allgemeine Consumverein bereits 1866 eine eigene Bäckerei in Betrieb nahm. Allerdings betraf diese nur den Brotbereich, weil die Consumbäckerei lange Zeit die Produktion von Feinbackwaren ausklammerte. Eine mechanische Brotfabrik, die Basler Brodfabrik AG an der Klybeckstrasse 64, bestand in Basel von 1896 bis 1908, ab 1906 befand sie sich allerdings in Liquidation.[6] In grossen deutschen Städten hatten sich am Ende des 19. Jahrhunderts Brotfabriken als ernsthafte Konkurrenten des Bäckergewerbes etabliert. Welche Bedeutung die letztgenannte Brotfabrik in Basel erringen konnte, ist nicht klar. 1898 begegnen wir ihr übrigens auch als Mehllieferantin eines Basler Spezierers.[7]

Bierbrauer und Bierhändler

Die traditionellen Bierbrauer des 19. Jahrhunderts stellten Bier her und betrieben meist gleichzeitig eine Bierwirtschaft.[8] Da dem Bier als Getränk und Nahrungsmittel im betrachteten Zeitraum eine weit grössere Bedeutung zukam als heute und Bierhändler (Händler von Flaschenbier) erst um 1874 in Erscheinung traten, ist davon auszugehen, dass die Brauer Bier in kleineren und grösseren Mengen auch an Endverbraucher zum Heimkonsum «über die Gasse» verkauften. Abgelöst in ihrer Funktion als Getränkehersteller und -verkäufer wurden die traditionellen Brauer zwischen 1880 und 1900 in einem raschen Konzentrationsprozess[9] durch die grossbetrieblich organisierte Bierindustrie und den Handel mit Bier. Bierhändler vertrieben einheimische und schon sehr früh auch ausländische Lagerbiere in Flaschen. Waren Wirte früher oft zugleich auch Brauer gewesen, so betätigten sie sich jetzt im Handel mit Flaschenbieren; fünf von neun der 1886 aufgeführten Flaschenbierhändler waren zugleich Wirte. Später wurden auch Handwerker und Arbeiter (1898: Bürstenmachermeister, Maurergeselle und Konditorgehilfe; 1910: Kupferschmied, Heizer und Farbarbeiter) sowie Ehefrauen bzw. Witwen als FlaschenbierhändlerInnen tätig. 1910 finden sich auch zwei Zigarren- und Tabakhändlerinnen, die zugleich Biere als Spezialität verkauften. Flaschenbiere wurden in einigen Fällen, vor allem gegen Ende des untersuchten Zeitraums, zusammen mit anderen Getränken wie Milch, Mineralwasser und Wein angeboten. Aus den Adressdaten wird für die Zeit um 1886 aber auch der vermehrte Eingang von Flaschenbieren in die Sortimente von Spezerei- und Kolonialwarenhandlungen ersichtlich.

Comestibleshändler, Traiteure, Fleischwarenhändler, Fisch-, Geflügel- und Wildbrethändler

Comestibles ist eine schweizerisch-französische Bezeichnung für Feinkost, Delikatessen.[10] Comestibleshändler erscheinen erstmals 1874 im Adressbuch-Branchenteil. Die Doppelnennungen in anderen Rubriken zeigen eine nahe Verwandtschaft mit dem Traiteur- und dem Zuckerbäckerberuf. Cöl. Jäcker-Greiner an der Eisengasse 18 war 1874 und 1886 nebst Traiteur und Comestibleshändler gleichzeitig auch Wirt. Im Umfeld der Comestibleshändler war 1886 der Handel mit Fleischwaren, Delikatessen, Konserven sowie mit Fisch, Geflügel und Wildbret angesiedelt. Erst in seltenen Fällen kamen zunächst haltbar gemachte Comestiblesartikel in Konservenform etc. in Spezereigeschäften und Kolonialwarenhandlungen zum Verkauf. Unter «Comestibles» hat es 1886 z. B. auch ein Geschäft, das Wein und italienische Produkte führte. 1898 war der Verkauf von Comestiblesprodukten in Kolonialwaren- und Spezereigeschäften dann schon weiter fortgeschritten. Grössere Comestiblesgeschäfte, welche sich auch im Import betätigten, führten 1910 nebst Fischen, Geflügel, Pasteten etc. gleichzeitig auch Weine und Spirituosen. Die Traiteure von 1910 bezeichneten sich nur noch selten als Comestibles; sie waren Lebensmittelhandwerker und im Hauptberuf oft Wirte, während sich die Comestiblesbranche mehr und mehr in Richtung Fleischwaren- und Konservenhandel entwickelte. Daneben gab es die spezialisierten Frischproduktenhändler, nämlich die Branche der Fisch-, Geflügel- und Wildbrethändler. Dabei waren 1910 bei näherem Hinsehen von neun Anbietern nach der Datenbereinigung je vier reine Fisch- oder Geflügelhändler (zum Teil mit eigener Zucht), und einer betrieb den Fisch- und Geflügelhandel gleichzeitig; vermutlich wurden diese Produkte eher auf dem Markt als in Ladenlokalen verkauft.

Fleischwaren- und Wursthändler traten ab 1886 als kleine Gruppe von Spezialgeschäften in Erscheinung. Das neuartige Sortiment umfasste teilweise ausländische, in Fabriken bzw. Manufakturen hergestellte Wurstspezialitäten und Fleischwaren. Fleischwaren erschienen sodann immer häufiger auch im Angebot der Comestibles-, Kolonialwaren-, Spezerei- und Viktualiengeschäfte, während sich die Fleischwarenhändler wohl zusehends mehr auf ihre Rolle als Importeure und Grosshändler ausländischer Spezialitäten konzentrierten.

Drogerie- und Materialwarenhandlungen

Die beiden Bezeichnungen Drogen und Materialwaren bzw. Materialien bedeuten eigentlich dasselbe, wobei Materialien der ältere Ausdruck ist, die Begriffe Drogen, Drogist und Drogerie in Basel aber erst um 1800 geläufig wurden.[11] Drogen waren gemäss zeitgenössischem Wörterbuch getrocknete Waren, pflanzliche, tierische oder mineralische Rohstoffe zur Herstellung von Heilmitteln, Stimulanzien oder Gewürzen. Drogerien waren Geschäfte, in denen nicht apothekenpflichtige Kräftigungsmittel, Kosmetikartikel und Chemikalien verkauft wurden.[12] Was den Kleinhandel anbetraf, bestanden Sortimentsüberschneidungen mit den Apotheken, dem Spezerei- und dem Kolonialwarenhandel.[13] Materialwaren bzw. Drogen waren zum grossen Teil pflanzliche Importprodukte aus Übersee, welche die Basler Drogisten und Materialisten als Grosshändler aus den europäischen Hafenstädten bezogen und den Apothekern, Spezierern etc. für den Detailverkauf vermittelten. Prominent im Sortiment waren seit dem 18. Jahrhundert die für Basel wichtigen Farbdrogen, auf deren Import und Verarbeitung etwa die Entstehung der Chemiefirma Geigy AG zurückgeht.[14] Ferner gehörten chemisch-technische Produkte, teils im eigenen Labor hergestellt, teils Handelsware, zum Sortiment der Drogisten-Materialisten.

Im Adressbuch von 1854 sind als Branche lediglich Drogeriehandlungen aufgeführt, im alphabetischen Verzeichnis bezeichnete M. Grether sein Geschäft jedoch als Materialwarenhandlung. 1874 stösst man im Branchenverzeichnis weder auf Drogerie- noch auf Materialwarenhandlungen, dafür sind die entsprechenden Geschäfte in der Rubrik «Colonialwaaren und Droguen» zu finden. An Lebensmitteln und Gebrauchsgütern waren im Sortiment der Drogerien und Materialwarenhandlungen wohl vor allem Gewürze, Kosmetika und sehr wahrscheinlich Substanzen zum Waschen und Putzen zu finden. Gegen Ende des untersuchten Zeitraums gewannen Spirituosen und Weine im Drogeriehandel an Gewicht. Wie bedeutend der Detailverkauf von Drogerie- und Materialwaren an die Letztverbraucher für diese Branche war, ist schwer abzuschätzen. Auf Grund eines vielseitigen Sortiments, das von Spezereien über Weine und Spirituosen bis zu Salz und Mineralwasser reichte, haben wir 1898 sechs von 37 und 1910 fünf von 37 Drogerie- und Materialwarenhandlungen bei der Datenbereinigung der Spezerei- bzw. Kolonialwarenbranche zugeordnet. Eine Entwicklung von der Rohstoffhandlung hin zum Spezialgeschäft für Kosmetika sowie Kräftigungs- und Genussmittel (Weine, Spirituosen) ist deutlich feststellbar.[15] Zwei resp. eine Drogerie waren 1898 und 1910 gleichzeitig auch Apotheken und sind dieser Kategorie zugewiesen worden.

Honighändler

Scheinbar konnten einige Händler allein mit diesem einen Produkt ihr Auskommen finden. Gemäss Branchenverzeichnis wurde Honig auch in Kombination mit dem Spezerei- und Salzhandel (1886, 1898) oder etwa zusammen mit Mineralwasser und Presshefe (1910) angeboten.

Kaffeespezialgeschäfte und Teehandlungen

Kaffee dürfte in den Kolonialwaren- und Spezereigeschäften erhältlich gewesen sein. Wo er geröstet wurde, ob in speziellen Röstereien, in Hinterräumen der Verkaufsgeschäfte oder durch die Konsumenten selbst zu Hause, ist nicht immer klar auszumachen. Eine Kaffeerösterei erscheint im Branchenverzeichnis nur 1886. Vermutlich betrieben Kolonialwarengeschäfte eigene Röstereien, wie dies für die Firmen Emil Fischer zum Wolf und Preiswerk um 1900 belegt ist. Als spezialisierte Filialunternehmung trat kurz nach der Jahrhundertwende Kaiser's Kaffeegeschäft in Erscheinung, das in Basel mit einer Expansion von zwei Verkaufsstellen (1903) auf neun (1913) ein kleines Filialnetz aufbaute.

Ganz ähnlich wie der Kaffeehandel entwickelte sich der Teehandel. Eher selten und zu einem späteren Zeitpunkt kam Tee in eigentlichen Tee-Fachgeschäften zum Verkauf, die unseres Erachtens eine bereits fortgeschrittene Spezialisierung kennzeichnen. Meist in Spezereien und Kolonialwarenhandlungen erhältlich, wurde Tee auch von Drogerien, von Schokoladen-Fachgeschäften, in Comestibleshandlungen und 1910 in einem Falle gar in Kombination mit Käse zum Verkauf angeboten. In der Rubrik Teehandlungen figurieren klar erkennbar sowohl Geschäfte des Import- und Grosshandels als auch solche des Einzelhandels.

Kolonialwaren und Landesprodukte

Kolonialwaren sind Lebens- und Genussmittel aus Übersee, wie Kaffee, Tee, Tabak, Kakao etc. Dem Sortiment gliederten sich aber auch Zitrusfrüchte, Schokolade sowie Weine und Spirituosen an. Unter Landesprodukten, wie sie in der oft benützen Kombination «Kolonialwaren und Landesprodukte» als Branchenbezeichnung erscheinen, sind landwirtschaftliche Produkte zu verstehen, bei deren Vertrieb der Grosshandel eine Rolle spielte, z. B. Hafer, Getreide, Mehl, Sämereien, aber auch Kartoffeln. Die Kombination von Landesprodukten mit Kolonialwaren ist vermutlich vor allem für die im Import- und Grosshandel tätigen Marktteilnehmer relevant gewesen, welche in Basel stark vertreten waren.[16]

Fürs Jahr 1886 müssen rund ein Fünftel der Kolonialwarenhandlungen infolge Doppelnennungen anderen Branchen zugeordnet werden (Spezierer, Drogerien und Materialwaren), ein hoher Anteil. Im Allgemeinen scheint sich jedoch ihr Sortiment deutlich von demjenigen der Spezierer abzugrenzen. Gewisse Überschneidungen sind gleichwohl unübersehbar, wobei das Angebot der Spezereigeschäfte grundsätzlich auf den täglichen Bedarf ausgerichtet war, während Kolonialwarenhandlungen mit ihrem Schwergewicht auf Importwaren, Spirituosen, Weinen und Comestiblesprodukten mehr dem gehobenen Konsum von Luxusartikeln dienten. Diese Unterschiede werden sich in Preisniveau, Marge und Kundschaft niedergeschlagen haben. Kolonialwarengeschäfte sind im Unterschied zu Spezereihandlungen den Fachgeschäften zuzuordnen, die zum Kauf eines bestimmten Produkts des gehobenen Bedarfs und deshalb wohl kaum täglich aufgesucht wurden. Entsprechend grösser war auch die Ausstrahlungskraft und das Einzugsgebiet eines solchen Geschäfts, und es wird folglich eher im Stadtzentrum als in einem der neuen Wohnquartiere anzutreffen gewesen sein, während die Spezierer ganz ausgesprochen die tägliche Nahversorgung betrieben.

Konditoren bzw. Zuckerbäcker
Die Zuckerbäcker stellten von Alters her gezuckerte Früchte, Konfekt, Liköre und auch Lebkuchen her, dann auch Bonbons, Schokoladenartikel, Torten, Patisserie und Feingebäck. Sie bildeten aber im 19. Jahrhundert kein traditionelles, zünftig geregeltes Gewerbe wie die Bäcker. Das Zuckerbäckergewerbe war 1716 vom Rat zur «freien Kunst» erklärt worden, das heisst, jeder Mann und jede Frau konnten darin berufstätig werden.[17] Die eine Hippenbäckerin von 1854 ist ein Hinweis für die Betätigung von Frauen in diesem Gebiet. Bis 1888 wird im Branchenverzeichnis die Rubrik der Zuckerbäcker aufgeführt, anschliessend ist die Bezeichnung Konditoren gebräuchlich.[18] In der ersten Hälfte unseres Zeitabschnitts waren alle Zuckerbäcker – bis auf einen – ausschliesslich in diesem Beruf tätig. Als Zuckerbäcker und Traiteur fällt 1854 und 1874 Wilhelm Schneider auf und 1886 als Bäcker und Konditor Jul. Gutfleisch-Fischer. Gegen Ende des Jahrhunderts waren in Basel die Konditoren vermehrt Bäcker-Konditoren, oder – besser gesagt – ein Teil der Bäcker stellte jetzt auch Konditoreiwaren her. Der grosse Umbruch fand zwischen 1886 und 1898 statt. 1898 waren noch 83% und 1910 85% der Konditoren ausschliesslich als solche tätig, die restlichen waren Bäcker-Konditoren. Als Unterbegriffe für Zuckerbäcker traten bereits 1854 der Konditor und der Confiseur in Erscheinung. Während Konditoren Kuchen, Torten und Feingebäck herstellten, also wie die Bäcker auch Mehl verarbeiteten, waren Schokolade und Zucker die Grundstoffe der Confiseure. In den 1880er-Jahren war die Begriffsvielfalt perfekt: Von den 36 Zuckerbäckern des Branchenteils werden im Einwohnerverzeichnis 15 als Zuckerbäcker, 13 als Konditoren, sechs als Confiseure und zwei als Leckerlifabrikanten bezeichnet. Ohne eigens als Branche aufgeführt zu sein, bildeten die Confiseure und Confiseriegeschäfte eine feste Untergruppe, die im Verlaufe der Zeit an Bedeutung gewann. Zudem konnten die Berufe Zuckerbäcker und Traiteur bzw. Pastetenbäcker Hand in Hand gehen, wie die Daten für den gesamten Zeitraum belegen.

Abb. 9: *Spalenvorstadt im Jahr 1868. Der Kolonialwarenhändler Gottfried Stehelin posiert – zusammen mit Familienmitgliedern und Nachbarn – vor seinem Geschäft im Haus Nr. 43. (Archiv Coop Basel)*

Metzger

Metzger verkauften zwischen 1850 und 1913 in erster Linie rohes Fleisch. Nach der Schliessung der Scholen[19] im Jahr 1871 spielte sich der Fleischverkauf ausschliesslich in privaten Metzgereigeschäften ab.[20] Die Wursterei beherrschten die Metzger im ausgehenden 19. Jahrhundert erst wenig, eine Nachwirkung des Zunftwesens, wo diese Tätigkeit den Brätern vorbehalten war und die Metzgerausbildung die nötigen Fertigkeiten nicht vermittelt hatte. Gerade für Basel, wo der politische und wirtschaftliche Einfluss der Zünfte erst 1874 sein offizielles Ende nahm, hat diese Feststellung besondere Bedeutung. Dieser Umstand ist wohl mit ein Grund, weshalb der Fleischwarenhandel im Branchenverzeichnis des Adressbuchs ab 1880 als eigenständige Rubrik erscheint. Diese Fleischwaren stammten entweder aus eigener spezialisierter Produktion oder waren Importprodukte aus deutschen Fleischwarenfabriken (Würste), aus Amerika (Corned Beef) oder Italien (Salami). Fleischwaren und Wurst gelangten ausserdem in Comestibles-, Viktualien-, Kolonialwaren- oder Spezereigeschäften gegen Ende unseres Zeitabschnitts zusehends häufiger zum Verkauf. Die Firma Schweizerische Lebensmittelgesellschaft AG (vormals Jenny & Kiebiger) am Sandgrubenweg 12, Fabrikation und Handel in Lebens- und Genussmitteln, pries sich in einem Inserat[21] als «ältestes und grösstes Geschäft der Fleischwaaren- u. Conservenbranche mit rationellen Einrichtungen, Fleischsalzereien, Räuchereien, Wurstfabrikation» an. Zu den Spezialitäten des Hauses gehörten u. a. Frankfurter Bratwürste und echte Mailänder Salami, niemals finden wir die Firma allerdings in der Rubrik Metzger aufgeführt. Doch steht unter der Branchenüberschrift «Fleischwaren» 1898 in Klammern geschrieben: «Siehe auch Comestibleshändler und Metzgermeister», was auf eine allmähliche Erweiterung des Metzgereiangebots durch Wurst- und Fleischwaren schliessen lässt.

Die Integration des neuartigen Wurstwaren- und Charcuteriegeschäfts in den traditionellen Metzgerbetrieb (und die anschliessende Entwicklung bis hin zur Grosswursterei) kann am Beispiel der Familienunternehmung Samuel Bell im Detail nachvollzogen werden.[22] Dem Bau einer Küche im Hof der Liegenschaft Streitgasse 13 im Jahr 1877 folgte 1891 die Einrichtung eines ersten Rauchfangs. In den 1890er-Jahren, als der Metzgereibetrieb um die sechs Angestellte beschäftigte, erwog Samuel Bell, in der Wurstfabrikation aktiv zu werden. Er selbst beherrschte als noch in der Zunftzeit ausgebildeter Metzger dieses Handwerk nicht. Nach Abschluss der Metzgerlehre liess er deshalb seinen jüngsten Sohn Rudolf in Colmar die Wursterei erlernen. Einblick in die modernen Methoden der Wurstfabrikation gewann dieser anschliessend in Grossbetrieben in Paris, Berlin, London, München und Stuttgart. Nach seiner Rückkehr wurde die Küche im Hof abgerissen und eine Wursterei mit Maschinenbetrieb errichtet. Am 1. Oktober 1897 nahm die Familienunternehmung Bell den Verkauf von Charcuteriewaren auf, die auf gute Nachfrage stiessen. Im Adressbuch von 1901 tauchen Samuel Bell Söhne übrigens auch unter der Rubrik Fleischwarenhändler auf. Mit dem Umzug des Hauptgeschäfts in die Centralhallen 1906 war im Stammhaus an der Streitgasse 13 Platz für Fabrikations-, Kühl- und Lagerzwecke frei geworden. Trotzdem mochte der bestehende Produktionsbetrieb der steigenden Nachfrage, insbesondere nach Fleisch- und Wurstwaren, nicht mehr zu genügen. Die Gebrüder Bell begannen deshalb, die Idee für einen neuen Produktionsstandort ausserhalb der Stadt zu verfolgen.

Aus dem alphabetischen Teil der Adressbücher haben wir ergänzende Informationen zu Erwerbstätigkeit und Nebenerwerb der Metzger erhalten. Am weitaus häufigsten waren Metzger zugleich auch Gastwirte, so 1854 und 1862 in jeweils acht Fällen, 1874 in einem, 1886 in vier und 1910 in zwei. 1854 erscheint zudem ein Metzger, Spezierer und Weinschenk, 1874 ein Metzger und Landwirt, 1886 fallen ein Wirt und Fleischhändler sowie ein Vieh-, Holz- und Kartoffelhändler und Metzgermeister auf, 1898 schliesslich ein Metzger und Viehhändler. Zunftämter erfüllten nebenbei die Metzger und Fleischschauer (1854 und 1862), sowie ein Metzger, Stubenverwalter der Metzgernzunft und Speisewirt (1854). Spezialisierungen – teils althergebrachte zünftige, teils neue – werden durch das Auftreten eines Kuttlers (1854, 1862), eines Lummelhändlers[23] (1874), je eines Charcuteriegeschäfts (1862, 1898, 1910) und eines Pferdemetzgers (1910) belegt. Als mögliche Randexistenzen und Sonderfälle mit Nebenbeschäftigung ausserhalb der Lebensmittelbranche stechen 1854 ein Metzger und Briefträger sowie ein Metzger und «Thorsperrer» ins Auge. 1898 sind auch drei ausdrücklich als Metzgerknechte bezeichnete Metzgereiinhaber auszumachen, 1910 dann noch ein einziger. Die Mehrfachberufe und Nebenerwerbe der Metzger waren in den Stichjahren ab 1874 eindeutig von weit geringerer Bedeutung als noch 1854 und 1862. Wir interpretieren dies als Zeichen einer zunehmenden Professionalisierung, die mit der Konzentration auf den Hauptberuf sowie zunehmender durchschnittlicher Grösse und Umsatzleistung des Metzgereibetriebs einherging.

Milch-, Eier-, Käse- und Butterhändler

Milchhändlern begegnen wir im Branchenteil des Adressbuchs von 1854 noch nicht. Hat man vergessen sie aufzuführen, oder wurde die Milch damals ausschliesslich von Bauern in die Stadt gebracht und von diesen selbst verkauft? Und jene Milchhändler, welche ab 1874 im Branchenteil erscheinen: Üben sie den Verkauf ambulant aus oder haben sie (auch) ein festes Verkaufslokal? Aus ihren Adressen, die teils zentral, teils am Rande der Stadt lagen, lässt sich diesbezüglich nichts ableiten. Einer von 18 Milchhändlern nannte sich 1874 im Personenverzeichnis Landwirt und Milchhändler und ein anderer Milchhändler und Spezierer; bei Letzterem ist ein festes Ladenlokal wohl anzunehmen. Immer mehr Milchhändler gaben sich 1886, 1898 und 1910 im Personenverzeichnis gleichzeitig auch als Spezierer, Käse- und Butterverkäufer und/oder Viktualienhändler aus, ohne allerdings im Branchenteil unter diesen Rubriken zu erscheinen. 1910 waren es beispielsweise zwölf von 51, also fast ein Viertel. Sie verstanden sich offensichtlich in erster Linie als Milchhändler und vertrieben nebenbei andere Lebensmittel bzw. Frischprodukte.

Für die frühere Zeit und bei Personen, die sich ausschliesslich als Milchhändler bezeichnen, scheint ein ambulanter Milchvertrieb von Haus zu Haus wahrscheinlich. Der Milchverkauf in Verbindung mit Spezereiwaren und Viktualien dürfte wohl eher in einem festen Ladenlokal zum Angebot gekommen sein, belegen können wir dies allerdings nicht. Übrigens ergänzen sich höchstwahrscheinlich Hauslieferung und Ladengeschäft, besonders wenn der Milchverkauf im Familienbetrieb erfolgte.

Im Jahr 1910 wurden 50'000 von insgesamt 91'000 Litern bzw. 55% der Milch, welche in der Stadt Basel täglich verbraucht wurde, vom Allgemeinen Consumverein geliefert. Die Verteilung erfolgte beim Consumverein zu einem Drittel per Pferdefuhrwerk als Hauslieferung und zu zwei Dritteln über die damals 64 Verkaufslokale.[24] Generell kamen im ambulanten Milchhandel um 1910 Pferdefuhrwerke zum Einsatz, seltener auch Handkarren.[25] Um Milch in grösseren Mengen gemeinsam einzukaufen, bestanden zu dieser Zeit zwei Milchhändler-Vereinigungen, die Basler Milchgenossenschaft und der Milchverband Basel.[26] Milchhändler belieferten Haushaltungen oder verkauften die Milch in eigenen Lokalen, oftmals nebst einem Spezereihandel. Auch gab es zahlreiche kleine Lebensmittelgeschäfte, welche nebenbei den Wiederverkauf von Milch betrieben. Der Milchabsatz über den Zwischenhandel – vorwiegend in der Form von Spezereihandlungen – betrug im Jahr 1910 allerdings nur 4565 Liter oder 5%, während die ganze restliche Menge vom Milchhandel direkt an die Verbraucher abgesetzt wurde.[27] Auf dem Markt oder über Markthändlerinnen gelangte um 1910 keine Milch zum Verkauf.[28]

Im Branchenteil erscheinen 1886 erstmals acht EierhändlerInnen, wovon eine Frau Obst- und Eierhändlerin und ein Mann Käse-, Butter- und Eierhändler war. 1898 und 1910 waren nur noch etwa die Hälfte der Aufgeführten ausschliesslich im Eierhandel tätig. Die recht heterogene Gruppe weist einerseits Firmen auf, für die eine Grosshandelstätigkeit anzunehmen ist, sowie auch kleine HändlerInnen. Die restlichen EierhändlerInnen verkauften ihr Produkt in Kombination mit Spezereiwaren, Viktualien, Obst und Gemüse oder Käse und Butter. Von den Käse- und Butterhändlern beschränkten sich in den stärker besetzten Jahren ab 1886 jeweils etwa 60% auf den Käse- und Butterverkauf. Für die übrigen 40% stand entweder der Milchhandel oder ein weiter reichender Spezerei-, Kolonialwaren- und Viktualienhandel im Vordergrund.

Zusammenfassend lässt sich sagen, dass die anfangs vorwiegend von spezialisierten HändlerInnen separat verkauften Produkte Milch, Käse und Butter sowie Eier zusehends miteinander in den aufkommenden Molkereigeschäften (z. B. in der Filialkette von C. Banga) angeboten wurden. Damit gewann der Verkauf im Ladenlokal an Bedeutung gegenüber dem Marktverkauf und ambulanten Handel. Gleichzeitig machen die Eintragungen im Adressbuch deutlich, wie im Verlauf unseres Zeitraums Milch, Käse, Butter und Eier zusehends ins Sortiment der Spezerei- und Kolonialwarengeschäfte Einzug hielten, im Sinne einer Abrundung des im Mittelpunkt stehenden Trockensortiments mit Frischprodukten des täglichen Bedarfs.

Mineralwasserhändler

Kohlensäurehaltige Erfrischungsgetränke waren in der zweiten Hälfte des 19. Jahrhunderts eine wichtige Neuerung im Lebensmittelsektor. Mineralwasser wurde zwischen 1850 und 1900 nämlich vom Heilmittel zum Erfrischungsgetränk. Natürliche Mineralwasser waren als Heil- und frühe Markenprodukte zunächst in Apotheken erhältlich. Mit der Zeit fanden sie dann auch Eingang in die Regale der Spezerei- und Kolonialwarenhandlungen.[29] In seltenen Fällen beschränkte sich das Angebot eines Detaillisten auf Mineralwasser allein. Als preisgünstigere alkoholfreie Getränke ohne Gesundheitsaspekt gewannen parallel dazu so genannte künstliche Mineralwasser – mit Kohlensäure versetztes und in Flaschen abgefülltes Leitungswasser – und kohlensäurehaltige Limonaden an Bedeutung. Sie wurden vor Ort von «Mineralwasser- und Limonade-Fabrikanten» hergestellt, abgefüllt und wohl grösstenteils auch von diesen selbst vertrieben.

Salzverkäufer

Der Salzverkauf war keine eigentliche Branche des Einzelhandels, stellte das Amt der Salzverkäuferin oder des Salzverkäufers doch – dies ist für fast alle Fälle belegbar – lediglich ein Nebenerwerb dar. Hierauf verweisen bereits die Geschäftstätigkeiten der ersten, per 11. Januar 1856 vom Finanzkollegium für die Stadt gewählten Salzauswäger. Es waren dies:
- Stumm & Co., Spedition und Spezereihandlung, Storchengasse 164, für das St. Johann- und Spalenquartier,
- Beck & Herzog, Agentur f. Auswanderung, Commisions-, Speditions- und Spezereihandlung, Alter Kohliberg 759, für das Stadt- und Steinenquartier,
- G. Thommen, Küfer, Bäumleingasse 1085, für das Aeschen- und St. Albanquartier,
- Rudolf Trueb, Spezereihandlung, Krempergasse 384, für das Kleinbasel.[30]

Wie in anderen Kantonen auch, war der Salzhandel in Basel-Stadt Staatsmonopol und diente der öffentlichen Hand als Steuereinnahmequelle. Bis 1855 hatte ein einziger amtlicher Salzauswäger Salz an die Bevölkerung verkauft. Am 14. Juli 1855 beschloss der Kleine Rat, den Salzverkauf mehreren Privatverkäufern zu übertragen. Die Verordnung über den obrigkeitlichen Salzverkauf vom 10. Dezember 1855 legte vier private Salzauswäger für das Stadtgebiet und je einen für Riehen, Kleinhüningen und Bettingen fest. Den Salzauswägern fiel als Entgelt 4% Provision in Salz zu. Die minimalen Öffnungszeiten der Verkaufsstellen waren vorgeschrieben. Dieses System der Patentvergabe an ausgewählte öffentliche Salzverkäufer wurde in Basel-Stadt bis in die 1920er-Jahre beibehalten. Die Salzverkaufsstellen waren beim Ladeneingang mit einem besonderen Schild als solche gekennzeichnet.

Welchen Haupterwerb betrieben die Salzverkäufer im betrachteten Zeitraum, bzw. wo und in welcher Umgebung konnte sich die Bevölkerung mit Salz eindecken? Die Datenbereinigung für die Jahre 1886, 1898 und 1910 zeigt, dass der Grossteil der Salzauswäger Spezierer waren, mit einem von 60% auf 36% abnehmenden Anteil. 1910 waren dann von insgesamt 25 Salzverkäufern sechs

Bäcker und fünf Kolonialwarenhändler. Weitere Lebensmittelhändler mit Salzpatent waren Viktualien-, Milch-, Käse- und Drogenhändler. Ausserhalb des Lebensmittelhandels haben wir einen Küfermeister, einen Kerzen- und Seifensieder, eine Giletmacherin und einen Buchdruckergehilfen als Salzverkäufer feststellen können.

Schokoladenhandlungen

Reine Spezialgeschäfte des Schokoladenhandels erscheinen im Adressbuch erst um 1910, wo dann aber gleich deren sechs im Branchenverzeichnis aufgeführt sind. Als Vorgänger in diesem Bereich mögen kleine, lokale Schokoladefabrikanten gewirkt haben, wie wir sie im Branchenverzeichnis antreffen (1854 ein Schokoladenfabrikant; 1874 fünf, 1886 zwei, 1898 zwei). Leider wird nicht ersichtlich, wie der Absatz organisiert war: Betrieben diese Fabrikanten eigene Verkaufslokale, oder erfolgte der Absatz über Dritte? Ins Bild des um 1900 rasch zunehmenden Schokoladenkonsums passt auch, dass in der Branchenrubrik «Konditoren» 1910 verschiedene von Frauen betriebene Confiserie- und Confiseriewarengeschäfte aufgeführt sind, deren Sortiment vermutlich vorwiegend aus Schokoladen- und Zuckerartikeln, ein Grossteil davon vielleicht Handelsware, bestand. Ein wichtiger Anbieter von Schokoladenprodukten war um 1910 in Basel das Schweizerische Chocoladen- und Kolonialhaus Merkur mit vier Filialen.[31] Es darf davon ausgegangen werden, dass Schokolade und Schokoladenartikel schon weit vor dem Ersten Weltkrieg Eingang ins Angebot der Kolonialwarenläden und Spezereien gefunden hatten. Preis- und Inventurlisten des Consumvereins Basel geben hier eindeutige Anhaltspunkte.[32] Schokoladenspezialgeschäfte und Confiserien werden deshalb wohl Tafelschokoladen und Schokoladenspezialitäten in grösserer Auswahl und hoch stehender Qualität zum Verkauf angeboten haben.

Spezierer – Spezereihandlungen

Diese Bezeichnungen leiten sich vom Wort «Spezies» ab, was u. a. Gewürze und Kräuter bedeutet.[33] Der Spezereihandel war also zunächst ein Gewürz- und Kräuterhandel, den in älterer Zeit nebst Spezierern auch die Drogisten und Apotheker[34] betrieben. Für die Zeit vor 1800 bezeichnet eine Basler Zunftgeschichte die Gewürzkrämer auch als Spezierer.[35] Unter Spezereiwaren wurden im deutschen Sprachgebrauch des 19. Jahrhunderts Gewürze und feine Lebensmittel verstanden. Spezierer war eine typisch schweizerische Berufsbezeichnung für Spezereihändler, die einherging mit einer Erweiterung der Bedeutung im Sinne von Gemischtwaren.[36] Spezereihandlung ist demnach für das Gebiet der Schweiz ein (heute nicht mehr gebräuchlicher) Begriff für einen Verkaufsladen, der Lebensmittel und sonstige Verbrauchsgüter des täglichen Bedarfs führte, möglicherweise sogar auch Stoffe.[37] Eindeutige Anhaltspunkte für ein in Richtung Nichtlebensmittel erweitertes Sortiment geben uns einzelne seltene Zusätze zur Branchenbezeichnung im alphabetischen Verzeichnis, wie «Spezerei- und Merceriewarenhandlung» oder «Spezerei- und Geschirrwarenhandlung» sowie auch die ausgewerteten Inventare von Spezierern.[38] Erstaunlicherweise lassen sich ums Jahr 1900 in der Stadt Basel noch Spezereigeschäfte vom Typ Gemischtwarengeschäft feststellen.

Im Jahr 1877 beinhaltete eine Inventurliste des Allgemeinen Consumvereins Basel,[39] dessen Verkaufsstellen eindeutig der Spezereibranche zuzuordnen sind, ausser Lebensmitteln folgende Güter des täglichen Bedarfs: Amlung (Pappamlung = Leim), Blaukugeln, Blaupulver, verschiedene Seifen, Schwämme, Siphons, Soda, Spiritus, Vogelfutter, Waschkristall, Wichse, Kerzen, Korkstöpsel, Petroleum, Lampenöl, Putzpulver und Zündhölzer. Und eine Preisliste von 1909[40] erwähnt Blaukugeln, Blaunägel, Bodenöl, Borax, diverse Bürstenwaren (35 Artikel), Christbaumkerzen, diverse Fettlaugenmehle (Waschmittel), Feueranzünder, Flaschenkorken, Glättekohlen, Heftpflaster, Insektenpulver, Kerzen, Lederfett, Nachtlichter, Panamarinde, Parkettbodenwichse, Petroleum, Putzlappen, Putzpasta/Putzextrakt, Putzsteine, Schmirgeltuch, Schmirgelpulver, Schreibpapier und Couverts, Schuhnesteln, diverse Seifen, Soda, Spiritus, Stahlspäne, Tinte, Verbandstoffe, Vogelfutter, Volksschriften und Haushaltungsbücher, Waschsalz, diverse Wichsen, Zündhölzer sowie eine längere separate Liste von «Haushaltungsartikeln» mit Küchengeräten, Besteck, Geschirr und Putzgeräten. Diese Angaben bieten recht konkrete Anhaltspunkte über mögliche Zusatzsortimente von Spezereihandlungen in Bereich Ge- und Verbrauchsgütern des täglichen Bedarfs.

Solche Listen liefern auch Hinweise auf die verkauften Markenartikel. So erscheinen 1877 mit den Zichorien-Marken Löwen, Alsacienne sowie 4 Jahreszeiten, den Zigarren Vevey und Grandson sowie Nestlé's Kindermehl erst einige wenige. 1909 hingegen sind es acht Flaschenbiersorten, wie Aktien, Cardinal, Feldschlösschen etc., Pfefferminztabletten Wander, die Schokoladen Velma und Villars, die Zigarren Mexico, Plantadores, Flora & Stella, Helvetia, Rio Grande, Vevey, Brissago und Grandson, Knorr's Kartoffelmehl (Fecule), Knorrsuppe (Erbswurst), das Waschmittel Persil, Knorr's Gersten- und Grünkernmehl, Galactina Hafermilchcacao, Quäker oats, Knorr's Hafermehl, Kneipp's Malzkaffee, Knorr's Kaisersuppe, Kindermehl von Galactina und Nestlé, Maggisuppe, Palmfett Drei Stern und Palmin, Knorr's Reismehl, Seife Sunlight und La Mouche, Maggi Suppenwürze, die Wichsen Siral, Togo und Vixin, eine Reihe von Mineralwässern, das Fensterputzmittel Sphinx, Lampengläser Olex sowie das Putzmittel Sigolin.[41]

Frischprodukte des täglichen Bedarfs fanden nur zögerlich Eingang in die Sortimente der Spezereigeschäfte.[42] Schon früh dürfte Käse verkauft worden sein, darauf weist auch das Vorkommen von Käsemessern in den Inventaren hin.[43]

Brot, z. B. als Ablage einer Bäckerei, war in der zweiten Hälfte des 19. Jahrhunderts im Angebot. Milch schenkten die Verkaufsstellen des Allgemeinen Consumvereins ab den 1880er-Jahren aus. Der Verkauf von Gemüse und Obst hingegen blieb bis 1914 Domäne des Markthandels sowie der Obst- und GemüsehändlerInnen.[44]
Anhand der Doppelnennungen von Spezierern in anderen Branchen – sie halten sich allerdings in einem relativ engen Rahmen von rund 10% – lässt sich ab 1886 die Sortimentsnähe gewisser Spezereigeschäfte zu den Kolonialwarenhandlungen ableiten. Dabei dürfte es sich tendenziell um hochprofessionell geführte Verkaufsgeschäfte gehobenen Niveaus gehandelt haben. Hinweise auf die Spezereihandlungen am anderen, unteren Ende der Professionalitätsskala liefern uns die Berufsbezeichnungen von Spezierern im alphabetischen Verzeichnis der Adressbücher. Beachtenswert im Hinblick auf Angebotsqualität und Sortiment der Spezereigeschäfte ist die Tatsache, dass eine Vielzahl unter ihnen von Berufsleuten aus anderen Branchen oder von deren Ehefrauen geführt wurden.[45]
Der Handel mit Spezereiwaren entpuppt sich somit zumindest teilweise als Zu-, Neben- oder auch Ersatzverdienstmöglichkeit von Handwerksmeister-, Handwerksgesellen-, Angestellten- und Arbeiterfamilien.

Südfrüchtehandlungen, Obst- und Gemüsehändler
1854 sind sechs Südfrüchtehandlungen aufgeführt, wovon drei gleichzeitig unter den Spezereihandlungen figurieren und eine auch als Viktualienhandlung bezeichnet wird. Ferner erscheint eine Maccaroni- und Südfrüchtehändlerin, die ebenfalls unter den Nudelmacherinnen zu finden ist. So bleibt eine einzige reine Südfrüchtehandlung übrig. Später wird der Südfrüchtehandel im Adressbuch nicht mehr als separate Branche geführt.
1874 sind mehrere InhaberInnen von Viktualienhandlungen im alphabetischen Einwohnerverzeichnis als ObsthändlerInnen, einzelne auch als KartoffelhändlerInnen bezeichnet. Obwohl die Rubrik der Viktualienhändler beibehalten wird, erscheint 1886 neu die Gruppe der Obsthändler im Branchenverzeichnis, 1898 und 1910 zu Obst- und Gemüsehändler modifiziert. Die weitaus meisten bei der Datenbereinigung eliminierten Obst- und Gemüsehändler bezeichneten sich auch als Viktualienhändler und sind dort zugeordnet worden, da unter dieser Bezeichnung eher ein über Obst hinausgehendes, breiteres Sortiment an Lebensmitteln erwartet werden kann.

Viktualienhändler
Viktualienhandlungen, Viktualienhändlerinnen und -händler sind über unseren ganzen Untersuchungszeitraum hinweg im Branchenverzeichnis des Adressbuchs als Rubrik vertreten. Was wir uns jedoch unter Viktualien bzw. unter dem

Abb. 10: *Das Schaufenster der Wein- und Spirituosenhandlung Fritz Hagist an der Grünpfahlgasse mit Blick zur Rümelinsmühle. (StABS, Neg. 1566)*

Sortiment eines Viktualienhändlers vorzustellen haben, ist nicht sofort klar. Ist es nur der uns wenig geläufige Begriff, welcher Unklarheit schafft, ist diese Form des Lebensmittelhandels und ihr Sortiment eine ganz besondere und typische für ihre Zeit oder ist die Bezeichnung einfach vieldeutig und unspezifisch?
Viktualien ist von der Wortbedeutung her eine veraltete Bezeichnung für Lebensmittel, Nahrungsmittel, Esswaren und Proviant. «Lebensmittel für den täglichen Bedarf, den unmittelbaren Verzehr» umschreibt ein anderes Wörterbuch die Bedeutung. Der Stamm des Wortes findet z. B. Verwendung in den Ausdrücken Viktualienhandlung, Viktualienkeller und Viktualienmarkt. 1807 wurde in München der Viktualienmarkt eingerichtet.[46] Diese Hinweise sowie zahlreiche Anhaltspunkte aus den Adressbüchern verdichten sich zum Bild eines Frischproduktensortiments, das Obst, Gemüse, Eier, Butter, Käse, Milch, Geflügel etc. in wechselnder Kombination beinhalten kann. Es sind dies eigentlich die typischen Marktprodukte, wobei aber nicht ersichtlich wird, wo die HändlerInnen ihre Waren zum Verkauf brachten, ob in einem Ladengeschäft, auf dem Markt oder im Strassenhandel. Die im Branchenteil aufgeführten ViktualienhändlerInnen finden sich im alphabetischen Verzeichnis oftmals als Obst- und/oder Gemüsehändler bezeichnet.
Bezüglich der Qualifikation der Inhaber von Viktualienhandlungen und der zu vermutenden Sortimente zeigt sich eine ähnlich breite Streuung wie in der Spezereibranche. Nebst Spezialisten, welche mit hochpreisigen importierten Südfrüchten handelten, sind mit dem Wachstum der Branche zusehends mehr Handwerksgesellen und Arbeiter im Viktualienhandel zu verzeichnen.[47]

Wein- und Spirituosenhandlungen
Weine und Spirituosen wurden zu unserer Untersuchungszeit häufig in Branchen-Fachgeschäften zum Verkauf angeboten. Der Weinverkauf hielt aber zusehends Einzug in Spezerei-, Kolonialwaren- und Comestiblesgeschäfte, was die Doppelnennungen im Branchenverzeichnis gut nachvollziehen lassen. Die Aufnahme alkoholischer Getränke ins Sortiment stand jedoch nicht jedermann offen. Vorwiegend fiskalische Gründe hatten dazu geführt, dass der Kleinhandel mit geistigen Getränken gesetzlich reglementiert war. Die relativ strengen Bestimmungen über das so genannte Ohmgeld wurden durch die entsprechenden Paragrafen des Wirtschaftsgesetzes vom 19. Dezember 1887 abgelöst. Dieses erlaubt in § 9 den Wein- und Bierverkauf in Quantitäten unter 2 Liter, offen oder in Flaschen, den Inhabern von Tavernen- und Pintenwirtschaftsbewilligungen und macht Bewilligungen für den Kleinverkauf aber auch anderen Interessenten zugänglich, die unter dem Begriff «Wirtschaften über die Gasse» zusammengefasst sind. Restriktiver als der Weinverkauf ist in § 11 der Kleinhandel mit Branntwein unter 40 Liter geregelt: «Bewilligungen zum Kleinverkauf über die Gasse werden nur

für den Verkauf von Qualitätsspirituosen in geschlossenen Flaschen erteilt, und zwar nur an Drogisten, Weinhändler, Küfer, Komestibelhändler und Konditoren, an die vier erstern, sofern dieselben eine Bewilligung zum Kleinverkauf von Wein nach § 9 dieses Gesetzes haben, an die Konditoren, sofern dieselben eine Ausschankbewilligung für Branntwein haben.»

Klar feststellbar, aber vom Einzelhandel nicht eindeutig abzugrenzen, ist in dieser Branche ein erheblicher Anteil an Importeuren und Grosshändlern, der wohl auch auf Basels Funktion als Grenzstadt und wichtiger Einfuhrort ausländischer Weine und Spirituosen zurückzuführen ist.

Zigarren- und Tabakhandlungen

Zigarren, Rauch- und Schnupftabak kamen in entsprechenden Fachgeschäften zum Verkauf. Tabakkauen, -schnupfen und Pfeifenrauchen waren die alten Formen des Tabakkonsums. Sie wurden in unserem Zeitraum durch die Zigarre abgelöst, die mit 65% Anteil am Rohtabakverbrauch vor dem Ersten Weltkrieg ihre höchste Beliebtheit erreichte.[48] Die für die Schweiz typische Zigarrenform war der Stumpen, eine Zigarre mit stumpfem Ende. Als neue Konsumform von Rauchtabak kam ab etwa 1900 die Zigarette auf, deren Anteil am Rohtabakverbrauch von 1,5% um 1890 auf 6,5% im Jahr 1910 anstieg.

Für alle unsere Stichjahre 1854, 1874, 1886, 1898 und 1910 haben wir Zigarren- und Tabakhandlungen ausscheiden müssen, weil sie noch unter (einer) anderen Branche(n) eingetragen waren, meistens unter den Spezereien. So lauten die Branchenbezeichnungen im alphabetischen Namenverzeichnis für die betreffenden Geschäfte etwa «Tabak-, Spezerei- und Ellenwarenhandlung», «Spezerei- und Tabakhandlung» (1874), «Spezerei, Cigarren, Butter, Wichse» (1886), «Kolonialwaren und Zigarren» (1898), «Viktualien- und Cigarrenhandlung» (1910). 1898 und 1910 stossen wir mehrmals auf die Kombination mit Wein- und/oder Spirituosenhandlungen. Wie bereits weiter oben erwähnt, ist uns 1910 die zweimalige Verbindung von Zigarren- und Bierverkauf aufgefallen: «Cigarrendét. und Bierhändlerin»,[49] «Cigarren und Flaschenbier» sind die Einträge im Namensverzeichnis.

Ähnlich wie die Tafelschokoladen hatte auch eine Auswahl an Tabak- und Rauchwaren Eingang ins Angebot der Spezerei- und Kolonialwarenhandlungen gefunden. Der Consumverein Basel führte 1877 in der Inventurliste sechs Zigarrensorten, vier Tabake zum Rauchen und zwei zum Schnupfen auf, 1887 waren es zehn Sorten Zigarren sowie sechs Tabake zum Rauchen und zum Schnupfen. 1909 figurieren mehr als 13 Zigarrensorten, Zigaretten in verschiedenen Paketgrössen, Zigarettenpapier, vier Rauchtabake und drei Schnupftabake auf den Preislisten.[50]

6 Umfang von Lebensmittelhandwerk und -einzelhandel

6.1 Entwicklung im Vergleich zu Bevölkerungswachstum und Wirtschaftskonjunktur

Die Analyse unserer Stichjahrdaten zeigt: Die Zahl der Verkaufsgeschäfte für Lebensmittel hatte sich zwischen 1854 und 1910 gut vervierfacht. In den ersten 20 Jahren war das Wachstum noch verhalten, anschliessend folgte zwischen 1874 und 1886 eine Phase überaus rascher Expansion. Die Zahl der Ladengeschäfte stieg in diesen zwölf Jahren von 481 auf 870 an, verdoppelte sich also nahezu. Danach verlief die Entwicklung der Branche wieder moderater, mit jeweils rund 200 zusätzlichen Geschäftseinheiten in den Zeiträumen 1886–1898 bzw. 1898–1910 (vgl. Tab. 6).

Ab 1874 lässt sich der Umfang der gesamten Lebensmittelbranche bei häufiger und ab 1883 jährlich erscheinenden Adressbüchern über die Zeit hinweg differenziert verfolgen (vgl. Fig. 2, S. 84). Erwähnenswert ist ein Einbruch im Jahr

Tab. 6: *Lebensmittelgeschäfte (bereinigte Daten) in der Stadt Basel, 1854–1910*

Jahr	Lebensmittelgeschäfte*	
	(n)	Index (1854 = 100)
1854	306	100
1862	377	123
1874	481	157
1886	868	284
1898	1060	346
1910	1295	423

* Für eine ausführliche Aufstellung mit Zahlen nach Branchen vgl. Tab. I in Anhang 1.
Quelle: *Adressbuch der Stadt Basel.*

Fig. 2: *Lebensmittelgeschäfte und Bevölkerungsentwicklung in der Stadt Basel, 1850–1914*

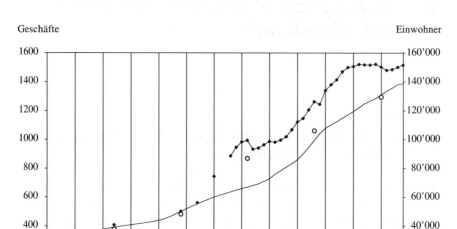

Quellen: *Adressbuch der Stadt Basel; Statistisches Jahrbuch des Kantons Basel-Stadt.*

1887 sowie ein überdurchschnittlicher Zuwachs von 1892 bis 1903. Ab 1904 flachte die Entwicklung ab, die Zahl der Lebensmittelgeschäfte stagnierte.

Insgesamt wiesen Lebensmittelhandel und -handwerk von der Zahl der Verkaufsstellen her einen ähnlichen Entwicklungstrend auf wie die Stadtbevölkerung. In den Jahren 1874–1885 allerdings war die Expansion deutlich stärker als bei der Bevölkerung. Dieses Auseinanderdriften ist in Fig. 2 klar ersichtlich und wird im Zusammenhang mit der Versorgungsdichte weiter unten nochmals zur Sprache kommen.

Was hat die Entwicklung des Lebensmitteleinzelhandels in der Stadt Basel bestimmt, die Bevölkerungsentwicklung oder die Wirtschaftskonjunktur? Diese Frage ist nicht einfach zu beantworten, relativiert sich allerdings sogleich durch den engen Zusammenhang zwischen Bevölkerungswachstum und dem Konjunkturindikator Hochbauinvestitionen, der insbesondere für den Wachstumszyklus von 1870–1885 sowie für jenen ab 1885 bestand (vgl. Fig. 3 und 4).

Fig. 3: *Ladengeschäfte und Bevölkerungsentwicklung in der Stadt Basel, 1850–1914*

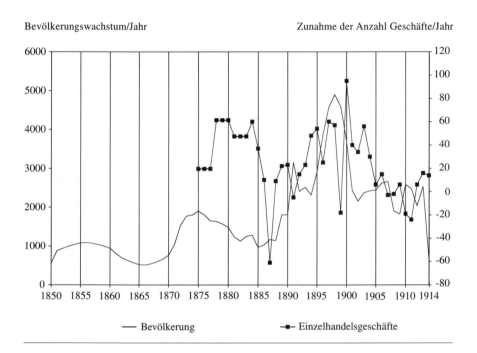

Quellen: *Adressbuch der Stadt Basel; Statistisches Jahrbuch des Kantons Basel-Stadt.*

Stellen wir den jährlichen Zuwachszahlen bei den Ladengeschäften jene von Bevölkerung bzw. Hochbaukonjunktur gegenüber, so ist kaum auszumachen, welcher Zusammenhang enger war. Es fällt auf, dass die Zunahme der Geschäftseinheiten im Lebensmittelhandel von 1885 bis 1910 parallel zur Wirtschafts- und Bevölkerungsentwicklung verlief. Ein völlig anderes Bild zeigt sich im Abschwung des vorangehenden Zyklus von 1867 bis 1885: Die Zahl der Geschäfte in Lebensmittelhandel und -handwerk nahm nämlich in dieser Rezessionsphase zu, verhielt sich also kontrazyklisch. Bei deutlich vermindertem Wirtschafts- und Bevölkerungswachstum verdoppelte sich die Zahl der Lebensmittelanbieter nahezu.

Fig. 4: *Ladengeschäfte und Hochbauinvestitionen in der Stadt Basel, 1850–1914*

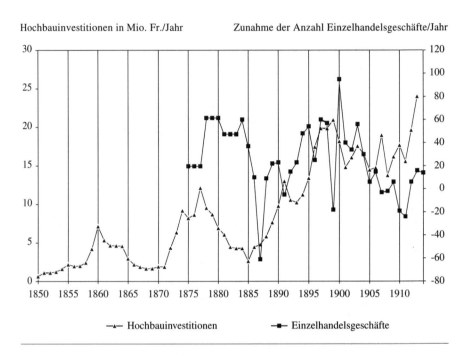

Quellen: Beck, 24 f.; *Adressbuch der Stadt Basel.*

6.2 Versorgungsdichte im Lebensmittelbereich

Die zeitweise entgegengesetzte Bewegung der Anzahl Betriebe im Lebensmittelbereich und der Stadtbevölkerung im Zeitraum 1875–1885 legt nahe, den Quotienten aus den beiden Grössen näher zu betrachten. Die Grösse «Anzahl Geschäfte pro 10'000 Einwohner» kann als Versorgungsdichte verstanden werden. Eine höhere Versorgungsdichte bedeutet eine grössere Auswahl an Einkaufsorten, vermutlich auch kürzere Einkaufswege, beinhaltet jedoch nicht unbedingt ein qualitativ besseres Lebensmittelangebot.

Die Vielzahl verschiedener Branchengeschäfte, von Metzgern und Bäckern über Spezierer bis zu spezialisierten Frischproduktenhandlungen, macht deutlich, dass die Versorgung des Haushalts mit Lebensmitteln in einer Zeit, als man vom heutigen «One-Stop-Shopping» (alles wird in einem Geschäft bzw. Einkaufsort gekauft) weit entfernt war, eine aufwändige Arbeit war. Sie war es umso mehr,

Fig. 5: *Lebensmittelgeschäfte pro 10'000 Einwohner und Hochbauinvestitionen in der Stadt Basel, 1850–1914*

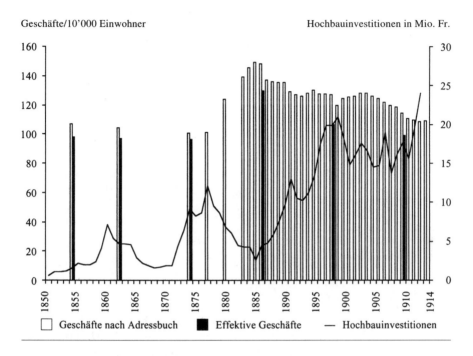

Quellen: Beck, 24 f.; *Adressbuch der Stadt Basel; Statistisches Jahrbuch des Kantons Basel-Stadt.*

als die aktive Kühlung der Lebensmittel im Haushalt noch nicht möglich war, was die Vorratshaltung leicht verderblicher Produkte stark einschränkte und die Einkaufsintervalle gezwungenermassen verkürzte. Ein möglichst kurzer Weg bzw. eine ausreichende Versorgung im Wohnquartier muss deshalb für die Bevölkerung einen hohen Stellenwert besessen haben. In diesem Zusammenhang sind auch wiederholte Begehren und Unterschriftensammlungen zu verstehen, die auf die Bewilligung zusätzlicher Salzverkaufsstellen oder von Läden ausserhalb der Stadtmauern abzielten. Obwohl die Initiative für solche Begehren vermutlich von interessierten Händlern ausging, spiegeln die eingereichten Unterschriftenlisten dennoch die Bedeutung der Nahversorgung für die Quartierbewohner.[1]

Bezüglich der Versorgungsdichte mit Lebensmittelläden zeigen unsere Daten ein auffälliges und erklärungsbedürftiges Phänomen. Während die Versorgungsdichte 1854, 1862 und 1874 insgesamt konstant bei 98 bzw. 96 Einheiten pro 10'000 Einwohner lag, waren es 1886 auf einmal 130. Im anschliessenden Wirtschafts-

Fig. 6: *Branchen mit der grössten Versorgungsdichte um 1886 in der Stadt Basel*

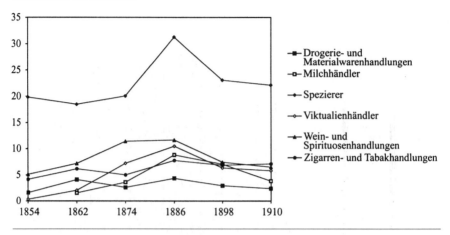

Quellen: *Adressbuch der Stadt Basel; Statistisches Jahrbuch des Kantons Basel-Stadt.*

aufschwung bildete sich dieser Wert bis zum Jahr 1898 auf 107 zurück und erreichte 1910 mit 99 wieder ungefähr das Niveau früherer Jahre (vgl. Fig. 5).

Es drängt sich die Frage auf, ob 1886 eine tendenzielle «Überversorgung» im Lebensmittelhandel herrschte. In einer wirtschaftlich sehr unsicheren Zeit standen innerhalb von nur zehn Jahren 30% mehr Lebensmittelgeschäfte bzw. -händler pro Bevölkerungseinheit zur Verfügung. Nahe liegt die Vermutung, dass infolge der Rezession in wirtschaftliche Bedrängnis geratene Personen und ganze Familien im Einzelhandel mit Lebensmitteln ein Auskommen suchten. Besonders Branchen, die wenig Qualifikation und Kapital voraussetzen, dürften dabei bevorzugt worden sein.[2] Dass solche Zusammenhänge überaus plausibel sind, beleuchtet z. B. auch folgendes Vorkommnis: Für Südwales hat Benson in den Monaten nach der Schliessung der Blaina Eisenwerke in den Behördenakten 17 neue Bewerbungen um Bierladen-Lizenzen feststellen können.[3]

Die Grafiken 6–8 liefern Aufschluss zur Versorgungsdichte nach Branchen. Sie zeigen, dass zwischen 1874 und 1886 folgende Branchen sowohl absolut wie auch relativ gesehen einen starken Zuwachs erfuhren: die Zigarren- und Tabakhandlungen, die Milchhändler, die Obst- und Gemüsehändler, die Spezierer und die Viktualienhändler. Konkret heisst das, dass sich die Versorgungsdichte bei den Milchhändlern mehr als verdoppelte, bei den Zigarren- und Tabakhandlungen,

Tab. 7: *Versorgungsdichte in Bezug auf Lebensmittelhandwerk und -handel in der Stadt Basel, 1854–1910*

Jahr	Lebensmittelgeschäfte (n) pro 10'000 Einwohner*
1854	97,9
1862	96,7
1874	96,4
1886	129,9
1898	106,7
1910	98,8

* Für Zahlen zur Versorgungsdichte nach Branchen vgl. Tab. II in Anhang 1.

Quellen: *Adressbuch der Stadt Basel; Statistisches Jahrbuch des Kantons Basel-Stadt.*

Spezierern und Viktualienhändlern um rund 50% erhöhte. Die Auswahl der betroffenen Branchen deckt sich recht gut mit der oben geäusserten Vermutung, dass Erwerbslose in der Rezessionszeit auf den einfachen, unqualifizierten Lebensmittelhandel ausweichen. Alle diese Branchen erforderten offensichtlich nur wenig Know-how und wenig Betriebskapital, wodurch der Einstieg leicht fiel und mit wenig Risiko verbunden war.

Naheliegend ist sodann die Vermutung, dass sich die Lebensmittelversorgung am Ende unseres Untersuchungszeitraums in qualitativer Hinsicht recht gründlich von der Situation in den 1850er- und 60er-Jahren unterschieden haben muss. Als Folge des Wirtschaftswachstums, welches die Realeinkommen breiter Bevölkerungsschichten massgeblich anhob, muss sich der Lebensmitteldetailhandel 1910 deutlich höher stehend, leistungsfähiger und bezüglich der Sortimente verfeinert präsentiert haben. Dies bedeutet für das einzelne Geschäft sowohl qualitatives wie auch quantitatives Wachstum. Anders hätte ja eine gleich grosse Anzahl Verkaufsstellen pro Bevölkerungseinheit die gestiegenen Konsumansprüche nicht zu befriedigen vermocht.

Einige Hinweise auf einen solchen Strukturwandel vermitteln unsere Daten zur Versorgungsdichte nach Branchen, die über den Zeitraum 1854–1910 erhebliche Veränderungen aufzeigen.[4] Allerdings kann z. B. hinter einer rückläufigen Versorgungsdichte entweder ein Produktivitätsfortschritt, eine Konzentration in grösseren Betriebseinheiten oder aber ein abnehmender Konsumtrend für das betreffende Sortiment stehen. Um festzustellen, wie eine rückläufige Versorgungsdichte im Einzelfall zu interpretieren ist, müssen Informationen über die Konsum-

Fig. 7: *Versorgungsdichte in Bezug auf Bäckereien, Konditoreien, Brauereien, Metzgereien und Obsthandel, 1854–1910*

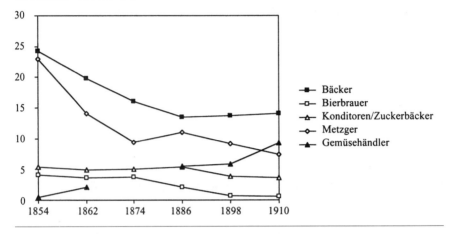

Quellen: *Adressbuch der Stadt Basel; Statistisches Jahrbuch des Kantons Basel-Stadt.*

trends herangezogen werden. Wenn also beispielsweise die Dichte der Metzgereien pro 10'000 Einwohnern von 23 (1854) über 14,1 (1862) auf 7,2 (1910) zurückging, gleichzeitig aber der Fleischkonsum pro Kopf im selben Zeitraum deutlich zunahm,[5] so muss die Leistungsfähigkeit bzw. Produktivität des einzelnen Betriebs erheblich gestiegen sein, sei es durch Vergrösserung der Betriebseinheiten, durch Mechanisierung der Fleischbearbeitung und -verarbeitung und/ oder durch einen arbeitsteiligen Produktionsablauf.

Andererseits kann eine steigende Versorgungsdichte, wie sie bei den Obst- und Gemüsehändlern deutlich zu beobachten ist, auf eine steigende Konsumnachfrage[6] nach dem entsprechenden Sortiment hinweisen. Für solche Veränderungen in der Ernährung gibt es Anhaltspunkte. Kaum lässt sich diese steigende Versorgungsdichte als Verlagerung des Obst- und Gemüseverkaufs vom offenen Markt in Verkaufsläden interpretieren, denn wir vermuten stark, dass diese Obst- und GemüsehändlerInnen grösstenteils den Hausier- bzw. Markthandel betreiben. Die Zunahme in der Stadt ansässiger und daher im Adressverzeichnis erfasster Obst- und GemüsehändlerInnen hatte vielmehr Veränderungen in der Versorgung mit landwirtschaftlichen Produkten zum Hintergrund: Bei wichtiger werdendem Zwischenhandel lösten ausschliesslich als Händler tätige Personen in unserem Zeitraum zusehends die landwirtschaftlichen Produzenten der umliegenden Land-

Fig. 8: *Branchen mit der grössten Versorgungsdichte um 1898 in der Stadt Basel*

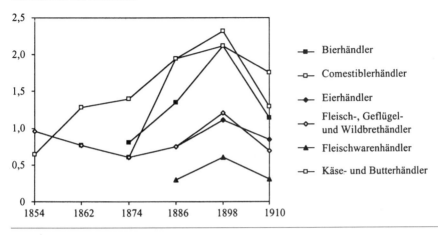

Quellen: *Adressbuch der Stadt Basel; Statistisches Jahrbuch des Kantons Basel-Stadt.*

schaft ab, welche ihre Erzeugnisse bis dahin selbst in der Stadt zum Verkauf gebracht hatten. Diese HändlerInnen wohnten allerdings auch nicht alle in der Stadt, sondern kamen für ihre tägliche Arbeit teilweise vom Umland.[7] Sie deckten sich einerseits bei den ländlichen Produzenten ein, indem sie ihnen ganze Warenpartien abkauften, also den so genannten Fürkauf betrieben.[8] Andererseits entstand mit der Möglichkeit des Bahntransports auch ein Engrosmarkt beim Bahnhof.

Eine nochmals andere Entwicklung bezüglich Versorgungsdichte ergab sich bei einer Reihe von Branchen des Spezialitäten- (Fleischwaren, Comestibles, Bier) und Frischproduktenhandels (Eier, Fisch, Geflügel und Wildbret, Käse und Butter). Diese Branchen nahmen über 1886 hinaus zu und waren erst nach einem Höhepunkt im Jahr 1898 rückläufig (vgl. Fig. 8). Vermutlich entstanden eigentliche Spezialgeschäfte erst allmählich, teilweise wohl als Ablösung des offenen Marktes. Ihre Sortimente wurden anschliessend in Ladengeschäfte mit umfassenderem Lebensmittelangebot integriert, so vor allem in Spezerei- und Viktualienhandlungen.

7 Strukturelle Veränderungen in der Lebensmittelversorgung

7.1 Bedeutungsverlust des Lebensmittelhandwerks

Wenn wir die prozentuale Verteilung der Betriebe auf die Branchen betrachten, fällt zunächst der relative Bedeutungsverlust des Lebensmittelhandwerks, d. h. der Bäcker, Brauer, Konditoren und Metzger auf. Der Anteil der Betriebseinheiten bzw. Verkaufslokale aller vier Handwerksbranchen zusammen ging von 58% im Jahr 1854 zurück auf 26% per 1910. Während also zu Beginn unseres Untersuchungszeitraums noch der überwiegende Teil der Lebensmittelverkaufsstellen dem Handwerk zuzuordnen sind, vereinigten Bäcker, Konditoren, Metzger und Bierbrauer vor dem Ersten Weltkrieg nur einen Viertel aller Geschäfte auf sich. Die Lebensmittelhandwerke Brauerei, Metzgerei und Nur-Konditorei verloren – gemessen am relativen Anteil der Betriebe – bis 1910 stetig an Bedeutung. Eindeutig am besten halten konnte sich das Bäckerhandwerk, das 1886 mit 10% aller Verkaufsstellen den tiefsten Stand erreichte, anschliessend jedoch seinen Anteil bis 1910 wieder auf 14% zu steigern vermochte. Diese Entwicklung war denn auch für die geringfügige Erholung des Lebensmittelhandwerks insgesamt nach 1886 verantwortlich (siehe untenstehende Grafik). Dass nebst den wenigen Grossbetrieben in der Bäckereibranche auch eine Vielzahl von Klein- und Mittelbetrieben weiterbestand und sich gar ein Zuwachs an Betriebseinheiten verzeichnen lässt, ist einerseits durch ihre Spezialisierung auf die höhermargige Feinbäckerei erklärbar.[1] Grossbetriebe beschränkten sich nämlich zunächst auf das Backen von Brot, weil die Produktion von Klein- und Feingebäck besondere Anforderungen stellte, denen sie so leicht nicht nachkommen konnten. Andererseits drangen die gewerblichen Bäcker ab der Mitte des 19. Jahrhunderts zusehends mehr ins Gebiet der Konditorei vor, sodass reine Bäckereien vor dem Ersten Weltkrieg die Ausnahme waren.[2]
Bei den Metzgereien und Brauereien war die Rationalisierung der Produktion in grösseren, mechanisierten Betrieben weit gehend verantwortlich für den absoluten und relativen Rückgang der Anzahl Betriebe. Der Konsumtrend für Fleisch wies über den gesamten Zeitraum nach oben. Und beim Bier stiegen Produktion bzw. Konsum in unserer Zeitperiode rasch an. So verdreifachte sich die gesamt-

Fig. 9: *Relative Bedeutung der Lebensmittelhandwerksbetriebe in der Stadt Basel, 1854–1910*

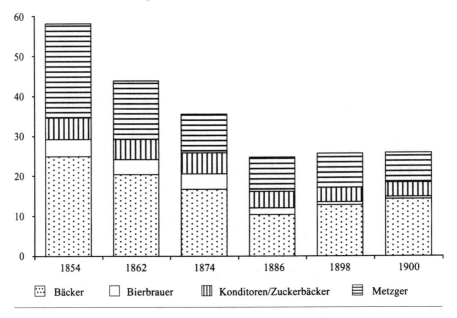

Quelle: *Adressbuch der Stadt Basel.*

schweizerische Produktion zwischen 1883 und 1913, während die Zahl der Brauereien von 423 auf 137 zurückging.[3] Bedeutend für die Entwicklung der Branche war die rasch fortschreitende Mechanisierung des Brauereibetriebs ab etwa 1880, in deren Verlauf aus dem Handwerksbetrieb eigentliche Industrieanlagen und Grossbetriebe wurden. Gemäss der Eidgenössischen Betriebszählung von 1905 arbeiteten in acht Basler Brauereien 453 Personen bzw. durchschnittlich 57 pro Betrieb. Auch das hergestellte Produkt änderte sich grundlegend: Lagerbiere in Flaschen, die über grosse Distanzen vertrieben werden konnten, lösten den Ausschank der produzierten Frischbiere in angegliederten Gaststätten ab.

Konditorenarbeit war und ist ausgesprochene Handarbeit und für die Mechanisierung wenig geeignet. Die Gesamtnachfrage nach Konditoreierzeugnissen dürfte mit steigenden Realeinkommen zwischen 1850 und 1910 deutlich gewachsen sein. Dass dieser Trend in der Entwicklung der Konditoreibranche keinen Niederschlag findet, interpretieren wir folgendermassen: Bei der Datenbereinigung für die Stichjahre war zu beobachten, wie sich nach 1886 Bäcker vermehrt und ausdrücklich auch als Konditoren bezeichneten und im Branchenverzeichnis unter dieser Rubrik erschienen. Bei abnehmender Bedeutung des Grundnahrungsmittels Brot absorbierten die Bäcker also einen guten Teil der steigenden Nachfrage nach Konditoreiwaren. Wir vermuten, dass viele Bäcker ihr Angebot diesem Trend folgend erweiterten und die Branche durch diese Neuausrichtung nach 1886 wieder an Boden gewinnen konnte. Das Bäckerhandwerk war im Vergleich zur Metzgereibranche von Rationalisierungsmassnahmen im Betrieb weniger betroffen; Maschinenkraft und Arbeitsteilung kamen um die Jahrhundertwende noch selten zur Anwendung.[4] Eine Ausnahme hiervon bildeten Grossbetriebe wie beispielsweise die Bäckerei des Allgemeinen Consumvereins Basel, die ihre Produktion 1866 aufgenommen hatte. Andere Ausnahmen sind etwa die Basler Brotfabrik AG, die von 1896 bis 1906 bestand, oder die von Christian Singer 1899 gegründete Dampfbäckerei, ab 1903 bezeichnet als «Schweizerische Brezel- und Zwiebackfabrik Ch. Singer».[5]

7.2 Zuwachs bei den Spezialgeschäften

Frischprodukte nahmen in unserem Zeitraum im Detailhandel an Bedeutung zu. Die vorliegenden Daten erlauben folgende These: Frischprodukte wurden in früheren Jahren vermutlich vorwiegend auf dem Markt gehandelt, dann aber vermehrt auch in spezialisierten Frischproduktengeschäften. Und gegen die Jahrhundertwende hin fanden Frischprodukte zunehmend Eingang in das Angebot der Spezereiläden und Kolonialwarengeschäfte. Können unsere Zeitreihen diese These auf aggregierter Ebene bestätigen?

Fig. 10 (S. 96), welche nebst Lebensmittelhandwerk und Spezereigeschäften die Gruppen «Frischproduktenhandel» und «Übriger Lebensmittelhandel trocken» (gemeint sind alle Lebensmittel ausser den Frischprodukten) zusammenfasst, zeigt ein deutliches Bild. Der Anteil der Spezierer blieb – mit Ausnahme des Anstiegs 1886 – in etwa konstant. Der übrige Lebensmittel-Trockenhandel stieg zwischen 1854 und 1862 stark an, um sich ab 1874 bei einem Wert um 26% bzw. 27% einzupendeln. Der Frischproduktenhandel machte im Vergleich zu den anderen hier gezeigten Sparten die extremste Entwicklung durch. Vereinigte er 1854 erst 6% der Lebensmittelgeschäfte auf sich, so sind es nach sprunghaftem Anstieg im Jahr 1886 25%, 1898 dann 27% und 1910 wiederum 25%.[6]

Diese Zahlen belegen: Abgesehen vom Lebensmittelhandwerk, das sich mit Herstellung und Verkauf von Frischprodukten befasste und in unserem Zeitraum deutlich an Gewicht verlor, erfuhr der eigentliche Handel mit Frischprodukten durch spezialisierte Branchengeschäfte von 1854 bis 1886 einen starken Bedeutungsgewinn. Bei anschliessend konstantem Anteil und zweifellos weiterhin stei-

Fig. 10: *Struktur von Lebensmittelhandwerk und -handel in der Stadt Basel, 1854–1910*

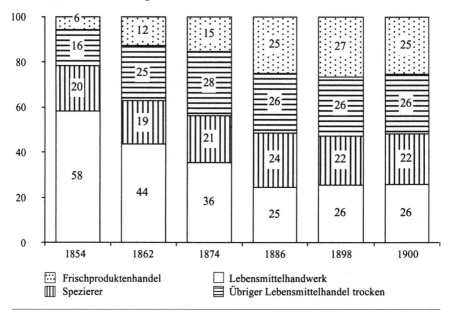

Erklärung zur Gruppenbildung
Lebensmittelhandwerk: Metzger, Konditoren/Zuckerbäcker, Bierbrauer, Bäcker.
Frischproduktenhandel: Comestibles, Eier, Fisch, Geflügel und Wildbret, Fleischwaren, Hippenbäckerin, Käse und Butter, Milch, Molkereigeschäfte, Nudelmacherinnen, Obst und Gemüse, Südfrüchte, Traiteure, Viktualien.
Übriger Lebensmittelhandel trocken: Apotheker, Bier, Drogerie und Materialwaren, Honig, Kaffeespezialgeschäft, Kolonialwaren und Landesprodukte, Mineralwasser, Reformgeschäft, Salzverkäufer, Schokolade, Tee, Wein und Spirituosen, Zigarren und Tabak.

Quelle: *Adressbuch der Stadt Basel.*

gender Nachfrage nach Frischprodukten fand dann eine schrittweise Integration dieses Sortiments vor allem in die Spezereigeschäfte statt. Anhaltspunkte hierzu liefern Erkenntnisse aus den Adressbereinigungen[7] sowie die Tatsache, dass die im Jahr 1910 bereits 67 Filialen umfassende Ladenkette des Allgemeinen Consumvereins schon früh den Brot- (1866) und Milchverkauf (1884) integrierte und die Preislisten zusehends mehr Frischprodukte wie Käse, Eier und Butter sowie ab 1903 schliesslich auch Obst und Gemüse aufführten.

Fig. 11: *Branchen mit früh rückläufigem Verkaufsstellenanteil in der Stadt Basel, 1854–1910*

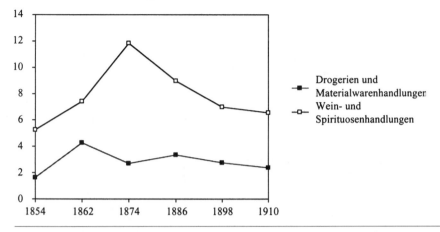

Quelle: *Adressbuch der Stadt Basel.*

7.3 Expansion und Schrumpfung

Verkaufsstellen für Drogen- und Materialwaren erreichten bezüglich relativem Anteil ihrer Betriebe zwei Höhepunkte, nämlich 1862 mit 4,2% und 1886 mit 3,3% (vgl. Fig. 11).[8] 1910 lag ihr Anteil bei 2,4%. Wein- und Spirituosenhandlungen vergrösserten ihr Gewicht von 5,2% im Jahr 1854 auf 11,9% im Jahr 1874, um sich anschliessend stufenweise auf 6,6% der Lebensmitteldetailgeschäfte im Jahr 1910 zu verringern. Eine Erklärung für diese Verläufe fällt nicht leicht. Die beiden zu einem guten Teil im Gross- und Importhandel tätigen Branchen müssen Strukturveränderungen zu Gunsten grösserer Betriebseinheiten vollzogen haben. Besonders im Wein- und Spirituosenhandel ist der relative Bedeutungsrückgang der Branche, gemessen an der Zahl der Geschäfte, einschneidend. Vermutlich hat der Drogen- und Materialwarenhandel mit dem Übergang zur synthetischen Farbstoffproduktion ab etwa 1880 einen wichtigen Absatzzweig verloren. Für diese These spricht auch der Sortimentswandel mit einem wachsenden Segment an Stärkungsmitteln, Weinen und Spirituosen, also eine Entwicklung hin zur späteren Drogerie. Zur Kompensation wurden neue Märkte erschlossen.[9]

Spezerei-, Viktualien- und Milchhandel wiesen 1886 ihren jeweils höchsten relativen Anteil an der Gesamtheit aller Betriebe auf. Vorher stieg ihre Bedeutung

Fig. 12: *Lebensmittelbranchen in der Stadt Basel mit Expansion bis 1886*

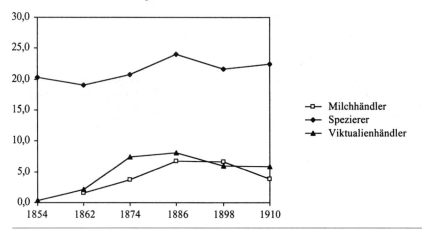

Quelle: *Adressbuch der Stadt Basel.*

Fig. 13: *Lebensmittel-Spezialgeschäfte in der Stadt Basel mit Expansion bis 1898*

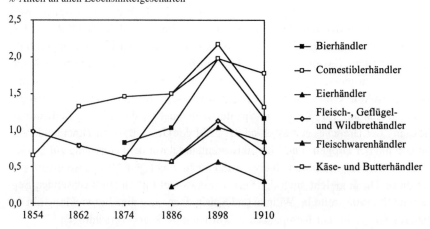

Quelle: *Adressbuch der Stadt Basel.*

Fig. 14: *Branchen mit steigendem Händleranteil in der Stadt Basel, 1854–1910*

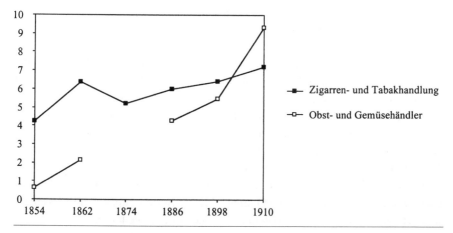

Quelle: *Adressbuch der Stadt Basel.*

tendenziell, nachher nahm sie wieder ab. Beim Spezereihandel geschah dies auf einem sehr hohen Niveau: Schon 1854 vereinigte die Branche 20% der im Branchenverzeichnis ausgewiesenen Lebensmittelgeschäfte auf sich, 1886 waren es 24%. Im Gegensatz dazu kam der spezialisierte Handel mit Frischprodukten wie Milch und Viktualien erst in der zweiten Hälfte des 19. Jahrhunderts so richtig auf und weitete sich rasch aus, um anschliessend eine Redimensionierung zu erfahren. Nicht zu vergessen ist, dass gerade diese drei Branchen – nebst dem Zigarren- und Tabakhandel sowie dem Obst- und Gemüsehandel – in der wirtschaftlichen Rezession der Jahre 1875–1885 jenen erklärungsbedürftigen Zustrom an neuen Selbstständigen erhielten, welcher die Zahl der Geschäfte in kontrazyklischer Weise anschwellen liess. Ein Vergleich der Zahlen für 1886 und 1898 weist denn auch im Bereich der Spezerei- und Viktualienhändler, nicht aber bei den Milchhändlern, eine entsprechende Gesundschrumpfung aus (vgl. Fig. 12).
Einige wenige spezialisierte Frischproduktenbranchen und auch der Flaschenbierhandel erreichten ihren höchsten relativen Anteil an allen Lebensmittelgeschäften in unserem Untersuchungsstichjahr 1898. Danach ging ihre Bedeutung bis 1910 wieder erheblich zurück, parallel zur bereits aufgezeigten Versorgungsdichte nach Branchen. Diese im letzten Viertel des 19. Jahrhunderts vermehrt in Erscheinung getretenen hoch spezialisierten Verkaufsbranchen ver-

loren um 1900 rasch wieder an Bedeutung. Verantwortlich hierfür war wohl kaum ein Nachfragerückgang, sondern die relativ frühe und umfassende Integration dieser Produkte in den Spezereiwarenhandel (vgl. Fig. 13).

7.4 Wachstumsbranchen

Ungebrochene Aufwärtsbewegungen bezüglich der relativen Zahl der Betriebe wiesen die Zigarren- und Tabakhandlungen sowie der Obst- und Gemüsehandel über den gesamten Zeitraum hinweg auf. Letzterer steigerte seine Bedeutung von 1,9% der Betriebe 1862 auf 9,4% im Jahr 1910. Die Konsumentennachfrage nach beiden Warengruppen nahm zu, und zwar für Tabakwaren wohl mit wachsendem Realeinkommen und für Obst sowie Gemüse im Rahmen sich wandelnder Ernährungsgewohnheiten (vgl. Fig. 14). Grundsätzlich erleichterte die Bahn als neues Transportmittel die Versorgung städtischer Zentren mit Obst und Gemüse. Diese wurden durch eine sich nun herausbildende Berufsgruppe von in Basel ansässigen Händlerinnen und Händlern an die Kundschaft weiterverteilt.

8 Filialunternehmungen: Ein Phänomen des 19. Jahrhunderts

8.1 Unternehmenswachstum durch Filialisierung

Die Filialisierung in Lebensmittelhandwerk und -einzelhandel, wie wir sie für die Stadt Basel nachweisen können, war eine neue und typische Erscheinung des 19. Jahrhunderts. Unternehmerischen Händlern und Handwerkern eröffnete sich im Vergleich zum Einzelbetrieb ein weiter Aktionsspielraum. Es kann von einer eigentlichen Innovation im Einzelhandel gesprochen werden, welche die Warendistribution aus wirtschaftlicher Sicht verbesserte. Damals hat begonnen, was in unserer eigenen Zeit wohl vertraut ist: Filialen mit einheitlichem Erscheinungsbild und Warenangebot wurden aufgezogen. Ob Merkur oder Bell – zwei noch heute namentlich bekannte Vertriebsnetze mit Ursprung vor dem Ersten Weltkrieg: Die Geschäfte dieser Filialunternehmungen standen und stehen für Qualität. Ihre Namen wurden zu Einzelhandelsmarken und ihre Verkaufsstellen hoben sich dadurch von der Konkurrenz ab, ähnlich wie die nach 1900 rasch wachsende Zahl von Markenartikeln von der Vielzahl namenloser Konkurrenzprodukte.

Die mit der Industrialisierung schnell anwachsenden Städte bildeten zweifellos die Basis für die Entstehung von Filialunternehmungen im Einzelhandel. In Grossbritannien waren dies vor allem die neuen Zentren in Mittel- und Nordengland und in viel geringerem Ausmass die südliche Metropole und Grossstadt London.[1] Als Antwort auf die Frage, warum Filialunternehmungen zu einer bestimmten Zeit entstehen und warum gewisse Branchen diese Unternehmensform eher nutzen als andere, verweist Jefferys für Grossbritannien auf drei Faktoren bzw. Voraussetzungen:
– eine grosse, stetige Nachfrage nach Konsumgütern,
– Massenproduktion oder Grossimport von Lebensmitteln,
– grosse Volumen neuer Konsumgüter (z. B. Tafelschokolade, Margarine, Zigaretten) oder landwirtschaftlicher Importgüter aus neuen Herkunftsländern (Butter, Speck, Schinken, Eier, Fleisch), welche auf den Markt drängen und nach neuen Absatzkanälen rufen.[2]

Ein Grossteil der Lebensmittelgeschäfte gewährleistete in der Stadt die Nahversorgung der Quartierbewohner. Insbesondere galt dies für den Handel mit

Gütern des täglichen Bedarfs. Gehobenere Fachgeschäfte hingegen, etwa jene für Kolonialwaren wie Kaffee und Tee oder für Schokoladenartikel, hatten ihre Standorte im Stadtzentrum und bedienten ein grösseres Einzugsgebiet, das bis über die Stadtgrenzen hinaus reichen konnte.[3] Umsatz und Grösse eines Verkaufsgeschäfts waren durch Sortiment und Kundenkreis bzw. Einzugsgebiet bestimmt, konnten aber auch vom Grundriss der (Wohn-)Häuser und der resultierenden Ladengrösse her an Grenzen stossen. Wollte ein Einzelhändler sein Geschäft vergrössern, so bot nebst Sortiments- oder Ladenerweiterung die Gründung von Filialverkaufsstellen entsprechende Möglichkeiten.[4] Das erworbene Know-how bezüglich Sortiment, Bezugsquellen, Ladeneinrichtung und Absatzförderung bzw. Marketing konnte mehrfach genutzt werden. Zudem liessen sich beim Einkauf durch grössere Bezugsmengen Preisvorteile erzielen. Für Betriebe der gewerblichen Lebensmittelproduktion wie Metzgereien, Bäckereien, Molkereien galt analog, dass grössere Bezugsmengen bessere Einkaufskonditionen für Rohstoffe und Handelswaren nach sich zogen und eine umfangreichere, maschinell unterstützte Produktion niedrigere Gestehungskosten ermöglichte. Die Filialisierung erlaubte also sowohl auf der Beschaffungs- bzw. Produktionsseite als auch auf der Absatzseite die Nutzung von *economies of scale*. Diese wiederum schlugen sich in höheren Margen und einer verbesserten Wettbewerbsfähigkeit gegenüber der kleinbetrieblich organisierten Konkurrenz nieder.

Planmässig als Aktiengesellschaft oder als Verein bzw. Genossenschaft gegründete Filialunternehmungen konnten innert kurzer Zeit und überregional zu einem umfangreichen Verkaufsstellennetz expandieren. Im Vergleich zu den Familienunternehmungen, die in der Regel weniger als zehn Geschäfte betrieben, wiesen diese Ketten schnell einmal mehrere Dutzend Filialen auf. Bezüglich der in unserem Untersuchungszeitraum bei Filialunternehmungen vorherrschenden Form des Familienbetriebs wird uns deshalb die Frage nach den Bestimmungsgründen ihrer tendenziell geringen Zahl von Filialen beschäftigen. Zudem folgten Wachstumsphasen mit Filialgründungen oft lange Phasen der Stagnation, die es zu erklären gilt.

Die Chancen und Grenzen betrieblichen Wachstums kleiner und mittlerer Unternehmungen des Lebensmittelhandels sollen auf dem Hintergrund neuerer Forschungsergebnisse[5] betrachtet und mit der Firmenentwicklung von Basler Filialunternehmen[6] sowie den Biografien ihrer Inhaber verglichen werden. Entgegen der geläufigen Sichtweise betont die historische Forschung zu Klein- und Mittelunternehmen (KMU) den beachtlichen Beitrag von Familienunternehmungen im Wirtschaftsprozess und untersucht ihre Entwicklung. Sie beantwortet vor allem zwei für uns zentrale Fragen: Welche Voraussetzungen sind für das Firmenwachstum und – in unserem konkreten Fall – für die Gründung von Filialverkaufsstellen förderlich? Wenn Wachstum dagegen ausbleibt: Sind die Gründe

für Stagnation in einem widrigen Umfeld zu suchen, oder setzten die Inhaber von KMU dem Grössenwachstum aus eigenem Antrieb Grenzen?
Zuerst zu den förderlichen Faktoren: Für ein erfolgreiches Unternehmenswachstum, so z. B. auch eine längerfristige Filialisierung im Lebensmitteleinzelhandel, dürften Fachkenntnisse und ein spezifisches kaufmännisches Know-how grundlegend sein. Dieses kann einerseits auf einer soliden Basis von Schul- und Berufsbildung sowie einschlägiger Berufserfahrung basieren. Nicht zu vernachlässigen ist auch, dass gewisse Branchenkenntnisse möglicherweise bereits in jungen Jahren im Geschäft der Eltern erworben werden. Andererseits wird spezifisches Branchen-Know-how laufend über Beziehungsnetze inner- und ausserhalb der Familie erschlossen. Diese sozialen Netze gewähren nebst Know-how-Transfers auch den Zugang zu aktuellen Marktinformationen und zu Kapital.[7] Die ausgeprägte Nutzung ihrer Beziehungsnetze ist Teil der Absicherungsstrategie von Familienunternehmungen; darunter können auch agenturähnliche Beziehungen zu grossen öffentlichen oder wohltätigen Institutionen fallen.[8]
Ein weiteres wichtiges Element in der Absicherungsstrategie und Ausgangsbasis für eine erfolgreiche Expansion der Familienunternehmung ist die betriebliche Spezialisierung. Das im Grosshandel erworbene spezifische Know-how lässt sich mit besonderem Erfolg in bestimmten spezialisierten Branchen und Marktnischen auswerten.[9] Durch die Verbindung von Gross- und Einzelhandel, wie sie im 19. Jahrhundert üblich war, konzentriert sich das ausgereifte Know-how des Grosshandels durch Vorwärtsintegration mit der Absatzsicherung über den Einzelhandel in einer Hand. So können Märkte kontrolliert und wirkungsvoll gegen Neueindringlinge geschützt werden.[10] Dieses Fach- und Führungs-Know-how, kombiniert mit einem gut funktionierenden sozialen Netzwerk, dürfte eine solide Basis für Grossbetriebe bzw. Filialunternehmungen im Einzelhandel gebildet haben. Gemäss den Erkenntnissen von Nenadic ist es kennzeichnend, dass solche Netzwerke vor allem auf lokalen Märkten zum Tragen kommen.[11]
Zu den Grenzen der Familienunternehmung: Untersuchungen zur Frage nach den Ursachen bescheidenen oder ausgebliebenen Grössenwachstums legen den Akzent zunächst auf fehlende Ressourcen, d. h. Mangel an Kapital oder an geeignetem Kaderpersonal.[12] Andererseits zeigt der Familienansatz der Unternehmung gemäss detaillierten Studien[13] deutlich Züge der Selbstbeschränkung, indem eine konservative Haltung zusammen auftritt mit Risikoaversion und der Tendenz zur Vermeidung von Kreditnahme. Oberstes Ziel der Familienunternehmung – so das übereinstimmende Ergebnis der Forschungsarbeiten – ist die Erzielung eines stabilen Einkommens zur Sicherung des Lebensstandards der Familie.[14]
Untersuchungen über die Wachstumsphasen von KMU belegen, dass auf anfänglich schnelle Expansion mit zunehmendem Firmenalter Jahre sinkender

Wachstumsraten folgen. Dabei handelt es sich weniger um ein Versagen dieser Unternehmen, sondern vielmehr um freiwilligen Verzicht auf Wachstum, um die bestehende Firmenstruktur des Familienbetriebs erhalten zu können.[15] Es werden also bewusst nicht alle Entwicklungsmöglichkeiten des Geschäfts genutzt. Durch diese Neigung der Familienunternehmen zur Selbstbeschränkung betrieblichen Wachstums fehlen den Inhabern Wachstumsvisionen. Ihre Betriebe zeichnen sich in der Regel durch geringes Wachstum aus, weisen aber dennoch eine zufriedenstellende Ertragssituation auf.[16] Mit dem Generationenwechsel oder Eintritt eines neuen Familienmitglieds in die Firmenleitung ist oft eine neue Firmenaktivität oder vermehrtes Wachstum feststellbar.[17]

8.2 Entstehung und Bedeutungsgewinn von Filialunternehmungen

8.2.1 Anzahl Verkaufsstellen in Filialunternehmen

Das erste Basler Filialgeschäft im Lebensmittelbereich eröffnete im Jahr 1861 Franz Riggenbach-Burckhardt: Er fügte dem Hauptgeschäft an der Sporengasse Nr. 1607 (Haus zum Arm) eine Kleinbasler Filiale an der Clarastrasse 30 hinzu.[18] Der bis 1892 beibehaltene Firmenname «Wwe. Riggenbach zum Arm» ging auf die Mutter des Unternehmers, Gertrud Riggenbach-Landerer (gestorben 1855) zurück, welche 1828 in Basel als kinderreiche Witwe eine Spezerei- und Südfrüchtehandlung eröffnet hatte. 1854 erschien Franz Riggenbach im Branchenverzeichnis als «Spezierer en gros et en détail», ab 1862 nannte sich die Firma «Kolonialwaren- und Käsehandlung». Die Filialgründung erfolgte also durch die zweite Generation, die kaufmännische Bildung und Grosshandelserfahrung hatte. Weitere Filialen liessen ausgesprochen lange auf sich warten. Zwei folgten im Jahr 1893, und ein fünftes Ladengeschäft kam 1900 hinzu, kurz bevor die nächste Generation die Leitung übernahm und nun unter dem Namen Gebrüder Riggenbach firmierte (vgl. Fig. 15).

Nach dieser ersten Filialgründung fanden Filialunternehmen zusehends Verbreitung. 1910 gehörten 206 von insgesamt 1295 Verkaufsgeschäften der Lebensmittelbranche – das sind 16% – Filialunternehmungen an. Diese 206 Verkaufsstellen verteilten sich auf 42 Firmen. Besonders ins Gewicht fielen dabei das vermehrte Auftreten von Filialen seit den 1880er-Jahren, aber auch einzelne grössere Filialunternehmungen.

Vor 1861 haben unseres Wissens im Basler Lebensmittelhandel und -handwerk keine Filialgeschäfte bestanden. Die neuartige Erscheinung setzte in unserem konkreten Fall also vergleichsweise spät ein. Alexander weist für den Einzel-

Fig. 15: *Verkaufsstellen von Filialunternehmungen in der Stadt Basel, 1850–1914*

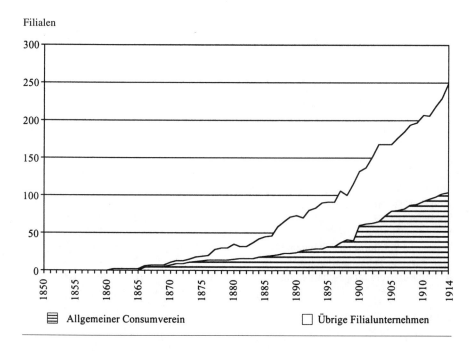

Quelle: *Adressbuch der Stadt Basel.*

handel in Liverpool und Manchester bereits zwischen 1822 und 1851 eine rasch wachsende Zahl von kleinen Filialunternehmungen mit bis zu fünf Verkaufsstellen nach. Weitaus am häufigsten vertreten waren dabei der Kolonialwaren- und Teehandel sowie Bäckereien.[19] Die Stadt Basel dürfte folglich die Voraussetzungen für die Entstehung von Filialunternehmungen rund 50 Jahre später als die englischen Industriestädte erfüllt haben, was bedeutet, dass die erforderliche Massennachfrage vermutlich erst dann erreicht wurde. Auch bot das Binnenland Schweiz im Vergleich zu Grossbritannien weit weniger günstige Bedingungen für den Grossimport von Lebensmitteln. Das Transportwesen war um 1850 kaum entwickelt und der Selbstversorgungsgrad der schweizerischen Landwirtschaft vergleichsweise hoch.

Tab. 8: *Anzahl Verkaufsstellen von Filialunternehmungen in Lebensmittelhandwerk und -handel nach Branchen in der Stadt Basel, 1854–1910*

Branche	1854	1862	1874	1886	1898	1910
Apotheker				2		
Bäcker					11	12
Comestibleshändler/Delikatessen						2
Drogerie- und Materialwarenhandlungen					2	2
Eierhändler					2	4
Kaffeespezialgeschäft						6
Käse- und Butterhändler				2	7	9
Kolonialwaren und Landesprodukte		2	4	6	9	19
Metzger				2	2	48
Milchhändler						2
Molkereigeschäft					11	8
Spezierer			12	26	47	74
Viktualienhändler				2	2	5
Wein- und Spirituosenhandlungen						5
Zigarren- und Tabakhandlungen			2	4	9	10
Anzahl Filialverkaufsgeschäfte total	0	2	18	46	100	206

Quelle: *Adressbuch der Stadt Basel.*

8.2.2 Grössenstruktur der Filialunternehmungen

In scharfem Kontrast zur soeben dargestellten gemächlichen Entwicklung der Familienunternehmung Riggenbach stand der planmässige und rasche Ausbau des Filialnetzes der zweiten in der Stadt Basel festgestellten Filialunternehmung, des Allgemeinen Consumvereins Basel. Gegründet 1865, betrieb er Ende 1866 bereits vier Filialen. 1914 führte die Unternehmung dann 77 Spezerei-Verkaufsstellen im Stadtgebiet. Als separater Zweig kam ab 1900 eine eigene Metzgerei-Filialkette hinzu, der 1914 schon 27 Verkaufslokale angehörten.[20]

Nach Franz Riggenbach und dem Allgemeinen Consumverein Basel eröffneten ab den 1870er-Jahren weitere Lebens- und Genussmittelhändler Filialen: eine Zigarren- und Tabakhandlung, eine Kolonialwarenhandlung, eine Apotheke, eine Viktualienhandlung, eine weitere Zigarren- und Tabakhandlung, ein Spezereigeschäft, noch eine Zigarren- und Tabakhandlung, eine Metzgerei etc. Prägende Eigenheit all dieser frühen Filialunternehmungen war, dass bis 1887 ausser dem Allgemeinen Consumverein keine mehr als zwei Verkaufsstellen – Hauptgeschäft und eine Filiale – hatte (vgl. Tab. 9). Auch über den ganzen Zeitraum gesehen

Tab. 9: *Betriebsgrösse (Anzahl Verkaufsstellen) der Filialunternehmungen in Lebensmittelhandwerk und -handel in der Stadt Basel, 1854–1910*

Betriebsgrösse	1854	1862	1874	1886	1898	1910
2 Verkaufsgeschäfte	0	1	3	12	16	29
3 und mehr Verkaufsgeschäfte	0	0	1	1	7	13
Filialunternehmungen insgesamt	0	1	4	13	23	42

Quelle: *Adressbuch der Stadt Basel.*

überwog der kleinste Typ eines Filialgeschäfts: Von insgesamt 144 in Basel zwischen 1861 und 1914 verzeichneten Filialunternehmungen wiesen 119 nur zwei Läden auf. Eine hohe Zahl von Zwei-Verkaufsstellen-Betrieben verzeichneten folgende Branchen: Zigarren- und Tabakhandlungen (22), Bäckereien (17), Metzgereien (16) und Spezereien (11). Von 1887 bis 1914 traten 24 Filialunternehmungen auf, die drei und mehr Verkaufsstellen umfassten; 18 besassen drei bis fünf Filialen, sechs hatten sechs und mehr Filialen. Zu den Letzteren zählten die Metzgereikette des Allgemeinen Consumvereins, die Molkerei Carl Banga, die Metzgerei Samuel Bell Söhne AG, Kaiser's Kaffeegeschäft, die Kolonialwarenhandlung Preiswerk Söhne und die Bäckerei Christian Singer (vgl. Tab. 11).[21]
Die für Basel zwischen 1861 und 1914 festgestellten Filialunternehmungen lassen sich von ihrer Grösse her sinnvollerweise in drei Kategorien einteilen:
1. Der weitaus grösste Teil fällt, wie bereits gezeigt, in den Bereich der Unternehmungen mit zwei Verkaufsstellen. Diese kleinstmögliche Form der Filialunternehmung liess sich gut als Familienbetrieb führen und war noch recht übersichtlich. Trotzdem hatten viele als Filialbetriebe nur wenige Jahre Bestand.
2. Zu einer zweiten Kategorie gehören Firmen mit drei bis zehn Verkaufsstellen. Auch sie waren vorwiegend als Einzelfirma geführte Familienbetriebe, teils aber auch Kollektivgesellschaften. Hier siedelt sich die bereits erwähnte Firma von Franz Riggenbach an, der als Besitzer in der zweiten Generation zunächst nur eine Filiale als Ergänzung zum Hauptgeschäft eröffnete. Jahrzehnte später folgten dann weitere Filialen. Diese Entwicklung war typisch für langjährig und erfolgreich im Familienbetrieb ausgebaute Filialunternehmungen. Oft leitete bei diesen Firmen der Generationenwechsel eine Phase vermehrter Filialgründung ein, eventuell verbunden mit einer Neuausrichtung des Geschäftsfeldes.[22] Nach diesem Muster entwickelten sich in Basel auch die Kolonialwarenhandlung Emanuel Preiswerk, die Spezereihandlung Emil Fischer zum Wolf, die Käse- und Butterhandlung W. Karli und die Bäckerei Christian Singer.

3. Als dritte Kategorie von Filialunternehmungen heben sich einige wenige Firmen mit elf und mehr Verkaufsstellen deutlich vom Rest ab. Ihre Besonderheit war der ausnahmslos rasche, planmässige Ausbau des Filialnetzes. Das herausragende und sehr frühe Beispiel einer schnell vorangetriebenen Filialisierung war der schon erwähnte Allgemeine Consumverein. Über ein innert Kürze ausgebautes Filialnetz verfügte auch die Molkerei Carl Banga, die für Jahrzehnte Bestand hatte. Sämtliche Rekorde brach jedoch die Basler Metzgereifirma Samuel Bell Söhne nach der Inbetriebnahme des neuen Fabrikationsbetriebs im Jahr 1908. Allein auf dem Platz Basel wurden aus zwei Betrieben im Jahr 1902 deren 23 kurz vor dem Ersten Weltkrieg, während zur gleichen Zeit gesamtschweizerisch bereits 130 Filialen gezählt wurden. Zwei weitere grosse überregionale Filialunternehmungen traten nach der Jahrhundertwende auch in Basel rasch und mit Bestimmtheit in Erscheinung: Kaiser's Kaffeegeschäft mit Hauptsitz in Viersen (Deutschland) und einer Schweizer Niederlassung in Basel ab 1902; die Zahl der Basler Filialen wurde bis 1914 auf zehn erhöht nebst weiteren Filialen in anderen Schweizer Städten. Ferner führte die 1905 in Olten gegründete und in der ganzen Schweiz expandierende Firma Merkur, Schweizer Chocoladen- und Colonialhaus, 1914 in Basel vier Stadtfilialen. Familienunternehmungen erreichten nur in Ausnahmefällen eine Grösse von mehr als zehn Filialen, so die Molkerei Banga 1897/98 mit elf Läden, die bereits erwähnte Metzgerei Bell Söhne kurz vor der Umwandlung in eine Aktiengesellschaft und die Bäckerei Christian Singer nach 1914. Ansonsten waren diese «Grossbetriebe» vornehmlich zielgerichtet als Aktiengesellschaften gegründete und rasch ausgebaute Filialnetze. Musterbeispiele hierfür sind der Allgemeine Consumverein, die Bell AG nach 1912, das Schokoladehaus Merkur und Kaiser's Kaffeegeschäft. Letztere drei waren auf nationaler Ebene tätig, was wohl als Familienbetrieb kaum möglich gewesen wäre.[23]

8.2.3 Filialunternehmungen nach Branchen und Betriebstypen

In welchen Branchen treten in Basel Filialunternehmungen schwergewichtig auf? Wie lässt sich die Filialbildung erklären, was sind ihre Hintergründe? Die frühen Filialisten in Grossbritannien waren oftmals *grocers*,[24] und auch in Basel waren es Kolonialwarenhändler, die schon früh kleine, stabile Filialbetriebe gründeten. So wies denn auch der Kolonialwarenhandel als Hauptpromotor der Filialidee 1910 einen beachtlichen Filialgeschäftsanteil von 31% auf. Der hohe Filialanteil in der umfangreichen Spezereibranche – 1910 lag er bei 26% – war auf den Allgemeinen Consumverein zurückzuführen, da die Branche ansonsten nur wenige kleine Filialunternehmungen hatte. Zu Ende unseres Zeitraums gehörte ein auffallend hoher Anteil der Metzgereiläden (50%) einer Filialunternehmung an,

Tab. 10: *Anteil der Filialunternehmen an den Verkaufsstellen in Lebensmittelhandwerk und -handel nach Branchen in der Stadt Basel, 1854–1910*

Branche	%-Anteil der Filialunternehmen an den Verkaufsstellen*					
	1854	1862	1874	1886	1898	1910
Apotheker				(12)		
Bäcker					8	6
Comestibleshändler/Delikatessen						(12)
Drogerie- und Materialwarenhandlungen				(7)		(6)
Eierhändler					(18)	(40)
Kaffeespezialgeschäft						(100)
Käse- und Butterhändler				(15)	(33)	(39)
Kolonialwaren und Landesprodukte		(13)	(17)	(15)	(17)	31
Metzger				3	2	50
Milchhändler						(4)
Molkereigeschäft					(100)	(100)
Spezierer			12	12	21	26
Viktualienhändler				3	3	7
Wein- und Spirituosenhandlungen						6
Zigarren- und Tabakhandlungen				(8)	(8)	13	11
Anzahl Filialverkaufsgeschäfte total	0	1	4	5	9	16

* Werte in Klammern: Gesamtzahl der Verkaufsstellen kleiner als 60.
Quelle: *Adressbuch der Stadt Basel*.

bedingt durch die beiden schon beachtlichen Filialketten des Allgemeinen Consumvereins und der Firma Bell. Andere grosse Branchen wie die Bäckereien und der Zigarren- und Tabakhandel erreichten bei beachtlicher Filialaktivität im Bereich der Zwei-Verkaufsstellen-Betriebe 1910 nur Filialanteile von 6% bzw. 11%. Als grössere Branchen ganz ohne Filialbetriebe fallen die Obst- und Gemüsehändler sowie die Konditoreien auf (vgl. Tab. 10).
Den Erklärungsansätzen von Jefferys folgend,[25] ist festzustellen, dass auch die in Basel tätigen Filialbetriebe mit drei und mehr Verkaufsstellen entweder im Gross- bzw. Importhandel aktiv waren oder die Lebensmittelverarbeitung bzw. -herstellung in industrieähnlichem Massstab betrieben. Grundgedanke der Unternehmer beim Aufbau eines Filialnetzes war offenbar die Sicherstellung der Distribution bis hin zum Konsumenten, vermutlich in Ermangelung leistungsfähiger Verteilsysteme. Gleichzeitig dürften diese Produzenten und Grosshändler auch kleine Einzelhändler beliefert haben. Die enge Verflechtung von Gross- und

Tab. 11: *Betriebsgrösse (Verkaufsstellenzahl) der Filialunternehmungen in Lebensmittelhandwerk und -handel nach Branchen in der Stadt Basel, 1861–1914*

Branche	Maximale Betriebsgrösse (Anzahl Verkaufsstellen*)					Betriebe total
	2	3–5	6–10	11–49	>50	
Apotheker	2					2
Bäcker	17	1	1			19
Bierhändler	1					1
Comestibleshändler/Delikatessen	4					4
Drogerie- und Materialwarenhandlung	6	1				7
Eierhändler	2	1				3
Fleischwarenhändler	4					4
Kaffeespezialgeschäft			1			1
Käse- und Butterhändler	3	4				7
Kolonialwaren und Landesprodukte	6	4	1			11
Konditoren/Zuckerbäcker	7					7
Metzger	16	1		2		19
Milchhändler	3					3
Molkereigeschäft				1		1
Obst- und Gemüsehändler	4					4
Spezierer	10	2			1	13
Viktualienhändler	4	1				5
Wein- und Spirituosenhandlung	8	2				10
Zigarren- und Tabakhandlung	22	1				23
Filialunternehmungen total	119	18	3	3	1	144

* Filialen inklusive Hauptgeschäft.

Quelle: *Adressbuch der Stadt Basel.*

Einzelhandel sowie die noch nicht vollzogene Spezialisierung auf die reine Grosshändler- bzw. Nahrungsmittelproduzentenfunktion werden hier klar ersichtlich (vgl. Tab. 11).

Später, vorwiegend nach 1914, zogen sich einige dieser Firmen aus dem Einzelhandel zurück und beschränkten sich auf Grosshandel und/oder Produktion. Sie schlossen ihre Ladengeschäfte oder traten sie an andere Betreiber ab. Beispiele hierfür sind Jenny & Kiebiger im Jahr 1891, F. Bélat-Studer 1900, Gustav Koger 1914, Oesterlin & Cie. 1925, die Preiswerk AG 1932 und Ch. Singer's Erben 1957. Andere wiederum fusionierten mit ehemaligen Konkurrenten zu grösseren Unternehmungen, beispielsweise die Firma Riggenbach mit der Krayer-Ramsperger AG im Jahr 1963, Emil Fischer zum Wolf ebenfalls mit Krayer-Ramsperger AG 1920.

Tab. 12: *Gründung und Aufgabe von Filialunternehmungen in Lebensmittelhandwerk und -handel in der Stadt Basel, 1855–1910*

	1855 –1862	1863 –1874	1875 –1886	1887 –1898	1899 –1910
(1) Gründung von Filialunternehmen	1	3	18	36	71
(2) Aufgabe von Filialunternehmen	0	0	9	26	52
(3) Saldo: laufenden Periode	1	3	9	10	19
(4) Saldo: insgesamt	1	4	13	23	42
(5) Quotient (2)/(1)	0	0	0,5	0,72	0,73

Quelle: *Adressbuch der Stadt Basel.*

Die Firmen Riggenbach (Kolonialwaren), Emil Fischer (Spezerei, später Kolonialwaren/Kaffee), Krayer-Ramsperger (Kolonialwaren) und E. Christen (Comestibles) waren bis 1967 alle in der Christen AG aufgegangen, die in jenem Jahr 32 Filialen umfasste. Dieses aus langjährig erfolgreichen Familienunternehmungen – meistens mit Filialverkaufsstellen – entstandene und für Basler Verhältnisse grössere Einzelhandelsgebilde wurde dann per Ende 1969 von der USEGO aufgelöst, die seit 20 Jahren an der Christen AG beteiligt gewesen war.[26]

8.2.4 Häufigkeit des Auftretens über die Zeit hinweg

Bis 1874 wurden vier Filialunternehmungen gegründet, jedoch kein einziger dieser Betriebe aufgegeben. In der zweiten Hälfte unseres Untersuchungszeitraums ist dann bei einer intensivierten Gründung von Filialunternehmungen auch ein vermehrtes Scheitern solcher Betriebe feststellbar. Zwischen 1875 und 1886 standen 18 Neugründungen neun Geschäftsaufgaben von Filialbetrieben gegenüber, halb so viele Aufgaben wie Neugründungen. Nach 1887 entfielen jeweils auf vier Neugründungen drei Geschäftsaufgaben. Der Rhythmus der Aktivitäten beschleunigte sich also gegen das Jahr 1900 hin merklich (vgl. Tab. 12).
Beobachtungen über die Lebensdauer der festgestellten Filialunternehmungen verweisen auf zwei Kategorien von Firmen: Solche, die ihre Filialaktivitäten bereits vor 1914 wieder einstellten, und solche, die am Ende unseres Untersuchungszeitraums noch bestanden. Filialgründungen im Lebensmittelhandel und -handwerk war oft wenig Erfolg beschieden. Dies belegt der hohe Anteil von Unternehmungen mit relativ kurzer Lebensdauer in der ersten Gruppe. Zwei Drittel dieser Unternehmungen waren im Adressbuch maximal drei Jahre lang verzeichnet, ein

Tab. 13: *Lebensdauer von Filialunternehmungen in Lebensmittelhandwerk und -handel in der Stadt Basel, 1861–1914*

Lebensdauer	Filialbetrieb vor 1914 beendet		Filialbetrieb 1914 noch aktiv	
	Betriebe (n)	Betriebe (%)	Betriebe (n)	Betriebe (%)
1 Jahr	33	33,3	6	14,0
2–3 Jahre	33	33,3	6	14,0
4–9 Jahre	20	20,2	9	20,9
10 Jahre	13	13,1	22	51,2
Total	99	100,0	43	100,0

* Von insgesamt 144 Filialunternehmungen fehlen zwei in dieser Auszählung, weil ihre Filiale(n) nur lückenhaft nachgewiesen werden konnten.

Quelle: *Adressbuch der Stadt Basel.*

Drittel gar nur in einem einzigen Jahr. Ein Fünftel der Unternehmungen war während vier bis neun Jahren tätig und nur 13% hatten eine Lebensdauer von zehn und mehr Jahren. Die längste festgestellte, aber vor 1914 bereits abgeschlossene Betriebsdauer betrug 30 Jahre. Es handelt sich um die Firma Wächter-Neukomm, später Wächter & Cie., eine Viktualienhandlung mit zwei Verkaufsstellen. Ganz diesem Bild einer grossen Zahl von begrenzt erfolgreichen Filialgründungsversuchen nach 1887 entspricht auch die Zusammensetzung der 1914 aktiven Firmen. Gut die Hälfte bestand seit zehn und mehr Jahren, ein Fünftel war vier bis neun Jahre alt, die restlichen 28% wurden erst in den letzten drei Jahren gegründet. Die älteste noch bestehende Filialunternehmung war 1914 mit fünf Verkaufsstellen die Firma Riggenbach, wie erinnerlich die erste in Basel überhaupt feststellbare Filialunternehmung des Lebensmittelhandels und zu diesem Zeitpunkt bereits 54 Jahre alt (vgl. Tab. 13).

8.3 Expansionsmöglichkeiten im Kontext von Familienbetrieben

8.3.1 Grössenwachstum von Filialunternehmen in Grossbritannien und in der Schweiz: Ein Vergleich

Abgesehen vom Allgemeinen Consumverein, der mit seinem schnell ausgebauten Filialnetz völlig aus dem Rahmen fiel, gab es in Basel vor 1887 nur kleinste Filialunternehmungen mit zwei Verkaufsstellen, dem Hauptgeschäft und einer

Filiale. Die grossen nationalen bzw. internationalen Ketten Bell, Kaiser's Kaffee und Merkur vermochten an diesem Gesamtbild bis zum Ersten Weltkrieg nur wenig zu ändern.

Zum Vergleich: Gegen das Jahr 1900 hin existierte in Grossbritannien bereits eine grössere Zahl umfangreicher Filialunternehmungen. Mathias hat in seiner Geschichte der englischen Firmengruppe Allied Suppliers[27] überzeugend dargelegt, wie die Entstehung grosser, erfolgreicher Filialunternehmen eng mit dem Massenimport landwirtschaftlicher Erzeugnisse zusammenhing. Da die englische Landwirtschaft 1841 den Inlandbedarf nur noch zu 26% deckte,[28] galt es, die Bevölkerung Londons und der grossen Industriezentren Nordenglands und Schottlands mit ausländischen Produkte zu versorgen. Zwischen 1842 und 1853 wurden angesichts dieser Tatsache die Einfuhrzölle für wichtige Importgüter wie Vieh, Fleisch, Öle, Speck, Fette, Früchte und die meisten Molkereiprodukte abgeschafft.[29] So konnten Butter, Käse, Eier, Schinken und Speck, die bisher Schottland und Irland geliefert hatten, mit Importen aus europäischen Ländern wie Dänemark und später auch den Vereinigten Staaten von Amerika ergänzt werden. Englische Importeure befassten sich vor Ort mit der Beschaffung und richteten je nach Bedarf im Herkunftsland sogar Verarbeitungsbetriebe ein. In England setzten sie die im grossen Stil importierten Waren dann einerseits als Grossisten an Einzelhändler ab, anderseits riefen sie auch selbst damals neuartige Filialketten ins Leben. Ihre Besonderheit war, dass sie sich auf den Verkauf einiger weniger Produkte beschränkten. Geläufig war die Kombination von Schinken, Butter, Käse und Eiern, eventuell auch Tee.

Das Grundprinzip dieser Filialunternehmungen war, wenige Produkte in grossen Mengen zu verhältnismässig günstigen Preisen zu verkaufen. Der Preiskampf im Discount-Stil begann: Die Schaufenster und Verkaufsräume wiesen ums Jahr 1900 grosse, ins Auge stechende Preisschilder auf.[30] Von ihrer Ausstrahlung her glichen sie wohl eher einem Marktstand als einem gut eingerichteten Ladengeschäft.[31] Auf der Basis landwirtschaftlicher Grossimporte entstanden nebst lokalen und regionalen Lebensmittelketten ab etwa 1880 auch nationale Filialnetze wie Lipton, Home and Colonial Stores oder Maypole Dairy Company. Die nationale Expansion war in der Regel mit der Umwandlung in eine Aktiengesellschaft verbunden. Das Warenangebot dieser Frischproduktenläden wurde mit der Zeit durch Tee und andere Trockensortimente ergänzt, womit sie sich den *grocery stores* (diese entsprechen am ehesten unseren Kolonialwaren- und Spezereigeschäfte) anglichen. Als weitere wichtige Massenprodukte fanden bald auch industriell hergestellte Konfitüren und ab 1880 holländische Margarine über die neuen Filialunternehmungen Absatz.

Nicht in London, sondern in den Industriestädten von Mittel- und Nordengland nahmen die meisten grossen Filialunternehmungen ihren Ausgang. Da der Einzelhandel nur wenig Startkapital erforderte, waren viele Unternehmensgründer einfache Leute mit bescheidenem Vermögen.[32] Gemäss Mathias sind diese in ihrer Art «revolutionären» Filialunternehmungen[33] des letzten Jahrhunderts die Basis der heutigen Lebensmittelgrossverteiler Englands. Ab 1900 häuften sich die Zusammenschlüsse grösserer und kleinerer Filialunternehmungen zu noch grösseren Einheiten. Die Konsumgenossenschaften erhielten durch diese potenten Aktiengesellschaften ernst zu nehmende Konkurrenz.

Dieses für Grossbritannien typische Entstehungsmuster schnell wachsender, umfangreicher Filialunternehmungen in ausgewählten Branchen lässt sich für Basel nicht feststellen. Gegen 1900 hin waren zwar Käse-, Butter- und Viktualiengeschäfte (Käse, Butter, Eier) anzutreffen, die gleichzeitig den Grosshandel betrieben und in der Stadt einige Verkaufsfilialen unterhielten. Beispiele sind die Firmen W. Karli, Oesterlin & Cie. und Wyss, Senn & Cie. (Ulrich Wyss), doch hatten sie alle kleinbetrieblich-lokalen Charakter. Das Filialnetz der Molkerei Banga schliesslich sicherte in erster Linie den Absatz der selbst hergestellten Molkereiprodukte, wobei das Warenangebot mit geeigneten Handelswaren ergänzt wurde. Auch existierten Import-Export-Betriebe im Käse- und Eierhandel, doch die Voraussetzungen unterschieden sich grundlegend von jenen in England. So war beispielsweise der inländische Selbstversorgungsgrad mit Milch und Milchprodukten um 1910 sogar in der Grenzregion Basel ein fast vollständiger, obwohl die zollfreie Einfuhr möglich gewesen wäre.[34]

8.3.2 Familienbetriebe: Selbstgewählte Grenzen betrieblichen Wachstums?

Wie sehen die Wachstumsstrategien aus? Was unterscheidet die Einzel- und Kollektivbetriebe von den Aktiengesellschaften? Warum sind Familienbetriebe meist nur sehr langsam und über Generationen hinweg zu kleinen, lokalen Filialunternehmen angewachsen, bereits von Beginn weg als Aktiengesellschaften gegründete hingegen so schnell? Bestimmt hat die breite öffentliche Beschaffung und die Verfügbarkeit von Kapital das Wachstum von Aktiengesellschaften begünstigt. Mathias führt zudem als Argument an, dass Familienunternehmungen die Liegenschaften, in denen sie Verkaufslokale einrichteten, in der Regel kaufen und besitzen wollten.[35] Ziel war es, den einmal gewählten Standort zu sichern bzw. bei Handänderungen nicht wieder ein neues Geschäftslokal suchen zu müssen. Die Familienbetriebe hätten so bedeutende Geldmittel gebunden, was die Möglichkeiten und das Tempo der Filialbildung deutlich minderte. Im Fall der Basler Filialunternehmungen bestätigte sich zwar, dass sich die fraglichen Liegenschaften bis in die 1880er-Jahre oft, aber nicht immer, im Besitz der Händler

Abb. 11: *Markante Fassadenaufschriften und sogar Reklametafeln auf dem Dach warben für die ansässigen Geschäfte, so auch im Falle der Preiswerk-Filiale an der Unteren Rheingasse in Kleinbasel. (StABS, Neg. 1762)*

befanden. Es trifft auch zu, dass die Filial-Grossbetriebe ihre Ladenlokale fast ausschliesslich in Miete bezogen. Ausnahmen hiervon machte der Allgemeine Consumverein, vor allem nach 1900.[36] Insgesamt kann uns der Erklärungsansatz von Mathias zum moderaten Wachstum von Familien-Filialunternehmungen jedoch wenig überzeugen. Zutreffen dürfte seine Aussage, wonach die schnelle Ausdehnung zu einem umfangreichen Filialnetz ausschliesslich auf der Basis gemieteter Ladenräume möglich ist.

Eine einleuchtende Erklärung für die geringe Grösse der meisten in dieser Arbeit festgestellten Filialunternehmungen findet sich in den besonderen Zielen, welche Familienbetriebe verfolgten. Sie unterschieden sich offenbar deutlich von den Zielsetzungen, wie sie von den Eigentümern und ihren leitenden Angestellten in Aktiengesellschaften formuliert wurden: Als Aktiengesellschaften gegründete Firmen in Lebensmittelhandel und -handwerk investierten zielgerichtet bedeutende finanzielle Mittel in den Ausbau von Infrastrukturen in der Form von Produktionsanlage und/oder eines Lagerhauses. Ein rasch auf die Beine gestelltes Filialnetz war integraler Bestandteil des Unternehmensplanes und unabdingbare

Notwendigkeit für den beabsichtigten Geschäftserfolg. Bei Familienbetrieben hatte die gesicherte Fortführung der Firma als Existenzgrundlage der Familie höchste Priorität, weshalb Wachstumsziele nur eine untergeordnete Rolle spielten. Die Frage, warum nur ausnahmsweise grössere Familien-Filialnetze anzutreffen sind, erhält damit eine Antwort, und das weiter oben bereits festgestellte gemächliche, aber stabile Wachstumsmuster der Familienunternehmungen eine plausible Erklärung.[37] Bei Bäckereien und Metzgereien beschränkte das Festhalten am traditionell aufgezogenen, klar begrenzten Produktionsbetrieb den Betriebsumfang und die Zahl der Verkaufsstellen auf einige wenige. Für ein weiteres Filialwachstum war die (hohe) Hürde zu einem fabrikmässigen Produktionsbetrieb zu überwinden. Die Bäckerei Christian Singer und die Metzgerei Samuel Bell Söhne AG illustrieren diese Entwicklung beispielhaft.[38] In der Regel zielten Familienbetriebe aber gar nicht auf grosses Wachstum und ein umfangreiches Filialnetz ab.[39] Wachstumsimpulse lassen sich auch bei den Basler Familien-Filialunternehmungen wiederholt im Zusammenhang mit der Erneuerung der Firmenleitung beobachten, z. B. beim Generationenwechsel, so bei Riggenbach zum Arm, Emanuel Preiswerk, Emil Fischer zum Wolf, Carl Banga, W. Karli, Christian Singer und Samuel Bell Söhne.[40]

Die fehlende Verfügbarkeit von Kapital mag mitunter für Familienunternehmen eine Wachstumsbarriere dargestellt haben, konkrete Beispiele hierfür fehlen aber weit gehend. Die Grossmetzgerei Bell hatte zwar noch selbst investiert, wäre aber ohne den Einstieg des Verbands schweizerischer Konsumvereine als Aktionär nach dem Fabrikausbau 1913 in ihrer Existenz gefährdet gewesen.[41] Deutlich erkennbar sind sodann Hinweise auf den Mangel an geeignetem Kaderpersonal für die Leitung der Filialgeschäfte. Dieser könnte sehr wohl eine Expansion des Verkaufsstellennetzes gebremst haben: Der Allgemeine Consumverein Basel, aber auch die Merkur AG nahmen die Ausbildung des Filialpersonals selbst an die Hand, weil keine sofort einsetzbaren (Kader-)Arbeitskräfte auf dem Markt zur Verfügung standen.[42] Die Leitung einer Verkaufsfiliale erforderte keine umfassende kaufmännische Ausbildung mit Einkaufs- und Auslanderfahrung, sondern spezifische verkaufs- und führungsorientierte Fähigkeiten. Das gleiche gilt für das Verkaufen selbst, für das noch kein «Berufsbild» existierte.[43] Somit liegt es nahe, dass die Rekrutierung von Führungs- und Verkaufskräften für zusätzliche Filialen im Familienunternehmen eine Hürde darstellen konnte, wenn keine fähigen Familienmitgliedern zur Verfügung standen. Auch stellte die Einsetzung von Nichtfamilienmitgliedern in Filialleitungen hohe, nicht leicht zu erfüllende Anforderungen an die Vertrauenswürdigkeit der betreffenden Personen. Jede Filiale hatte ja zum Image der Firma beizutragen und durfte dieses unter keinen Umständen gefährden.

Abb. 12: *Fototermin im Hof der Molkerei Wwe. Banga an der Dornacherstrasse 71: Beim Milchverkauf ergänzten sich Handkarren, Pferdegespanne und Filialgeschäfte. (StABS, Neg. Hö D 6565)*

8.3.3 Begünstigende Faktoren für das Wachstum von Familienbetrieben

Die Basis für eine erfolgreiche Tätigkeit als Kaufmann und für den Aufbau eines Filialunternehmens bildete im Falle der Basler Beispiele eine drei- bis vierjährige kaufmännische Lehre in einem Basler Grosshandelshaus, die sich an eine länger als obligatorische Schulzeit mit Gymnasiumsbesuch – und ein allfälliges Welschlandjahr – anschloss. Explizit belegt ist dies für Franz Riggenbach (1825–1902), Carl Preiswerk (1826–1892), Eduard Preiswerk (1829–1895), Wilhelm Preiswerk (1858–1938), Paul Preiswerk (1861–1939) und Emil Fischer jun. (1868–1945). Bei den Handwerkern sind fundierte Berufslehren belegt, so für den anfänglichen Müller Emil Fischer (1833–1907), für die Bäcker Karl Junker (1860–1940) und Christian Singer jun. (1873–1929) sowie für die Metzger Samuel Rudolf Bell (1840–1920), Eduard Bell (1867–1936) und Rudolf Bell (1878–1945).[44]

Die berufliche Laufbahn führte die angehenden Kaufleute sowie auch später besonders erfolgreiche Lebensmittelhandwerker zunächst zu Unternehmungen im Welschland, im Ausland oder gar in Übersee. Franz Riggenbach war ein Jahr in Genf, Carl Preiswerk zwei Jahre in Deutschland, Eduard Preiswerk drei Jahre bei einem Bankhaus in Neuenburg, Wilhelm Preiswerk in Bremen, Liverpool, Indien, den USA, Afrika und China. Paul Preiswerk war in Nizza, Amerika und Algier, Emil Fischer jun. in Neapel und Marseille. Der Bäcker Christian Singer jun. sammelte Fachkenntnisse während mehrerer Jahre in Stuttgart, Wien und Paris. Metzger Rudolf Bell ging nach Colmar zur Erlernung der Wursterei und anschliessend in Grossbetriebe nach Paris, Berlin, London, München und Stuttgart, um in der Grossfabrikation Erfahrungen zu sammeln. Die Kaufleute nahmen Einsicht in andere Handelsunternehmen und erwarben Praxis in Fremdsprachen. Die Aufmerksamkeit der Lebensmittelhandwerker galt innovativen Unternehmen der Grossproduktion. Anschliessend, also im Alter von 20–26 Jahren, kehrten sie alle nach Basel zurück, um schliesslich im Familiengeschäft aktiv zu werden. – Emil Fischer sen., der gelernte Müller, fällt mit seinem Curriculum aus dem gerade beschriebenen Rahmen: Anschliessend an Aufenthalte im Welschland und Wanderjahre in Frankreich sollte ihn ein Engagement bei der Fremdenlegion nach Afrika führen. Nach Basel zurückgekehrt, treffen wir ihn im Alter von 29 Jahren verheiratet als Mehlhändler und Wirt an. Gut zehn Jahre später war er Inhaber einer Spezerei-, Packtuch- und Samenhandlung, nach einigen weiteren Jahren auch einer Filiale.

Ausserfamiliäre Netzwerke und einschlägiges Know-how begannen sich die späteren Leiter von Filialunternehmen während Lehre und Welschlandaufenthalt zu erschliessen, um sie anlässlich von beruflichen Auslandaufenthalten zu ergänzen. Zurück in der Heimatstadt galt die Aufmerksamkeit zunächst dem Einstieg ins

Abb. 13: *Die Filiale des Allgemeinen Consumvereins an der Elsässerstrasse 123 wurde 1917 im markanten Eckhaus «Zum Lysbüchel» eröffnet, das auch einer Metzgerei und einem Schuhladen Raum bot. (Archiv Coop Basel)*

Familiengeschäft. Es kamen wirtschaftliche, politische und gesellschaftliche Ämter hinzu. Nicolas Riggenbach (1868–1942) wurde Verwaltungsrat der Basler Konsumgesellschaft, des so genannten Anti-Consumvereins und Grossrat für die Kleinbasler Liberalen. Eduard Preiswerk war in den 1860er-Jahren Mitbegründer des Basler Börsenvereins, einer Vereinigung von Grosshändlern, die sich täglich trafen. Zudem wirkte er über zwei Jahrzehnte hinweg als Präsident der Missionshandlung, der Handelsfirma der Basler Mission. Öffentliche Ämter bekleidete er als Mitglied des Zivilgerichts und des Grossen Rats. Gründungsmitglied des Basler Handels- und Industrievereins und Vizepräsident der Handelskammer, wurde er schliesslich Vertreter der Basler Kaufleute im Vorort des Schweizerischen Handels- und Industrievereins. Er hatte verschiedene bedeutende Verwaltungsratsmandate inne, war Gründungsmitglied der Allgemeinen Schweizer Zeitung und des Schweizerischen Alpen-Clubs, aktiv in der Zunft zur Safran und in verschiedenen Organisationen und Kommissionen gemeinnützig tätig. Sein älterer Bruder Carl Preiswerk hingegen war vornehmlich in öffentlichen Ämtern tätig, hatte allerdings eine Basler Kaufmannstochter geheiratet. In der nächsten Generation war Wilhelm Preiswerk genauso aktiv wie sein Vater Eduard, als Grossrat und in einer langen Reihe von wirtschaftlichen Organisationen, auch auf gesamtschweizerischer Ebene.[45] Ferner amtierte er lange Jahre als Präsident der Handelsgesellschaft der Basler Mission. Emil Fischer sen. war Mitglied des Grossen Rates, sein Sohn ebenfalls. Emil Fischer jun. präsidierte die zur gewerblichen Selbsthilfe geschaffene Basler Konsumgesellschaft im Gründungsjahr. Durch ihre Aktivitäten in öffentlichen Ämtern, Vereinen und Vereinigungen sowie in wirtschaftlichen Positionen resultierte für diese (Mit-)Inhaber von Familienbetrieben ein vielfältiges, eventuell über das Lokale hinausreichende soziales Beziehungsnetz, das sich für den Familienbetrieb direkt oder indirekt nutzen liess, sei es für Marktinformationen, Kredite oder anderes.

Die Geschichte der Basler Filialbetriebe verdeutlicht, dass Filialisierung in aller Regel mit Spezialisierung einherging. Unter den Erfolgreichen auffällig häufig vertreten waren Kolonialwarengeschäfte oder Spezereien mit einer Sortimentsentwicklung in Richtung Kolonialwarenhandel (Riggenbach, Preiswerk, Fischer). Auch Kaiser's Kaffeegeschäft GmbH und Merkur AG, ebenfalls über Jahre hin erfolgreiche Filialunternehmungen, gehörten dieser Branche an. Speziell die Kaffeerösterei wurde von Kolonialwarengeschäften als Nische beansprucht. Paradebeispiele für die Stadt Basel sind diesbezüglich die Firmen Preiswerk und Fischer zum Wolf. In Nischen begaben sich auch die Bäckerei Christian Singer mit ihrer Brezel- und Zwiebackproduktion, die Samuel Bell Söhne AG mit der Herstellung von Wurstwaren und die Molkerei Carl Banga mit der Joghurtfabrikation. Familienbetriebe suchten zudem durch vertikale Integration von Gross- und Einzelhandel bzw. Produktion und Verkauf, den Direktabsatz an die Verbraucher durch Filialbildung nach ihren Möglichkeiten schrittweise auszudehnen, was zum eigentlichen Erfolgsrezept wurde.[46] Aber auch der Allgemeine Consumverein, Kaiser's Kaffeegeschäft und die Merkur AG nutzten die Kombination integrierter Betriebsvorgänge.

8.3.4 Übergang zur Aktiengesellschaft: Auflösung von Familien- und Firmengeschichte

Umfangreichere Filialunternehmen waren nur in Ausnahmefällen Einzelfirmen. Es kann beobachtet werden, dass langsam anwachsende Familien-Filialunternehmungen ihre Rechtsform im Verlaufe der Zeit und über die Generationen hinweg vielfach änderten. Aus der Einzelfirma entstand dann eine Kollektiv-

Abb. 14: *Grosszügiger Verkaufsraum des Consumverein-Lokals an der Elsässerstrasse: Gemüseprodukte auf der Ladentheke verweisen auf die gerade kürzlich aufgenommenen Verkaufsaktivitäten in diesem anspruchsvollen Sortimentsbereich. (StABS, noch ohne Signatur)*

gesellschaft; etwa wenn sich eine aussenstehende Person an der Unternehmung beteiligte. Oder es wurde eine (Familien-)Aktiengesellschaft gegründet, um den Rückzug von Familienmitgliedern aus der Firma zu ermöglichen und/oder den Weg für neue Beteiligungen zu öffnen. Entsprechende Entwicklungen lassen sich anhand der Beispiele in Anhang 3 mehrfach beobachten, insbesondere für die Firmen Riggenbach, Preiswerk und Bell.

Dieser Prozess bedeutet in der Regel ein Auseinanderdriften von Familien- und Firmengeschichte. Die Aktiengesellschaft konnte als Familien-Aktiengesellschaft eine mehr oder weniger geschlossene Form aufweisen, mit Familienmitgliedern an der Unternehmensspitze. Sie eröffnete aber auch Möglichkeiten für familienfremde Kapitalbeteiligungen und für den Übergang zu einem Führungsgremium, bestehend aus Managern.

8.4 Reaktionen auf den Konzentrationsprozess

Auf die Gesamtzahl der Verkaufsstellen und deren Entwicklung scheint das Aufkommen von Filialunternehmungen keinen bremsenden Einfluss gehabt zu haben. Die Zahl der Ladengeschäfte nahm stetig zu, und die Versorgungsdichte in der Lebensmittelbranche lag sowohl 1854 wie auch 1910 um 98 Geschäfte pro 10'000 Einwohner. Zwar ist nicht geklärt, welche Faktoren die um 1886 festgestellte sehr hohe Dichte von 130 Verkaufsstellen pro 10'000 Einwohner wieder sinken liessen.[47] War es allein die wieder anziehende Konjunktur gewesen, die andere Verdienstmöglichkeiten schuf und die Umsteiger[48] im Lebensmitteleinzelhandel zur Rückkehr in ihre angestammten Branchen bewegte? Oder bewirkten eventuell doch die fortschreitende Konzentration und vermehrter Wettbewerb diese Korrektur nach unten?
Als Reaktion auf die Entwicklung von Grossbetrieben im Lebensmitteleinzelhandel können verschiedene zwischen 1890 und 1910 gegründete Organisationen und Vereinigungen verstanden werden: Einkaufsgesellschaften, Rabattsparvereine und Branchenvereinigungen. Von Zielsetzung und Ausrichtung her deckten sie das Spektrum von reiner Fachvereinigung bis zur standespolitischen Organisation ab.[49] Da preisaggressive Filialketten nach englischem Muster fehlten, richtete sich in Basel das Engagement dieser gewerblichen Vereinigungen in erster Linie gegen den immer mächtiger werdenden Allgemeinen Consumverein. Mit seinem gut ausgebauten Filialnetz, dem breiten Sortiment und vorteilhaften Preis-Leistungs-Verhältnis stand er hoch in der Konsumentengunst, und die Mitgliederzahl wuchs unaufhaltsam. Für weiter verbesserte Einkaufskonditionen der Konsumvereine sorgte der 1890 als Dachorganisation gegründete Verband Schweiz. Konsumvereine (VSK) in Basel, dem sich 1892 eine Grosseinkaufsstelle angliederte.[50] Nicht allein die Spezerei- und die Kolonialwarenbranche bekam diesen Konkurrenzdruck zu spüren, sondern auch weitere Zweige des Lebensmittelgewerbes, so etwa die Bäcker, die Getränkehändler, die Milchmänner und schliesslich auch die Metzger. Der Widerstand aus dem Gewerbe fand seinen Niederschlag ferner in der Basler Presse.[51] Und Branchenpublikationen, z. B. die Schweizerische Spezereihändler-Zeitung, lassen auf einen verzweifelt und mit scharfer Polemik geführten Kampf gegen den bereits mächtigen Konkurrenten schliessen.[52]

8.4.1 Einkaufsgesellschaften und Rabattsparvereine

Die wichtigsten Gegenmassnahmen der selbstständigen Einzelhändler im Wettbewerb um die Kundengunst waren die gemeinsame Warenbeschaffung in Einkaufsgesellschaften und die Einführung der Rückvergütung über Rabattsparver-

Abb. 15: *Ausstattung der Metzgereifiliale im Haus «Zum Lysbüchel» an der Elsässerstrasse mit Verkaufstheke in Marmorimitation. (Archiv Coop Basel)*

eine. Nach dem Vorbild des Consumvereins erhielten die Kunden bei Barzahlung eine Rückvergütung von 5–10%. Damit erreichten die den Rabattsparvereinen angeschlossenen Händler gleich zwei Ziele: Einerseits eine gewisse Kundenbindung und andererseits den Anreiz zur Barzahlung, in einer Zeit, als das «Anschreibenlassen» noch gang und gäbe war und sich für die Kleinhändler finanziell belastend bis ruinös auswirken konnte.

Der gemeinschaftliche Warenbezug über Einkaufsgesellschaften erlaubte durch die Auftragsbündelung Mengenrabatte von bis zu 20%.[53] Eingekauft wurden zumeist so genannte Markenartikel direkt bei den Produzenten, aber auch lose Spezereiwaren bei Grosshändlern. Da die Einkaufsgesellschaften für die Bezahlung der Rechnungen einstanden, vereinfachten sich die administrativen Abläufe für die Lieferanten, und das Risiko uneinbringbarer Guthaben reduzierte sich erheblich. Die Einkaufsgesellschaften waren im eigenen Interesse an einer soliden Kapitalbasis ihrer Mitglieder interessiert und forderten zur Risikodeckung die Hinterlegung einer Garantiesumme.[54] Der Kapitalbedarf der Einkaufsgesellschaft war davon abhängig, ob sie sich auf den reinen Vertragsverkehr beschränkte, wobei die Vertragslieferanten die Warensendungen den Einzelhändlern direkt zustellten, oder ob sie als Selbstkäuferin auch den Lagerverkehr betrieb. Im letzteren Falle verursachte die Lagerhaltung Kapitalkosten (Zinsen) und umfasste gewisse Unternehmerrisiken, bedingte aber vor allem auch eigene Lagerräumlichkeiten und -einrichtungen. Je nach Organisationsform, Funktionsweise und Kapitalbedarf der Einkaufsgesellschaft hatten die Mitglieder Anteilscheine zu zeichnen.[55] Zur hier behandelten Zeit wählten die Einkaufsgesellschaften meist die Rechtsform der Genossenschaft, weil diese sich am besten eignete.[56] Rückvergütung und gemeinsamer Einkauf wurden von den verschiedenen Organisationen einzeln oder auch in Kombination betrieben.

Auf erste frühe Ansätze zum gemeinsamen Einkauf verweist der Basler Spezierer-Einkaufs-Verband, gegründet 1892, der jedoch weiter nicht aktenkundig ist und sich nur bis 1895 feststellen lässt.[57] Drei Selbsthilfeorganisationen des Einzelhandels entstanden zwischen 1900 und 1908 in Basel. Gegründet am 20. Dezember 1900,[58] figurierte die *Basler Konsum-Gesellschaft (BKG)* bis 1938 im Adressbuch mit dem Zusatz «Anti-Consumverein». Aber auch den Warenhäusern hatte sie den Kampf angesagt. Eine Rückvergütung von anfangs 5–10% und später einheitlichen 6% – zunächst in der Form von Bons, ab 1912 als Rabattmarken – gewährten die BKG-Mitglieder ihren Kunden bei Barzahlung. Der Vereinigung gehörten Firmen aller Einzelhandelsbranchen an, aber auch Bäckereien.[59] Emil Fischer, Inhaber der Spezerei-Filialunternehmung gleichen Namens, war Gründungsmitglied und langjähriger Präsident. Die BKG wirkte 1909 auch an der Gründung des Schweizerischen Detaillistenverbands mit.

Obwohl die Zahl der Mitgliedsfirmen von 115 bei der Gründung auf 400 im Jahr 1910 anstieg,[60] konnte die Basler Konsum-Gesellschaft offenbar die Bedürfnisse der (kleinen?) Lebensmittelhändler nicht ausreichend abdecken. Diese gründeten am 14. Oktober 1907 die *Einkaufs- und Rabattvereinigung LIGA* als Dachorganisation.[61] Auch diese Vereinigung war für die angeschlossenen Ladenbesitzer als Zentraleinkäuferin tätig und unterhielt eine Rückvergütungsorganisation. Ende 1916 zählte die LIGA 440 Mitglieder, wovon 268 Waren im Wert von 1'670'000 Fr. über die Einkaufsgenossenschaft gemeinsam beschafft hatten. Ein Grossteil der Spezereiwaren wurde über das Lager der Organisation an die Mitglieder verteilt, Markenartikel hingegen den Händlern direkt zugestellt und über die Organisation fakturiert.[62] 1941 schlossen BKG und LIGA eine Vereinbarung und legten ihre beiden Rabattmarkensysteme zusammen. 1976 wurde die BKG von der LIGA übernommen und in *Genossenschaft Basler Rabattmarke* umbenannt, im Jahr 1983 dann aber beim Wegfall der Preisbindung aufgelöst.[63] Ebenfalls 1907 wurde übrigens in Luzern die *UNION Schweiz. Einkaufs-Gesellschaft Olten (U. S. E. G. O.)* gegründet.[64]

Als dritte Basler Vereinigung von Einzelhändlern und Lebensmittelhandwerkern ist die 1908 entstandene *Einkaufs- und Rabattsparvereinigung der Schweiz.* Ge-

Abb. 16: *Schaufenster der Schlächtereifiliale des Allgemeinen Consumvereins an der Steinenvorstadt 81 um 1907. (Archiv Coop Basel)*

werbepartei, Sektion Basel zu erwähnen.[65] Über sie wie auch ihre Mutterorganisation, die 1899 gegründete Gewerbepartei, ist nur wenig bekannt. Die Gewerbepartei beteiligte sich 1902 mit Kandidaten aus bürgerlichen Kreisen erstmals am Wahlkampf für den Grossen Rat.[66] Wie die anderen beiden bereits erwähnten Basler Selbsthilfeorganisationen des Einzelhandels unterhielt auch diese Vereinigung für ihre Mitglieder einen gemeinsamen Grosseinkauf und gewährte den Kunden 8% Rabatt in Form von Rabattsparmarken, der bei Vorweisung eines gefüllten Büchleins in bar vergütet wurde.[67] Als Lieferantin von Spezierern sind wir dieser Einkaufsgesellschaft in den Inventaren begegnet.[68] Der Vereinigung gehörten Spezereihandlungen, Bäckereien, Konditoreien, Lebensmittelgeschäfte, Schuhhandlungen, Mercerie- und Wollwarengeschäfte etc. an, welche in den Rabattsparbüchlein aufgeführt waren.[69] 1915 finden wir sie letztmals im Schweizerischen Ragionenbuch. Da ihr damaliger Vizepräsident, der Spezierer Alexander Zimmermann, 1916 als Präsident der Einkaufs- und Rabattvereinigung LIGA erscheint, ist vom Zusammenschluss der beiden Organisationen auszugehen. Welche Rolle dem 1902 gegründeten, genossenschaftlich organisierten *Basler Spezierer Verband*[70] in dieser Vielfalt von Einkaufs- und Rabattorganisationen zukam, ist unklar. Er scheint nur bis 1909 bestanden zu haben, möglicherweise als Sektion des *Verbands schweiz. Spezereihändler* (gegründet 1900), der sich allerdings ausschliesslich mit standespolitischen Fragen befasste.

Die meisten Milchhändler der Stadt waren im Jahr 1910 in der Basler Milchgenossenschaft (24 Mitglieder) oder dem Milchverband Basel (15 Mitglieder) organisiert.[71] Als ältere der beiden Einkaufsgenossenschaften geht die Basler Milchgenossenschaft aufs Jahr 1893 zurück,[72] der Milchverband Basel ist 1908 erstmals im Ragionenbuch eingetragen. Beide bezweckten den Milcheinkauf in grösseren Mengen für ihre unter Preisdruck geratenen Mitglieder. Diese verpflichteten sich für jeweils ein Jahr zur Abnahme einer bestimmten Milchmenge. Verkaufspreise legten die Vereinigungen keine fest. Die den beiden Organisationen angehörenden Milchhändler vereinigten um 1910 etwa einen Sechstel des Milchbedarfs der Stadt auf sich, während der Allgemeine Consumverein den Milchmarkt dominierte und die Molkerei Banga zweitgrösste Milchverkäuferin der Stadt war.[73]

8.4.2 Branchenvereine und -verbände

In diesem Zusammenhang dürfen ferner die zahlreichen Berufs- und Branchenverbände des Basler Gewerbes nicht unerwähnt bleiben. Zu den frühesten Zusammenschlüssen zählt der Basler Apotheker-Verein mit Gründungsjahr 1862. Eine Vielzahl von Vereinen formierten sich in den letzten beiden Jahrzehnten des 19. Jahrhunderts, so etwa der Metzgermeisterverein (1881), der Bierbrauer- und Küferverein (1881), der Bäcker- und Konditorenmeister-Verein Basel u. Umgebung (1885), der Verband Schweiz. Cigarrenhändler, Sektion Basel (1885), der Konditor-Confiseurmeisterverein (1888) und der Basler Drogistenverband (1898).[74] Wieweit diese Gründungen als Reaktion auf den zunehmenden Konkurrenzdruck zu verstehen sind, müsste näher geprüft werden. Mit der Kantonsverfassung von 1875 war im Kanton Basel-Stadt eine neue Epoche angebrochen. Die bis dahin noch teilweise bestehenden politischen und gesellschaftlichen Funktionen der Zünfte und damit deren Einfluss nahmen endgültig ihr Ende. Die Berufs- und Branchenverbände können also zum einen als Nachfolgeorganisationen der Zünfte angesehen werden, welche die politisch-wirtschaftliche Interessenvertretung gewährleisteten und auch Fragen der Berufsbildung regelten, insbesondere jene des Lehrlingswesens. Andererseits bildeten diese Gruppierungen aber auch den Ausgangspunkt für wirtschaftliche Kooperationen innerhalb der Branchen, etwa in der Form von Einkaufsorganisationen, die sich zunächst auf lokaler, später auch auf regionaler oder gesamtschweizerischer Ebene etablierten. So organisierten sich die Konditoren 1905 in der Einkaufsgenossenschaft des Schweiz. Konditormeisterverbands.[75] Der Basler Bäcker- und Konditorenmeister-Verein gründete 1911 eine Einkaufsgenossenschaft, die allerdings bereits 1916 in der Einkaufsgenossenschaft *Pistor* des Schweizerischen Bäcker- und Konditorenmeister-Vereins mit Sitz in Luzern aufgehen sollte.[76]

9 Lebensmittel als Erwerbsquelle für Handwerker- und Arbeiterfamilien

Schmoller stellt nach der Einführung der Gewerbefreiheit einen grossen Andrang zum Einzelhandel fest.[1] Je mehr die handwerkliche Tätigkeit durch die einsetzende Massenproduktion zurückgedrängt wurde, «desto mehr trat das Ladengeschäft in den Vordergrund; man fing an, neben den eigenen fremde Produkte, zusammen passende und nicht zusammen passende Artikel zu führen, wenn man nur Etwas wenigstens verdiente. Der Buchbinder handelte mit Dinte, Federn und Papier, der Klempner mit Petroleum, der Friseur und der Bürstenbinder mit Ölen, Seifen, Parfümerien, alle versuchten es mit Zigarren.»[2]

Den Viktualienhandel hebt Schmoller als umfangreiche Branche hervor, die in Preussen ums Jahr 1860 etwa so viele Geschäfte zählte wie die Bäcker und Fleischer zusammen. «Es gehört zu diesen Geschäften geringe Bildung und geringes Kapital. Die Art des Betriebes, des Aufkaufs, des Verkaufs auf dem Wochenmarkt oder in den kleinen Kellerläden, übt auf Leute, welche etwas besseres ergreifen können, keinen Reiz aus; daher wenden sich ihnen nur Leute der untersten Klassen zu.»

Die Vielzahl kleiner Geschäfte erklärt er mit der Deckung eines lokalen Bedürfnisses, aber teilweise auch als strukturelle Folge des Bevölkerungs- und Wirtschaftswachstums: «Das hängt eben mit dem übermässigen Andrang zu all diesen leicht betreibbaren Geschäften zusammen, welche dann besonders erfolgt, wenn bei rasch wachsender Bevölkerung die Erziehung der untern Klassen zur Arbeit, die Gelegenheit zu Ausbildung und zu Verdienst nach andern Richtungen zeitweise nicht ebenso wächst.»[3]

Bezüglich der sozialen Ansiedelung von Lebensmittelgeschäften können wir für Basel enge familiäre Verbindungen zwischen dem Einzelhandel mit Obst, Gemüse, Viktualien und Spezereiwaren einerseits und Gesellen-, Handwerksmeister- und Arbeiterhaushalten andererseits ausmachen. Schlagen wir die Händlerinnen der gerade genannten Branchen im alphabetischen Adressverzeichnis nach, so wird ersichtlich, dass ihre Ehemänner häufig Handwerker, in einigen Fällen auch Arbeiter waren. Die für Braunschweig festgestellte soziale Herkunft verheirateter Lebensmittelhändlerinnen[4] tritt also auch in Basel zu Tage. Motivation dürfte die Beibringung eines Neben- oder Ersatzverdienstes gewesen sein.

Hierzu bemerkt Schmoller: «Manchmal erhalten solche Ladengeschäfte dadurch ihre volle sittliche und wirtschaftliche Berechtigung, dass Frau und Kinder den Kram und Verkauf besorgen, während der Mann arbeitet, sei es im eigenen oder in einem fremden Geschäft.»[5]

Eine weitere auffallende Erscheinung unterstreicht die soziale Nähe von Handwerk und Lebensmittelhandel: Ab den 1870er-Jahren finden wir zusehends Spezierer und Viktualienhändler im Branchenverzeichnis, welche im alphabetischen Adressverzeichnis als Handwerksgesellen oder -meister, seltener auch als Arbeiter ausgewiesen sind. Wie die beiden Berufstätigkeiten, z. B. als Maurergeselle und Viktualienhändler oder als Schreinergeselle bzw. Spenglergeselle und Spezierer, miteinander vereinbart wurden, ist unklar. Wurden beide Erwerbe parallel betrieben, diente der Handel als Zusatzverdienst und zur Überbrückung arbeitsschwacher Jahreszeiten? Beteiligten sich die übrigen Familienmitglieder am Verkauf? Waren die Ladenöffnungszeiten möglicherweise auf die Feierabendstunden beschränkt? Wechselte der Bauhandwerksgeselle in Zeiten schwacher Konjunktur vorübergehend oder dauerhaft zum Lebensmittelhandel? Verkauften Handwerker mit Werkstatttätigkeit wie Schneider, Schreiner, Schuhmacher und Spengler nebenbei Lebensmittel in einer speziellen Ecke oder einem separaten Raum? Die Kombination von Werkstatt und Laden ist gut vorstellbar, analog etwa zu den Salzauswägern, welche im Hauptberuf u. a. auch Küfermeister, Kerzen- und Seifensieder, Buchdruckergehilfe oder Giletmacherin waren.[6]

Die höchste Verflechtung mit dem Handwerk erreichte die Basler Spezereibranche 1886 mit 27%, als 57 von insgesamt 210 Läden von (ehemaligen) Handwerkern bzw. von deren Ehefrauen geführt wurden. In dieser Zeit der wirtschaftlichen Depression und Unterbeschäftigung suchten scheinbar viele Familien der Unter- und unteren Mittelschicht Verdienst im Lebensmittelhandel, was den weiter oben bereits diskutierten Anstieg der Versorgungsdichte bewirkte.[7] Fürs Jahr 1910 waren immer noch 17% oder 50 von 290 Spezereien Handwerker- und Arbeiterfamilien zuzurechnen (vgl. Tab. 14).

Ähnlich ist auch im Viktualienhandel eine erhebliche gesellschaftliche Nähe zu Handwerk und Arbeiterschaft feststellbar. Bei stagnierendem Branchenumfang, d. h. relativem Bedeutungsverlust des Viktualienhandels, ist eine stetig ansteigende Verflechtung mit Handwerker- und Arbeiterhaushalten auszumachen: Sie nahm von 17% (1874) auf 41% (1910) zu. Oft erwiesen sich Viktualienhändler als Handwerker mit Werkstatttätigkeit (u. a. Schneider, Schreiner, Schuhmacher, Spengler), als Bauhandwerker (Maurer, Steinhauer etc.) oder als Arbeiter (Farb-, Strassen-, Bahnarbeiter), oder die Frauen solcher Berufsleute betätigten sich als Viktualienhändlerinnen. Der hohe Anteil verheirateter Viktualienhändlerinnen ist mit der leichten Zugänglichkeit bzw. dem geringen Kapitalbedarf des Viktualien-, Obst- und Gemüsehandels erklärbar. Die geringen Anforderungen erlaubten

Tab. 14: *Spezereihandel als Nebenerwerb von Handwerker- und Arbeiterfamilien in der Stadt Basel, 1854–1910*

Jahr	SpeziererInnen total (n)	SpeziererInnen im Nebenberuf* (n)	(%)
1854	62	8	13
1862	72	7	10
1874	100	17	17
1886	210	57	27
1898	229	46	20
1910	290	50	17

* Handwerker, Arbeiter, Commis etc. bzw. Ehefrauen von solchen.

Quelle: *Adressbuch der Stadt Basel.*

Tab. 15: *Viktualienhandel als Nebenerwerb von Handwerker- und Arbeiterfamilien in der Stadt Basel, 1854–1910*

Jahr	ViktualienhändlerInnen total (n)	ViktualienhändlerInnen im Nebenberuf* (n)	(%)
1854	1	0	0
1862	8	0	0
1874	36	6	17
1886	70	16	23
1898	63	15	24
1910	76	31	41

* Handwerker, Arbeiter, Commis etc. bzw. Ehefrauen von solchen.

Quelle: *Adressbuch der Stadt Basel.*

praktisch jedermann, auf diesem Gebiet tätig zu werden und sei es auch nur kurzfristig zur Überbrückung einer Notsituation (vgl. Tab. 15).

Ein sehr ähnliches Bild liefern uns Informationen über Markthändlerinnen und -händler aus den 1880er- und 90er-Jahren. Von 60 in einem Bericht[8] aufgeführten FürkäuferInnen auf dem Basler Obst- und Gemüsemarkt waren 38 in der Stadt Basel, 14 im grenznahen Deutschland und Frankreich, sieben in den Kantonen

Basel-Land und Solothurn und eine Händlerin in Luzern wohnhaft. 21 von ihnen waren Frauen und 39 Männer.[9] Etwa die Hälfte der in Basel wohnhaften Händlerinnen und Händler erscheinen im Adressbuch-Branchenverzeichnis unter den Obst- und/oder Viktualienhändlern. Ihre berufliche Herkunft lag – gemäss Angaben im alphabetischen Einwohnerverzeichnis – oft ausserhalb des Lebensmittelhandels. Sie sind etwa ersichtlich als Giessergeselle, Schlossergeselle, Zimmergeselle, Schneidergeselle, Maurergeselle, Posamenter, Fabrikarbeiterin, Winderin und Schuhmachermeister. Die Ehemänner der Markthändlerinnen finden wir im Adressbuch als Zimmergeselle, Schmiedegeselle, Fabrikarbeiter, Maurergeselle, Viktualienhändler oder Maschinenarbeiter.

Im November 1895 stellten sieben Gemüsehändlerinnen, welche von der Marktordnung auf den Barfüsserplatz verwiesen wurden, ein Gesuch um Erlaubnis, ihre Waren auf dem grossen Markt feilbieten zu dürfen. Es waren dies:
– Frau Dällenbach Wwe., Hammerstr. 61, Näherin,
– Frau Bitterli, Leonhardsberg 14, Ehemann: Obsthändler,
– Frau Oser-Sintzgel, Clarastr. 14, Ehemann: Handlanger,
– Frau Furlen Wwe., Hammerstr. 133, Taglöhnerin,
– Frau Lölinger-Hombacher, Amerbachstr. 39, Ehemann: Aufseher,
– Frau Hafner Wwe., Weissegasse 4, Taglöhnerin,
– Frau Senft, Itelpfad 93, Ehemann: Glasergeselle.

Die Gesuchstellerinnen versuchten ihrem Antrag mit folgender Bemerkung Nachdruck zu verleihen: «Als unbemittelte Bewohnerinnen der hiesigen Stadt sind wir redlich bemüht, unseren Lebens-Unterhalt mit Gemüse und Obst redlich zu verdienen.» Doch ihrem Begehren war kein Erfolg beschieden, die Selbstproduzenten behielten noch bis 1909 das alleinige Verkaufsrecht auf dem Marktplatz.[10]

Kann sein, dass es sich bei diesen Lebensmittelhändlerinnen und -händlern um zeitweilige oder auch längerfristige Umsteiger handelte. Gut möglich oder gar wahrscheinlich ist aber auch, dass in vielen Fällen der selbstständige Handel mit Lebensmitteln ein zusätzliches Standbein für Lohnempfänger-Familien aus Handwerk und Industrie darstellte. Der von Haupt[11] für Bremen belegte hohe Anteil von Nebenerwerbstätigkeit im Kleinhandel sowie auch die Ergebnisse von Jasper[12] passen in dieses Bild. Benson[13] fasst Lohnabhängige mit Nebenerwerb aus selbstständiger Unternehmertätigkeit unter dem Begriff der *penny capitalists* zusammen. Im Rahmen seiner Forschung über Bergarbeiter ist er auf eine Vielzahl selbstständiger Nebenerwerbstätigkeiten gestossen, denen die Arbeiter selbst oder ihre Familienangehörigen nachgingen. In ganz England scheinen Bergarbeiter und/oder ihre Ehefrauen Haare geschnitten, Wäsche gewaschen und gebügelt und häufig auch das strassenseitige Zimmer ihres Häuschens in einen Laden umgewandelt zu haben. Die gängigen Vorstellungen über das Leben der Arbeiterklasse haben gemäss Benson bisher die Komplexität ihres Erwerbslebens erst wenig ausgelotet. Selten nämlich lebten Arbeiterfamilien von einem einzigen regelmässigen Erwerbseinkommen.[14] Als *penny capitalists* banden Angehörige der Arbeiterklasse Kapital und Arbeit in einem selbstverantwortlichen Unternehmensprozess und gingen dabei in der Erwartung auf Gewinne auch Risiken ein.

Einen kleinen Handel zu treiben, war nach Benson[15] lange die weitest verbreitete Tätigkeit der *penny capitalists*. In der betrachteten Epoche dürfte seiner Ansicht nach jeder Arbeiter und jede Arbeiterin im Verlaufe des Lebens einmal irgendwelche Waren mit Gewinnabsicht verkauft haben. Ausführlich beleuchtet Benson in diesem Zusammenhang den Strassenhandel als leicht zugängliche selbstständige Verdienstmöglichkeit.[16] Seine Vertreter ordnet er eindeutig der Arbeiterklasse zu. Ihre besser situierten Nachbarn[17] eröffneten kleine Läden, für einige bestimmt ein Höhepunkt im Leben, nach jahrelangem Sparen und Träumen. Vom eigenen Laden versprachen sich Angehörige der Arbeiterklasse viel: Unabhängigkeit, ein komfortableres Leben, Sicherheit und mehr Status. Der Lebensmittelladen, wo sich die Nachbarschaft traf und nebst dem Einkaufen beim Warten Informationen austauschte, spielte eine Schlüsselrolle im gesellschaftlichen Leben, vor allem im Leben der Frauen und Kinder.[18] Die Betätigung als Einzelhändler galt traditionellerweise als Schutz vor wirtschaftlichen Notlagen. Witwen und verunfallte Arbeiter wurden zur Lebenssicherung gelegentlich von der öffentlichen Hand oder von Arbeitskollegen bei der Eröffnung eines Bierladens unterstützt. Ein solches Geschäft oder auch ein Wohnzimmerladen bedingte keine grosse Einrichtungen. Das notwendige Kapital konnte sogar eine Arbeiterfamilie aufbringen. Wohnzimmerläden waren in Grossbritannien weit verbreitet. Vor dem Ersten Weltkrieg sollen sie in Südwales die richtigen Dorfläden an der Zahl bei weitem übertroffen haben.[19] Auch Alexander, Hosgood und Winstanley[20] stellen eine erhebliche gesellschaftliche Nähe und berufliche Durchlässigkeit zwischen Kleinhandel und Handwerk bzw. Arbeiterschaft fest.

Den *penny capitalists* zum Vorteil gereichte die mentale Nähe zu ihrer Kundschaft, die sich aus Nachbarn und Freunden zusammensetzte. Als frühere Handwerker, Arbeiter oder Handlanger kannten sie die Bedürfnisse ihrer Kunden aus eigener Anschauung und waren sensibel für aktuelle Entwicklungen.

Der Beitrag dieser kleinen Unternehmer zur Entwicklung des Lebensmitteleinzelhandels im 19. Jahrhundert darf nicht unterschätzt werden.[21] Diese Aussage stützen die für die Stadt Basel ermittelten Anteile der Händler mit Handwerkeroder Arbeiterhintergrund, welche im Spezereihandel bei rund 20% und im Viktualienhandel bei 20–40% lagen. Die hohen Erwartungen dieser Unternehmerinnen und Unternehmer an die selbstständige Geschäftstätigkeit und der geringe Kapitalbedarf im Strassenhandel und für den Betrieb einfacher Verkaufslokale dürften sie zu Einzelhandelspionieren in neuen Wohnquartieren geradezu prädestiniert haben. Nach Alexander überbrückten Strassenhändler Versorgungsengpässe bis zur Ansiedlung von Quartierläden bzw. bis zur Inbetriebnahme eines massenwirksamen städtischen Personentransportsystems.[22] Bei minimalem Kapitaleinsatz maximierten die *penny capitalists* ihren Arbeitseinsatz, was zu überaus langen Ladenöffnungs- und Präsenzzeiten von morgens früh bis abends sehr spät führte. Das knappe Kapital konnte so in andere Wirtschaftssektoren fliessen, in die Industrie, ins Transportwesen sowie den Wohnbau, während der Einzelhandel Erwerbslosen und unterbeschäftigten Bevölkerungsgruppen ein Auskommen bot.[23] Mit der Kreditgewährung an ihre Kunden überbrückten sie als Ladenbesitzer zudem deren Finanzengpässe bei geringem Lohn oder Arbeitslosigkeit.[24] Gerade diese kleinen Einzelhändler mit sozialer Nähe zur Unterschicht gewährten ihren Kunden oftmals Kreditverkäufe. Sie waren Anlaufstelle von Haushaltungen in Finanznöten, während Genossenschaftsläden und wirtschaftlich besser gestellte Einzelhändler schon längst zum Barzahlungssystem gewechselt hatten.[25] So werden die *penny capitalists* auch als *bankers of the poor* bezeichnet, die einerseits eine gesellschaftliche Machtposition ausübten und andererseits finanzielle Risiken eingingen.[26] Solche Engagements und die fehlende Rechenhaftigkeit und buchhalterische Kontrolle dürften diese Kleinunternehmer oft selbst an den Rand ihrer Existenz getrieben haben.

10 Frauen als Unternehmerinnen

10.1 Bedeutung der Frauen im Lebensmittelhandel

Die Adressbuchdaten liefern aufschlussreiche Informationen zur Beteiligung der Frauen an der Lebensmittelversorgung der Stadt Basel. Frauen sind in den Adressverzeichnissen erkennbar an ausgeschriebenen Vornamen und an Zusätzen wie Witwe, Weib oder Frau. So erlaubt die Auswertung der Daten nach Branchen differenzierte Aussagen über die Bedeutung der Geschäftsinhaberinnen. Mit einem Raster haben wir in den folgenden Tabellen jene Branchen hervorgehoben, die sowohl absolut gesehen als auch anteilmässig viele Frauen aufwiesen. Diesen Branchen schenken wir in den folgenden Ausführungen besondere Beachtung, da ihre Datenbasis weit zuverlässiger ist als die der übrigen. Für folgende Branchen können keine Betriebsinhaberinnen nachgewiesen werden: Kaffeespezialgeschäfte, Mineralwasserhandel, Reformgeschäfte, Teehandlungen und Traiteure.

Die Zahl der von Frauen geleiteten Betriebe in Lebensmittelhandel und -handwerk stieg von 32 bzw. 10% der Geschäfte im Jahr 1854 auf 250 bzw. 19% im Jahr 1910 an (vgl. Tab. 16, S. 137). Bis 1874 blieb der Frauenanteil relativ konstant, dann folgte in den Expansionsjahren des Lebensmittelhandels bis 1886 ein Anstieg von 10% auf 13%. In der anschliessenden Konsolidierungsphase der Branche[1] bis 1898 erhöhte sich der Frauenanteil auf 14%, um dann zwischen 1898 und 1910 nochmals 5% zuzulegen. Um 1910 wurde jedes fünfte Geschäft in Lebensmittelhandwerk und -handel von einer Frau geleitet (vgl. Tab. 17, S. 137).

In den allermeisten Bereichen der Lebensmittelversorgung sind Frauen als Betriebsinhaberinnen anzutreffen, jedoch mit sehr unterschiedlichen Anteilen. In den Lebensmittelhandwerken Bäckerei und Metzgerei wurden nur 5–10% der Betriebe von Frauen geführt, und es ist kein Entwicklungstrend feststellbar. Bei den Konditoreien lagen die Anteile etwas höher, wobei das Auftreten einzelner durch Frauen betriebener Confiseriewarengeschäfte – sie verkauften höchstwahrscheinlich Handelswaren – im Stichjahr 1910 den hohen Frauenanteil von 15% erklärt.

Einen auffälligen Tätigkeitsschwerpunkt im Lebensmittelhandel hatten Frauen über den ganzen Untersuchungszeitraum hinweg und mit praktisch gleichbleibender Intensität im Spezereiwarenhandel. Ein Fünftel bis ein Viertel der Geschäfte dieser umfangreichen Branche wurde von Frauen geführt.[2] Ferner befanden sich zwei stark anwachsende Frischproduktenbranchen, der Obst- und Gemüsehandel sowie der Viktualienhandel, etwa zur Hälfte bzw. zu einem guten Drittel in Frauenhand. Obwohl sich bei den prozentualen Anteilen gewisse Schwankungen ergaben, war auch hier der Frauenanteil zwischen 1854 und 1910 recht konstant. Anders lag der Fall im Zigarren- und Tabakhandel, dieser von der Verkaufsstellenzahl her gegen 1900 stark anwachsenden Genussmittelbranche. Erstmals begegnen wir in unseren Daten 1874 drei Ladeninhaberinnen, was gerade 12% der Läden entspricht. Stufenweise stieg der Frauenanteil anschliessend bis 1910 an. In unserem letzten Stichjahr wurden 30 Zigarren- und Tabakhandlungen bzw. 32% der Geschäfte von Frauen geführt. Am stärksten wuchs der Frauenanteil zwischen 1886 und 1898, nämlich von 15% auf 25%. Angesichts neuerer Forschungsergebnisse zur Geschichte der Prostitution ist schwer abzuschätzen, wie viele dieser Geschäftsinhaberinnen tatsächlich vom Verkauf von Rauchwaren lebten. Zigarren- und Tabakläden dienten im betrachteten Zeitraum nämlich nicht selten als Deckmantel für Bordelle, wobei dem Tabakwarenabsatz dann allenfalls noch eine Nebenrolle zukam. Für Basel, wo die Prostitution verboten war, weist eine Studie solche Zigarrenläden für den Zeitraum von 1870–1920 als häufigste Erscheinungsform der professionellen Prostitution und Kuppelei nach.[3] Solche an belebten Plätzen der Stadt gelegene Läden waren mehr oder weniger Attrappen und gingen teils als feste Institution von einer zur nächsten Mieterin und Ladeninhaberin über.[4] Polizeiberichte über Ladendurchsuchungen erwähnen u. a. mit leeren Zigarrenkistchen und -paketen garnierte Regale als Beweismittel für den Bordellbetrieb. Die Prostitution der im Alleinbetrieb tätigen Geschäftsinhaberin, allenfalls auch ihrer Ladentöchter, fand in den Hinterräumen statt. Haussuchungen und Verurteilungen erfolgten in der Regel nur auf Grund von Anzeigen aus der Nachbarschaft.

Die Eidgenössische Betriebszählung von 1905 bestätigt auf gesamtschweizerischer Ebene den Tabak- und Zigarrenhandel mit 33,0%, den kleinen Frischproduktenhandel mit Milch, Eiern, Butter, Käse, Obst, Südfrüchten, Gemüse mit 25,7% und den Spezereihandel mit 23,3% Inhaberinnen als die wichtigsten Erwerbsfelder von Frauen im Lebens- und Genussmittelhandel.[5] Auffällig ist, dass diese Branchen bei einem hohen Anteil von Alleinbetrieben eine geringe durchschnittliche Betriebsgrösse aufwiesen. Im Tabak- und Zigarrenhandel waren es 59% Alleinbetriebe bei einer durchschnittlichen Betriebsgrösse von 1,8 Beschäftigten und im Handel mit Milch, Eiern, Butter etc. 47% Alleinbetriebe und durchschnittlich 2,3 Beschäftigte. Mit «nur» 35% Alleinbetrieben und durchschnittlich drei Beschäftigten fiel der Spezerei-, Kolonialwaren- und Konsumwarenhandel schon fast ein wenig aus dem Rahmen, was aber gut zu unserem

Tab. 16: *Anzahl der von Frauen betriebenen Geschäfte in Lebensmittelhandwerk und -handel in der Stadt Basel, 1854–1910*

Jahr	Geschäftsinhaberinnen*	
	(n)	Index (1854 = 100)
1854	32	100
1862	44	138
1874	47	147
1886	117	366
1898	145	453
1910	250	781

* Für eine ausführliche Aufstellung mit Zahlen nach Branchen vgl. Tab. IV in Anhang 1.

Quelle: *Adressbuch der Stadt Basel.*

Tab. 17: *Anteil der von Frauen betriebenen Geschäfte in Lebensmittelhandwerk und -handel nach Branchen in der Stadt Basel, 1854–1910*

Branche	%-Anteil der von Frauen betriebenen Geschäfte*					
	1854	1862	1874	1886	1898	1910
Bäckerei	7	5	8	8	4	2
Kolonialwaren- und Landesproduktenhandel					(8)	13
Metzgerei	6	(5)			3	5
Obst- und Gemüsehandel	(50)	(57)		(43)	(43)	45
Spezereihandel	24	21	20	22	21	28
Viktualienhandel		(38)	(36)	30	40	37
Wein- und Spirituosenhandel		(7)	(4)	4	4	8
Zigarren- und Tabakhandel			(12)	(15)	25	32
Anteil Geschäftsinhaberinnen total	10	12	10	13	14	19

* Werte in Klammern: Gesamtzahl der Verkaufsstellen kleiner als 60.

Quelle: *Adressbuch der Stadt Basel.*

Bild einer sehr heterogenen Branche passt. Genau wie schon bei der Rechtsform dürfte sich aber auch hier die Zusammenfassung des ungleichen Paars von Spezerei- und Kolonialwarenhandel stark verzerrend auswirken.

10.2 Zivilstand und Handlungsfähigkeit

10.2.1 Eingeschränkte Handlungs- und Rechtsfähigkeit unverheirateter Frauen

Die Bevogtung unverheirateter Frauen – im heutigen Sprachgebrauch heisst das Bevormundung – dauerte in einigen Kantonen bis in die zweite Hälfte des 19. Jahrhunderts an. In Gebieten mit französischer Rechtstradition hatte die Geschlechtsvormundschaft nie bestanden.[6] Der Kanton Zürich kannte die Geschlechtsvormundschaft nicht, dafür waren die Töchter beim Erben benachteiligt.[7] Im Kanton Bern z. B. wurden die unverheirateten Frauen 1847 den Männern gleichgestellt. Basel-Stadt hob die Geschlechtsvormundschaft erst 1876 auf und Basel-Land 1879, als bereits eine Regelung auf Bundesebene in Sicht war.[8] 1881 wurde nämlich die persönliche Handlungsfähigkeit unverheirateter Frauen gesamtschweizerisch eingeführt,[9] sodass auch die letzten Kantone – Appenzell Ausserrhoden, Graubünden, St. Gallen, Uri und Wallis – sich beugen mussten.[10] Die eheliche Vormundschaft hingegen blieb bis zur Reform des Eherechts 1988 bestehen.

Die Geschlechtsvormundschaft unverheirateter Frauen zielte in erster Linie auf die Erhaltung des Vermögens und dessen Weitergabe in der männlichen Linie ab. Auch Armengenössigkeit dieser Frauen sollte vermieden werden. Die Vögte der unverheirateten Frauen, die in Basel durch die Zünfte bestimmt wurden, hatten auf Vermögenserhaltung oder gar -vermehrung zu achten und jährlich Rechnung über die verwalteten Vermögen abzulegen. Konkret bedeutete diese Regelung, dass es Frauen nicht möglich war, mit ihrem Vermögen frei Geschäfte zu treiben. Zwar konnten Handels- und Geschäftsfrauen den Status der «freien Mittelverwaltung» erlangen, womit sie über ihren Besitz ohne Vollmacht des Vogtes verfügen durften.[11] Doch faktisch war das Verfügungsrecht dieser Frauen dennoch beschnitten: Der Vogt musste nämlich von der Frau über die finanziellen Aktivitäten informiert werden. Falls diese mit ihrem Vermögen nicht sorgsam umging, hatte er einzuschreiten, was in der Regel den Verlust der freien Mittelverwaltung nach sich zog. So konnten bzw. mussten die Vögte im Bedarfsfalle auch bei der Geschäftspolitik ihrer Schutzbefohlenen mitreden. Witwe E. Schulthess-Schneider führte in Basel ein Geschäft für Lingerie, Kunstblumen und Hutwaren. Ihr Vogt legt in seiner Klage auf Entzug der freien Mittelverwaltung im Jahr 1868 dar: «Ich hatte Grund anzunehmen, dass Frau S. zu viele Einkäufe macht, oder Artikel zu thut, wofür sie keinen Absatz hat, deshalb habe ich angerathen in dieser Beziehung vorsichtiger zu sein und das Waarenlager auf die couranteren Artikel zu reduziren, und überhaupt das Geschäft mehr zu vereinfachen, aber ich glaube, dass mein Rath nicht befolgt worden ist.»[12]

Abb. 17: *Am Marktplatz 24 führte Frau Geiger-Miville in den Jahren 1903 bis 1908 ein Spezereiwarengeschäft mit kioskartiger Bedienung durch das Fenster. (StABS, Neg. 3033)*

Bei weiblichen Vertragspartnern war infolge dieser Einschränkungen die Rechtssicherheit nicht gewährleistet. Gingen nämlich Frauen, welche die freie Mittelverwaltung nicht besassen, grössere Verpflichtungen ein, so konnten diese vom Vogt rückgängig gemacht werden. Im gegebenen Falle hatten sich die Geschäftspartner einer Frau also vor Abschluss einer Vereinbarung Gewissheit zu verschaffen, ob die Frau die «freie Mittelverwaltung» besass. Dies herauszufinden war nicht immer eine einfache Angelegenheit. Ausschlaggebend für die Form der Geschlechtsvormundschaft war nämlich nicht der Wohnkanton der Frauen, sondern ihr Bürgerrechtskanton. Die Schaffung gesamtschweizerischer Rechtssicherheit bei Geschäften mit unverheirateten Frauen war in der geografisch hochmobilen Gesellschaft des späten 19. Jahrhunderts dann auch der ausschlaggebende Punkt für die Aufhebung der Geschlechtsvormundschaft.

Die gesetzlichen Bestimmungen zur Geschlechtsvormundschaft schränkten Bürgerinnen von Basel-Stadt bis 1876 – und jene der angrenzenden Basel-Landschaft noch ein paar Jahre länger – erheblich in der Geschäftstätigkeit ein. Beim Verkauf von Vermögensteilen und beim Tätigen von Investitionen waren ihnen die Hände gebunden. Sie konnten eigentlich nur über ihr Arbeitseinkommen frei und unkontrolliert verfügen. Diese erhebliche Beschneidung der privaten Rechte betraf auch einen Grossteil der Unternehmerinnen in Lebensmittelhandel und -handwerk, so für die nachfolgend belegten verwitweten, ledigen und geschiedenen Frauen. Sie waren als Vertrags- und Handelspartnerinnen gegenüber den Männern rechtlich klar benachteiligt.

10.2.2 Der Zivilstand der Handels- und Handwerksfrauen

Bei der Erstellung der Adressbücher wurde einiger Aufwand betrieben, den Zivilstand der Frauen erkenntlich zu machen. Diese Tatsache wie auch das Wissen um die rechtlich-wirtschaftliche Benachteiligung unverheirateter Frauen in Basel-Stadt bis 1876 legt eine Auswertung der Daten auf dieses Kriterium hin nahe. Witwen waren in den Adressbüchern als solche gekennzeichnet, wie uns scheint relativ zuverlässig, war doch die Anrede «Wittwe» allgemein üblich. Auch geschiedene Frauen (nur sehr wenige Fälle!) wurden als solche erkenntlich gemacht. Verheiratete Frauen waren am weiblichen Vornamen plus Doppelname erkennbar, ledige am weiblichen Vornamen und einfachen Geschlechtsnamen. Ob die Zuordnung von Geschiedenen, Verheirateten und Ledigen auf Grund dieser Angaben verlässlich ist, sei dahingestellt. Zweideutigkeiten finden sich vor allem bei den Daten der Jahre 1854 und 1862, auch betreffend der Identifikation von Witwen; denn bis etwa 1880 ist die Quelle Adressbuch wenig homogen.[13] Verwirrend ist auch die Situation, wo zu einer Frau mit Doppel-Familienname im Einwohnerverzeichnis kein entsprechender Ehemann ausfindig zu machen ist. Soll bei Unsicherheit bezüglich des Witwenstatus, etwa bei zugezogenen Frauen, diese Angabe einfach vernachlässigt werden? Der effektive Witwenanteil würde allerdings in diesem Fall noch höher liegen als hier ermittelt. Aus Gründen des hohen Aufwandes haben wir keinen Versuch unternommen, den Zivilstand der Frauen anderweitig zu überprüfen. Infolge der kleinen Anzahl Fälle sind die Angaben für die Stichjahre 1854, 1862 und 1874 ohnehin mit grosser Vorsicht zu behandeln (vgl. Tab. 18).

Während sich der Anteil der Witwen ohne feststellbaren Trend zwischen 47% und 53% bewegte, ist nach 1862 eine rasche Zunahme der ledigen Händlerinnen feststellbar. Parallel dazu sank der Anteil der verheirateten Geschäftsfrauen. Um 1910 war die Verteilung auf die Zivilstandsarten dann allerdings wieder ähnlich wie 1874. Der Ledigenanteil hatte zu Gunsten der Verheirateten wieder auf 21% abgenommen. Der mit 28% bzw. 27% relativ bedeutende Anteil der ledigen Frauen 1886 und 1898 legt den Schluss nahe, dass die rasante Expansion des Lebensmittelhandels neuen Personengruppen eine Erwerbsmöglichkeit bot, die bisher davon ausgeschlossen waren, also nebst Arbeitern, Taglöhnern, Hand-

Tab. 18: *Zivilstand der Lebensmittelhändlerinnen und -handwerkerinnen (in %) in der Stadt Basel, 1854–1910*

Zivilstand	%-Anteil der Frauen im jeweiligen Zivilstand*					
	1854	1862	1874	1886	1898	1910
Ledig	(13)	(16)	(21)	28	27	21
Verwitwet	(53)	(48)	(47)	52	52	47
Geschieden	(0)	(0)	(0)	2	2	2
Verheiratet	(35)	(36)	(32)	18	19	30
Fälle (n)	32	44	47	117	145	250

* Werte in Klammern: Gesamtzahl der Inhaberinnen kleiner als 60.

Quelle: *Adressbuch der Stadt Basel.*

werkern etc.[14] auch ledigen Frauen. Dass die Aufhebung der Geschlechtsvormundschaft diesen Zugang erleichterte, ist kaum zu bezweifeln. Die neu erlangte Handels- und Rechtsfähigkeit erlaubte ab 1876 auch ledigen Frauen, ihre finanziellen Mittel nach persönlichem Dafürhalten zu Geschäftszwecken einzusetzen.

10.2.3 Die Witwen als grösste Unternehmerinnengruppe

Rund die Hälfte aller Betriebsinhaberinnen in Lebensmittelhandwerk und -handel waren Witwen.[15] Wenn eine Bäckerei oder Metzgerei von einer Frau geführt wurde, handelte es sich meistens um Witwen, die den früheren Familienbetrieb allein weiterleiteten. Anders lagen die Verhältnisse im Handel, speziell in Branchen mit hohem Frauenanteil bei den Betriebsinhabern. Witwen betätigten sich hier in einem Geschäft, das sie oft als Haupt- oder Nebenerwerb bereits vor dem Tod des Ehemannes betrieben hatten oder das sie nach ihrer Verwitwung zur Existenzsicherung begannen. Die Weiterführung des Geschäfts, das dem verstorbenen Mann gehört hatte, begründete nur einen Teil des Engagements von Witwen (vgl. Tab. 19, S. 142).[16]

Bei näherer Betrachtung zeigen sich Unterschiede im Witwenanteil. Im Zigarren- und Tabakhandel war die Witwenquote deutlich geringer als bei den Obst- und Gemüsehändlerinnen, den Spezereirinnen und Viktualienhändlerinnen. Die Entwicklung der Witwenquote über die Zeit hinweg machte in einzelnen Branchen

Tab. 19: *Verwitwete Betriebsinhaberinnen in Lebensmittelhandwerk und -handel in der Stadt Basel, 1854–1910*

Jahr	Verwitwete Betriebsinhaberinnen (n)
1854	17
1862	21
1874	22
1886	61
1898	76
1910	116

Für eine ausführliche Aufstellung mit Zahlen nach Branchen vgl. Tab. V in Anhang 1.
Quelle: *Adressbuch der Stadt Basel.*

Tab. 20: *Anteil der Witwen an den Betriebsinhaberinnen in Lebensmittelhandwerk und -handel nach Branchen in der Stadt Basel, 1854–1910*

Branche	%-Anteil der Witwen an den Betriebsinhaberinnen*					
	1854	1862	1874	1886	1898	1910
Bäckerei	(80)	(100)	(83)	(100)	(100)	(100)
Kolonialwaren- und Landesproduktenhandel					(67)	(75)
Metzgerei	(100)	(100)			(100)	(100)
Obst- und Gemüsehandel			(0)	(50)	(40)	(49)
Spezereihandel	(40)	(47)	(55)	(43)	(53)	28
Viktualienhandel			(0)	(23)	(43)	(52)	(29)
Wein- und Spirituosenhandel	(0)	(100)	(0)	(67)	(67)	(100)
Zigarren- und Tabakhandel				(33)	(63)	(29)	(27)
Alle Lebensmittelbranchen	(53)	(48)	(47)	52	52	47

* Werte in Klammern: Gesamtzahl der von Frauen geleiteten Verkaufsstellen kleiner als 60.
Quelle: *Adressbuch der Stadt Basel.*

Abb. 18: *Auch am Rümelinsplatz waren Lebensmittelgeschäfte anzutreffen, so um 1898 der Viktualienhändler Obrist-Fässler in Nr. 7 und die Speziererin Wwe. Fenner-Kunz in Nr. 4 gegenüber. (StABS, Neg. 6556)*

bei relativ kleinen absoluten Zahlen grosse Sprünge und ist mit Vorsicht zu interpretieren. Bei insgesamt gleich hohem Frauenanteil bewegte sich die Witwenquote bei den Obst- und Gemüsehändlerinnen zwischen 1886 und 1910 konstant zwischen 40% und 50%. Bei den Spezierern, wo der Frauenanteil zwischen 1898 und 1910 von 21% auf 28% markant anstieg, fiel gleichzeitig der Witwenanteil von 53% auf 28% zurück. Die neu auf diesem Gebiet aktiv gewordenen Frauen waren also keine Witwen. Im Viktualienhandel stieg der Witwenanteil zwischen 1874 und 1898 schrittweise von 23% auf 52%, und sank bis 1910 wieder auf 29%. Im Zigarren- und Tabakhandel verminderte sich der Witwenanteil von 63% 1886 auf 28% im Jahr 1898. Im gleichen Zeitraum nahm der Anteil weiblicher Betriebsinhaber in dieser Branche von 15% auf 25% zu. Ähnlich wie im Spezereihandel wurden demnach auch im Zigarren- und Tabakhandel in jenen Jahren vermehrt nicht verwitwete Frauen tätig (vgl. Tab. 20).

10.2.4 Wachsende Bedeutung der ledigen Frauen als Betriebsinhaberinnen

Zwischen 13% und 28% der Betriebsinhaberinnen in Lebensmittelhandel und -handwerk waren in unseren Stichjahren ledig. Besonders tief lag ihr Anteil 1854 mit 13%, besonders hoch 1886 und 1898 mit 28% bzw. 27%. Ledige Frauen festigten im Verlaufe des Untersuchungszeitraumes ihre Stellung im Lebensmittelhandel (vgl. Tab. 21, S. 146).
Bei einer sehr geringen Anzahl Fälle stellen wir fest, dass ledige Frauen zunächst am ehesten als Speziererinnen oder Viktualienhändlerinnen tätig waren. 1854 arbeiteten zwei Ledige als Nudelmacherinnen, in einer nach 1874 nicht mehr ausgewiesenen Sparte des Lebensmittelhandwerks. Ab 1886 erfolgte eine vermehrte Hinwendung zum Spezereihandel sowie auch zum Zigarren- und Tabakhandel. 1898 waren mehr als die Hälfte der Zigarren- und Tabakwarenhändlerinnen ledig (vgl. Tab. 22, S. 146).

10.2.5 Keine klare Tendenz bei den verheirateten Unternehmerinnen

Zwischen 18% und 36% der Betriebsinhaberinnen in Lebensmittelhandel und -handwerk waren in unserem Zeitraum verheiratet. Einen ausgesprochen tiefen Anteil erreichten die verheirateten Frauen 1886 und 1898 mit 18% bzw. 19% (vgl. Tab. 23, S. 147). Fanden verheiratete Frauen in der Expansionsphase des Lebensmittelhandels, in der andere Personengruppen wie Handwerker, Arbeiter und ledige Frauen in diese Erwerbszweige drängten, nur noch erschwert Zugang zu den entsprechenden Branchen? Oder zogen sie andere Gewerbe oder eine unselbstständige Erwerbstätigkeit vor? Schlägt sich hier eventuell das aufkommende bürgerliche Familienmodell schon nieder?
Verheiratete Frauen waren bis 1874 schwergewichtig im Spezereihandel anzutreffen. Ab 1874 gewann für sie aber auch der Viktualienhandel einige Bedeutung. Der Obst- und Gemüsehandel kam 1898 als nennenswertes Tätigkeitsfeld hinzu und bot 1910 einem Grossteil der verheirateten Händlerinnen einen Erwerb. 1910 engagierte sich dann auch eine Gruppe verheirateter Frauen im Zigarren- und Tabakhandel (vgl. Tab. 24, S. 147).

Abb. 19: *Der «Laden» von Obst- und Gemüsehändler Ad. Erny-Kögel besteht im Jahr 1907 aus Marktbänken und einem Lagerraum. Im Bild vermutlich die Falknerstrasse kurz vor der Neubebauung. (StABS, Neg. Hö 432 prov.)*

Tab. 21: *Ledige Betriebsinhaberinnen in Lebensmittelhandwerk und -handel in der Stadt Basel, 1854–1910*

Jahr	Ledige Betriebsinhaberinnen (n)
1854	4
1862	7
1874	10
1886	33
1898	39
1910	53

Für eine ausführliche Aufstellung mit Zahlen nach Branchen vgl. Tab. VI in Anhang 1.

Quelle: *Adressbuch der Stadt Basel.*

Tab. 22: *Anteil der Ledigen an den Betriebsinhaberinnen in Lebensmittelhandwerk und -handel nach Branchen in der Stadt Basel, 1854–1910*

Branche	%-Anteil der Ledigen an den Betriebsinhaberinnen					
	1854	1862	1874	1886	1898	1910
Bäckerei	(0)	(0)	(0)	(0)	(0)	(0)
Kolonialwaren- und Landesproduktenhandel					(0)	(25)
Metzgerei	(0)	(0)			(0)	(0)
Obst- und Gemüsehandel			(25)		(38)	(24)	(15)
Spezereihandel	(7)	(0)	(15)	(33)	(31)	28
Viktualienhandel		(100)	(38)	(24)	(20)	(18)
Wein- und Spirituosenhandel	(0)	(0)	(0)	(33)	(33)	(0)
Zigarren- und Tabakhandel			(33)	(38)	(53)	(37)
Alle Lebensmittelbranchen	(13)	(16)	(21)	28	27	21

Werte in Klammern: Gesamtzahl der von Frauen geleiteten Verkaufsstellen kleiner als 60.

Quelle: *Adressbuch der Stadt Basel.*

Tab. 23: *Verheiratete Betriebsinhaberinnen in Lebensmittelhandwerk und -handel in der Stadt Basel, 1854–1910*

Jahr	Verheiratete (n)
1854	11
1862	16
1874	15
1886	21
1898	27
1910	75

Für eine ausführliche Aufstellung mit Zahlen nach Branchen vgl. Tab. VII in Anhang 1.
Quelle: *Adressbuch der Stadt Basel.*

Tab. 24: *Anteil der Verheirateten an den Betriebsinhaberinnen in Lebensmittelhandwerk und -handel nach Branchen in der Stadt Basel, 1854–1910*

Branche	%-Anteil der Verheirateten an den Betriebsinhaberinnen					
	1854	1862	1874	1886	1898	1910
Bäckerei	(20)	(0)	(17)	(0)	(0)	(0)
Kolonialwaren- und Landesproduktenhandel					(33)	(0)
Metzgerei	(0)	(0)			(0)	(0)
Obst- und Gemüsehandel			(50)	(13)	(32)	(36)
Spezereihandel	(62)	(53)	(30)	(20)	(14)	34
Viktualienhandel		(0)	(38)	(33)	(28)	(46)
Wein- und Spirituosenhandel	(0)	(0)	(100)	(0)	(0)	(0)
Zigarren- und Tabakhandel			(33)	(0)	(12)	(30)
Alle Lebensmittelbranchen	(35)	(36)	(32)	18	19	30

Quelle: *Adressbuch der Stadt Basel.*

10.3 Soziale Lage und Selbstverständnis der Händlerinnen

Handelsbranchen mit hohem Frauenanteil unter den Geschäftsinhabern sind nach unseren Erkenntnissen am ehesten der sozialen Unter- und allenfalls der unteren Mittelschicht zuzurechnen. Verwitwete Frauen ergriffen die Geschäftstätigkeit, um sich und ihren Kindern die Existenz zu sichern. Verheiratete Frauen trugen mit ihrer Handelstätigkeit zum Lebensunterhalt der Familie bei, weil der Ehemann zu wenig und/oder nur unregelmässig verdiente.[17] Aufschlüsse über die Motivation der Frauen für den Einstieg in den Lebensmittelhandel und die soziale Lage dieser Branchen liefert die Studie von Annette Jorns für das frühindustrielle Braunschweig.[18] Sie weist den bescheidenen Lebensmittelhandel, den Hausier-/Höker- oder Markthandel, für die Zeit vor 1865 in Braunschweig als wichtiges Erwerbsfeld von verheirateten und verwitweten Frauen nach. Für Leipzig zeigt Susanne Schötz, dass im Jahr 1866 rund 30% der Lebensmittel- bzw. Viktualiengeschäfte von Frauen geführt wurden. Diese waren zu je 40% verwitwet oder verheiratet, in wenigen Fällen geschieden und die übrigen ledig.[19]

Dass Frauen am Klein- und Hausierhandel mit Lebensmitteln in grösserem Umfang als Selbstständige teilhatten, ist gemäss diesen Forschungsergebnissen keine neue Erscheinung des späteren 19. Jahrhunderts.[20] Der Beruf der Hökerin soll gar als einer der ältesten Frauenberufe überhaupt bis ins 14. Jahrhundert zurückzuverfolgen sein. Hökerinnen kauften gemäss der Braunschweiger Studie den Bauern auf dem Lande Lebensmittel ab, um sie in die Stadt zu transportieren und dort zu verkaufen. Im 19. Jahrhundert hatte sich ihre Handelstätigkeit auf die Grundnahrungsmittel Brot, Milch, Obst, Käse, aber auch auf kleine Gebrauchsgegenstände wie etwa Streichhölzer erweitert. Gemäss Braunschweiger Quellen mussten die Handelswaren von einem Detailwarenhändler gekauft und durften nur mit einem geringen Preisaufschlag weiterverkauft werden. Die Hökerinnen bewegten sich in enger beruflicher Nachbarschaft zum Viktualienhandel, der jedoch etwas exklusivere und verarbeitete Lebensmittel wie Südfrüchte und Würste umfasste.[21] Nicht ersichtlich ist, ob die Hökerinnen ihre Waren auf dem Markt oder auf der Strasse hausierend anboten. Der Ladenverkauf scheint nicht in ihren Wirkungsbereich gehört zu haben. Obwohl die Berufsbezeichnung «Hökerin» für Basel nicht nachweisbar ist, erkennen wir die Hökerinnen wieder, einerseits in den Vorkäuferinnen auf dem Markt und andererseits auch in der Vielzahl von Milch-, Butter-, Eier-, Käse-, Obst- und Gemüse-, aber auch Geflügel- oder Viktualienhändlerinnen. Für diese haben wir den Ort des Handels oft nicht bestimmen können, vermuten aber, dass sie ihre Waren im Markt- oder Hausier- bzw. Strassenhandel und teilweise auch in einfachen Verkaufslokalen absetzten.

Abb. 20: *Wohin mag die Fahrt dieser Frauen wohl geführt haben? Möglicherweise haben wir Markthändlerinnen auf dem Nachhauseweg vor uns. (StABS, Neg. 1795)*

In ihrem grundlegenden Werk zur Frauenarbeit in Europa stellt auch Deborah Simonton den Einzelhandel als eines der bedeutendsten Arbeitsgebiete von Frauen überhaupt fest.[22] Der Zensus von 1851 zählte in England und Wales mehr weibliche als männliche Ladenbesitzer.[23] Vor allem in einfachen Kleinbetrieben mit schnellem Warenumschlag und wenig Kredit waren Frauen als selbstständige Händlerinnen tätig. Kleine Läden und der Strassenhandel waren ihr häufigstes Aktionsfeld. Häufig handelten Frauen mit Gemüse, Obst und Viktualien. Simonton versteht den Strassenhandel als Notlösung, ihm haftet ein Anstrich von Armut an. Frauen jeden Alters und jeden Zivilstandes betrieben ihn, einige regelmässig, andere nur temporär. Sie waren Ehefrauen oder Witwen von Strassenhändlern, Frauen von Arbeitern, aber auch ledige Frauen.

Für Frauen mit Kindern – gleich welchen Zivilstandes – bot die selbstständige Kleinhandelstätigkeit Vorteile: Sie liess sich mit der Beaufsichtigung der Kinder vereinbaren und bot bessere Einkommensaussichten als einfache Näharbeiten. Das Dienstbotendasein – einer der wichtigsten Erwerbszweige für Frauen im Untersuchungszeitraum – war eine Domäne der ledigen Frauen, und Fabrikarbeit liess sich weit weniger gut als der Kleinhandel mit der Beaufsichtigung der Kinder in Einklang bringen. Zudem bot der kleine Handel eine gewisse Unabhängigkeit. Die Motivation von verheirateten Frauen, die in Braunschweig um eine Handels- oder Gewerbekonzession nachsuchten, lag mit 68% in einem zu geringen Lohn des Ehemannes und 21% gaben an, dass der Ehemann krank oder arbeitsunfähig war.[24] Die Ehemänner dieser Frauen arbeiteten zu 31% als ungelernte Arbeiter, zu 18% als Bauhandwerksgesellen und zu 16% als Handwerksmeister der untersten Klasse.[25] Diese Feststellung deckt sich mit unseren eigenen, allerdings wenig systematischen Ergebnissen betreffend die augenfällig häufige Angliederung eines Spezerei- oder Viktualienhandels an Arbeiter-, Gesellen- oder Handwerksmeisterhaushalte.[26] Wie sich die Berufstätigkeiten als Maurergeselle *und* Viktualienhändler vereinbaren lassen, ob sie sich zeitlich ergänzen, ob der Baugeselle nur zeitweise oder dauerhaft zum Lebensmittelhandel gewechselt hat oder ob allenfalls seine Familie zeitweise das Verkaufsgeschäft betreut, ist unklar. Unwahrscheinlich ist, dass in solchen Fällen die Ehefrau des genannten Mannes das Geschäft führte. Selbstständig erwerbende Ehefrauen werden in den Basler Branchen- und Adressverzeichnissen – wie es scheint – unter ihrem eigenen Namen aufgeführt.

Für die allermeisten verheirateten Frauen der gesellschaftlichen Unter- und Mittelschicht bedeutete die Berufsausübung eine Notwendigkeit zum Unterhalt der Familie. Sie müssen ihr mit grosser Selbstverständlichkeit, vermutlich während der ganzen Ehezeit sowie auch nach der Verwitwung, nachgegangen sein. Da es sich beim Hausier- oder Markthandel mit Lebensmitteln um schichtspezifische Berufe handelt, waren sie mit ihnen oft von klein auf vertraut, etwa weil ihre Mutter bereits einen solchen Kleinhandel betrieben hatte. Bei den Witwen hat Jorns ein breiteres Berufsspektrum der Ehemänner feststellen können als bei den verheirateten Frauen. Nebst den Frauen, die bereits während der Ehe einer Handels- oder Gewerbetätigkeit nachgingen und diese nach dem Tod des Ehemannes fortführten, sahen sich also auch Witwen eines weiteren Gesellschaftskreises aus finanziellen Gründen zur Erwerbstätigkeit gezwungen. Sofern eine Witwe nicht über genügend Vermögen zum Privatisieren verfügte oder einen Familienbetrieb fortführen konnte, musste sie sich einen Erwerb erschliessen. Eine selbstständige Kleinhandelstätigkeit kam dabei anscheinend vielen gut gelegen.

11 Standorte der Lebensmittelgeschäfte und Einkaufsstrassen

Die freie Standortwahl und Eröffnung von Ladengeschäften waren für den Lebensmittelhandel ab 1860 auf dem ganzen Stadtgebiet gewährleistet, auch ausserhalb des ehemaligen Mauergürtels.[1] An Einschränkungen betreffend den Standort ihrer Backstuben hatten sich zunächst noch die Bäcker zu halten. Ihnen war bis 1870 die Errichtung eines Backofens in der Grossbasler Altstadt (innerhalb der inneren Stadtmauern) auf Grund einer alten feuerpolizeilichen Vorschrift verboten.[2] Die Folge dieses Verbots blieb noch lange sichtbar, denn Bäckereien waren auch für den Rest des 19. Jahrhunderts schwergewichtig in den Vorstädten und in Kleinbasel anzutreffen. Nur vereinzelt fassten sie wieder in der Innenstadt Fuss. Ausgenommen von der freien Ladeneröffnung und Standortwahl waren ferner Branchen, welche einer Bewilligungspflicht unterlagen oder an ein Patent gebunden waren, so Apotheken, der Wein- und Spirituosenverkauf sowie der Salzverkauf.[3]

Um 1850 befanden sich die Lebensmittelgeschäfte noch praktisch ausschliesslich innerhalb der Stadtmauern, im Gebiet der Altstadt, wo zu dieser Zeit auch die meisten Einwohner Domizil hatten. Nach der Schleifung der Stadtmauern um 1859 entstanden neue Wohn- und Gewerbequartiere ausserhalb des alten Stadtgebiets, in denen sich nach und nach auch Lebensmittelhändler und -handwerker niederliessen. In raschem Tempo vollzog sich diese Stadtentwicklung ab den 1880er-Jahren. Während die Lebensmittelhändler für Güter des täglichen Bedarfs teilweise in die neuen Quartiere überwechselten, verblieben Spezialgeschäfte – die auch auswärtige Kundschaft anzogen – im Stadtzentrum. Auf Grund ihrer höheren Margen konnten sie die steigenden Lokalmieten im Stadtzentrum auch besser finanzieren als etwa das gewöhnliche Spezereigeschäft.

Die Ladenlokale der Lebensmittelbranche befanden sich in der Regel im Erdgeschoss der Liegenschaften, mit einem Schaufenster zur Strasse. Dies ist bestimmt der Idealfall, bezüglich Miete aber wohl die teuerste Version. Eine günstigere Variante dazu dürften vor allem Kellerlokale gewesen sein oder eine eher improvisierte Lösung in Wohnung, Werkstadt oder Hinterhaus.[4]

11.1 Standortwahl und -änderung von Lebensmittelläden

Viele Einzelhandelsgeschäfte wechselten – wie die Eintragungen im Adressbuch der Stadt Basel zeigen – während ihres Bestehens wiederholt die Adresse. Diese Erscheinung systematisch zu erfassen, wäre sehr aufwändig. Wenn wir aber beispielsweise die Eintragungen von 1874 und 1886 vergleichen, die in einen Zeitabschnitt rascher Veränderung fallen, lassen sich verschiedenartige Standortveränderungen beobachten und anhand von Beispiele illustrieren:

- Verkaufsgeschäfte verlegten ihren Standort innerhalb des alten Stadtgebiets oder innerhalb der neuen Quartiere vor den Stadttoren. So zog der Spezierer Emil Fischer von der Gerbergasse an den Spalenberg und Anton Lötscher-Häfeli, ebenfalls Spezierer, von der Sperrstrasse an die Feldbergstrasse. Oft wurde ein anderes Lokal in derselben Strasse oder in nächster Nachbarschaft gesucht. Der Spezierer Johann Näf dislozierte von der Schneidergasse 7 nach Nr. 1 und der Spezierer Johann Jacob Niederer von der Rebgasse 31 nach Nr. 23 derselben Strasse, die Spezierin Witwe Catharina Michaud-Tschopp von der Horburgstrasse 29 in die Nr. 125 und der Spezierer Johann Müller-Schenkel von der Hammerstrasse 105 nach Nr. 165.
- Geschäfte verliessen die Innenstadt und eröffneten in den neu entstehenden Wohnquartieren. Beispielsweise war der Spezierer Dubs-Trefzer 1874 in der Schneidergasse ansässig, 1886 dann aber in der Farnsburgerstrasse. Spezierer Meier-Frommherz zog vom Münzgässlein an die Amerbachstrasse. Auch Lebensmittelhandwerker verlegten ihr Geschäft aus dem Zentrum weg, so etwa Jacob Spengler, Traiteur, von der Barfüssergasse an die Belchenstrasse oder Zuckerbäcker Peter Buchmann-Caspar vom Spalenberg an den Bläsiringweg.

Als Gründe für den Standortwechsel von Verkaufslokalen sind folgende Faktoren denkbar:
- Kündigung bzw. Änderung des Mietverhältnisses bei Handwechsel der Liegenschaft,
- besserer Standort innerhalb des Quartiers oder der Strasse,
- günstigere Mietzinskonditionen,
- besserer Standort in einem neuen Quartier,
- geeigneteres Lokal bezüglich Ausstattung und/oder Grösse.

11.1.1 Das Beispiel Allgemeiner Consumverein Basel

Anhaltspunkte dafür, dass Handänderungen und Standortoptimierung ausschlaggebende Faktoren für den Wechsel des Ladenlokals waren, sind für den Allgemeinen Consumverein bekannt: «In diese Jahre [die 1870er Jahre] fallen auch häufige Lokalwechsel der Filialen, meistens infolge Handänderung der betreffenden Liegenschaft. Dabei wurde von der Verwaltung jeweils gesucht, nicht immer mit Erfolg, bessere Lagen zu finden. Noch getraute man sich aber nicht recht, bewusst an die damalig besten Verkehrslagen zu gehen.»[5]
Obwohl die Standortsicherung ein wichtiges Thema war, wurden Liegenschaften nur selten erworben, um nicht unnötig Firmenkapital zu binden.
Ein Grund für Standortverlegungen der Consumverein-Läden war auch der wachsende Verkaufsflächenbedarf. Mit dem Ausbau des Warenangebots brauchte es mehr Platz, so z. B. 50 Quadratmetern im Jahr 1890 und 100 um 1915. Um sich Lokale in geeigneten Neubauten zu sichern, wurden bereits in der Planungsphase Verträge mit den Bauherren abgeschlossen und die Ausgestaltung der Verkaufsräume vom Consumverein an die Hand genommen. Die Standortsicherung erfolgte sodann über langfristige Mietverträge.[6]
In den frühen Jahren seines Bestehens richtete der 1865 gegründete Consumverein Warenlokale auf dem alten Stadtgebiet ein. Bei der Eröffnung von Läden in den Wohnquartieren übten die Verantwortlichen Zurückhaltung und warteten trotz vielseitigen Anfragen der Aktionäre bzw. Mitglieder solange zu, bis sie das nötige Absatzpotenzial als gesichert beurteilten.[7]

11.1.2 Standortwahl von Filialunternehmungen

Bei der Eröffnung von Filialverkaufsstellen trachteten die Inhaber danach, das Stadtgebiet möglichst gut mit ihrem Angebot abzudecken. Häufig richteten die in Grossbasel domizilierten Unternehmen ihre erste Filiale in Kleinbasel ein. Beispiele hierfür sind das Spezereigeschäft Riggenbach zum Arm, der Allgemeine Consumverein, die Kolonialwarenhandlung Emanuel Preiswerk, die Zigarren- und Tabakhandlung M. J. Wazniewski sowie der Metzger Ulrich Brändlin-Gysin. Es gibt auch gegenläufige Beispiele mit Hauptsitz in Kleinbasel und Filiale in Grossbasel, z. B. den Butter- und Käsehändler W. Karli. Gegen Ende des 19. Jahrhunderts wurden ferner zusehends die neuen Wohnquartiere ausserhalb des früheren Stadtmauerrings als Filialstandorte in Betracht gezogen.

11.2 Basler Ladenstrassen um 1886

Die grosse Zahl der Lebensmittelanbieter, im Jahr 1886 waren es gemäss Adressbuch insgesamt 868, liess in der Stadt ein enges Netz von Verkaufsstellen entstehen. Da diese «Einkaufslandschaften» für uns heute nur schwer vorstellbar sind, wollen wir sie am Beispiel einiger typischer Strassenzüge illustrieren.[8] Das Jahr 1886 wurde gewählt, weil damals die Versorgungsdichte mit 130 Lebensmittelgeschäften pro 10'000 Einwohner eine Spitze erreichte[9] und zugleich die neuen Aussenquartiere erst wenige Läden aufwiesen. Aus dieser Konstellation resultierte in den Vorstädten und in gewissen Strassenzügen im Stadtzentrum eine bemerkenswerte Vielfalt an Geschäften (vgl. Tab. 25).[10]
Es gab somit Strassen, wo in jeder zweiten oder dritten Liegenschaft Lebensmittel zu kaufen waren. Die Wohnhäuser der Zeit boten im Parterre einem einzigen, vielfach aber auch zwei kleineren Verkaufslokalen Raum. Paradebeispiel ist die Spalenvorstadt. Weil der Strassenzug bezüglich Parzellierung und Bausubstanz bis heute weit gehend erhalten geblieben ist, lassen sich die damaligen Verhältnisse – bei einem Augenschein vor Ort – besonders gut nachvollziehen. Neun von insgesamt 23 Lebensmittelläden an der Spalenvorstadt waren 1886 durch Bäcker belegt, ausserdem waren hier fünf Spezierer und je zwei Metzger bzw. Milchhändler tätig (Fig. 16–22).
Ähnliche Erscheinungsbilder boten auch Aeschenvorstadt, Steinenvorstadt, Schneidergasse, Spalenberg und im Kleinbasler Stadtteil Greifen-, Reb- und Webergasse. Je nach Strasse kam es zu gewissen Schwerpunkte. In der Aeschenvorstadt waren die Spezierer (7), Metzger (6) und Bäcker (6) die drei wichtigsten Anbietergruppen, in der Steinenvorstadt hingegen war nur ein Metzger domiziliert, dafür aber mehrere Spezierer (6), Bäcker (5) und Wein- und Spirituosenhändler (4). In der Schneidergasse waren die Bäcker (4) und Metzger (3) die zahlenmässig bedeutendsten Anbietergruppen, am anschliessenden Spalenberg die Spezierer (5), Metzger (4) und die Zuckerbäcker (3). Die Greifengasse – gleichsam die Hauptstrasse Kleinbasels – wies ein reichhaltiges Einkaufsangebot für Lebensmittel auf, jedoch ohne eigentliche Schwerpunkte. An der Webergasse fanden sich Spezierer (5) und Bäcker (3), und in der Rebgasse waren die Spezierer (5) sowie die Wein- und Spirituosenhändler (3) gut vertreten.
Das Angebot dieser massgeblich vertretenen Branchen rundete in den erwähnten Strassen und Gassen jeweils Zigarren- und Tabakhandlungen, Kolonialwarengeschäfte, Wein- und Spirituosenhandlungen, Milch-, Käse- und Butterhändler, Viktualienhandlungen, Obsthändler, Geschäfte für Drogerie- und Materialwaren, Bierbrauer und Bierhändler, Apotheken sowie Zuckerbäcker (Konditoren) ab. Den AnwohnerInnen standen also vielfältige Einkaufsstrassen zur Verfügung, vergleichbar den Malls der heutigen Einkaufszentren, wobei grossflächige An-

Tab. 25: *Dichte der Lebensmittelgeschäfte in ausgewählten Strassen Basels, 1886*

Strasse	Häuser	Lebensmittel-geschäfte	Häuser/Lebens-mittelgeschäfte
Grossbasel			
Spalenvorstadt	44	23	1,9
Aeschenvorstadt	77	31	2,5
Steinenvorstadt	62	28	2,8
Schneidergasse	34	17	2
Spalenberg	63	22	2,9
Kleinbasel			
Greifengasse	40	16	2,5
Rebgasse	50	19	2,6
Webergasse	40	15	2,7

Quelle: *Adressbuch der Stadt Basel.*

bieter allerdings fehlten. Bei mehreren Bäckern, Metzgern, Spezierern, Weinhändlern etc. in unmittelbarer Nachbarschaft ist von einem regen Wettbewerb innerhalb der Branchen auszugehen.[11]

11.3 Läden als Treffpunkte und Nachbarschaftszentren

In diesem dichten Netz von Ladengeschäften, wo sich die Anwohner mehrmals wöchentlich mit frischen Lebensmitteln eindeckten, spielten die Verkaufsräume eine wichtige gesellschaftliche Rolle, vor allem für Frauen und Kinder. Frauen besorgten in der Regel den Lebensmitteleinkauf und die Zubereitung von Mahlzeiten und waren somit die wichtigste Kundengruppe der Lebensmittelgeschäfte. Hier fand ein Stelldichein der haushaltenden Frauen jeden Zivilstands – Witwen, Ledige, Verheiratete –, Kindern sowie (zumeist ledigen) Hausangestellten bzw. Dienstmädchen statt. Frauen aus der Mittel- und Oberschicht liessen Routineeinkäufe durch Angestellte erledigen.
Die Frauen konnten diese Geschäfte jederzeit und zu einem geringen «Eintrittspreis» aufsuchen, ohne aufzufallen.[12] Weil Familien in bescheidenen finanziellen Verhältnissen ausser Stande waren, sich Vorräte zu halten, wurden Lebensmittelläden zum Bezug kleiner Mengen täglich aufgesucht – gewissermassen als Vorratskammer bescheidener Haushalte. Gesellschaftliche Treffpunkte von Männern

und Frauen funktionierten zu dieser Zeit weit gehend als separate, von einander scharf getrennte Welten. Die Welt der Männer spielte sich in Gaststätten und Cafés, Zigarren- und Tabakläden, Bierhandlungen sowie möglicherweise auch in Wein- und Spirituosenläden ab.[13] Frauen hingegen trafen sich beim Wäschewaschen, in der Zeit vor den Hausanschlüssen beim Wasserholen am Brunnen sowie beim Einkaufen und Warten auf Bedienung in den Läden. Dabei stand als gesellschaftliche Aktivität das Gespräch im Zentrum, der Austausch von Neuigkeiten und Klatsch. So wurden Lebensmittelläden zu eigentlichen Nachbarschaftszentren, zu Orten der Geselligkeit, nach Haupt vor allem im letzten Drittel des 19. Jahrhunderts.[14] Rein weiblich war diese Gesellschaft dann, wenn Frauen das Geschäft führten und die Kundschaft bedienten. Andernfalls wurden der Ladeninhaber und allfällige männliche Angestellte in diese Frauenwelt mit einbezogen.[15]

Fig. 16: *Lebensmittelläden in der Spalenvorstadt, Basel, um 1886*

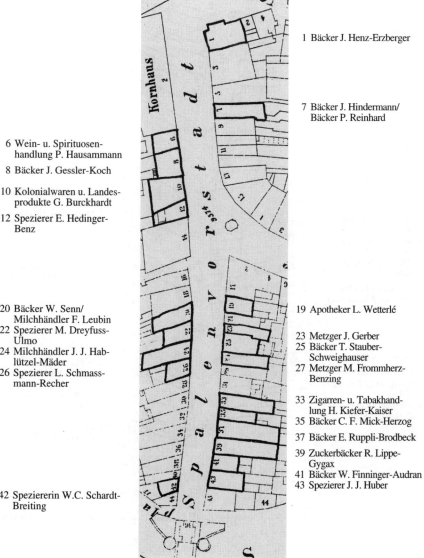

6 Wein- u. Spirituosen-
   handlung P. Hausammann
8 Bäcker J. Gessler-Koch

10 Kolonialwaren u. Landes-
    produkte G. Burckhardt
12 Spezierer E. Hedinger-
    Benz

20 Bäcker W. Senn/
    Milchhändler F. Leubin
22 Spezierer M. Dreyfuss-
    Ulmo
24 Milchhändler J. J. Hab-
    lützel-Mäder
26 Spezierer L. Schmass-
    mann-Recher

42 Speziererin W.C. Schardt-
    Breiting

1 Bäcker J. Henz-Erzberger

7 Bäcker J. Hindermann/
   Bäcker P. Reinhard

19 Apotheker L. Wetterlé

23 Metzger J. Gerber
25 Bäcker T. Stauber-
    Schweighauser
27 Metzger M. Frommherz-
    Benzing

33 Zigarren- u. Tabakhand-
    lung H. Kiefer-Kaiser
35 Bäcker C. F. Mick-Herzog
37 Bäcker E. Ruppli-Brodbeck
39 Zuckerbäcker R. Lippe-
    Gygax
41 Bäcker W. Finninger-Audran
43 Spezierer J. J. Huber

Fig. 17: *Lebensmittelläden in der Aeschenvorstadt, Basel, um 1886*

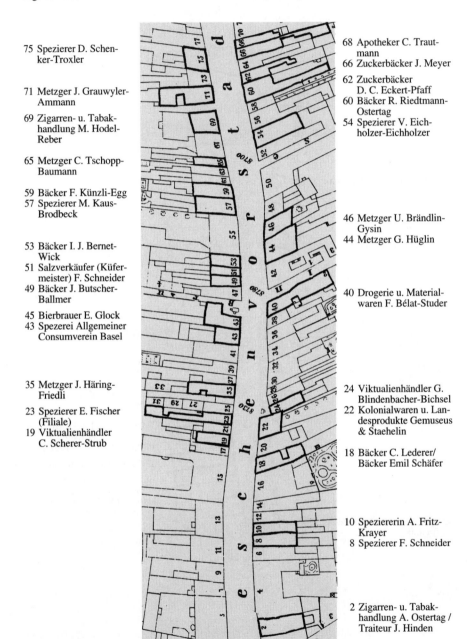

75 Spezierer D. Schenker-Troxler

71 Metzger J. Grauwyler-Ammann
69 Zigarren- u. Tabakhandlung M. Hodel-Reber

65 Metzger C. Tschopp-Baumann

59 Bäcker F. Künzli-Egg
57 Spezierer M. Kaus-Brodbeck

53 Bäcker I. J. Bernet-Wick
51 Salzverkäufer (Küfermeister) F. Schneider
49 Bäcker J. Butscher-Ballmer
45 Bierbrauer E. Glock
43 Spezerei Allgemeiner Consumverein Basel

35 Metzger J. Häring-Friedli
23 Spezierer E. Fischer (Filiale)
19 Viktualienhändler C. Scherer-Strub

1 Metzger C. Weitnauer-Kehlstadt

68 Apotheker C. Trautmann
66 Zuckerbäcker J. Meyer
62 Zuckerbäcker D. C. Eckert-Pfaff
60 Bäcker R. Riedtmann-Ostertag
54 Spezierer V. Eichholzer-Eichholzer

46 Metzger U. Brändlin-Gysin
44 Metzger G. Hüglin

40 Drogerie u. Materialwaren F. Bélat-Studer

24 Viktualienhändler G. Blindenbacher-Bichsel
22 Kolonialwaren u. Landesprodukte Gemuseus & Staehelin
18 Bäcker C. Lederer/ Bäcker Emil Schäfer

10 Spezierin A. Fritz-Krayer
8 Spezierer F. Schneider

2 Zigarren- u. Tabakhandlung A. Ostertag / Traiteur J. Hinden

Fig. 18: *Lebensmittelläden in der Steinenvorstadt, Basel, um 1886*

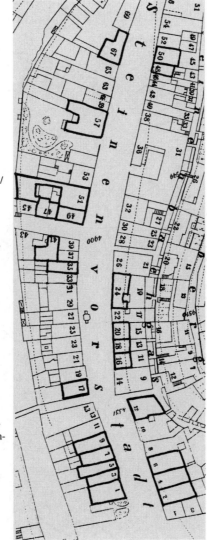

67 Wein- u. Spirituosen-
   handlung Witwe
   Ludwig-Ludwig

57 Bäcker A. Fischer /
   Wein- u. Spirituosen-
   handlung H. Dünki

51 Wein- u. Spirituosen-
   handlung A. Schnider /
   Milchh. J. J. Hürzeler
49 Spezierer A. Hatt-
   Meyer
47 Viktualienhändler
   U. J. Misteli-Walker
41 Milchhändler J. Erny /
   Viktualienhändler
   J. N. Amlinger
35 Bäckerei Witwe
   S. Baur-Weidmann

17 Spezierer J. J. Gerber-
   Kunzmann

9 Metzger E. Strub-Löw
7 Spezierer M. Lehmann-
  Zimmermann
5 Bäcker F. Stauber-
  Steffan
3 Zigarren- u. Tabak-
  handlung E. Schoch
1a Viktualienhändlerin
   A. M. Ineichen / Bier-
   händler F. Bühler

50 Spezierin Witwe
   A. M. Gassler-Weber
48 Zigarren- u. Tabak-
   handlung Witwe
   A. Goetz-Degen

24 Zuckerbäcker P. Buch-
   mann-Höferlin

20 Wein- u. Spirituosen-
   handlung J. Kradolfer
18 Spezierin Witwe
   M. W. Stauber-Bach-
   mann
16 Spezierer C. Gassner-
   Fader

12 Drogerie u. Material-
   waren F. Volz

6 Apotheker W. Wittig
4 Obsthändlerin
  B. Kraus-Moll / Bäcker
  H. Spreyermann
2 Bäcker C. Gessler-
  Märky

Fig. 19: *Lebensmittelläden in der Schneidergasse und am Spalenberg, Basel, um 1886*

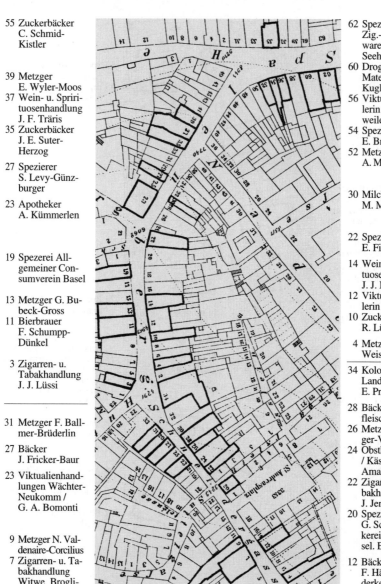

55 Zuckerbäcker
C. Schmid-Kistler

39 Metzger
E. Wyler-Moos
37 Wein- u. Spriri-tuosenhandlung
J. F. Träris
35 Zuckerbäcker
J. E. Suter-Herzog
27 Spezierer
S. Levy-Günzburger
23 Apotheker
A. Kümmerlen

19 Spezerei Allgemeiner Consumverein Basel
13 Metzger G. Bubeck-Gross
11 Bierbrauer
F. Schumpp-Dünkel

3 Zigarren- u. Tabakhandlung
J. J. Lüssi

31 Metzger F. Ballmer-Brüderlin
27 Bäcker
J. Fricker-Baur
23 Viktualienhandlungen Wächter-Neukomm /
G. A. Bomonti

9 Metzger N. Valdenaire-Corcilius
7 Zigarren- u. Tabakhandlung
Witwe Brogli-Müller
1 Spezierer J. Näf

62 Spez. L. Wyler /
Zig.- u. Tabakwarenhandlung C. Seehaus
60 Drogerie u. Materialwaren
Kugler & Probst
56 Viktualienhändlerin C. Gossweiler-Haasis
54 Spezierer
E. Braunschweig
52 Metzger
A. Merkt-Schmutz

30 Milchhändlerin
M. M. Stern

22 Spezierer
E. Fischer
14 Wein- u. Spirituosenhandlung
J. J. Mäglin
12 Viktualienhändlerin R. Helde
10 Zuckerbäcker
R. Lüthi-Forrer
4 Metzger S. Hoch-Weiss

34 Kolonialwaren u. Landesprodukte
E. Preiswerk
28 Bäcker J. Gutfleisch-Müller
26 Metzger F. Felger-Vetter
24 Obsth. L. Schmitt
/ Käse- u. Butterh.
Amalia Kyburz
22 Zigarren- u. Tabakhandlung
J. Jenny-Engeler
20 Spezierer
G. Scholl / Bäckerei J. J. Steiger sel. Erben

12 Bäckerei Witwe
F. Hänggi-Wiederkehr

4 Zuckerbäcker
S. Burckhardt-Brändlin

Fig. 20: *Lebensmittelläden in der Greifengasse, Basel, um 1886*

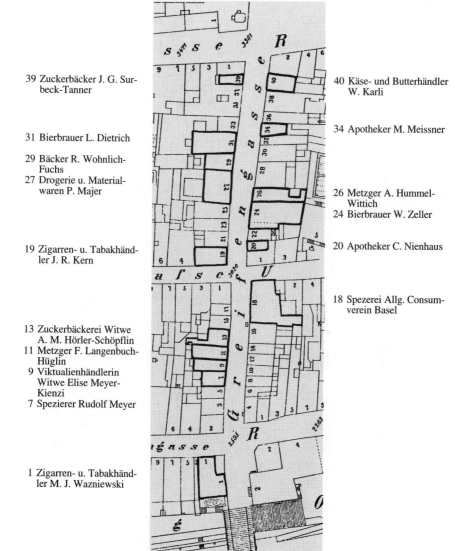

39 Zuckerbäcker J. G. Surbeck-Tanner

31 Bierbrauer L. Dietrich

29 Bäcker R. Wohnlich-Fuchs
27 Drogerie u. Materialwaren P. Majer

19 Zigarren- u. Tabakhändler J. R. Kern

13 Zuckerbäckerei Witwe A. M. Hörler-Schöpflin
11 Metzger F. Langenbuch-Hüglin
9 Viktualienhändlerin Witwe Elise Meyer-Kienzi
7 Spezierer Rudolf Meyer

1 Zigarren- u. Tabakhändler M. J. Wazniewski

40 Käse- und Butterhändler W. Karli

34 Apotheker M. Meissner

26 Metzger A. Hummel-Wittich
24 Bierbrauer W. Zeller

20 Apotheker C. Nienhaus

18 Spezerei Allg. Consumverein Basel

Fig. 21: *Lebensmittelläden in der Webergasse, Basel, um 1886*

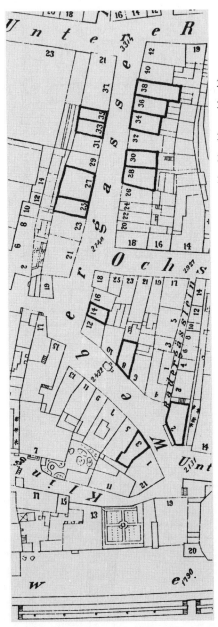

35 Bäcker J. H. Christ-
   Mönch
33 Spezierin Witwe
   M. M. Rohner-Thoma

27 Milchhändler
   H. Gysin-Roser
25 Spezierin Witwe
   B. Rau-Näf

3 Spezierer A. Reindle-
  Wenzinger

38 Metzger C. David-
   Fäsch
36 Viktualienhändlerin
   Witwe C. Erhard-
   Riegert
34 Spezierer J. L. Am-
   rein-Fügli
30 Metzger Joh. Stängel-
   Vetter
28 Bäcker C. Senn /
   Bäcker J. Theilmann

14 Spezierin Witwe
   Lippe-Zehnder

8 Viktualienhändler
   C. Conconi-Hofer

2 Zuckerbäcker L. Abt /
  Spezierin Witwe
  L. Cadet

Fig. 22: *Lebensmittelläden in der Rebgasse, Basel, um 1886*

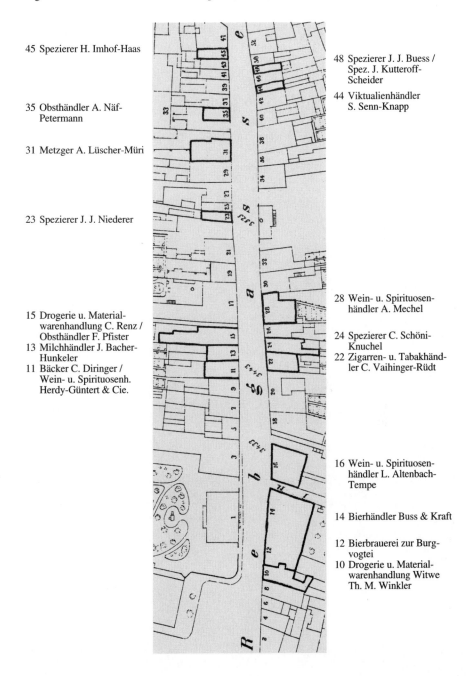

45 Spezierer H. Imhof-Haas

35 Obsthändler A. Näf-Petermann

31 Metzger A. Lüscher-Müri

23 Spezierer J. J. Niederer

15 Drogerie u. Materialwarenhandlung C. Renz / Obsthändler F. Pfister
13 Milchhändler J. Bacher-Hunkeler
11 Bäcker C. Diringer / Wein- u. Spirituosenh. Herdy-Güntert & Cie.

48 Spezierer J. J. Buess / Spez. J. Kutteroff-Scheider
44 Viktualienhändler S. Senn-Knapp

28 Wein- u. Spirituosenhändler A. Mechel
24 Spezierer C. Schöni-Knuchel
22 Zigarren- u. Tabakhändler C. Vaihinger-Rüdt

16 Wein- u. Spirituosenhändler L. Altenbach-Tempe

14 Bierhändler Buss & Kraft

12 Bierbrauerei zur Burgvogtei
10 Drogerie u. Materialwarenhandlung Witwe Th. M. Winkler

Teil III:

Beschäftigte, Betriebsgrösse und Rechtsform: Die Betriebszählung von 1905

Nach jahrzehntelangen Diskussionen um eine Gewerbe- bzw. Betriebszählung wurde per Stichtag 9. August 1905 die erste Eidgenössische Betriebszählung durchgeführt. Einerseits können ihre Ergebnisse unsere Adressbuchdaten zu Umfang und Struktur von Lebensmittelhandel und -handwerk für das Ende unserer Untersuchungsperiode relativieren bzw. zu einem guten Teil bestätigen, wie wir in Abschnitt 4.3 gezeigt haben. Andererseits liefert die Betriebszählung zusätzlich Informationen bezüglich Betriebsgrösse, Beschäftigten und Rechtsform der Unternehmungen, die uns für die Zeit davor gänzlich fehlen.

12 Die Beschäftigten in den Lebensmittelgeschäften

12.1 Einleitung

Für die Zeit vor der ersten Eidgenössischen Betriebszählung von 1905 sind Angaben zu den im Lebensmittelbereich Beschäftigten in offiziellen Statistiken nur spärlich greifbar. Die Volkszählungen liefern wohl globale Angaben,[1] doch fehlt die für unsere Zwecke nötige Feinunterteilung nach Branchen.

Im Jahr 1905 beschäftigten in der Stadt Basel die 1294 Betriebe in Lebensmittelhandwerk und -handel 4669 Personen.[2] Dies waren 13,7% aller gezählten Betriebe, aber nur 8,9% der Beschäftigten.[3] Um ein vollständiges statistisches Bild von der Lebensmittelversorgung zu erhalten, müssten noch die von der Betriebszählung nicht erfassten ambulanten LebensmittelverkäuferInnen und die MarkthändlerInnen mit Wohnsitz in der Stadt hinzugefügt werden. Am Lebensmittelhandel der Stadt Basel beteiligten sich darüber hinaus noch auswärtige ambulante HändlerInnen und MarkthändlerInnen, die landwirtschaftliche und gewerbliche Erzeugnisse an die Stadtbevölkerung vermittelten. Der Umfang des ambulanten Lebensmittelhandels und des Markthandels lässt sich sowohl in Bezug auf die Zahl der beteiligten Personen als auch die umgesetzten Lebensmittelmengen kaum schätzen.[4] Wir werden uns, dieser Unvollständigkeit bewusst, für quantitative Aussagen auf die Ergebnisse der Betriebszählungsstatistik stützen, welche alle Betriebe mit fester Adresse erfassten.

12.1.1 Die BetriebsinhaberInnen bzw. UnternehmerInnen

Über Ausbildung, Herkunft, gesellschaftliche Stellung sowie berufliche Laufbahn der InhaberInnen von Einzelhandelsgeschäften des Lebens- und Genussmittelbereichs ist bisher wenig bekannt. Das Spektrum der Branchen und ausgeübten Funktionen war äusserst weit gespannt. Es reichte von handwerklich-gewerblichen Betrieben (Metzgereien, Bäckereien, Konditoreien) über den Import- und Grosshandel mit angegliedertem Ladengeschäft, etwa im Wein-, Materialien-, Kolonialwaren- und Spezereihandel, bis zum kleinen Tabakwarenverkauf, Markt-

und Hausierhandel. Entsprechend unterschiedlich waren der Zugang zu den Branchen, der berufliche Hintergrund und die soziale Herkunft der Geschäftsinhaber sowie der Kapitalbedarf der Firmen. Die Tätigkeit in den Lebensmittelhandwerken erforderte, an die frühere Zunftordnung anknüpfend, eine Berufslehre, wobei die Söhne oft in die Fussstapfen ihrer Väter traten. Zum selbstständigen Lebensmittelhandel hingegen führten ganz unterschiedliche Wege. Herkunft, Werdegang und Kapitalausstattung einerseits sowie andererseits die gewählte Branche und die Ausgestaltung der Geschäftstätigkeit (Gross- und/oder Einzelhandel) hingen eng zusammen. Dies galt für die Akteure männlichen Geschlechts. Die Betätigung von Frauen als Unternehmerinnen wurde in Lebensmittelhandwerk und -handel, ähnlich wie auch in den meisten übrigen Wirtschaftszweigen, durch gesellschaftliche Faktoren – gesetzliche Regelung (Geschlechtervormundschaft) und bildungsmässige Benachteiligung – limitiert.

Zur Berufsbildung der Ladeninhaber im Lebensmitteleinzelhandel lässt sich für die zweite Hälfte des 19. Jahrhunderts eindeutig feststellen, dass nebst gelernten Kaufleuten und HändlerInnen, die sich diesem Erwerbszweig bereits früh zugewandt hatten, ein bedeutender Anteil zuvor in völlig anderen Branchen tätig gewesen war, etwa als (Bau-)Handwerker, Handlanger oder Arbeiter. Diesen Zusammenhang haben wir für die Spezierer und Viktualienhändler nachweisen können.[5] Für die frühen Jahrzehnte des 20. Jahrhundert sind berufliche Umsteiger vorwiegend im Lebensmittel- und Rauchwarenhandel festgestellt worden.[6] Die Führung eines Einzelhandelsbetriebs war weder an einen Fähigkeitsausweis noch an eine Bewilligung gebunden.[7] Die gesetzliche Reglementierung setzte schliesslich beim Lehrlingswesen ein,[8] allerdings erst zu Beginn des 20. Jahrhunderts. Geschäftsinhaber mit kaufmännischem Hintergrund dürften in Handelsbranchen mit höherem Kapitalbedarf (Wein-, Materialwaren-, Kolonialwaren- und gehobener Spezereiwarenhandel) und zusätzlich auch im Grosshandel dominiert haben.[9] Umsteiger hingegen wandten sich mit grosser Regelmässigkeit dem einfachen Lebensmittelgeschäft zu, z. B. dem Spezerei- und Frischproduktenhandel, wo der Einstieg auch mit wenig Kapital möglich war.

Trotz der Erschwernisse für Geschäftsfrauen war der Anteil an Ladeninhaberinnen in einigen Branchen beträchtlich.[10] Dazu zählten der Obst- und Gemüsehandel, die Spezereiwarenbranche, der Viktualien- sowie der Zigarren- und Tabakhandel. Besonders Witwen, aber auch verheiratete Frauen und zusehends gegen 1900 hin auch ledige Frauen, betätigten sich in diesen Branchen als Selbstständige. Häufig gingen sie ihrem Erwerb als Alleinunternehmerinnen nach, d. h. ohne Angestellte zu beschäftigen.

Viele Kleinbetriebe in Lebensmittelhandel und -handwerk funktionierten im betrachteten Zeitraum als Familienbetrieb, in welchem der Ehefrau bzw. dem Ehemann, den Kindern und allfälligen weiteren Familienmitgliedern eine wichtige

Abb. 21: *Eindrücklich päsentierte sich das Spezereigeschäft der Familie Friedrich Sütterlin-Bauer an der St. Johannvorstadt 31 im Jahr 1912. Die Belegschaft bestand aus dem Inhaberehepaar und einer Ladentochter. (Hans Jenny, 95)*

Rolle zukam. Das Bild der den Verkauf leitenden Bäckersfrau ist geläufig, aber auch in anderen Branchen der Lebensmittelversorgung dürften sich die Familienmitglieder die Arbeiten in Laden und Haushalt oft geteilt haben. Man denke nur an die langen Öffnungs- und Präsenzzeiten im Lebensmittelhandel. Da sich Laden und Wohnung oft im selben Haus befanden, war dieser Bewirtschaftungsstil leichter zu praktizieren.

12.1.2 Die Angestellten

Angestellten von Verkaufsgeschäften begegnen wir auch in den Adressbüchern. Sie werden als Ladendiener, Ladentochter, Handlungsgehülfe, Gehilfe, Gehilfin, Aushilfe, aber auch als Verkäuferin bezeichnet. So unterschiedlich die bildungsmässigen Anforderungen an die Ladeninhaber je nach Branche und Geschäftsumfang waren, so ungleich waren sie auch für das Verkaufspersonal. An zwei Beispielen verdeutlicht dies eine Studie für das frühe 20. Jahrhundert: Während im Buchhandel vom Verkaufspersonal humanistische Bildung – oft sogar die Maturität – gefordert wurde, genügte im Spezerei- und Zigarrenverkauf ein Minimum an obligatorischer Schulbildung.[11]

Vermutlich handelte es sich beim Verkaufspersonal des 19. Jahrhunderts teilweise auch um Hausangestellte, die nebst der Besorgung des Haushalts bei Handwerker- oder Einzelhändlerfamilien nach Bedarf auch im Laden aushalfen. Die Aktionsbereiche waren sehr durchlässig in einer Zeit, da Wohnen und Arbeiten unter einem Dach in nächster Nähe stattfanden. Bis heute werden z. B. in der französischen Schweiz noch Volontärinnen für den wechselweisen Einsatz in Haushalt und Laden bzw. Café gesucht.[12]

12.2 Die Berufsbildung 1850–1914

Mit der revidierten Bundesverfassung von 1874 wurde die Gewerbefreiheit in der ganzen Schweiz eingeführt. Das auf die Zünfte zurückgehende Berufsbildungssystem entfiel damit. Jedermann stand es jetzt frei, einen Betrieb zu eröffnen sowie Lehrlinge und Lehrtöchter einzustellen und auszubilden, auch ohne selbst das entsprechende Gewerbe erlernt zu haben. Viele Einzelheiten rund um die Berufslehre blieben ungeregelt und der Vereinbarung zwischen den Vertragspartnern überlassen.[13]

Seit den 1870er-Jahren wurden in der Schweiz für Berufe der führenden Sektoren, der Textil- und Maschinenindustrie, gewerbliche Lehrwerkstätten eingerichtet, oft auf privatwirtschaftlicher Initiative. So eröffneten beispielsweise die Gebrüder Sulzer in Winterthur 1870 eine Lehrwerkstätte für Schlosser.[14] Das Kleinhandwerk hingegen kam durch die wirtschaftliche Entwicklung zusehends unter Druck und litt unter der vernachlässigten Berufsausbildung. Diese Situation fasste Bundesrat Schulthess 1928 rückblickend wie folgt zusammen: «Nach der Abschaffung der Zünfte ist in der Schweiz die berufliche Ausbildung vielfach sehr vernachlässigt worden. Einerseits sahen die Betriebsinhaber oft in den Lehrlingen nur eine billige Arbeitskraft, die es nach Möglichkeit auszunützen galt; die Lehrlinge waren Handlanger, mit denen man nach Gutdünken verfuhr. Anderseits

hielten auch deren Eltern meist nicht auf eine richtige Lehre; ihnen war oft nur daran gelegen, dass die jungen Leute möglichst bald einen grossen Lohn nach Hause brachten.»[15]
Für eine Regelung der beruflichen Bildung im Bereich der gewerblichen Kleinbetriebe machte sich der 1879 gegründete Schweizerische Gewerbeverband stark.[16] 1884 erfolgte der Bundesbeschluss betreffend die gewerbliche und industrielle Berufsbildung, welcher die Berufsbildung auf gesamtschweizerischer Ebene anging und für gewisse Schulen und Institutionen Subventionen vorsah.[17] Die Botschaft betreffend die Förderung der kommerziellen Bildung vom 18. November 1890 übertrug die Bestrebungen des Beschlusses von 1884 dann auf das kaufmännische Bildungswesen.[18] Zwischen 1890 und 1920 folgten in den Kantonen Gesetzgebungen zum Lehrlingswesen.[19] Im Kanton Basel-Stadt beispielsweise trat 1906 das «Gesetz betreffend das Lehrlingswesen» in Kraft.[20] Grundlegend für die Berufsbildung nach heutigem Muster, namentlich für den Einzelhandel, war dann allerdings erst das Bundesgesetz über die berufliche Ausbildung vom 26. Juni 1930, das am 1. Januar 1933 in Kraft trat. Ergänzende Verordnungen regelten die Lehrzeiten der einzelnen Branchen gesamtschweizerisch.

12.2.1 Die Ausbildung im Lebensmittelhandwerk: Bäcker und Metzger

Gewerbliche Lehren bestanden bis gegen 1900 fast ausschliesslich in der praktischen Ausbildung am Arbeitsplatz. Die Lehrzeit wurde individuell vereinbart und dauerte meistens zwei oder drei Jahre. Mit der Auflösung des Zunftsystems blieben viele Fragen rund um Lehre und Lehrlingsprüfung offen. Eine Neuregelung der Berufsbildung stand im Raum und wurde wiederholt thematisiert. Bereits in den 1860er-Jahren war die Einführung von Lehrlingsprüfungen im Basler Gewerbeverein diskutiert worden.[21] Bis zum bereits erwähnten Bundesbeschluss betreffend die gewerbliche und industrielle Berufsbildung von 1884 änderte sich allerdings wenig. Ab 1877 fanden jährlich Lehrlingsprämierungen statt,[22] ein Schritt in Richtung Lehrabschlussprüfungen. Im Jahr 1885 stellte der neu gegründete Basler Bäcker- und Konditorenmeister-Verein für seine Berufe ein Prüfungsreglement auf, das 1887 vom gesamtschweizerischen Verband für gültig erklärt wurde.[23]
Da der Bundesbeschluss von 1884 begleitend zur praktischen Lehrlingsausbildung auch den Schulbesuch vorsah und entsprechende finanzielle Unterstützung in Aussicht stellte, liess die Einrichtung von Gewerbeschulen in den Städten nicht lange auf sich warten. Im Kanton Basel-Stadt wurde 1886 ein entsprechendes Gesetz erlassen.[24] Die 1796 von der Gesellschaft zur Förderung des Guten

und Gemeinnützigen gegründete Zeichenschule wurde ab 1887 zu diesem Zweck reorganisiert[25] und der Bau des neuen Schulgebäudes mit Gewerbemuseum an der Ecke Spalenvorstadt/Petersgraben 1890 vom Grossen Rat beschlossen.[26] Der Unterricht konnte 1893 aufgenommen werden, war aber bis zum kantonalen Lehrlingsgesetz von 1906 noch freiwillig. Im Jahr 1905 besuchten im Kanton Basel-Stadt 49% der Lehrlinge aus Industrie und Gewerbe eine Fortbildungsschule.[27]

Der gewerblichen Lehre wurde nach Möglichkeit ein Welschlandjahr vorangestellt und die Ausbildung mit Gesellen- bzw. Wanderjahren im Ausland ergänzt. So erweiterte Christian Singer junior nach einer Bäckerlehre im Betrieb seines Vaters während mehrerer Jahre in Stuttgart, Wien und Paris seine Fachkenntnisse, bevor er das Geschäft übernahm. Und Metzger Samuel Bell schickte seinen Sohn zum Erlernen der traditionellen Wursterei nach Colmar und anschliessend auf eine Erkundungsreise nach Paris, Berlin, London, München und Stuttgart, wo sich dieser in Grossbetrieben über zeitgemässe Techniken der Wurstfabrikation informierte.[28]

12.2.2 Die kaufmännische Ausbildung

Der Berufszugang zum Gross- wie auch zum qualifizierten Einzelhandel führte im 19. Jahrhundert über die klassische kaufmännische Ausbildung. Sie war zunächst eine praktische Handelsausbildung ohne festgeschriebene Lehrzeit und ohne Berufsschulbesuch. Breit angelegt, zielte sie auf die Tätigkeit als Grosskaufmann ab. Fertigkeiten in Korrespondenz, Sprachen, Handelsgeografie, kaufmännischem Rechnen, Buchhaltung und Warenkunde eigneten sich die angehenden Kaufleute im Arbeitsalltag des Meisterbetriebs an. Von ihrem Ansatz her konnte die kaufmännische Lehre den Bedürfnissen kleiner Gewerbetreibender und Einzelhändler nicht gerecht werden.[29]

Bei der Untersuchung der Filialunternehmungen im Basler Lebensmittelhandel sind wir auf mehrere, sehr ähnliche Ausbildungsgänge von Kaufleuten und späteren Firmeninhabern gestossen, die ihre Lehre zwischen 1840 und 1890 absolvierten.[30] Der Schulzeit – oft mit Gymnasiumsbesuch – folgte zum Teil ein Welschlandjahr. Dann durchliefen die Jünglinge eine drei- oder vierjährige kaufmännische Lehre in einer Grosshandlung für Material- und Farbwaren, für Tuch, für Spezerei- oder auch Kolonialwaren. An die Lehre schlossen in der Regel Jahre der beruflichen Weiterbildung im Ausland oder in der französischen Schweiz an. Dass sich diese Weiterbildung nicht auf den Handel im engeren Sinne beschränken musste, zeigen die Beispiele von Eduard Preiswerk, der nach der Lehre in den Jahren 1848–1851 als Buchhalter und Kassier bei einem Bankhaus in Neuenburg

Abb. 22: *Ein Verkaufslokal des Allgemeinen Consumvereins nach 1900 mit der gesamten Belegschaft und einer beachtlichen Schaufensterauslage. (Archiv Coop Basel)*

Arbeit fand, und von Emil Fischer Sohn, der um 1888 Angestellter einer Ölraffinerie bei Marseille war.

Wie in anderen Schweizer Städten hat sich der Kaufmännische Verein auch in Basel sehr um die Berufsbildung verdient gemacht. Gegründet 1862 als «Verein junger Kaufleute in Basel» mit den Vereinszwecken Berufsbildung und Geselligkeit, wurde die Nachfolgeorganisation «Kaufmännischer Verein» ab 1906 zur staatlichen Pflichtschule für Lehrlinge und Betreiberin der kaufmännischen Fortbildungsschule.[31] Davor war das fakultative Bildungsangebot für angehende Kaufleute kontinuierlich ausgebaut worden.

Weder Bund noch Kanton boten zur Gründungszeit des Vereins junger Kaufleute Einrichtungen zur kaufmännischen Aus- und Weiterbildung an. Der elfte Jahresbericht des Vereins hält diesen Mangel fest: «Sprechen wir es offen aus. Der hiesige Verein junger Kaufleute vertritt heute völlig die Stelle einer Handelsschule, er schliesst die meisten Fächer, die heute gelehrt werden, in sein Programm ein. Während früher die Handelslehre genügte, werden heute an den jungen Kaufmann ganz andere Forderungen gestellt. Durch die Erleichterung des

Verkehrs sind die Entfernungen zunichte gemacht worden; der kleinste Krämer und der Industrielle verkehren jetzt direkt mit dem Seehafen oder dem Produktionsland. Dazu haben sich Industrie und Handel ungemein vermehrt, die Conkurrenz ist stärker, dadurch die Forderung an den Einzelnen höher geschraubt worden. Es ist heute eine Nothwendigkeit, dass der junge Lehrling sich mehr Wissen aneigne, als er es in einer speziellen Lehre thun kann.»[32]

Der regelmässig und systematisch angebotene Sprachunterricht bildete mit Englisch, Italienisch, Französisch und Spanisch den Kern des frühen Kursangebots.[33] Sprachen wurden damals als Schlüssel zur Kaufmannswelt betrachtet: «Während wir bei den Vorträgen hervorhoben, dass sie weniger dazu angethan waren, den rein kaufmännischen Wissensdrang zu befriedigen, finden wir dagegen bei den Sprachkursen ein Element, welches den Theilnehmern das erste und hauptsächlichste Rüstzeug für das Ringen in dem heutigen Verkehrsleben an die Hand zu geben unternimmt.»[34]

Handelswissenschaftliche Kurse wurden bis in die 1890er-Jahre nur sporadisch angeboten. Nebst den Sprachkursen lagen in den ersten 35 Vereinsjahren (1862 bis 1897) Kurse in Schreiben, Buchhaltung und Stenografie mit Abstand an der Spitze.[35] Als Gründe für das einseitige Programm wurden eine geringe Nachfrage und der Mangel an geeigneten Lehrkräften angeführt. Mit der Einführung des Normallehrplans im Jahr 1902 sollte sich diese Situation ändern.[36]

Wurden zur Gründungszeit des Vereins die Kurse erst nach Feierabend – um acht Uhr abends – abgehalten, so konnten ab 1898 erstmals auch Tageskurse stattfinden, weil sich die «Avantgardisten unter den Prinzipalen dazu durchgerungen [hatten], ihren Lehrlingen jährlich 30 Stunden für die berufliche Fortbildung freizugeben».[37] Ein durchgehender Tagesunterricht wurde 1908 eingeführt, obligatorisch für alle Schüler wurde er allerdings erst 1933 mit dem Inkrafttreten des Bundesgesetzes über die berufliche Ausbildung.[38]

Nach der Basler Handelskammer (ab 1890) und dem Bund (ab 1891) förderte seit 1895 auch der Kanton das Bildungsangebot der Handelsschule. In diesem Jahr fanden die ersten öffentlichen Kurse in handelswissenschaftlichen Fächern statt. Kein Zufall also, dass im Jahresbericht 1895/96 die Rede ist von der «Handelsschule» des Kaufmännischen Vereins. Zu den ersten kaufmännischen Lehrabschlussprüfungen in Basel hatten sich – ebenfalls im Jahr 1895 – 18 Kandidaten angemeldet.[39] Der Stellenwert der kaufmännischen Lehrabschlussprüfungen hielt sich allerdings lange in engen Grenzen. Bis zur Einführung der obligatorischen Lehrabschlussprüfungen 1927 absolvierte in Basel jeweils nur ein bescheidener Teil der Schüler die Prüfungen. So standen bei den letzten fakultativen Prüfungen im Jahr 1926 rund 1500 Kursbesuchern 92 Prüflinge gegenüber![40]

Als männlich geprägte Standesorganisation schloss der Kaufmännische Verein Frauen lange von Kursen, Prüfungen und von der Stellenvermittlung aus. Die

Mitglieder befürchteten Konkurrenz- und Lohndruck. Im Bürobereich nahm zwar die Frauenarbeit rasch zu, jedoch vor allem in untergeordneten Positionen. So stellten die Frauen um 1900 bereits 12% des Büropersonals in Industrie und Handel und 1920 fast 30%.[41] Ein Protokoll der Unterrichtskommission des Kaufmännischen Vereins Zürich von 1896 erläutert: «Im allgemeinen hält man eben dafür, dass es schwerlich Aufgabe der kaufmännischen Vereine sein dürfte, die weibliche Konkurrenz zu instruieren und gefährlich zu machen.»[42]
Als der Kaufmännische Verein die Zulassung von Frauen an der Delegiertenversammlung von 1899 ablehnte, folgten politische Schritte. Die revidierte Vollziehungsverordnung zu den Berufsbildungsbeschlüssen vom 17. November 1900 bestimmte, dass subventionierte Vereine weibliche Schüler zu Kursen und Prüfungen zuzulassen hatten. 1901 bestand die erste Kandidatin ein kaufmännisches Examen.[43] In Zürich liess der Kaufmännische Verein Schülerinnen ab 1909 zu,[44] nachdem der Berufsschulunterricht bereits mit dem Gesetz von 1906 für alle Lehrlinge obligatorisch geworden war. Und in Basel wurde bei den kaufmännischen Lehrabschlussprüfungen von 1913 erstmals eine Frau diplomiert.[45]
Die erste Betriebszählung von 1905 relativiert die Bedeutung des Berufsschulunterrichts: Im Kanton Basel-Stadt besuchten 42% der Handelslehrlinge eine berufliche Fortbildungsschule (gesamte Schweiz: 45%).

12.2.3 Ein neuer Beruf entsteht: Die Verkäuferin

Das Verkaufen wurde im Verlauf des 19. Jahrhunderts immer mehr zu einer eigenständigen Tätigkeit, vor allem von Frauen, zu einem typischen Frauenberuf also. Zuerst waren es die im Lebensmittelhandwerk und -handel selbstständig arbeitenden Unternehmerinnen, die mitarbeitenden Ehefrauen und Töchter, später kamen in diesen Branchen weibliche Verkaufsangestellte hinzu: Gehilfinnen, Ladentöchter und Verkäuferinnen.
Bei der reinen Verkaufstätigkeit tritt das kaufmännische Element in den Hintergrund. Zentral ist die Warenvermittlung, der Verkaufsakt, mit den typischen Vorgängen rund um ihn herum. Warenkunde, Warenpräsentation, das Verhalten gegenüber der Kundschaft und schnelles Kopfrechnen waren die wichtigsten Aspekte in der Verkaufstätigkeit (und sind es noch).[46] Warenbeschaffung, Preiskalkulation, Korrespondenz und Buchführung hingegen stellten Aufgaben dar, welche im kleinen Einzelhandelsgeschäft die Inhaber selbst und in grösseren Betrieben – Filialunternehmungen, Konsumgenossenschaften oder Warenhäusern – ausgebildete Kaufleute wahrnahmen.[47] Im grossen Ganzen verlief diese funktionale Aufsplitterung der Arbeitsvorgänge im Einzelhandel in Teiltätigkeiten entlang der Geschlechtergrenze. Das Verkaufen wurde zur Frauenarbeit, alle

so genannten Kontorarbeiten und das Leiten grösserer Verkaufsgeschäfte wurden als kaufmännische Männerdomäne definiert.[48] Die Feminisierung des Verkaufens führte zur Abwertung dieser auf einen Teilbereich spezialisierten Arbeit, wie sie analog etwa auch mit der Einführung der Schreibmaschinenarbeit im Bürobereich zu beobachten ist.[49]

Voraussetzung für die Tätigkeit im Verkauf war um 1900 eine kurze Lehre oder vielmehr Anlehre. Diese informelle Regelung führte dazu, dass Hilfskräfte wie Gehilfinnen oder Laufmädchen bei guter Leistung gefördert und für den Verkauf ausgebildet wurden.[50] Allmählich rückte die Problematik der fehlenden Verkäuferinnenausbildung bzw. -lehre ins Bewusstsein der Ladeninhaber und Führungsverantwortlichen für den Verkauf. Vor allem in den Mittel- und Grossbetrieben, im Warenhausbereich, in Filialunternehmungen und Konsumvereinen gewann das Anliegen einer neuen, auf den Verkauf zugeschnittenen Ausbildung bzw. Berufslehre an Bedeutung. Diese Unternehmungen hatten konkrete Vorstellungen bezüglich des Anforderungsprofils, konnten aber entsprechend ausgebildete Frauen auf dem Arbeitsmarkt nicht finden.[51] Einziger Ausweg aus dieser unbefriedigenden Situation war die Einführung firmeninterner Einführungs- und Ausbildungsprogramme für angehende Verkäuferinnen.

Ums Jahr 1900 machte es vorerst den Anschein, dass Verkäuferinnen den Zugang zur kaufmännischen Berufsbildung finden würden. Doch in ihrer Ausrichtung auf den Grosshandel entsprach die kaufmännische Berufsbildung den Bedürfnissen des reinen Verkaufs recht wenig und «[...] ein bedeutender Teil des Prüfungsstoffs blieb ihnen [den Verkäuferinnen] späterhin unbenütztes Wissen, während besonders wichtige Gebiete, wie Verkaufs- und Warenkunde, gar nicht oder nur ungenügend einbezogen werden konnten».[52] Auf Grund dieser Problematik und wegen ungenügender Schulleistungen der angehenden Verkäuferinnen verzichtete der Kaufmännische Verein Zürich bald wieder auf die Ausbildung von Lehrtöchtern des Einzelhandels. Diese Lücke schloss in Zürich die 1912 als Teil der Gewerbeschule gegründete erste Verkäuferinnenschule der Schweiz.[53] Auch andernorts wurde die Verkäuferinnenausbildung ein Thema, und Lösungen zeichneten sich ab. So machte sich in Bern 1919 die Vereinigung weiblicher Geschäftsangestellter für eine Verkäuferinnenschule und die offizielle Anerkennung des Verkaufsberufs als gelernter Beruf stark. In der Folge wurde 1921 in Bern als erstem Kanton der Beruf Verkäuferin als gelernter Beruf anerkannt, und die Verkäuferinnenschule nahm den Unterricht auf. In Winterthur, wo die Lehrtöchter vereinzelt und anscheinend ohne grossen Nutzen allgemeine Kurse der Gewerbeschule besucht hatten, beschloss der Detaillistenverband im Jahr 1919, sich für bessere Bildungsmöglichkeiten einzusetzen. Noch im selben Jahr führte die Gewerbeschule erste Verkäuferinnenkurse durch. Und in St. Gallen errichtete der Kaufmännische Verein eine besondere Verkäuferinnenabteilung.[54]

Abb. 23: *Die Filialen vom «Schweizer Chocoladen- und Colonialhaus» Merkur waren alle nach demselben Konzept eingerichtet, und das Verkaufspersonal wurde intern ausgebildet. Hier das Geschäft an der Spitalgasse in Bern um 1905. (50 Jahre Merkur Kaffee-Spezialgeschäfte 1905–1955)*

Über die Ausbildung von Verkäuferinnen gibt eine Umfrage aus dem Jahr 1913 Aufschluss. Wenn 43% der Befragten angaben, eine Lehre absolviert zu haben, so entsprach diese kaum unseren Vorstellungen von einer Lehre, und zwar u. a. bezüglich Dauer der Ausbildung und Berufsschulbesuch. Gemäss der zitierten Umfrage betrug die Ausbildungszeit in 51% der Fälle ein Jahr oder weniger, in 38% der Fälle ein bis zwei Jahre und lediglich 11% der jungen Frauen gingen zwei bis drei Jahre in die Lehre.[55] Dass es sich dabei eher um Anlehren handelte, unterstreicht die Charakterisierung des Verkäuferinnenberufs im stadtzürcherischen Wegweiser zur Berufswahl von 1916: «Verkäuferin – keine Lehrzeit nötig – Hilfsarbeit».[56] Das Verkaufen wurde also gemeinhin nicht als Beruf verstanden und anerkannt, sondern als Hilfsarbeit.[57]

Während sich in verschiedenen Städten und Kantonen der Schweiz individuelle Lösungsansätze für die Verkäuferinnenausbildung finden liessen, war für den Schweizerischen Kaufmännischen Verein (SKV) die Vorbereitung zur Ausübung des Kaufmannsberufs[58] weiterhin Hauptzweck seiner kommerziellen Fortbildungsschulen. Sein Kursangebot kam kaufmännischen Angestellten und angehenden Geschäftsinhabern und -führern zugute, nicht aber dem Verkaufspersonal. Zur Berufsausbildung des Ladenpersonals nimmt der Jahresbericht des SKV 1922 erstmals Stellung. Die Subkommission für Bildungswesen hatte sich mit dieser Frage auseinander gesetzt und erachtete den obligatorischen Besuch einer kaufmännischen Fortbildungsschule mit besonderem Unterrichtsplan für angehende Verkäuferinnen als notwendig. 1923 setzte der SKV eine entsprechende Wegleitung zur Ausbildung des Ladenpersonals in Kraft. Dieser Initiative war zu verdanken, dass in Basel bereits 1925, also einige Jahre vor dem eidgenössischen Obligatorium von 1933, die Verkäuferinnenlehrtöchter vom Kaufmännischen Verein zu einer freiwilligen Ausbildung aufgefordert wurden. Das Interesse blieb allerdings gering: Von 136 persönlich Eingeladenen meldeten sich 1925 lediglich 21 zu den Prüfungen, 19 wurden zugelassen und bestanden sie auch.[59] Ebenso erfolgten privatwirtschaftliche Ansätze zur Schulung von Verkäuferinnen in den 1920er-Jahre, etwa durch die 1923 gegründete Stiftung Bernhard Jaeggi in der konsumgenossenschaftlichen Siedlung «Freidorf» in Muttenz bei Basel.[60]

Mit einiger zeitlicher Verzögerung gegenüber anderen Berufen, aber etwa auch gegenüber der Verkaufsausbildung in Deutschland, wurde im Kanton Basel-Stadt und der übrigen Schweiz erst mit dem Bundesgesetz über berufliche Ausbildung vom 29. Juni 1930 für das Verkaufspersonal eine Lehre mit Schulbesuch obligatorisch.[61] Im Herbst 1931 nahm die Basler Verkaufsschule ihren Unterricht auf.[62] Die Lehrpläne berücksichtigten die Vorgaben des im selben Jahr gegründeten Bundesamts für Industrie, Gewerbe und Arbeit (BIGA), welches das Prüfungswesen dem Schweizerischen Kaufmännischen Verein überband. In den meisten Kantonen wurde dem SKV auch der Berufsschulunterricht anvertraut. Einige Städte hingegen – so Basel, Genf und Zürich – betrieben Verkäuferinnenschulen mit kantonalen Lehrkräften. Die Verkäuferinnenschule war in Genf der Handelsschule, in Zürich der Gewerbeschule und in Basel der Frauenarbeitsschule[63] angegliedert. Genau wie in Deutschland war auch in der Schweiz der Verkaufsberuf mit praktischer Berufslehre und berufsbegleitendem Schulunterricht zunächst ein reiner Frauenberuf, «während die wenigen Verkäufer ein kaufmännisches, gewerbliches oder gar kein Diplom»[64] besassen.

Bis heute zeigt die Ausgliederung des Frauenberufs «Verkäuferin» vom kaufmännischen Bildungsweg Nachwirkungen. Zur speziellen Problematik der beruflichen Qualifikation im Verkaufsberuf sowie der sozialen Stellung der Verkaufsangestellten äusserte sich die Festschrift des Kaufmännischen Vereins von 1987 (!) unmissverständlich: «Seit jeher versucht der Kaufmännische Verein, die Interessen des Verkaufspersonals zu wahren. Dies umso mehr, als es sich um eine Gruppe mit einer in der Regel eher bescheidenen Berufsausbildung handelt und parallel dazu mit Existenzbedingungen, die dringend der Verbesserung bedürfen.

Ein erhebliches Hindernis bei diesen Bemühungen ist jedoch der geringe Organisationsgrad, der fast mit einem Desinteresse an den materiellen Grundlagen der Berufstätigen gleichgestellt werden kann.»[65]
Die weiteren Ausführungen zum Thema «Verbesserungen für das Verkaufspersonal» haben einen deutlich resignierend-abschätzigen Unterton.[66] Es werden die wirtschaftlich-bildungsmässigen Nachteile eines typischen Frauenberufs aufgezeigt: niedriger Lohn, verbunden mit unvorteilhaften Arbeitsbedingungen (Arbeitszeiten, Abgeltung von Überzeit und Feiertagen), ein «Sackgassenberuf».[67]

12.3 Lehrlinge und Lehrverhältnisse

12.3.1 Unterschiedliche Bedeutung der Lehrlinge in den Branchen

Gemessen an unseren Erwartungen, weist die Betriebszählung von 1905 für Lebensmittelhandwerke und -handel der Stadt Basel bescheidene Lehrlingszahlen aus. Von den 1294 zur Zeit der Zählung aktiven Betrieben der Lebensmittelversorgung beschäftigten 166 oder 13% insgesamt 280 Lehrlinge, auf 100 Betriebe kamen 22 Lehrlinge. Zudem verteilten sich die Auszubildenden extrem ungleich auf die Branchen. Zahlenmässig weit an der Spitze stand in Basel die Bäckerei-Konditorei mit 110 Lehrlingen. Mit Abstand folgten der Spezerei-, Kolonialwaren- und Konsumwarenhandel mit zusammen 74, der Drogeriewarenhandel mit 41 und der Wein- und Spirituosenhandel mit 21 Lehrlingen. In der Metzgerei-Wursterei waren elf Lehrlinge anzutreffen. Praktisch keine auszubildende Personen wiesen zwei bezüglich der Betriebszahl umfangreiche Branchen auf, nämlich der Tabak- und Zigarrenhandel sowie der Handel mit Milch, Eiern, Butter, Käse etc. Wenige Lehrlinge fanden sich ferner im Handel mit Fleisch- und Wurstwaren, mit Wildbret, Geflügel etc., mit Mehl und Mehlprodukten sowie im Mineralwasserhandel. Keine Lehrlinge beschäftigten der reine Milchhandel, der Bier- sowie der Essighandel (vgl. Tab. 26, S. 180).
Von den 280 Lehrlingen in Lebensmittelhandwerk und -handel absolvierten 143 eine gewerbliche Lehre und 137 eine kaufmännische.
Die höchste relative Lehrlingsdichte (Anzahl Lehrlinge pro 100 Betriebe) wiesen der ausschliessliche Käsehandel mit seinen nur 6 (!) Betrieben, der Drogeriewarenhandel, die Bäckerei-Konditorei sowie der Wein- und Spirituosenhandel auf. In den ersten drei Branchen machten die Lehrlinge immerhin 11–12% der Beschäftigten aus und im Wein- und Spirituosenhandel 7%. Bezüglich dieser drei Handelszweige fällt auf, dass sie ausnahmslos keine typischen Einzelhandelsbranchen waren, sondern oft zugleich auch den Import- oder Export- bzw. Grosshandel betrieben. Sie hatten – mit Ausnahme des Wein- und Spirituosen-

Tab. 26: *Lehrlinge in Lebensmittelhandwerk und -handel der Stadt Basel, 1905*

Betriebe (n)	1294
Betriebe mit Lehrlingen (n)	166
Lehrlinge (n)	280
Anteil der Betriebe mit Lehrlingen (%)	13
Lehrlinge pro 100 Betriebe	22

Quelle: *Ergebnisse der Eidgenössischen Betriebszählung vom 9. August 1905*, Bd. 3, 204 f. und Bd. 4, 156 f. Die Zahl der Betriebe weicht leicht von jener anderer Tabellen ab, weil hier die «Betriebe ohne Personal» in Abzug gebracht worden sind. Es handelt sich um Betriebe, die zur Zeit der Zählung aus irgendwelchen Gründen inaktiv waren. Für Detailangaben nach Branchen vgl. Tab. VIII in Anhang 1.

handels – durchschnittlich mehr als fünf Beschäftigte pro Betrieb,[68] zählten also zu den grösser strukturierten Branchen des Lebensmittelhandels. Die Bäckerei-Konditorei entsprach mit hoher Lehrlingsdichte und im Durchschnitt gegen fünf Beschäftigten dem Bild eines traditionellen, noch stark von der menschlichen Arbeitskraft abhängigen Handwerks. Hier waren die Lehrlinge und angehenden Gesellen um 1905 ein wichtiger Faktor in der Produktion, ganz im Gegensatz zur in Basel bereits arbeitsteilig bzw. fabrikmässig organisierten Metzgerei-Wursterei. Trotzdem bildeten in der Bäckerei-Konditorei nur gerade 37% der Betriebe Lehrlinge aus, vermutlich die grösseren.

Obwohl der Spezerei-, Kolonialwaren- und Konsumwarenhandel mit 74 die zweithöchste Lehrlingszahl aufwies, war die Lehrlingsdichte gering: Auf 100 Geschäfte entfielen 17 Lehrlinge, und nur sechs von 100 Betrieben bildeten Lehrlinge aus. Auf Grund des oben bereits erwähnten Zusammenhangs zwischen Lehrlingsdichte und Grosshandelstätigkeit drängt sich die Vermutung auf, dass die Lehrlinge dieser Sparte wohl dem Kolonialwarenhandel zuzurechnen waren und kaum dem Spezereihandel. Eine geringe Lehrlingsdichte hatten ferner der Frischproduktenhandel (Handel mit Milch, Eiern, Butter etc.), der Tabak- und Zigarrenhandel sowie der Spezereihandel. Es handelte sich um Branchen mit hohen Anteilen an weiblichen Beschäftigten, weiblichen Betriebsinhabern sowie Alleinbetrieben. Hinzu kommt, dass im Lebensmittelhandel kaum Lehrtöchter anzutreffen waren, da eine eigentliche Verkäuferinnenlehre noch nicht existierte.[69]

Zusammenfassend lässt sich feststellen: In den kleinbetrieblich, familienorientierten Betrieben des Lebensmittelhandwerks und -handels spielten Lehrlinge als Beschäftigte im Allgemeinen eine eher unbedeutende Rolle. Die Gründe sind unklar: Spielte die Anlehre von Arbeitskräften in weiten Teilen des Lebensmitteleinzelhandels und in der Metzgereibranche eine weit wichtigere Rolle als die

Lehre? Weshalb wies denn die Bäckerei-Konditorei vergleichsweise viele Lehrlinge auf? War der geringe Mechanisierungsgrad und daraus folgende hohe Bedarf an preisgünstiger menschlicher Arbeitskraft ausschlaggebend? Doch weshalb war die Anlehre von Arbeitskräften für die Bäcker und Konditoren keine gangbare Variante? Lag das bedeutende Lehrlingswesen dieser Branche in der fortwirkenden Handwerkstradition begründet?

Tendenziell gilt auch: je höher die durchschnittliche Betriebsgrösse einer Branche, desto höher die Lehrlingsdichte. Dieser Zusammenhang besteht, wie wir gesehen haben, für die Bäckerei-Konditorei und für viele Branchen des Lebensmittelhandels. Handelsbranchen mit einer höheren durchschnittlichen Beschäftigtenzahl waren öfter auch im Grosshandel tätig und daher auf gründlich ausgebildetes Personal angewiesen. Nicht von ungefähr war denn die kaufmännische Berufsbildung traditionellerweise auf den Grosshandel ausgerichtet,[70] während sich für den Einzelhandel bzw. Verkauf erst zur Zeit des Ersten Weltkriegs mit der Entwicklung des Verkäuferinnenberufs zum Lehrberuf eine eigene Lösung abzuzeichnen begann.[71]

12.3.2 Lehrtöchter

Die Lehrlingsstatistiken der Betriebszählung geben keine Auskunft über die Verteilung der Lehrlinge auf die Geschlechter. Das Fehlen jeglicher Hinweise auf Lehrtöchter legt den Schluss nahe, dass um 1905 erst wenige Lehrtöchter in einigen damals typischen Frauenberufen gezählt wurden. Junge Frauen wurden offenbar häufiger als junge Männer in einer Berufstätigkeit angelernt. Diese Einschätzung wird durch Angaben des Schweizerischen Gewerbeverbands bestätigt: Vom zur Förderung einer geregelten gewerblichen Lehre erstellten Normallehrvertrag wurden im Jahr 1899 für Lehrlinge 9375 und für Lehrtöchter 375 Exemplare abgegeben.[72] Daraus lässt sich ein 4%-Anteil ableiten, der auf die Lehrtöchter entfiel. Bezüglich Zuverlässigkeit steht diese Schätzung zur Lehrtöchterquote allerdings auf wackligen Beinen, auch weil rund die Hälfte der Lehrverhältnisse in Handel, Industrie und Gewerbe nur mündlich vereinbart wurden.[73]

Über die typischen Lehrberufe weiblicher Jugendlicher um 1900 gibt für Basel das Kursangebot der Frauenarbeitsschule Anhaltspunkte, die ab 1913 die berufliche Ausbildung der Lehrtöchter übernahm.[74] Ihre gewerblich-berufliche Abteilung erteilte Berufskundeunterricht für Damenschneiderinnen, Knabenschneiderinnen, Weissnäherinnen, Coiffeusen, Glätterinnen und Modistinnen.[75] Zum selben Schluss kommt eine Untersuchung zum Basler Lehrlingswesen um 1900. Danach gehörten die Lehrmeisterinnen und Lehrtöchter vorwiegend den Berufen Schneiderin, Modistin, Näherin und Coiffeuse an.[76]

12.3.3 Die Dauer der Lehre

Im Jahr 1905 wurden im Kanton Basel-Stadt in 362 Lehrbetrieben des gesamten Handels (inklusive Banken und Versicherungen) 837 Lehrlinge gezählt.[77] Eine Mehrzahl von 655 bzw. 79% absolvierte eine kaufmännische, die restlichen 182 oder 21% eine gewerbliche Lehre. Die Lehrzeit der kaufmännischen Lehrlinge betrug vorwiegend zwei bis drei Jahre. Bei den gewerblichen Lehrlingen ist das Bild weniger eindeutig: Gut die Hälfte der Lehren dauerten ein bis zwei Jahre, in 14% der Fälle begnügte man sich mit einer Lehrzeit von weniger als einem Jahr (!), und ein Drittel der Lehren dauerte zwei bis drei Jahre (vgl. Tab. 27).
In Industrie und Gewerbe des Kantons Basel-Stadt waren 1905 insgesamt 1851 Lehrlinge in 914 Lehrbetrieben beschäftigt.[78] Eine Mehrzahl von 1733 oder 94% absolvierten eine gewerbliche, die restlichen 118 oder 6% eine kaufmännische Lehre. Sowohl die kaufmännischen wie auch die gewerblichen Lehren dauerten in den meisten Fällen zwischen zwei und drei Jahren. Rund ein Viertel der gewerblichen Lehren wurde allerdings bereits vor Ende des zweiten Lehrjahrs abgeschlossen.

12.3.4 Bildungsgrad der Lehrlinge, Vertrags- und Wohnverhältnisse

In 89 von 100 Fällen wiesen die Handelslehrlinge im Kanton Basel-Stadt eine höhere Vorbildung als Primarschulniveau auf, ein im gesamtschweizerischen Vergleich (69%) hoher Bildungsgrad.[79] Und 42% besuchten während der Lehre eine berufliche Fortbildungsschule (gesamte Schweiz: 45%). – In Industrie und Gewerbe hatten 68 von 100 Lehrlingen die Schule auf höherem als Primarschulniveau abgeschlossen, auch ein deutlich höherer Bildungsgrad als das schweizerische Mittel (32%). Mit 49% besuchten relativ viele Lehrlinge eine berufliche Fortbildungsschule (gesamte Schweiz: 38%).
Obwohl verschiedene Anstrengungen zur Verbesserung des Lehrlingswesens und Lehrlingsschutzes[80] im Gange waren, beruhte um 1905 im Kanton Basel-Stadt noch ein Grossteil der Lehrverträge allein auf mündlicher Abmachung. Im Handelssektor wurde mit 67% ein recht hoher Anteil der Lehren ohne schriftlichen Vertrag geregelt (gesamte Schweiz: 51%). In Industrie und Gewerbe lag die Schriftlichkeit der Lehrverträge bei 50%, weit unter dem gesamtschweizerischen Niveau von 64%.
Im Basler Handel bezogen 91% der Lehrlinge weder Kost noch Logis beim Betriebsinhaber (gesamte Schweiz: 75%), in Industrie und Gewerbe waren es 83% (gesamte Schweiz: 60%). Für die uns besonders interessierenden Betriebe des Lebensmittelhandwerks galt jedoch: Von 1651 Bäckerlehrlingen in der gan-

Tab. 27: *Dauer der Lehrzeit in Handel sowie Industrie und Gewerbe im Kanton Basel-Stadt, 1905*

Wirtschaftszweig	%-Anteil der Lehrlinge mit Lehren von ... Jahren (J)							
	Kaufmännische Lehrlinge				Gewerbliche Lehrlinge			
	<1 J.	1–2 J.	2–3 J.	3 J.	<1 J.	1–2 J.	2–3 J.	>3 J.
Handel	2	5	83	10	14	54	32	0
Industrie und Gewerbe	0	3	81	16	4	21	62	13

Quelle: *Ergebnisse der Eidgenössischen Betriebszählung vom 9. August 1905*, Bd. 4, 62* f. und Bd. 3, 132* f.

zen Schweiz wohnten 1604 oder 97% beim Lehrmeister, von den 613 Metzgerlehrlingen waren es deren 598 oder 98%! Zumindest von den Bäckerlehrlingen wird auf Grund dieser gesamtschweizerischen Verhältnisse auch in Basel eine bedeutende Zahl im Meisterbetrieb gewohnt haben. Für die 11 Metzgerlehrlinge hingegen ist dies fraglich. Verantwortlich für den im Kanton Basel-Stadt relativ seltenen Anschluss der Lehrlinge an die Meisterfamilie wird die Nähe von Wohn- und Arbeitsort in einem städtischen Umfeld gewesen sein.

12.4 Die Nationalität der Beschäftigten

Zum besseren Verständnis der nachfolgenden Angaben muss vorausgeschickt werden, dass der Ausländeranteil an der Bevölkerung des Kantons Basel-Stadt um 1905 38% betrug. Die Stadt hatte in den späten 1890er-Jahren eine rasante Bevölkerungszunahme verzeichnet, wobei ein Grossteil der Zuzüger aus dem grenznahen Deutschland stammte.[81]

Die Betriebszählung von 1905 ergab für die 30'773 in Industrie und Gewerbe Tätigen einen Ausländeranteil von 43%. Unter den 12'205 Beschäftigten des gesamten Handels befanden sich 30% Ausländer. Weitaus die grösste Gruppe stellten dabei die deutschen Staatsangehörigen, deren Anteil in Industrie und Gewerbe 31% und im Handel 24% betrug.[82]

Im Jahr 1905 fanden in Basler Bäckereien und Konditoreien 514 und in Metzgereien-Wursterein 234 Beschäftigte ausländischer Nationalität Arbeit. Rund die Hälfte (!) der Beschäftigten waren somit Ausländer, fast alle kamen sie aus Deutschland. Im Spezerei- und Kolonialwarenhandel waren 364 oder 28% Ausländer. Ausser den auch hier überwiegenden Deutschen hatten die Italiener mit

Tab. 28: *Nationalität der Beschäftigten in Lebensmittelhandwerk und -handel der Stadt Basel, 1905*

Beschäftigte (n)	4669
Davon:	
– Schweizer (%)	63
– Deutsche (%)	30
– Übrige Ausländer (%)	7

Quelle: *Ergebnisse der Eidgenössischen Betriebszählung vom 9. August 1905*, Bd. 3, 204 f. und Bd. 4, 152 f. Für Einzelheiten nach Branche vgl. Tab. IX in Anhang 1.

3% eine gewisse Bedeutung. Der Wein- und Spirituosenhandel wies 115 oder 37% Ausländer auf und der Handel mit Milch, Eiern, Butter etc. 104 bzw. 34%. Auch in diesen Branchen stellten die Deutschen den weitaus grössten Teil.

Neben den deutschen Staatsangehörigen, welche insgesamt 30% aller in der Lebensmittelversorgung Tätigen ausmachten, traten einzig noch die Italiener mit einem kleinen, aber statistisch klar ausgewiesenen Beschäftigtenanteil in Erscheinung. So im bereits angesprochenen Spezerei- und Kolonialwarenhandel, im Handel mit Frischprodukten (Milch, Eier, Butter, Käse etc.) – sie handelten traditionellerweise mit Südfrüchten – sowie im Wildbret-, Geflügel- und Fischhandel, aber auch im Mineralwasserhandel.

Mit nur 10% bzw. 6% Ausländeranteil befanden sich der Milch- und Käsehandel fast ganz in Schweizer Händen. Eine stark überdurchschnittliche Zahl von Schweizer Bürgerinnen und Bürgern war auch im Drogeriewaren- sowie Tabak- und Zigarrenhandel tätig.

12.5 Beschäftigte nach Geschlecht: Frauenarbeit im Lebensmittelbereich

Einleitend zunächst einige allgemeine Bemerkungen zur Frauenerwerbsarbeit im späten 19. Jahrhundert, um die Ausführungen über die in der Lebensmittelversorgung beschäftigten Frauen in einen weiteren Rahmen zu stellen und Verlagerungen sichtbar zu machen. Dies ist aufschlussreich, weil dem Handel als Betätigungsfeld von Frauen bisher in der historischen Forschung wenig Beachtung geschenkt worden ist. Eine Untersuchung zur Frauenlohnarbeit[83] ermittelt für Basel den Anteil erwerbstätiger Frauen nach Branchen (vgl. Tab. 29).

Der weitaus grösste Teil der einem Erwerb nachgehenden Frauen arbeitete zur

Tab. 29: *Erwerbstätige Frauen nach Branchen in der Stadt Basel, 1888–1910*

Branche	%-Anteil der Frauen nach Branchen		
	1888	1900	1910
Textil und Bekleidung (ohne Reinigung)	40,4	35,9	31,8
davon Seidenindustrie	26,0	20,4	16,6
Dienstbotinnen	31,9	28,4	24,3
Handel	6,0	7,4	10,4
Gastgewerbe (inklusive Kostgeberei)	5,1	7,3	8,5
Öffentliche Verwaltung, Rechtspflege, Wissenschaft	4,2	6,1	8,0
Übrige	12,4	14,9	16,7

Quelle: Wecker 1984, 353.

Tab. 30: *Frauenlohnarbeit in der Stadt Basel, 1888–1910*

	1888	1900	1910
Erwerbsquote unter den Frauen im Alter von 15 Jahren (%)	52,6	45,5	44,3
Anteil der Frauen an den Erwerbstätigen (%)	43,6	36,9	36,9

Quelle: Wecker 1984, 352.

betrachteten Zeit in Basel, wie auch in anderen Teilen der Schweiz, in Industrie und Gewerbe, insbesondere in der Textilindustrie. Am zweithäufigsten treffen wir Frauen als Dienstbotinnen an. Um die Jahrhundertwende gewann der Handel nebst dem Gastgewerbe und der öffentlichen Wirtschaft zusehends an Bedeutung, während Industrie- und Dienstbotenarbeit einen rückläufigen Trend aufwiesen. Diese Verlagerung geschah wohlgemerkt in einer Zeit, als die Frauenerwerbsquote und der Frauenanteil unter den Erwerbstätigen deutlich rückläufig war (vgl. Tab. 30). Die Betriebszählungsdaten von 1905 weisen für die Stadt Basel unter den Beschäftigten in Lebensmittelhandel und -handwerk 1516 bzw. 32% Frauen aus. Zahlenmässig am meisten Frauen arbeiteten in den fünf Branchen Spezerei-, Kolonial- und Konsumwarenhandel (650), in der Bäckerei-Konditorei (311), in der Metzgerei-Wursterei (133), im Handel mit Milch, Eiern, Butter etc. (132) und im Tabak- und Zigarrenhandel (100). Überdurchschnittlich hohe Anteile an weiblichen Beschäftigten verzeichneten der Handel mit Mehl, Mehlprodukten und

Tab. 31: *Weibliche Beschäftigte in Lebensmittelhandwerk und -handel der Stadt Basel, 1905*

Beschäftigte (n)	4669
Weibliche Beschäftigte (n)	1516
Weibliche Beschäftigte (%)	32

Quelle: *Ergebnisse der Eidgenössischen Betriebszählung vom 9. August 1905*, Bd. 3, 204 f. und Bd. 4, 152 f. Für detaillierte Angaben nach Branchen vgl. Tab. X in Anhang 1.

Zuckerwaren (61%), der Tabak- und Zigarrenhandel (53%), der Spezerei-, Kolonialwaren- und Konsumwarenhandel (50%), der Fleisch und Wurstwarenhandel (45%) und der Handel mit Milch, Eiern, Butter etc. (43%). Diese Branchen waren durch bescheidene Kleinstbetriebe, darunter viele Alleinbetriebe, geprägt.[84] Dass ein grosser Anteil an weiblichen Beschäftigten in Branchen mit hoher Alleinbetriebsquote feststellbar ist, hängt mit dem für Frauenbetriebe typischen Werdegang zusammen, dessen Ausgangspunkt meist der Alleinbetrieb war. Auf Erwerbsarbeit angewiesene Frauen wählten – sofern sie nicht als Hausangestellte oder Arbeiterinnen arbeiten wollten oder konnten – vorzugsweise eine selbstständige Tätigkeit im Lebensmittelhandel, weil Erwerbs- und Familienarbeit auf diese Weise am besten zu vereinbaren waren (vgl. Tab. 31).[85]

In den Lebensmittelhandwerken war der Frauenanteil unter den Beschäftigten geringer als in den meisten Handelsbranchen, betrug aber immer noch 30% in der Bäckerei-Konditorei bzw. 26% in der Metzgerei-Wursterei. Mitarbeitende weibliche Familienangehörige spielten hier im Verkauf der Waren an die Kundschaft eine zentrale Rolle, während die Produktion vorwiegend Männerdomäne war. Wir vermuten, dass weibliche Beschäftigte in der Konditorei-Confiserie-Produktion eine gewisse Bedeutung hatten, doch fehlen konkrete Belege.

Sehr gering war der Frauenanteil unter den Beschäftigten des reinen Käsehandels (4%), der Apotheken (7%), des Drogerie- und Materialienhandels (9%), des reinen Milchhandels (10%), des Wein- und Spirituosenhandels (10%) sowie des Bierhandels (14%). Es handelte sich dabei um Branchen, die sich durch eine starke körperliche Beanspruchung bei der Arbeit (schwere Warengewichte, z. B. im Getränkehandel!) auszeichneten oder aber eine qualifizierte Berufsbildung voraussetzten (Apotheken, Drogerien und Grosshandelsbetriebe generell).

13 Betriebsgrösse und Rechtsform

Unsere Beobachtungen zu Filialunternehmungen in der Lebensmittelversorgung haben gezeigt, dass Handelshäuser im Verlaufe ihrer Entwicklung von Einzelfirmen zu Kollektivgesellschaften und noch später zu Aktiengesellschaften wurden.[1] Schon Mitte des 19. Jahrhunderts waren Grosshandelsfirmen sehr häufig als Kollektivgesellschaften auszumachen. Genauere statistische Anhaltspunkte zu den Rechtsformen liefert erstmals die Eidgenössische Betriebszählung.[2] Ihre Ergebnisse zeigen, dass zwischen der Grösse des Betriebs – gemessen an der Zahl der Beschäftigten – und seiner Rechtsform teilweise ein enger Zusammenhang bestand. Wo auf Branchenebene für die Stadt Basel selbst keine Zahlen verfügbar sind, behelfen wir uns für die Rechtsformen zur groben Orientierung mit gesamtschweizerischen Angaben.

13.1 Die Betriebsgrösse

Von den 4669 Beschäftigten in Lebensmittelhandel und -handwerk der Stadt Basel arbeiteten 3136 (67%) im Lebens- und Genussmittelhandel sowie in Apotheken und 1533 (33%) im klassischen Lebensmittelhandwerk der Bäckerei-Konditorei und Metzgerei-Wursterei. Von den insgesamt 1304 Betrieben sind 996 oder 76% dem Handel und 308 oder 24% dem Handwerk zuzurechnen. Die durchschnittliche Betriebsgrösse betrug im Lebensmittelhandel 3,1 und im Lebensmittelhandwerk 5,0 Beschäftigte (vgl. Tab. 32, S. 188).

Im Ganzen gesehen wurde die Lebensmittelversorgung mit einer durchschnittlichen Betriebsgrösse von 3,6 Beschäftigten von Kleinbetrieben dominiert. zwölf von 16 Branchen beschäftigten durchschnittlich weniger als fünf Personen.[3] Mit vielen Kleinstbetrieben besonders zu erwähnen waren der Handel mit Mehl, Mehlprodukten und Zuckerwaren, der Mineralwasserhandel sowie der Tabak- und Zigarrenhandel. Eine durchschnittliche Betriebsgrösse von mehr als fünf Beschäftigten erreichten einzig die Metzgerei-Wursterei, der Handel mit Wildbret, Geflügel etc., der ausschliessliche Käsehandel sowie der Drogeriewarenhandel. Die Firmen in den eben genannten Handelsbranchen waren keine typischen Einzelhandelsbetriebe, sondern sie sind zumindest teilweise dem Gross-

Tab. 32: *Durchschnittliche Betriebsgrösse in Lebensmittelhandwerk und -handel der Stadt Basel, 1905*

Betriebe	1294
Alleinbetriebe	406
Beschäftigte	4669
Beschäftigte pro Betrieb	3,6

Quelle: *Ergebnisse der Eidgenössischen Betriebszählung vom 9. August 1905*, Bd. 1, Heft 4, 217, 338, 347; Bd. 3, 204; Bd. 4, 156. Für Einzelheiten nach Branchen vgl. Tab. XI in Anhang 1.

und Importhandel zuzuordnen und wiesen auch einen eher hohen Anteil an Kollektivunternehmungen auf.

Von den übrigen Lebensmittelbetrieben hoben sich die acht Bierbrauereien mit insgesamt 453 und durchschnittlich 57 Beschäftigten deutlich ab. Die Branche besass grossbetrieblich-industrielles Gepräge. Nur ein einziger Betrieb mit drei Beschäftigten war noch handwerklich organisiert. Wir haben deshalb die Branche aus unseren Betrachtungen ausgeschlossen, obwohl sie zu Beginn unseres Untersuchungszeitraums als Lebensmittelhandwerk Berücksichtigung finden muss. Doch die Zeiten des Brauereihandwerks waren um 1905 längst vorbei. Die Bierherstellung hatte sich seit 1850 grundlegend gewandelt.

Insgesamt 30% aller Betriebe in Lebensmittelhandwerk und -handel waren Alleinbetriebe, d. h. sie wurden von ihren InhaberInnen allein und ohne weiteres Personal geführt. Abgesehen vom Essighandel, wo es nur einen einzigen (Allein-)Betrieb gab, lag die Alleinbetriebsquote besonders hoch im Mineralwasserhandel (78% bei insgesamt allerdings nur 9 Betrieben!), im Handel mit Mehl, Mehlprodukten (Brot) und Zuckerwaren (67% bei insgesamt 21 Betrieben), im Tabak- und Zigarrenhandel (59%), im reinen Milchhandel (54%) und im Handel mit Milch, Eiern, Butter, Käse, Obst, Südfrüchten, Gemüse (47%). Der Bierhandel wurde in 38% der Fälle durch die Inhaber allein betrieben, und in der umfangreichen Kategorie der Spezerei-, Kolonialwaren- und Konsumwarengeschäfte sind beachtliche 35% Alleinbetriebe. Keine Alleinbetriebe wiesen die Apotheken auf. Einen sehr geringen Anteil von 6% Alleinbetrieben verzeichneten Bäckerei-Konditorei und Metzgerei-Wursterei (vgl. Tab. 33).

Tab. 33: *Betriebe in Lebensmittelhandwerk und -handel nach Grössenklassen in der Stadt Basel, 1905*

Grössenklasse	Betriebe (n)
1 Person	406
2 Personen	332
3 Personen	160
4–5 Personen	193
6–9 Personen	107
10–19 Personen	49
20–29 Personen	12
30–39 Personen	2
40–49 Personen	3
50–99 Personen	2
100 Personen	1
Total	1294

Quelle: *Ergebnisse der Eidgenössischen Betriebszählung vom 9. August 1905,* Bd. 3, 204; Bd. 4, 156. Für Einzelheiten nach Branchen vgl. Tab. XII in Anhang 1.

13.2 Die Rechtsform

13.2.1 Nur wenige Kollektivunternehmungen im Lebensmittelhandwerk

Unter den insgesamt 4443 industriellen und gewerblichen Betrieben des Kantons Basel-Stadt entfielen 4109 oder 92,5% auf Einzelfirmen. Die ausgewiesenen 7,5% Kollektivunternehmungen[4] gliedert Tab. 34, S. 190, auf.

Industrie und Gewerbe in Basel-Stadt wiesen damit im Vergleich zu den gesamtschweizerischen Verhältnissen (6,9%) nur geringfügig mehr Kollektivunternehmungen auf.

Die Betriebsgruppe «Herstellung von Nahrungs- und Genussmitteln», zu der die Lebensmittelhandwerke gehören, weist gesamtschweizerisch 7,4% Kollektivunternehmungen auf. Metzgerei und Bäckerei haben kleine Anteile, während in der Bierbrauerei der industrielle Charakter der Branche um 1905 auch in der Rechtsform der Betriebe zum Ausdruck kommt (vgl. Tab. 35, S. 190).

Tab. 34: *Rechtsformen der Kollektivunternehmen im Lebensmittelhandwerk des Kantons Basel-Stadt, 1905*

Branche	%-Anteil an allen Betrieben der Branche
Geschwister, ungeteilte Erbschaft und andere Familienunternehmen	1,4
Kollektivgesellschaft	2,6
Genossenschaft	0,2
Aktiengesellschaft	1,0
Einfache Gesellschaft	1,1
Übrige Personenverbände, Behörden	1,1

Quelle: *Ergebnisse der Eidgenössischen Betriebszählung vom 9. August 1905*, Bd. 3, 30*.

Tab. 35: *Anteil der Kollektivunternehmungen im Lebensmittelhandwerk der Schweiz, 1905*

Branche	%-Anteil an allen Betrieben der Branche
Metzgerei und Wursterei	2,3
Bäckerei und Konditorei	4,5
Bierbrauerei	40,7

Quelle: *Ergebnisse der Eidgenössischen Betriebszählung vom 9. August 1905*, Bd. 3, 2.

13.2.2 Lebensmittelhandel: Grosse Unterschiede zwischen den Branchen

Unter den Handelsbetrieben[5] des Kantons Basel-Stadt entfielen von insgesamt 3243 Betrieben 2717 oder 83,8% auf Einzelfirmen. Die Kollektivunternehmungen, die insgesamt 16,2% ausmachen, sind in Tab. 36 aufgeschlüsselt.

Damit wies der Handel in Basel-Stadt im Vergleich zu den gesamtschweizerischen Verhältnissen mehr Kollektivunternehmungen (Schweiz: 10,5%), deutlich weniger «Geschwister, ungeteilte Erbschaften und andere Familienunternehmungen» (Schweiz: 2,5%) sowie durchweg höhere Anteile bei allen übrigen Rechtsformen auf.

Tab. 36: *Rechtsformen der Kollektivunternehmen im Lebensmittelhandel des Kantons Basel-Stadt, 1905*

Branche	%-Anteil an allen Betrieben der Branche
Geschwister, ungeteilte Erbschaft und andere Familienunternehmen	0,4
Kollektivgesellschaft	5,3
Genossenschaft	3,0
Aktiengesellschaft	2,5
Einfache Gesellschaft	1,8
Übrige Personenverbände und Behörden	3,2

Quelle: *Ergebnisse der Eidgenössischen Betriebszählung vom 9. August 1905*, Bd. 4, 26*.

Tab. 37: *Anteil der Kollektivunternehmungen im Lebensmittelhandel der Schweiz, 1905*

Branche	%-Anteil an allen Betrieben der Branche
Handel mit Milch, Eiern, Butter, Käse, Obst, Südfrüchten, Gemüse	4,0
Tabak- und Zigarrenhandel	5,7
Milchhandel allein	8,0
Fleisch- und Wurstwarenhandel	8,2
Wildbret-, Geflügel-, Fisch- und Konservenhandel	8,2
Mineralwasserhandel	11,3
Handel mit Mehl, Mehlprodukten (Brot) und Zuckerwaren	11,4
Spezerei- und Kolonialwarenhandel	12,2
Käsehandel allein	15,0
Wein- und Spirituosenhandel	15,9
Drogerie, Materialwaren	17,2
Bierhandel	18,7

Quelle: *Ergebnisse der Eidgenössischen Betriebszählung vom 9. August 1905*, Bd. 4, 6.

Wenn wir die uns interessierende Lebensmittelbranche betrachten, zeigt diese gesamtschweizerisch recht unterschiedlichen Anteile an Kollektivunternehmungen. Der Handel mit Lebensmitteln liegt dabei mit einem deutlichen Abstand zwischen dem vorwiegend kleinstbetrieblich organisierten Tabak- und Zigarrenhandel und dem eher dem Grosshandel zuzurechnenden Handel mit Getränken bzw. Drogerie- und Materialwaren.[6]

Die Aufschlüsselung nach Betriebsarten, ebenfalls auf gesamtschweizerischer Ebene, zeigt ein noch differenzierteres Bild bezüglich des Anteils der Kollektivunternehmungen (vgl. Tab. 37).

Die breite Abstufung zwischen 4,0% und 18,7% Kollektivunternehmungen verdeutlicht, dass in sozioökonomisch tief angesiedelten Handelsbranchen von wenigen Ausnahmen abgesehen die Rechtsform der Einzelfirma vorherrschte. Die drei Branchen mit dem geringsten Anteil an Kollektivunternehmungen, der Handel mit Marktprodukten, Tabak und Zigarren sowie Milch, hatten gleichzeitig auch eine eher hohe Alleinbetriebsquote[7] von 48–60%. Deutlich trugen die Grosshandels- und Import-Export-Unternehmungen mit grösserem Absicherungs- und Kapitalbedarf zum höheren Anteil an Kollektivunternehmungen in einigen Branchen bei. Mineralwasser, Käse, Wein, Spirituosen, Drogeriewaren und Bier gelangten um die Jahrhundertwende teils über dem Grosshandel angegliederte Einzelhandels-Fachgeschäfte an die Konsumenten, teils über Spezerei-, Viktualien- und Comestibleshandlungen, die eine Auswahl dieser Produkte führten. Eine erhebliche Verzerrung dürfte die Zusammenfassung von Spezerei- und Kolonialwarenhandel zu einer Branche bewirkt haben. Denn die beiden Branchen hoben sich in Sortiment, Preisniveau, Grösse, Betriebsart und folglich auch in ihren Rechtsformen klar voneinander ab. Kolonialwarenhandlungen waren häufig im Gross- bzw. Importhandel aktiv und wiesen daher mit Bestimmtheit anteilmässig mehr Kollektivunternehmungen auf als der kleinbetriebliche, zumeist ausschliesslich auf den Absatz an die Letztverbraucher im Quartier ausgerichtete Spezereihandel. Die unter den freien Berufen aufgeführten Apotheken hatten 1905 gesamtschweizerisch in 7,4% der Fälle die Rechtsform eines Kollektivbetriebes.

Teil IV:

Öffnungszeiten, Ladeneinrichtung, Warenbeschaffung und Konkurse

14 Öffnungszeiten der Läden

14.1 Gesetzliche Regelungen

Bis im Jahr 1872 die Verordnung betreffend Sonntagspolizei[1] regelnd in die Verkaufstätigkeit der Lebensmittelhändler und -handwerker eingriff, war die Festlegung der Ladenöffnungszeiten der freien Entscheidung der InhaberInnen überlassen. Die Sonntags- und Festtagsruhe sollte fortan im Kanton Basel-Stadt wiederholt Gegenstand gesetzlicher Regelungen sein. Das Sonntagsruhegesetz von 1893 zielte denn auch auf Arbeiterschutzmassnahmen ab, indem es die Arbeitszeiten der Beschäftigten einschränkte.[2] Eine weitere Konkretisierung erfuhren die Arbeitszeitbestimmungen für weibliches Personal im gewerblichen Bereich durch ein Gesetz von 1905.[3] Erst während des Ersten Weltkriegs wurden die Ladenöffnungszeiten an allen Werktagen durch ein Gesetz generell beschränkt. Zielsetzung der bereits erwähnten Sonntagspolizei-Verordnung war zunächst, in Ausführung von § 48 des Polizeistrafgesetzes,[4] der «Schutz des Gottesdienstes und die Feier der Sonn- und Festtage».[5] Zu diesem Zweck hatte der Verkauf während des vormittäglichen Hauptgottesdienstes von 9 bis halb 11 Uhr zu ruhen. Weder der Ladenverkauf noch das «Umherführen», d. h. die Hauslieferung, von Fleisch, Brot, Milch oder Bier durften in diesen Stunden die Sonntagsruhe stören.[6] Die Läden mussten bis 10.30 Uhr geschlossen bleiben, mit Ausnahme allerdings der Apotheken sowie der «Verkaufslokale von Brod, Fleisch und Milch».[7] Der Passus, der das Umherführen von Lebensmitteln von 9 bis 10.30 Uhr verbot, erwies sich als unhaltbar und wurde bereits am 12. Februar 1873 wieder aufgehoben.[8]

Das Gesetz über die Sonntagsruhe vom 13. April 1893 modifizierte die bisherige Regelung nur marginal, fügte jedoch ergänzend Arbeitszeitbeschränkungen für Jugendliche, Lehrlinge und die übrigen Angestellten bei. Dies geschah gemäss Einleitung zum Gesetzestext «in Erwägung, dass es angemessen erscheint, bis zum Erlass eines kantonalen oder eidgenössischen Gewerbegesetzes für die dem Fabrikgesetz nicht unterstehenden Gewerbe die Sonntagsruhe gesetzlich zu regeln». Für Apotheken, Bäckereien und Konditoreien, Metzgereien und den Milchverkauf galten weiterhin Sonderbestimmungen, während sonst generell

«Verkaufslokale und Magazine [...] an den hohen Festtagen den ganzen Tag, an den übrigen öffentlichen Ruhetagen zwischen 9 und 10 1/2 Uhr vormittags geschlossen» zu halten waren.[9]

Eine strengere Regelung erfuhr der Verkauf an Sonn- und Feiertagen dann durch das neue Gesetz von 1909, welches das «Offenhalten von Verkaufslokalen (Läden, Magazinen und Warenhäusern)» an Ruhetagen mit wenigen Ausnahmen untersagte.[10] Gestattet war hingegen der Ladenverkauf von Milch und Milchprodukten, von Fleisch und Fleischwaren, von Brot, Back- und Konditoreiwaren sowie Zigarren und Tabakfabrikaten,[11] allerdings mit gegenüber früher weiter eingeschränkten Ladenöffnungszeiten, so für Metzgereien etwa nur noch bis 9 Uhr. Der Verkauf von Milch und Milchprodukten war an Sonntagen bis 9 Uhr, von 10.30 bis 14 Uhr und von 18 bis 20 Uhr erlaubt, derjenige von Zigarren und Tabakwaren bis 9 Uhr und von 10.30 bis 15 Uhr. Die grosszügigsten Öffnungszeiten wurden Bäckereien und Konditoreien eingeräumt, welche an Ruhetagen bis 9 Uhr und von 10.30 bis 20 Uhr offen halten durften. Das Austragen oder Zuführen von Waren an die Kunden war erlaubt für Milch und Butter an allen Ruhetagen bis 14 Uhr und von 18 bis 20 Uhr, für Fleisch und Fleischwaren bis 9 Uhr, für Brot und Backwaren ebenfalls bis 9 Uhr, für Konditoreiwaren von 10.30 bis 20 Uhr sowie für Bier und alkoholfreie Getränke bis 12 Uhr. Speziell geregelt war der Ladenschluss der eben genannten Verkaufsstellen für die Vorabende der Ruhetage: Sie hatten abends spätestens um 22 Uhr zu schliessen und den Angestellten ab 21 Uhr freizugeben.[12] Damit beschränkten sich die gesetzlichen Auflagen betreffend Ladenöffnungszeiten vor dem Ersten Weltkrieg auf die Ruhetage (Sonn- und Feiertage) und allenfalls den Ladenschluss an deren Vorabenden. Die Öffnungszeiten an Werktagen erfuhren erstmals im Jahr 1917 eine generelle gesetzliche Reglementierung. Zur Einschränkung des Verbrauchs an Kohle und elektrischer Energie verkürzten Bundesratsbeschlüsse[13] u. a. die Ladenöffnungszeiten. Die entsprechende kantonale Verordnung beschnitt die Öffnungszeiten empfindlich. Verkaufslokale durften nur noch zwischen 8.30 und 19 Uhr offen gehalten werden. Der Verkauf verschiedener Frischprodukte (Milch, Milchprodukte, Brot, Backwaren, Fleisch und Fleischwaren) war aber bereits ab 7.30 Uhr erlaubt, und Apotheken konnten von 7.30 bis 19.30 Uhr offen halten.[14] Damit zeichnete sich erstmals ein einheitlicher Ladenschluss am Abend ab, an dem nach Kriegsende und Wegfall der Kriegsbeschlüsse im Kanton Basel-Stadt durch Erlass eines entsprechenden Gesetzes festgehalten wurde.[15]

Für Geschäfte mit weiblichen Verkaufsangestellten dürfte das kantonale Arbeiterinnenschutz-Gesetz von 1905[16] tendenziell in Richtung verkürzter Ladenöffnungszeiten gewirkt haben. Dieses Gesetz zielte auf alle dem Fabrikgesetz nicht unterstellten gewerblichen Betriebe ab, «mit Inbegriff der Ladengeschäfte

(Verkaufsmagazine, Warenhäuser), in denen eine oder mehrere weibliche Personen gegen Lohn (Gehalt) oder zur Erlernung eines Berufes beschäftigt» wurden.[17] Es betraf also in der Einzelhandelsbranche ausser den Warenhäusern vor allem grössere Verkaufsgeschäfte und die Läden von Filialunternehmungen, welche weibliche Angestellte beschäftigten. Dazu gehörte beispielsweise der Allgemeine Consumverein Basel mit seinen vorwiegend weiblichen Angestellten.[18] Keine Auswirkung hatte diese Regelung hingegen auf die reinen Familienbetriebe, welche den Hauptteil der Kleinunternehmungen in Lebensmitteleinzelhandel und -handwerk ausmachten. Das Gesetz legte die tägliche Maximalarbeitszeit der Beschäftigten generell auf 10 Stunden und vor Feiertagen auf 9 Stunden fest.[19] Einzig in Ladengeschäften betrug sie – von der allgemeinen Bestimmung abweichend – für über 17-Jährige maximal 11 Stunden und für unter 17-Jährige maximal 10 Stunden. Und Sonntagsarbeit war gemäss diesem Gesetz nur für Verkäuferinnen zulässig, allerdings gegen doppelte Kompensationszeit.

14.2 Ladenöffnungs- und Arbeitszeiten im Verkaufsalltag

Dass Lebensmittel frühmorgens, am späten Abend und auch sonntags eingekauft werden konnten oder ins Haus geliefert wurden, war im 19. Jahrhundert üblich und bedeutete für die Kunden eine Annehmlichkeit. Dies galt insbesondere für den Bereich der leicht verderblichen Frischwaren wie Fleisch- und Milchprodukte, weil die Möglichkeiten der gekühlten Aufbewahrung im Privathaushalt – abgesehen von kühlen Kellern – bis weit ins 20. Jahrhundert hinein noch sehr beschränkt waren. So wurde für diese Branchen – wie wir soeben gesehen haben – der Sonntagsverkauf nicht verboten, sondern ab 1872 lediglich zeitlich beschränkt, als die Sonntagsruhe reglementiert wurde. Auch frisches Brot, Bier und alkoholfreie Getränke waren sonntags erhältlich. Ferner wurde dem Handel mit den begehrten Genuss- und Luxusgütern Tabakwaren und Konditoreiartikel in den Jahren vor dem Ersten Weltkrieg eine Sonderbehandlung gewährt, als der Sonntagsverkauf bereits weit gehend eingeschränkt worden war.
Bis zur Festlegung des Ladenschlusses auf 19 Uhr im Jahr 1917 dürften die Ladenöffnungszeiten an Werktagen individuell und recht unterschiedlich gehandhabt worden sein. Festgeschrieben war ja lediglich der Ladenschluss an Vorabenden zu Ruhetagen für die wenigen Branchen mit Erlaubnis zum Sonntagsverkauf. Bei den allgemein herrschenden langen Arbeitstagen breiter Bevölkerungsschichten waren viele Lebensmittelläden von früh bis spät durchgehend geöffnet, um möglichst viele Kundenbedürfnisse abzudecken und die teilweise bescheidenen Geschäftsumsätze zu maximieren. Auf die Tendenz finanzschwacher Ladenbesitzer zur Minimierung des Kapitaleinsatzes und Maximierung des

Arbeitseinsatzes verweist Benson.[20] Limitiert wurde die Öffnungszeit der oft im Familienbetrieb geführten Lebensmittelläden gemäss unserer Erkenntnis einzig durch die zur Erholung notwendige Nachtruhe. So mag die Präsenz der Ladeninhaber und Öffnungszeit von morgens 6 oder 7 Uhr bis abends 22 oder 23 Uhr die Regel gewesen sein.[21] Selbstverständlich fiel der Kundenandrang über den Tag hinweg ungleichmässig an, sodass Ladeninhaberinnen und -inhaber sich in kundenschwachen Stunden dem Warennachschub widmen und Bestell-, Auffüll-, Abpack- und Reinigungsarbeiten erledigen konnten. Auch Haushalts-, Kinderbetreuungs-, Handwerks- oder Näharbeit wurden während des «Ladenhütens» nebenbei besorgt.[22] Zu Stosszeiten soll es in den Läden des Consumvereins jeweils abends gekommen sein, wenn sich die Kundschaft mit dem täglichen Bedarf an Grundnahrungsmitteln wie Milch und Brot eindeckte.[23]

Es ist davon auszugehen, dass die Wettbewerbssituation innerhalb der einzelnen Branche zur Angleichung der Öffnungszeiten führte. Eine Differenzierung nach Branchen können wir uns vorstellen, indem etwa Spezialitätengeschäfte (z. B. für Kolonialwaren, Schokolade, Weine und Spirituosen etc.) kürzere Öffnungszeiten hatten als Spezerei- und Viktualienläden. Denn Läden mit Fachgeschäftcharakter besassen einen grösseren Ausstrahlungsradius, höhere Margen, standen weniger unter Konkurrenzdruck und deckten andere Kundenbedürfnisse ab als die vielen kleinen Ladenbesitzer in Branchen mit hoher Geschäftsdichte.

Die frühsten verfügbaren Angaben über Ladenöffnungszeiten für die Stadt Basel betreffen Apotheken, zwar keine eigentlichen Lebensmittelgeschäfte, jedoch eine Branche mit Nähe zum Nahrungsmittelhandel.[24] In den 1870er-Jahren hielten die Apotheker ihr Geschäft in der Regel von 6 Uhr morgens bis 9 Uhr abends geöffnet. Ausserdem boten sie damals immer einen Nacht- und Sonntagsdienst.[25] Im August 1882 legte der Allgemeine Consumverein Basel für Werktage folgende Ladenöffnungszeiten fest: im Sommerhalbjahr (April bis Oktober) von 6.30 bis 20.30 Uhr, im Winterhalbjahr von 7 bis 20 Uhr. An Abenden vor Sonn- und Festtagen waren die Läden abends bis 21 Uhr offen zu halten. Sonntags blieben sie geschlossen.[26] Ab 1. Dezember 1884 wurde über Mittag von 12.30 bis 13 Uhr geschlossen, damit die Verkäuferinnen das Mittagessen ungestört einnehmen konnten. Mit dem Einstieg ins Milchgeschäft im selben Jahr öffneten die Läden des Consumvereins sonntags zu bestimmten Zeiten für den Milchverkauf; die Abgabe weiterer Artikel an Sonntagen war aber vom Gesetz her nicht erlaubt.[27] 1886 legte der Consumverein die Schliessung für das ganze Jahr auf 8 Uhr abends fest, «in der Meinung, dass wer bis 8 Uhr das Lokal betritt, von den Verkäuferinnen noch bedient werden muss. Diese neue Ordnung schien uns notwendig, um die oft allzu späte Schliessung der Lokale zu verhüten und den Verkäuferinnen nach angestrengter Tagesarbeit auch die verdiente Ruhe zu verschaffen.»[28]

Metzgereien schlossen 1905 an Werktagen um 20 Uhr, an Samstagen um 21 Uhr und sonntags um 12 Uhr. Der Sonntagsverkauf wurde dann jedoch rasch reduziert, 1906 erfolgte die Schliessung um 10 Uhr und 1909 gemäss dem neuen Ruhetagsgesetz bereits um 9 Uhr.[29]

Die ausgedehnten Ladenöffnungszeiten bedeuteten für das Verkaufspersonal lange Arbeitstage, ganz gleich ob diese mitarbeitende Familienangehörige oder bezahlte Angestellte waren. Bis das Arbeiterinnenschutz-Gesetz 1905 die tägliche Maximalarbeitszeit für Verkäuferinnen auf 11 Stunden festlegte, bestanden im Einzelhandel mit Ausnahme der Sonntage keine Arbeitszeitbeschränkungen. Zu dieser Zeit hatten gewerkschaftlich organisierte Arbeitnehmer – allen voran die Bauhandwerker – den 10-Stunden-Tag schon längst durchgesetzt, nach einem entsprechenden Kampf seit den 1860er-Jahren. Je nach Branche waren die Arbeitszeiten gegen Ende des 19. Jahrhunderts jedoch sehr unterschiedlich lang: Während der 10-Stunden-Tag für die Typografen in Bern 1872, bei den Spenglern und Schlossern in Zürich sowie den Schreinern in Basel 1873 eingeführt werden konnte und der Verein schweizerischer Maschinenindustrieller per 1. Januar 1891 für die Arbeiterschaft den 10-Stunden-Tag beschloss, setzten sich die Schmiede und Wagner in Luzern 1890 für eine Arbeitszeitverkürzung von 13 auf 11 Stunden ein, und der Streik in einer zürcherischen Fassfabrik drehte sich 1883 um die Verkürzung der 14-stündigen Arbeitszeit.[30]

Dem Basler Arbeiterinnenschutz-Gesetz von 1905 zuvorgekommen war der Allgemeine Consumverein, der bereits 1892 die tägliche Arbeitszeit der Verkäuferinnen und Gehilfinnen in den Verkaufslokalen auf elf Stunden festgelegt hatte. Weil diese reduzierte Arbeitsdauer mit den langen Öffnungszeiten nicht vereinbar war, musste der Ersten Verkäuferin eine zweite, mitverantwortliche Verkäuferin zur Seite gestellt werden.[31] Bis dahin war die Filialleiterin bzw. Erste Verkäuferin als Verantwortliche offenbar immer selbst im Laden zugegen gewesen. Um 1919 betrug die Arbeitszeit für das Verkaufspersonal des Allgemeinen Consumvereins Basel täglich «nominell» 9 Stunden an sechs Wochentagen.[32] Nicht nur im Handel, sondern auch in den Lebensmittelhandwerken wurden die Angestellten durch ausgedehnte Ladenöffnungs- und Arbeitszeiten stark beansprucht. Erst der 1905 an Sonntagen auf 12 Uhr festgelegte Ladenschluss gewährte den Metzgereiangestellten den so genannten freien Sonntagnachmittag.[33] Und weil Ladenöffnungs- und Arbeitszeiten eng zusammenhingen – maximale Wochenarbeitszeiten waren noch nicht reglementiert – hatten die Angestellten in Branchen mit Sonntagsverkauf um 1900 die längsten Arbeitszeiten. Verkäuferinnen und Verkäufer in Milchgeschäften, Metzgereien, Bäckereien, Konditoreien und Tabakgeschäften wurden zeitlich am stärksten beansprucht, nämlich an sämtlichen Tagen der Woche. Unter den Verkaufsangestellten blieb ihnen am wenigsten freie Zeit für Familie, Haushalt, Geselligkeit, Ruhe und Erholung.

15 Ladeneinrichtungen: Beispiel Spezereihandel

Die Verkaufslokale bildeten nebst dem Markt- und Strassenhandel in der zweiten Hälfte des 19. Jahrhundert den typischen Rahmen, in welchem der Lebensmittelverkauf stattfand.[1] Wie hat man sich nun beispielsweise den häufig vertretenen Spezereiladen als Lebens-, Arbeits- und Einkaufsort im Zeitabschnitt 1850–1914 vorzustellen? Welches sind die wichtigsten Einrichtungsgegenstände, Hilfsmittel und Werkzeuge der SpeziererInnen? Die Ladeneinrichtung ist auch im Hinblick auf den Verkaufsvorgang aufschlussreich: Welche Vorgänge laufen ab vom Zeitpunkt, wenn die Kunden den Laden betreten, bis sie ihn wieder verlassen? Zeitgenössische Bilddokumente, welche über die Einrichtung von Lebensmittelläden Auskunft geben könnten, sind nur spärlich vorhanden. Fotos geben meist die Strassenansicht der Läden wieder und liefern allenfalls Informationen über die Fassaden- und Schaufenstergestaltung. Die recht seltenen Innenaufnahmen wurden frühestens um 1900 angefertigt. Nebst Fotos stellen Puppen- und Museumsläden oder auch Musterbücher für Schreiner weitere mögliche Quellen und Anschauungsmaterial zu historischen Verkaufsläden dar. Da noch erhaltene zeitgenössische Puppen- und Museumsläden aber unvollständig und somit von eingeschränkter und schwer kontrollierbarer Authentizität sein können – Einrichtungsgegenstände werden weggelassen, ausgetauscht oder später hinzugefügt –, sind sie mit Vorsicht zu verwenden. Und die Musterbücher bezogen sich ausschliesslich auf die feste Ladenmöblierung,[2] geben also über mobile Einrichtungen und Werkzeuge keine Auskunft. Auch wenn sie sich der eben genannten Vorbehalte wegen nicht als primäre Quelle für historische Ladeneinrichtungen nutzen lassen, so erweisen sich Bilddokumente und auch Museums- bzw. Puppenläden[3] als wertvolles Illustrationsmaterial. Sie veranschaulichen uns anderweitig, z. B. aus amtlichen Inventaren, gewonnene Informationen. Fotos von historischen Puppenläden oder die Originale selbst zeigen uns beispielsweise, wie eine Petroleumkanne, ein Fässchen auf dem zugehörigen Gestell, Tabaktöpfe, die verschiedenen Ladenwaagen etc. konkret ausgesehen haben und wie man sich ihre Platzierung im Verkaufsraum vorstellen kann. Um einen Eindruck von der damaligen Warenpräsentation im Verkaufsraum und von der Ladenatmosphäre zu erhalten, eignen sich hingegen allfällig vorhandene Fotografien besser. Denn Museums- und Puppenläden vermitteln nur einen dürftigen Eindruck von der

Angebotsform und Präsentation der Waren. Die Schubladen der Ladenschränke sind leer und die Gestelle und Verkaufstische oft zu einseitig mit Verpackungen von frühen Markenartikeln geschmückt. Museumsläden lassen übrigens trotz guter Anschaulichkeit und Originalmassstab die typische Geruchskulisse vermissen.[4]

15.1 Inventare als Quelle und Datenauswahl

Um die Frage nach der Ausstattung von Spezereiläden zu behandeln, haben wir die Einrichtungslisten in amtlichen Inventaren[5] untersucht. Da die Spezereihandlungen gut einen Fünftel aller Verkaufsläden in Lebensmittelhandel und -handwerk stellten,[6] können sie als typische Orte des Lebensmittelhandels für die damalige Zeit bezeichnet werden. Der sehr umfangreiche Quellenbestand an Inventaren hat sich glücklicherweise durch ein zugehöriges Register[7] für unsere Zwecke als erschliessbar erwiesen. Ob die amtlichen Inventare typische Fälle repräsentieren, sei dahingestellt. Die Gerichtsschreiberei Basel hatte bei Konkursen und Todesfällen ein Inventar aufzunehmen. In diesem Zusammenhang fällt auf, dass zu den frühen Zeitpunkten (1854, 1862) meist gerichtliche Verfolgungen bei Zahlungsunfähigkeit bzw. Konkurs die Inventaraufnahme ausgelöst hatten, während es sich in späteren Jahren vorwiegend um Nachlassinventare handelte. Solche wurden insbesondere erstellt, wenn der überlebende Ehegatte oder andere Erben es verlangten. In den Akten vermerkte Abschriften weisen auch auf die Interessen auswärtiger Verwandter hin. Nach dem Ableben wurden die Inventare innert Wochenfrist aufgenommen. Die Dokumente der früheren Jahre geben über konkursite Spezierer Auskunft, mit dem Nachteil fehlender und über die Gantnotizen kaum rekonstruierbarer Wertangaben. Ab etwa 1862 streuen die Nachlassinventare gemessen am ausgewiesenen Reinvermögen relativ breit, von überschuldeten bis hin zu vermögenden SpeziererInnen.[8]
Im Register ist den Namen meistens eine Berufsangabe beigefügt. So ist es möglich, für jedes Adressbuch-Stichjahr (1854, 1862, 1874, 1986, 1898 und 1910) eine Anzahl Spezerer-Inventare (Zielgrösse: 6) zu untersuchen. Für unsere Zwecke nutzbar sind nur jene Inventare, die eine Aufstellung über Ladengerätschaften beinhalten. Es kam vor, dass der Verkaufsladen zum Zeitpunkt des Ablebens eines Spezierers oder einer Spezierin bereits aufgelöst oder an einen neuen Besitzer veräussert worden war und damit die Rubrik Ladeninventar wegfiel. Falls im Stichjahr zu wenige brauchbare Akten vorlagen, sind auch die Register der folgenden Jahre auf Inventare von Spezierern hin durchsucht worden. So haben wir insgesamt 36 Ladeninventare erhoben, wovon 26 bewertet und vollständig waren.[9]

15.2 Möblierung der Läden, Gefässe und Geräte

Die wichtigsten Einrichtungsgegenstände in den Verkaufsräumen von Speziererinnen und Spezierern waren über unseren gesamten Zeitraum hinweg die *Ladenkorpusse, Ladentische, Schäfte, Kästen* und *Schränke*.[10] Sie erscheinen in praktisch allen amtlichen Inventaren in der einen oder anderen Kombination. Ausnahmen bilden jene Fälle, in denen der Grossteil der Ladeneinrichtung dem Hauseigentümer oder sonst jemandem gehörte,[11] oder auch jene, wo Teile der Ladenausstattung zum Zeitpunkt der Inventaraufnahme aus irgendwelchen Gründen bereits fehlten.[12]

Ladenkorpus ist die in der Schweiz übliche Bezeichnung für den Gegenstand, der sonst im deutschen Sprachgebrauch Ladentisch genannt wird. Sie nimmt Bezug auf die geschlossene Form des Möbels, hinter welchem die Verkäuferin oder der Verkäufer bei der Bedienung der Kundschaft stand. Über diesen Tisch, der zugleich Arbeitsfläche beim Bedienen und Abpacken war, wechselten die Waren den Besitzer. Hier stand auch die Waage. Oft hatte der Ladenkorpus Aufsätze, verglaste Ausstellkästlein, in denen Schokolade, Zigarren und weitere begehrte Artikel gezeigt wurden. In den Inventaren ist von *Auslegkistli, Aushängkistli, Auslegfach, Ausstellkästchen, Ausstellkistchen, Montregestell, Cigarrenkasten oder Cigarrenausstellkasten* die Rede. Wie das Innere des Ladenkorpus genutzt wurde, kann im Detail nicht gesagt werden. Teilweise waren die Korpusse mit Schubladen zur Aufbewahrung von Waren ausgestattet. Vor der Einführung der grossen metallenen Registrierkassen, die dann ebenfalls auf den Korpus zu stehen kamen, muss ein besonderes Fach oder ein Schublade der Geldaufbewahrung gedient haben. In zwei Inventaren von 1910 und 1913 findet ein *Ladenkorpus mit Marmorplatte* spezielle Erwähnung.

Die zusätzlich aufgeführten *Ladentische* mögen seitlich des Ladenkorpus gestanden haben und dienten wahrscheinlich der Präsentation von Waren. An der Wand hinter dem Ladenkorpus oder an Seitenwänden standen meist hohe Regale, in unseren Inventaren *Schäfte* genannt, mit Verkaufspräsentationen und zur Aufbewahrung von Vorräten. Gelegentlich war die Rückwand aufwändiger ausgestattet, mit einem Möbel, das Türen und eine grössere Anzahl Schubladen zur Aufbewahrung unverpackter Lebensmittel aufwies. In den Ladeninventaren treffen wir diese an als *Kasten mit 35 Schubladen, grosser Ladenschrank, Ladenschränke, grosser Ladenschaft mit Schubladen* oder *Korpus mit 27 Schubladen und 2 grossen Schäften*. Die obersten Regale und Schubladen konnten oft nur mit Hilfe eines *Zwei-* oder *Dreitritts*, einer *Leiter* oder *Doppelleiter* erreicht werden. Ab und zu ist ein *Mehltrog*, eine Art Truhe, erwähnt, ein besonderes, dem Wert nach wohl grösseres Möbel zur Aufbewahrung von Mehl. Eher selten gehörte ein *Stehpult* zum Ladeninventar. In einem *Wollenkasten* fanden um 1910 vermutlich

Wollgarne Schutz vor Motten. Ansichtskarten konnten am *Kartenständer* ausgewählt werden.

Unentbehrlich im Spezereiladen waren *Waagen* mit den zugehörigen *Gewichtsteinen*. Auf ihnen wurden die zu jener Zeit vorwiegend lose und nach Gewicht verkauften Lebensmittel gemäss Kundenwunsch portioniert. Oft finden wir *Waagen mit kupfernen* bzw. *messingnen Schalen*, teils auch einfach *Waagen* oder *Ladenwaagen* erwähnt. Ob es sich dabei um einfache Balkenwaagen handelte oder bereits um oberschalige Tafelwaagen nach dem Prinzip der Hebelwaage, wie sie seit der Mitte des 19. Jahrhunderts im Gebrauch waren, wird nicht ersichtlich.[13] Auch so genannte *englische Waagen* erscheinen vereinzelt in den Inventarlisten. Alle diese Tischwaagen hatten ihren Platz an prominenter Stelle auf dem Ladenkorpus, denn in der Regel wurden die Waren vor dem Kunden ausgewogen. Ein Teil der Betriebe verfügte ausserdem über eine *Bascule* bzw. *Dezimalwaage* – eine tragbare Brückenwaage – zum Wägen grösserer Gewichte, etwa ganzer Kisten und Säcke. Ihrem Verwendungszweck entsprechend stand diese Waage nicht unbedingt im Laden, sondern gelegentlich auch in einem Nebenraum oder im Keller. Der Blick in die Inventare zeigt, dass es Basculen in verschiedenen Grössen gab. Beim Portionieren loser Spezereiartikel kamen *blechene Schaufeln, Ladenschaufeln* und auch *Mehlschaufeln* zum Einsatz, als Verpackungsmaterialien dienten *Papier* und *Papiersäcke*. *Papierständer* lieferten Packpapier in frei wählbarer Länge ab Rollen.

Flüssige Produkte wie Essig, Schnaps, Wein, Öl und Petroleum wurden in hölzernen *Fässern* und blechenen *Standen* (Kannen) aufbewahrt. Für Essig, Wein und Branntwein erscheinen wiederholt ovale Fässchen, die auf speziellen Gestellen Platz finden. So heisst es beispielsweise: *4 Essigfässchen st. Gestell, 4 ovale Fässlein mit Gestell, Schaft mit 3 ovalen und 1 rundes Fässli, Essigfässchen mit Gestell*. Öl wurde in *Ölstanden* gelagert, die ihren Platz auf einem *Ölstandengestell* hatten. Petroleum war in speziellen *Petrolbehältern* und *Petroleumstanden* und wurde in so genannten *Petroleumkannen* verkauft. Um 1900 gab es dann weitere, vermutlich grössere Behälter für Petroleum *(Petroleumbehälter mit Blechkasten, Petroleumreservoir)*, für Spiritus *(Spiritusbehälter, Spiritusfass)* sowie für Milch *(grosse Milchstande, Milchkessel)*. Zur Lagerung von Wein wurden teils grosse Fässer verwendet, so genannte *Piècen*. Die Lieferung von Wein, Schnaps und weiteren Flüssigkeiten jedoch erfolgte oft in Originalgebinden des Händlers, ersichtlich z. B. als *Fässlein von 49 1/2 Mass bezeichnet JD, 4 kleine Fässlein (J. C. Meyer), 2 Korbflaschen (nicht Eigentum)* oder *12 diverse Fässchen (nicht Eigentum)*. Abgemessen wurden die Mengen beim Verkauf mittels verschiedener Hohlmasse. Trichter waren das gängige Hilfsmittel beim Abfüllen von Flüssigkeiten in die von den Kunden mitgebrachten Gebinde. Erwähnt werden, in früheren Inventaren mit grösserer Regelmässigkeit als in späteren, u. a. *4 Mass &*

Abb. 24: *Ein Stimmungsbild mit vielen Einzelheiten zum Spezereiwarenhandel um 1900 – Waage, Gasbeleuchtung, Werbeplakate und Markenartikel – vermittelt diese Innenansicht einer Filiale des Lebensmittelvereins Zürich. (Archiv Coop Schweiz, Bild VSK 4757/3)*

1 Trichter, zinnene Mass, sturzene Mass, 4 sturzene Ölstanden mit Mass und Trichter, 6 blech. Mass & 1 Trichter, 7 Ölmässl. und 2 Trichter, 1 Ölfässlein (sturz.) mit Mass.
Der Warenaufbewahrung dienten ferner eine Reihe besonderer Behälter und Gefässe, so waren etwa *Tabakhäfen (mit Deckel)* in den meisten Spezereiläden anzutreffen. *Essenzbüchsen, Teebüchsen, Kaffeebüchsen*, ein *Kaffeekasten, Liqueurgläslein, Einmachgläser*, ein *Milchhafen*, verschiedene *Ankenständli*, ein *Anken-* und ein *Schmalzblech*, zwei *Ankenschüssele*, verschiedene *Käskübel*, ein *Olivenkessel, Bonbongläser, Glasschalen, Confiseriegläser, Cacaobüchsen* und *Krautstanden, Öl-Korbflaschen* sind weitere produktbezogene Behältnisse, die jedoch eher sporadisch Erwähnung finden.
Einen Überblick vermitteln uns die Inventare ferner zu den verschiedenen gebräuchlichen Ladengeräten. Auf die Tabakverarbeitung im Spezerei- und Tabakwarenladen weisen in einem Falle ein *Tabaktisch*, eine *Tabakkiste* und *Tabakschaufeln* hin.[14] Dem Zigarrenverkauf diente ein *Cigarrenmesser*, vermutlich zum Anschneiden der Zigarren. Zum Käseverkauf gehörten *Käsbohrer, Käsmesser,*

Käseglocken, vermutlich auch der *Fliegenkasten.* Wenn Zucker nicht als Kandis, sondern in der geläufigen Form von Zuckerstöcken gehandelt wurde, waren im Spezereiladen besondere Geräte wie *Zuckersäge, Zuckersieb* oder *Zuckerschneidmaschine* für die Zerkleinerung und Reinigung erforderlich. Kaffee wurde in einem Falle mittels *Kaffeeröster* im Spezereiladen geröstet. Eine *Mandelmühle* erlaubte, Mandeln in bereits gemahlener Form zu verkaufen. Ein *Speckmesser mit Brett* verweist auf den Verkauf von Fleischwaren im Spezereigeschäft. Warenunspezifischen Charakter haben *Strohflaschen, Haumesser, diverse Messer, Clochen mit Teller,* eine *Drahtglocke mit Brett* und *Korbflaschen.*

Oftmals gehörte eine Uhr zum Ladenmobiliar, als *Wälderuhr, Wanduhr* oder auch *Regulateur* bezeichnet. *Bänke, Stühle, Sessel, Joncsessel* und *Tabourets* sowie *Schemel* boten Ladeninhabern, allfälligem Verkaufspersonal und der Kundschaft Sitzgelegenheit beim Warten. *Schirmständer* nahmen um 1910 nasse Schirme auf. *Lichtstöcke, Lampen, Petroleumlampen, Häng(e)lampen* und *Stehlampen* beleuchteten das Ladenlokal bei Bedarf je nach Zeitabschnitt und Ausstattungskomfort mit Kerzen-, Petrol-, Gas- oder elektrischem Licht.

Wichtige Neuheiten an Einrichtungsgegenständen und Geräten hielten ums Jahr 1900 Einzug. So treffen wir 1898 erstmals einen *Eisschrank* an; auf zwei weitere sind wir in Inventaren von 1910 gestossen. Gekühlt wurden diese Eisschränke mit Stangeneis, welches Eisfabriken bzw. Kühlhäuser lieferten.[15] Ebenfalls um 1910 fallen eine *Kaffeemühle,* eine *electr. Kaffeemühle* sowie ein *Tischli mit Kaffeemühle & Motor* als neue Ladengerätschaften auf. Nur ein einziges Mal beggenen wir in einem Inventar von 1911 einer *Controllkasse,* auch Registrierkasse genannt.

Unter den Laden- und Geschäftseinrichtungen erscheinen vereinzelt Gegenstände, die nicht zur Ausstattung im engeren Sinne zu rechnen sind. Sie weisen vermutlich auf Nebenerwerbstätigkeiten hin. Eine *Hobelbank samt Werkzeug* findet 1858 in einer Liste von Ladengerätschaften Erwähnung. 1874 wird für einen Dreher und Spezierer ein komplettes *Dreherwerkzeug* ausgewiesen. 1899 fällt in einem Ladeninventar ein *Kinderwagen* auf, dessen Verwendungszweck unklar bleibt. In zwei Spezereigeschäften, die gemäss den Wareninventaren auch Mercerieartikel verkauften, ist 1900 und 1910 eine *Nähmaschine* anzutreffen. Haben die Ehefrauen der betreffenden Spezierer in Stunden schwachen Geschäftsgangs Nähaufträge für Kunden ausgeführt oder für die Familienangehörigen Kleider genäht? Angesichts des stattlichen Wertes von 50 Fr. bzw. 120 Fr., welchen diese Maschinen verkörperten, ist Ersteres wohl eine plausible Erklärung.

Abb. 25: *Nicht nur Mehl, Zucker etc., sondern auch Speiseöle, Essig und Petroleum wurden offen angeboten und in die Gefässe der Kunden abgefüllt. Pumpanlagen und ein Essigfässchen im Laden «Untergoldach» des Lebensmittelvereins Goldach machen dies anschaulich. (Archiv Coop Schweiz, Bild VSK 4913/4)*

15.3 Die wertvollsten Einrichtungsgegenstände

Die wichtigsten Möbel des Spezereiladens wie Ladenkorpus, Ladentische, Kästen mit Schubladen sowie auch Schäfte vereinigten einen grossen Teil der Inventarsumme auf sich, je nach Fall bis zur Hälfte. Wertvoll waren die Kästen oder Schäfte mit Schubladen sowie gegen Ende unseres Zeitraums auch die mit einer Marmorplatte versehenen Ladenkorpusse. Die Waage mit Gewichten war oft gleich viel wert wie ein Ladenkorpus. Besonders hoch bewertet wurden die Basculen und Dezimalwaagen zum Auswägen grösserer Gewichte.

Tab. 38: *Wert von Ladenmobiliaren von SpeziererInnen in der Stadt Basel, 1854–1913*

Inventar*	Wert (Fr.)					
	1854 –1859	1862 –1865	1874 –1878	1886 –1887	1898 –1900	1910 –1913
Nr. 1	**–	**–	87,00	302,00	181,00	192,00
Nr. 2	**–	**–	246,50	66,00	139,00	477,00
Nr. 3	**–	**–	132,00	130,50	200,00	658,00
Nr. 4	**–	95,50	300,00	159,00	111,00	***(35,00)
Nr. 5	149,90	96,10	263,90	***(49,00)	67,00	54,00
Nr. 6	**–	252,00			157,00	395,00
Nr. 7		24,50				455,00
Mindestwert	149,90	24,50	87,00	66,00	67,00	54,00
Höchstwert	149,90	252,00	300,00	302,00	200,00	658,00

* Es wird nur das effektive Ladenmobiliar berücksichtigt; untypische Gegenstände wie eine Hobelbank, zwei Nähmaschinen und ein Kinderwagen werden in Abzug gebracht.
** Die Inventare sind nicht bewertet (Konkursverfahren); die Erlöse aus den Gantrödeln sind nicht ermittelbar.
*** Die Werte in Klammern deuten auf unvollständige Ladeneinrichtungsinventare hin.

Quelle: StABS, Gerichtsarchiv PP1 Inventarien, vgl. Anhang 4.

Unter den restlichen Ladeneinrichtungen und -geräten stechen Flüssigkeitsbehälter wie Fässer, Petroleum- und Ölbehälter von ihrem Wert her hervor. Insbesondere gilt dies für die ovalen Fässchen mit und ohne Gestell.

Hohe Investitionen erforderten um 1900 neu aufkommende Geräte wie Eisschränke, elektrische Kaffeemühlen und Registrierkassen.[16] Eisschränke waren mit 30–100 Fr. so viel wert wie ein Ladenkorpus. Für die Kaffeemühlen wurden 30–250 Fr. eingesetzt. Das Modell zu 250 Fr. machte mehr als die Hälfte des gesamten Ladeninventarwerts aus. Der wertvollste Einrichtungsgegenstand überhaupt, den wir festgestellt haben, ist eine Kontrollkasse, welche 1911 mit 300 Fr. fast die Hälfte des betreffenden Inventarwerts darstellte. Diese neuen, teuren Ladengeräte bewirkten, dass die Gesamtwerte der Ladeneinrichtungen um 1910 teils deutlich höher zu liegen kamen als in vorangehenden Jahren.

15.4 Gesamtwert der Ladeneinrichtungen

Obwohl die Zahl der untersuchten Ladeninventare klein ist, wird eine grosse Spannweite zwischen einfach und aufwändig eingerichteten Geschäftsräumen klar ersichtlich. Unsere Vermutung, dass sowohl über den gesamten Zeitraum hinweg wie auch jeweils zu einem bestimmten Zeitpunkt grosse Unterschiede im Einrichtungskomfort von Spezereiläden bestanden, findet hier eine gewisse Bestätigung (vgl. Tab. 38).

Manche Ladeneinrichtungen umfassten nur das absolut Nötigste: eine Waage, zwei gewöhnliche Tische und eine Petroleumlampe, eventuell noch einen Schrank, einen Sessel und ein Regal.[17] Andere waren aufwändig und mit massivem Mobiliar ausgestattet, mit Ladentischen, Ladenkorpussen, Schubladenkästen, Wein- und Essigfässchen, Ölstanden, Petroleumbehältern, wiesen mehrere Waagen und eine Wanduhr auf sowie eine Vielzahl nützlicher Gerätschaften, wie sie eine umfassende Spezereiwarenhandlung erforderte.[18] Hinzu kommen in einzelnen Ausnahmefällen um 1900 als teure Neuerrungenschaften Eisschränke, elektrische Kaffeemühlen und Kontrollkassen zur Erfassung der Verkäufe. So fällt die Spanne dessen, was eine Ladeneinrichtung wert sein konnte, sehr gross aus. Das Verhältnis von günstigster zu teuerster Einrichtung beträgt für die erfassten Fälle je nach Zeitabschnitt zwischen 1 : 3 und 1 : 12.

Auffällig und auch erstaunlich ist der schwache Zusammenhang zwischen der Vermögenslage der Ladeninhaber und dem Wert der Einrichtung ihres Laden ($r = 0{,}323$). Unsere 26 Beispiele zeigen: Ein vermögender Spezierer besass nicht unbedingt ein aufwändig ausgestattetes Verkaufslokal. Genauso falsch wäre es umgekehrt, von einem geringen Reinvermögen auf eine einfache Ladeneinrichtung zu schliessen. Offensichtlich stand die Funktionalität im Vordergrund. Finanziell besser gestellte Eigentümer von Spezereigeschäften waren nicht darauf bedacht, dies auch in der Ladenausstattung sichtbar zu machen.

Zu vermuten ist ein Zusammenhang zwischen dem Alter des Ladeninhabers und dem Wert der Ladenausstattung, und zwar in dem Sinne, dass der Laden eines betagten Spezierers wahrscheinlich eher älteren Datums ist, überholt von neuen Entwicklungen und Standards in der Branche und tendenziell entwertet. Ein statistischer Zusammenhang dieser oder anderer Art ist zwischen diesen beiden Grössen allerdings nicht feststellbar ($r = 0{,}080$; $n = 24$). Zu viele individuelle Faktoren spielen offenbar in die Wahl der Ladenausstattung hinein.

Zwischen dem Wert des Ladenmobiliars und jenem der Warenvorräte besteht schliesslich ein mässiger statischer Zusammenhang ($r = 0{,}482$; $n = 27$). Daraus ist zu schliessen, dass besser möblierte Verkaufslokale tendenziell Platz für ein umfangreiches Warenlager boten (vgl. Tab. 39, S. 210).

Am Rande bemerkt sei hier, dass der Zusammenhang zwischen dem Wert des

Tab. 39: *Ladeneinrichtung, Warenvorräte und Reinvermögen von SpeziererInnen in der Stadt Basel, 1858–1913*

Inventar	Alter des/der Verstorbenen	Ladeneinrichtung (Fr.)*	Warenlager (Fr.)	Reinvermögen/ Schulden (Fr.)
1858, 99	57	150	630	22'951
1864, 297	?	96	603	8877
1864, 372	?	96	753	4595
1865, 133	?	252	3469	11'833
1865, 307	?	25	321	939
1874, 105	60	87	1591	4460
1876, 229	43	247	6103	35'023
1877, 244	45	132	1746	9167
1877, 323	38	300	2577	460
1878, 147	40	264	602	2508
1886, 642	55	302	4550	19'256
1887, 272	33	66	500	1273
1887, 298	44	131	1216	-3955
1887, 499	58	159	1492	2565
1887, 653	36	(49)	487	-6157
1898, 366	68	181	2200	-1856
1898, 649	57	139	681	5063
1899, 195	68	200	1800	6682
1899, 254	43	111	1017	24'394
1900, 459	43	67	500	6449
1900, 690	43	157	1646	4756
1910, 974	51	192	**0	16'263
1910, 1041	61	477	4822	40'650
1911, 488	43	658	1607	1335
1911, 823	49	(35)	835	-2896
1912, 1116	66	54	270	18'273
1913, 676	65	395	1334	16'730
1913, 891	59	455	1600	12'061

* Die Werte in Klammern deuten auf unvollständige Ladeneinrichtungsinventare hin.
** Das Warenlager ist beim Tod des Spezierers bereits veräussert.

Quelle: StABS, Gerichtsarchiv PP1 Inventarien, vgl. Anhang 4.

Warenlagers und dem Reinvermögen der SpeziererInnen um einiges enger ist (r = 0,607; n = 27). Die Vermögenslage der Ladeninhaber bestimmte somit zu einem guten Teil den Umfang der Warenvorräte, über welche sie verfügten. Eine bequemere finanzielle Lage erlaubte demzufolge, Waren in grösseren Mengen zu günstigeren Konditionen einzukaufen und ans Lager zu nehmen. Oder sie

Abb. 26: *Eine seltene Innenaufnahme führt das typische Spezereisortiment mit Gebrauchsartikeln und Lebensmitteln sowie das gebräuchliche Mobiliar vor Augen. Im Bild die Filiale «Obergoldach» des Lebensmittelvereins Goldach. (Archiv Coop Schweiz, Bild VSK 4913/3)*

liess den Unternehmern bei gegebenen Mindestbestellmengen bezüglich der Sortimentsbreite mehr Spielraum. Anzumerken ist in diesem Zusammenhang auch, dass der Wert des Warenlagers in sämtlichen Fällen ein Mehrfaches des Mobiliarwerts beträgt.

15.5 Zusammenfassung

Die Aufstellungen in den Inventaren geben uns ein bis in die Einzelheiten reichendes Bild über Einrichtungen und Hilfsmittel, welche in Spezereiläden zur Verfügung standen. Sie zeugen von einer Zeit, in der die Mehrzahl der Lebensmittel in loser Form vom Händler an die Verbraucher ging. Die Vorverpackung von Grundnahrungsmitteln und der Handel mit Markenartikeln waren noch wenig verbreitet oder begannen sich eben erst zu etablieren. So war im Lebensmittelgeschäft das Portionieren nach Kundenwunsch, etwa das Auswägen und Verpacken von Mehl, Zucker, Butter oder Gewürzen und das Abmessen von Essig, Öl, Wein, Milch sowie Petroleum in Hohlmassen und das anschliessende Abfüllen in zum Teil von der Kundschaft mitgebrachte Gebinde, ein alltäglicher und vertrauter Vorgang. Entsprechend lange waren zu Stosszeiten die Warte- und Verweildauer der KundInnen in den Läden. Wenn man nicht stehend warten konnte oder wollte, boten Bänke oder Stühle im Ladenlokal Sitzgelegenheit.

Der technische Fortschritt machte sich gegen Ende des 19. Jahrhunderts auch in der Ausstattung der Verkaufslokale bemerkbar und schlug sich in steigenden Einrichtungskosten nieder. So wandelte sich etwa die Beleuchtung von Kerzen- und Talglicht über Petroleumlampen hin zur Gas- und elektrischen Beleuchtung. Leicht verderbliche Frischprodukte wurden allmählich in gekühlten Möbeln aufbewahrt, nicht mehr nur in kühlen Lagerkellern, sondern jetzt neu auch in Eisschränken, die mit Stangeneis kühl gehalten wurden. Einige Vorgänge erfuhren um 1900 eine Mechanisierung, z. B. das Mahlen von geröstetem Kaffee mittels elektrischen Kaffeemühlen, damals vermutlich als neue Dienstleistung im Spezereiladen eingeführt. Zur selben Zeit begegnen wir erstmals einer mechanischen Kontrollkasse (Registrierkasse), welche die Buchhaltung erleichterte.

Der Einrichtungsstandard von Verkaufsgeschäften des Spezereihandels war sehr unterschiedlich. So bewegt sich der in den Inventaren veranschlagte Gesamtwert von Ladeneinrichtungen zwischen 25 Fr. und 658 Fr. Je nach Zeitabschnitt und verfügbaren Beispielen beträgt das Verhältnis zwischen günstigster und teuerster Ladeneinrichtung 1 : 3 bis 1 : 12. Ob ein Spezereiladen aufwändig oder bescheiden ausgestattet war, erklärt sich – soweit unsere bescheidene Datenbasis Aufschluss geben kann – weder aus dem Jahrgang des Ladens bzw. Alter des Inhabers noch aus dessen Vermögenslage.

16 Die Warenbeschaffung der Händler am Beispiel der Spezierer

Eine noch weitgehend unbeantwortete Frage ist, wie sich die Lebensmitteleinzelhändler mit Waren eindeckten. Zunächst gingen wir davon aus, dass die lokale Handelsstruktur sowie eine Liste der ansässigen Nahrungsmittel- und Gebrauchsgüterfabrikationen einigen Aufschluss hierzu liefern würden.
Zwar lässt sich auf Grund des Adressbuchs eine Übersicht zu den wichtigsten Produktionsbetrieben Basels erstellen, die als Lieferanten der örtlichen Kleinhändler denkbar sind.[1] Doch eine klare Unterscheidung in Einzel- und Grosshandelsbetriebe ist – wie wir im Zuge der Datengewinnung aus den Adressbüchern haben feststellen können – meist nicht möglich. Ansätze zur Unterteilung in Handel «en gros», «en gros & en détail» und «en détail» bei den Spezierern, Kolonialwarenhändlern und Farbwarenhandlungen um 1850 liessen die Ersteller des Adressbuch-Branchenteils in den folgenden Jahren fallen, vermutlich wegen Schwierigkeiten bei der Definition und Zuteilung. Denn Grosshändler für Drogeriewaren und Materialien, Kolonialwaren, Tee, Kaffee, Tabakwaren, Comestibles, Fleischwaren, Wein und Spirituosen – um nur einige Bereiche mit einem mutmasslich bedeutenden Grosshandelsanteil zu nennen[2] – betrieben in den meisten Fällen in einem Verkaufsgeschäft selbst auch den Detailverkauf. Ihre Funktion als Grosshändler wird aus den Adressbüchern oft nicht ersichtlich. Die Kombination von Gross- und Kleinhandel im selben Betrieb haben wir für Basel vielfach angetroffen und dabei festgestellt, dass Einzelhändler mit Grosshändlerfunktion im späten 19. Jahrhundert zur Gründung von Filialen neigten, also häufig mehr als nur ein einziges Verkaufslokal betrieben (vgl. Tab. 40, S. 214).
Händler mit ausschliesslichem Engrosverkauf können auf Grund des Adressbucheintrags in relativ wenigen Fällen eindeutig als Grossisten ausgemacht werden. Erkennbar sind Grosshandelsfirmen teilweise am Firmennamen, welcher auf die Rechtsform einer Kollektivgesellschaft schliessen lässt.[3] Die Beteiligung zweier oder mehrere Partner an der Firma sowie insbesondere die Form der Aktiengesellschaft verweisen auf einen erhöhten Bedarf an Finanzkraft und Kreditwürdigkeit, wie er bei der Geschäftstätigkeit im Import- und Grosshandel bestand. Trotzdem waren auch im Grosshandel im betrachteten Zeitraum Einzelfirmen durchaus möglich.

Tab. 40: *Handelsfunktionen verschiedener Branchen in der Stadt Basel, 1854*

Branche	En gros (n)	En gros & en détail (n)	En détail (n)	Total (n)
Farbwarenhandlungen	6	1	1	8
Kolonialwarenhandlungen	4	2	0	6
Spezierer	0	18	47	65

Quelle: *Adressbuch der Stadt Basel 1854,* Alphabetisches Verzeichnis der Künstler, Handels- und Gewerbeleute, 341–363.

Mehr oder weniger bekannt ist, dass Grosshändler und andere Lieferanten den Ladenbesitzern Kredite einräumten. Auch sollen sich grosse Einzelhändler gegenüber kleineren Branchenangehörigen als Grosshändler betätigt haben. So entstanden finanzielle Abhängigkeiten, die bis zur Übernahme des Verkaufslokals durch den Lieferanten führen konnten, wobei die früheren Besitzer dann unter Umständen als Angestellte das Filialgeschäft weiterführten.[4]

16.1 Die Lieferanten von Basler Spezierern

Wie aber deckten sich Basler Spezierer mit Waren ein? Geschah dies über einige wenige oder eine grössere Anzahl von Lieferantenbeziehungen? Wirkten eigentliche Grosshändler als Lieferanten, oder bezogen kleine Einzelhändler ihre Waren bei grösseren Einzelhändlern? Nahm die Zahl der Lieferantenbeziehungen der Spezierer in unserem Zeitraum eher ab, z. B. infolge der Organisation der Einzelhändler in Einkaufsgemeinschaften? Auch könnten zusehends wichtiger werdende Grossisten eine Bündelung der Lieferantenbeziehungen bewirkt haben. Ausserdem stellt sich die Frage nach dem geografischen Radius der Lieferanten: War ihr Geschäftsdomizil in Basel selbst, in der Region, anderswo in der Schweiz oder gar im Ausland? Wie kamen Lieferant und Einzelhändler miteinander in Kontakt? Welche Zahlungsbedingungen galten? Trifft es zu, dass Kleinhändler häufig Lieferantenrechnungen offen stehen hatten, Lieferantenkredite somit eine wichtige Finanzierungsgrundlage für ihre Geschäfte bildeten?

16.1.1 Quellen, Datengewinnung und -auswertung

Bei der Bearbeitung der Inventare von Basler Spezierern[5] hinsichtlich der Ladeneinrichtungen hat sich gezeigt, dass diese Quelle auch über die Warenlieferanten Aufschluss gibt. Unter der Rubrik der Passiven sind nämlich nebst allfälligen Hypothekar- und anderen Darlehen, noch zu bezahlenden Mietzinsen, Handwerker- und Arztrechnungen sowie Bestattungskosten meistens die offenen Schulden bei Warenlieferanten aufgeführt. Dies ist der Fall in den Inventaren verstorbener Spezierer ab den 1870er-Jahren. Vergleichbare Angaben liefern die Inventare falliter (konkursiter) Spezierer für die 1850er- und 60er-Jahre, hingegen fehlen zu diesen Zeitpunkten die Lieferantenschulden verstorbener Spezierer. Teils liegen den Inventarakten sogar Originalrechnungen und Kontokorrentauszüge der Lieferanten bei, welche diese innert der vorgeschriebenen Frist bei der Gerichtsschreiberei eingereicht hatten, teils handelt es sich um einfache Gläubigerlisten mit Name der Firma und (bei Auswärtigen) Domizilangabe. Allenfalls wird ergänzend ein Forderungsgrund genannt, z. B. «für Waren», «für Käse», «für Wein», «für Seife und Kerzen» usf.

Da uns Beruf bzw. Branche der Lieferanten für unsere Auswertung interessieren, haben wir die Lieferantendaten mit dieser Angabe zu ergänzen versucht. Zugleich kann auf diese Weise überprüft werden, ob es sich tatsächlich um Lieferanten und nicht um anderweitige Gläubiger handelte. Für die Stadt Basel ist die Untersuchung relativ einfach gewesen, dennoch haben für die 1850er-Jahre einige Angaben nicht beigebracht werden können. Schwieriger hat sich die Ergänzung der Berufs- oder Branchenangabe für auswärtige Lieferanten gestaltet. So weit als möglich sind die fehlenden Informationen aus Adress- und Firmenverzeichnissen der zuständigen Stadt- und Staatsarchive beschafft, teils vor Ort, teils telefonisch oder auch auf schriftlichem Weg.[6] Für die Schweiz und die Zeit ab 1880 haben sich die Ragionenbücher als besonders aufschlussreiche Quelle erwiesen.[7]

Für die Auswertung haben wir die Lieferanten in drei Zeitabschnitte (1 = 1854 bis 1864, 2 = 1874–1887, 3 = 1898–1912) und drei Gruppen (Fabrikanten, Händler, Handwerker und übrige) unterteilt. Zur Zuteilung noch einige Erläuterungen. Die reinen Händler sind leicht zu bestimmen. Fliessend hingegen sind die Grenzen zwischen Handwerkern und Fabrikanten. Der Kategorie «Handwerker und übrige» haben wir nur jene Produzenten zugewiesen, die eindeutig als Handwerker erkennbar sind: Metzger, Bäcker, Zuckerbäcker. Hingegen haben wir z. B. «David Sprüngli & Sohn, Zürich, Zuckerbäckerei und Schokoladefabrikation» (1855), «Rudolf Koblet, Eidberg ZH, Sennerei» (1858) oder «J. Tobler, Bern, Konditorei-Confiserie» (1898) den Fabrikanten zugerechnet. Eine weitere Entscheidung ist bei jener Gruppe von Lieferanten zu treffen gewesen, die einerseits einen Produktionsbetrieb unterhielt und gleichzeitig als Händler wirkte. Diese Gruppe ist nicht sehr umfangreich und ihre Vertreter sind eher gegen Ende unseres Zeitabschnitts feststellbar, so z. B. «H. Nägeli Sohn, Zürich, Buttersiederei und Handel mit Schweinefett» (1877), «Gebr. Weilenmann, Veltheim ZH, Teigwarenfabrikation und Lebensmittelhandlung» (1886), «A. Rebsamen & Cie., Richterswil ZH, Fabrikation von Teigwaren, Fettwaren und Landesprodukte» (1887), «Frölicher & Schwab, Solothurn, Kolonialwarenhandlung, Essigfabrikation und Buttersiederei» (1887), oder «Carl Glenk, Basel, Fabrikation und Handel in chemischen Produkten» (1887). Diese Firmen haben wir den Fabrikanten zugerechnet, was für unsere Zwecke sachlich richtig sein dürfte. Wir können nämlich davon ausgehen, dass solche Lieferanten für die Basler Spezierer in erster Linie als Fabrikanten ihrer Spezialitäten Bedeutung hatten und kaum als Händler. Denn Handelswaren – z. B. Kolonialwaren und Landesprodukte – waren ebenso gut in Basel selbst zu beziehen.[8]

16.1.2 Ausdehnung des Lieferantennetzes von Spezereigeschäften

In 27 Inventaren aus den Jahren 1854–1912 haben wir insgesamt 356 Lieferantenbeziehungen von Basler Spezereihändlern festgestellt. Dabei bewegt sich die Zahl der bei der Inventaraufnahme belasteten Lieferantenkonten zwischen drei und 26. Unsere Beispiele geben keinerlei Hinweise auf einen im Zeitverlauf enger werdenden Lieferantenkreis bzw. eine Bündelung der Bezugsquellen. Sogar jene drei Spezierer, welche um 1910 bei der «Einkaufs- und Rabattvereinigung der schweizerischen Gewerbepartei, Sektion Basel» Schulden hatten, verkehrten daneben mit weiteren zehn bis 24 Händlern und Fabrikanten. Tendenziell nahm die Zahl der Lieferantenbeziehungen, die ein Spezierer unterhielt, gegen Ende unseres Zeitraums sogar eher zu, einerseits wohl wegen der Verbreiterung des Spezereisortiments und andererseits wegen der Herausbildung einer vielfältigen Konsum- und Gebrauchsgüterindustrie im letzten Viertel des 19. Jahrhunderts, wobei sich die Einzelhändler direkt bei den Fabrikanten eindeckten (vgl. Tab. 41).

Wenn ein Spezierer mit einem oder zwei Dutzend Zulieferern in Beziehung stand, so haben uns dabei besonders die Mehrgleisigkeiten erstaunt. In den 1850er- und 60er-Jahren konnten sich bis zu fünf verschiedene Spezierer unter den Gläubigern befinden. Ab den 1870er-Jahren traten an ihre Stelle Kolonialwarenhändler. Einer unserer Spezierer bezog Waren von vier Kolonialwarenhändlern. Ebenso werden oft mehrere Wein- und Spirituosenhändler als Lieferanten aufgeführt, im Extremfall deren vier. Tabak- und Zigarrenfabrikanten sowie Händler dieser Branche treffen wir in einigen Fällen mehrfach an, einmal gar deren fünf. Ab den 1870er-

Tab. 41: *Lieferantenbeziehungen von Spezereigeschäften in der Stadt Basel, 1854–1912*

Lieferanten	Inventare						
	1854 –1859	1863 –1864	1874 –1878	1886 –1887	1898 –1900	1910 –1912	Total
1–5			2	1	1		4
6–10	1	2	1	2	1		7
11–20	2	1	1	1	2	3	10
21–30	1		1	1	1	2	6
Total	4	3	5	5	5	5	27

Quelle: StABS, Gerichtsarchiv PP1 Inventarien, vgl. Anhang 5.

Jahren bezogen die Spezierer oftmals Produkte bei mehr als einem einzigen Seifen- und Kerzenfabrikanten, und ab 1900 pflegten sie meist Geschäftsbeziehungen zu mehreren Schokoladefabriken. Ist dieses Einkaufsverhalten durch Sortimentsüberlegungen allein zu erklären, oder spielten dabei auch die Lieferantenkredite eine Rolle, die bei mehr Lieferanten grösser ausfallen? Unseres Erachtens dürften beide Faktoren das Einkaufsverhalten beeinflusst haben, d. h. bei leerer Geschäftskasse und hoher Verschuldung kam es bestimmt auch zur Erschliessung neuer Lieferanten und zusätzlicher Kredite.[9]

16.1.3 Die geografische Herkunft der Lieferanten

Von den insgesamt 354 erfassten Lieferanten der Basler Spezierer hatte der überwiegende Teil (71%) den Firmensitz in der Region Basel.[10] Von wenigen Ausnahmen abgesehen – nämlich 15 von 250 Lieferanten – befanden sie sich sogar in der Stadt Basel selbst. Ein Viertel hatte das Geschäftsdomizil in der übrigen Schweiz und nur gerade 4% im Ausland. Obwohl sich die Lieferanten aus der übrigen Schweiz auf 14 Kantone verteilten, stach der Kanton Zürich mit rund einem Drittel dieser Lieferantenbeziehungen klar hervor. Mit je einem Sechstel folgten der Aargau sowie der Kanton Bern. Das restliche Drittel der Lieferanten verteilte sich auf elf Kantone. Von den 15 Beziehungen zum Ausland entfielen zwölf auf den Südwesten Deutschlands und das – ab 1871 ebenfalls deutsche – Elsass. Ein Händler wohnte in Ulm, eine Wurst- und Fleischwarenfabrik produzierte in Braunschweig und von einem französischen Weinhändler hat sich das Domizil nicht feststellen lassen (vgl. Tab. 42).

Tab. 42: *Klassierung der der Lieferanten von Spezierern in der Stadt Basel nach Domizil, 1854–1912*

Domizil*	Lieferanten (n)				Lieferanten (%)			
	1854 –1864	1874 1887	1898 –1912	1854 –1912	1854 –1864	1874 1887	1898 –1912	1854 –1912
Ausland	4	8	3	15	5	7	2	4
Region Basel	68	72	110	250	82	65	69	71
Übrige Schweiz	11	31	47	89	13	28	29	25
Insgesamt	83	111	160	354	100	100	100	100

* Das Domizil konnte nur für 354 von 356 Lieferanten festgestellt werden.
Quelle: StABS, Gerichtsarchiv PP1 Inventarien, vgl. Anhang 5.

Es ist eine deutliche Verschiebung weg vom lokalen bzw. regionalen Lieferanten und hin zu Bezugsquellen in der übrigen Schweiz feststellbar. Stammten in den 1850er- und 60er-Jahren 82% der Lieferanten aus der Region Basel, so waren es in den Jahren um 1900 nur noch 69%. Die Lieferanten aus der übrigen Schweiz haben ihren Anteil im gleichen Zeitraum von 13% auf 29% ausgebaut, auch auf Kosten der ausländischen Lieferanten. Die überregionale Warenbeschaffung in der Schweiz gewann für die Basler Spezereihändler im letzten Viertel des 19. Jahrhunderts zweifellos erheblich an Bedeutung. Ein eigentlicher Bruch in der Lieferantenstruktur nach dem Gesichtspunkt der geografischen Verteilung ist um 1870 auszumachen. Er ist durch zwei Faktoren erklärbar: Die verbesserten Transportmöglichkeiten mit der Etablierung der Eisenbahn und die Herausbildung spezialisierter Produktionsbetriebe für Nahrungsmittel und Gebrauchsgüter an den verschiedensten, teils auch dezentralen, ländlichen Standorten in der ganzen Schweiz.

16.1.4 Händler, Fabrikanten und andere Lieferanten

Über den gesamten Zeitraum betrachtet, übertrafen unter den Lieferanten der Basler Spezierer die Händler (51%) die Fabrikanten (44%) nur wenig, doch hatte sich das Verhältnis zwischen 1850 und 1914 deutlich zu Gunsten der Fabrikanten verschoben. Während wir in den 1850er- und 60er-Jahren 29% Fabrikanten und 61% Händler zählen, pendelte sich das zahlenmässige Verhältnis dieser beiden Lieferantengruppen vor dem Ersten Weltkrieg bei 1 : 1 ein. Der Grund

Tab. 43: *Klassierung der Lieferanten von Spezierern in der Stadt Basel nach Wirtschaftszweig, 1854–1912*

Wirtschaftszweig*	Lieferanten (n)				Lieferanten (%)			
	1854–1864	1874–1887	1898–1912	1854–1912	1854–1864	1874–1887	1898–1912	1854–1912
Fabrikanten	23	48	79	150	29	46	51	44
Händler	48	50	74	172	61	48	48	51
Handwerker	8	6	2	16	10	6	1	5
Insgesamt	79	104	155	338	100	100	100	100

* Nur für 338 von 356 Lieferanten konnte die Branchenzugehörigkeit ermittelt werden.
Quelle: StABS, Gerichtsarchiv PP1 Inventarien, vgl. Anhang 5.

dafür: Nebst den bereits um 1850 bestehenden Fabrikanten, zu denen wir die Seifensieder und Kerzenmacher, die Müller und die Tabakfabrikanten rechnen, gesellten sich nach 1870 zunehmend weitere Betriebe neuer Branchen der Nahrungsmittel-, Genussmittel- und Gebrauchsgüterindustrie hinzu. Viele dieser fabrikmässigen Produktionsbetriebe entwickelten sich aus dem Handwerk, so die Schokoladenfabrikation aus der Zuckerbäckerei und der Confiserie-Konditorei, die Wurstfabrikation aus der Metzgerei sowie die Biskuit- und zum Teil auch die Teigwarenfabrikation aus dem Bäckergewerbe. Im Gegenzug zum Bedeutungsgewinn der Fabrikanten als Lieferanten der Spezierer verschwanden die Handwerker (Metzger, Bäcker, Zuckerbäcker) und die übrigen Lieferanten (Wirte, Bauern) um 1900 fast völlig. Gehörten um 1860 noch 10% dieser Gruppe an, so waren es am Ende unseres Zeitraums nur gerade noch 1% (vgl. Tab. 43).

16.1.5 Händler aus der Stadt, Fabrikanten von nah und fern

Die Lieferanten mit Geschäftssitz in Basel waren zu 63% Händler und zu 32% Fabrikanten. Die restlichen 5% entfielen auf Lebensmittelhandwerker wie Bäcker, Zuckerbäcker, Metzger oder auch – in seltenen Fällen – Wirte und Bauern. Bei den Lieferanten aus der übrigen Schweiz war das Verhältnis zwischen Händlern und Fabrikanten mit 33% und 67% ein gerade umgekehrtes. Dies und die Tatsache, dass 89% der Händler-Lieferanten in der Region Basel domiziliert waren, zeigen, dass der Bezug von Handelswaren schwergewichtig lokal erfolgte. Fabrikmässig produzierte Lebens- und Genussmittelspezialitäten sowie

Tab. 44: *Klassierung der Lieferanten von Spezierern in der Stadt Basel nach Wirtschaftszweig und Domizil, 1854–1912*

Lieferanten	Domizil	Wirtschaftszweig			Total
		Fabrikanten	Händler	Handwerker	
(Anzahl)	Ausland	8	4	0	12
(%-Anteil an Zeile)		(67)	(33)	(0)	100
(%-Anteil an Spalte)		5	2	(0)	4
(Anzahl)	Region Basel	77	153	13	243
(%-Anteil an Zeile)		32	63	5	100
(%-Anteil an Spalte)		51	89	(81)	72
(Anzahl)	Übrige Schweiz	65	15	3	83
(%-Anteil an Zeile)		78	18	4	100
(%-Anteil an Spalte)		43	9	(19)	25
(Anzahl)	Total	150	172	16	338
(%-Anteil an Zeile)		44	51	5	100
(%-Anteil an Spalte)		100	100	100	100

Werte in Klammern: Gesamtzahl der Fälle weniger als 60.

Quelle: StABS, Gerichtsarchiv PP1 Inventarien, vgl. Anhang 5.

Gebrauchsgüter des täglichen Bedarfs hingegen kaufte der Basler Spezierer direkt beim Produzenten ein, ganz gleich ob dieser in der Region Basel selbst, in der übrigen Schweiz oder gar im Ausland domiziliert war (vgl. Tab. 44).

Auffallend sind ferner die qualitativen Unterschiede zwischen den Händler-Lieferanten unserer drei geografischen Zonen. Jene aus der Region Basel gehörten in erster Linie der Spezerei- und Kolonialwarenbranche an, aber auch einer Vielzahl weiterer Handelsbranchen für Lebensmittel, Genussmittel und Gebrauchsgüter (vgl. Tab. 45). Die wenigen Händler-Lieferanten aus der übrigen Schweiz und dem Ausland hingegen waren Wein-, Branntwein-, Käse- oder Tuchhändler und nur höchst selten Spezerei- oder Kolonialwarenhändler. Damit wird deutlich, dass die gängigen Handelswaren in der Regel bei Basler Händlern bezogen wurden, gewisse Spezialitäten hingegen auch aus weiter entfernten Gegenden der Schweiz oder dem Ausland. So etwa Wein oder Branntwein von Händlern in der Region Zürichsee und Käse von Händlern in anderen Städten oder in den Produktionsgebieten.

Auch bei den Fabrikanten sind auffallende Unterschiede feststellbar, je nach

Tab. 45: *Produktionsbetriebe für Lebens- und Genussmittel sowie Gebrauchsgegenstände in der Stadt Basel, 1854–1910*

Branche	1854	1862	1874	1886	1898	1910
Branntwein-Brennereien/Distillerien				5	5	9
Bierbrauer/Bierbrauereien	13	14	19	14	7	7
Bürstenbinder/Bürstenfabrikanten	5	5	9	9	9	10
Champagnerfabrikation						2
Essigfabrikation					1	1
Kephiranstalt					1	
Krautschneider (Sauerkrautfabrikation?)	2	1				
Kunstbutter-, Margarine-, Koch- und Kokosnussfettfabriken				1	1	3
Leckerlifabrikanten	1	2		2	7	13
Magenbitter- und Liqueurfabrikanten				2	2	5
Mineralwasser- und Limonadefabrikanten			3	4	20	9
Müller	17	13	13	9	10	6
Nudelmacherinnen/Teigwarenfabriken	6	4			2	4
Schokoladefabrikanten	1	2	5	2	2	1
Seifensieder und Kerzenmacher	3	4	5	6	7	4
Senffabrikanten		2	1	2	3	3
Wichsefabrikant/Wichsefabrik	1					1
Zichorienfabrik (Kaffeesurrogat)				1	1	1
Zigarren- und Tabakfabrikanten	6	10	7	8	7	10
Zuckerwarenfabrikation						2
Zwieback- und Brezelfabriken						2
Produktionsbetriebe insgesamt	55	57	62	65	85	93

Quelle: *Adressbuch der Stadt Basel.*

geografischer Herkunft. Die regionalen Fabrikanten, die unsere Spezierer belieferten, waren häufig Seifensieder und Kerzenmacher bzw. Seife- und Kerzenfabrikanten, Bürstenbinder bzw. -fabrikanten, Zichorienproduzenten und zu Beginn des Untersuchungszeitraums auch Tabakfabrikanten. Diese lokale Tabakverarbeitung hing eng zusammen mit den zahlreich ansässigen Tabakimporteuren, später wurde dann für den Basler Markt die Tabakverarbeitung und Zigarrenfabrikation im Aargauer Seeland wichtiger. Die Seifen- und Kerzenfabrikation als traditionelles lokales Gewerbe verarbeitete tierische Fette aus Schlachtabfällen und erfuhren lange Zeit durch auswärtige Seifenfabriken nur wenig Konkurrenz. Zichorienfabrikanten liessen sich, nach anfänglichen Bezügen aus dem süddeutschen Raum (1877: Firma C. Trampler, Lahr), auch in der Region Basel nieder (1886, 1887: Heinr. Franck Söhne, Basel; 1898, 1899: Paul Heidlauff, Pratteln BL). Auch chemisch-technische Produkte wurden vorwiegend bei einheimischen Produzenten bezogen (1877, 1887: Carl Glenk, Basel; 1910: Gebr. van Baerle, Münchenstein BL).

Die zuliefernden Fabrikanten aus der übrigen Schweiz hingegen waren häufig Schokolade-, Confiserie- und Biskuitfabrikanten, Nahrungsmittelproduzenten, Tabak- und Zigarrenfabrikanten, Essig- und Wichsehersteller oder auch Teigwarenfabriken. Zahlreiche Namen sind als Marken bis heute ein Begriff: David Sprüngli, Suchard & Cie., J. Tobler, J. Klaus, J. Favarger, A. Maestrani & Cie., F. L. Cailler und de Villars als Schokoladenproduzenten, aber auch Dr. A. Wander, C. H. Knorr, Maggi & Cie. als Repräsentanten der Nahrungsmittelindustrie. Vom Namen her bekannt ist uns heute ferner die Firma Friedrich Steinfels in Zürich, die inzwischen geschlossene Seifen- und Waschmittelfabrik. Andere Unternehmungen haben die Geschäftstätigkeit schon längst aufgegeben.

Ob ein Produkt regional oder in der übrigen Schweiz beschafft wurde, hing zunächst einmal mit der regionalen Verfügbarkeit zusammen. Dies bestätigt ein Blick auf die Tabelle der lokalen Fabrikanten (vgl. Tab. 45) zumindest teilweise, so etwa in Bezug auf die in Basel ansässige Seife- und Kerzenfabrikation, die Bürstenfabrikation, die frühe Tabakfabrikation oder die lange in Basel nicht vertretene Essigfabrikation. Der Erklärungsansatz hat allerdings für die Wahl der Schokolade- sowie der Tabak- und Zigarrenfabrikanten keine Gültigkeit. Obwohl diese Branchen in der Stadt Basel vertreten waren, wurden deren Produkte vorzugsweise bei auswärtigen Herstellern gekauft. Als Erklärung führen wir die frühe Spezialisierung der Produktionsbetriebe und die Herausbildung ihrer Spezialitäten zu Markenprodukten an. Die Schokoladefabriken sind ein herausragendes Beispiel dafür, aber auch Zigarrenfabriken fallen in diese Kategorie. Doch nicht nur Betriebe der Lebens- und Genussmittelfabrikation konnten sich mit Markenartikeln einen Namen und ein überregionales Absatzgebiet schaffen. Die Firmen Bluntschli aus Zürich (1877, 1886), Friedrich Steinfels aus Zürich (1910, 1911) und Schnyder aus Madretsch bei Biel (1912) kamen trotz mehreren lokalen Betrieben der Seifen- und Kerzenproduktion bei Basler Spezierern als Lieferanten zum Zug.

Bei den Herstellern direkt beschafft wurden demnach eine ganze Reihe von Produkten wie Schokolade und Confiseriewaren, Biskuits, Tabak und Zigarren, Wichse und Essig, Seife und Kerzen, Zichorienextrakt, Teigwaren, Suppeneinlagen und Würzen, Nährmittel, Käse, Bier, Konserven und Wurstwaren, Sauerkraut, Strohartikel, Bürsten und chemisch-technische Produkte. Um 1900 begannen verschiedene Einkaufsvereinigungen die Bestellungen an Produzenten zu bündeln, um Mengenrabatte zu erzielen.[11]

16.1.6 Ansässige Händler als Lieferanten von Basler Spezierern

153 oder 89% der in den Inventaren ausgemachten Händler-Lieferanten waren in der Region Basel ansässig. Eine nähere Untersuchung, so haben wir uns erhofft, würde zu neuen Erkenntnissen betreffend Warenbeschaffung führen. Jeder dieser Händler nahm eine Grosshändlerfunktion wahr, wenn er einen Spezierer mit Waren belieferte. Erscheint dieser Lieferant aber in unseren Akten zwei- oder mehrmals, so kann er mit einiger Vorsicht bereits als bedeutender Grosshändler bezeichnet werden. Wir haben 22 Basler Handelsfirmen feststellen können, die entsprechend vorkommen (vgl. Tab. 46, S. 224).

Von diesen 22 Firmen sind im Adressbuch nur deren vier explizit als Grosshändler ausgewiesen. Die übrigen waren mit einem oder mehreren Verkaufsgeschäften Einzelhändler und betätigten sich ferner als Grossisten. Sie entstammten den unterschiedlichsten Branchen, waren sogar selbst Spezierer, solche mit erweitertem Sortiment oder ergänzender Spezialisierung, wie die Zusätze im Adressbuch erkennen lassen. Mehrere sind uns als Filialisten und mutmassliche Grosshändler bereits vertraut, so etwa die Kolonialwarenhandlungen Riggenbach und Preiswerk, aber auch Weitnauer als Tabakimporteur mit Detailverkaufsgeschäften und der Käse-, Butter- und Eierhändler W. Karli. Anderen, etwa den Grossisten und Firmen aus dem Bereich der Nichtlebensmittel (Mercerie, Bonneterie, Stoff, Quincaillerie), begegnen wir hier erstmals. Somit gab es um 1900 herum auch im städtischen Basel noch Spezereiläden, welche dem Typ Gemischtwarenhandlung entsprachen: darauf verweisen sowohl die eben erwähnten Nichtlebensmittel-Lieferanten wie auch die in den Inventaren aufgeführten Stoff- und Merceriewarenvorräte.[12] Solches haben wir eigentlich für diese Zeit wegen weit fortgeschrittener Spezialisierung nicht mehr erwartet.

In den 1850er-Jahren finden wir unter den Gläubigern auch mehrere Lieferanten, die im Branchenregister explizit unter «Spezierer en détail» aufgeführt sind, so etwa Joh. Meyer (1854), Gedeon Meyer (1855), Seb. Grunauer (1858) und Heinr. Müller (1863). Offenbar nahmen diese trotzdem Grossistenfunktionen wahr. Zwar waren Gross- und Einzelhandelsfunktion auch zu Ende unseres Zeitraums noch häufig in einer Firma vereint, doch gab es inzwischen eine grössere Zahl von ausschliesslichen Grosshändlern im Lebensmittelsektor, welche u. a. unsere Basler Spezierer belieferten. Die Entwicklung hin zu spezialisierten Grosshändlern lässt sich vor allem ab den 1880er-Jahren beobachten. Unter den zwischen 1886 und 1912 in den Inventaren registrierten ansässigen Lieferanten sind 24 von 91 in den Adressbüchern als ausschliessliche Grossisten bezeichnet. Sie waren vorwiegend in den Branchen Kolonialwaren, Landesprodukte, Wein und Spirituosen sowie Mercerie und Bonneterie tätig. Eine Aufspaltung der Gross- und Einzelhandelsfunktion ist in bestimmten Branchen gegen das Jahr 1900 erkennbar. Dass

Tab. 46: *Handelsfirmen, die in den untersuchten Inventaren zweimal und öfter als Lieferanten erscheinen, Stadt Basel, 1854–1912*

Name der Firma	Handelsbranche	Lieferbeziehungen	Zeitraum
Eml. Ramsperger	Spezierer und Mineralwasserhändler	2	1854–1855
Joh. Meyer, J. C. Meyer, J. C. Meyer's Witwe	Spezierer und Branntweinhandlung, Sprit- und Kolonialwarenhandlung	9	1854–1910
Joh. David	Wein-, Branntwein- und Essighandlung	2	1854–1863
J. J. Lindenmeyer	Weinhandlung	2	1854–1858
Rud. Bloch	Spezierer und Ellenwarenhändler	4	1854–1863
Eml. Preiswerk	Spezierer und Kolonialwarenhandlung	3	1855–1898
J. B. Vest junior	Spezierer und Kolonialwarenhandlung	3	1858–1864
Heinr. Wüst	Käsehändler	2	1858–1864
Wwe. Riggenbach z. Arm., Gebrüder Riggenbach	Spezierer, Kolonialwaren und Käse	7	1859–1911
Leonhard Bernoulli	Drogerie und Materialwaren	3	1864–1898
Grossmann-Byland	Käsehandlung	2	1864–1877
J. Naef, O. Naef	Spezierer und Honighändler	4	1877–1898
Zaeslin & Baumann	Kolonialwaren und Landesprodukte en gros, Warenhandlung	2	1878–1886
W. Karli	Käse-, Butter- und Eierhändler	3	1887–1911
J. A. Weitnauer (& Cie.)	Zigarren- und Tabakimport	5	1887–1911
S. Levaillant	Kolonialwaren en gros, Kaffeerösterei	2	1887–1910
Gebr. Rhein	Mercerie und Bonneterie en gros	3	1887–1912
A. Hofer & Cie	Wein- und Spirituosenhandlung	2	1998–1912
Müry, Meyer & Cie, Müry & Cie.	Quincaillerie und Mercerie	3	1899–1910
Bruckner & Cie.	Wein und Spirituosen	2	1910–1911
Einkaufs- und Rabattsparvereinigung d. Schweiz. Gewerbepartei, Sekt. Basel		3	1910–1912
Wilh. Frey	Papeterie und Luxuspapier en gros	2	1910

Quelle: StABS, Gerichtsarchiv PP1 Inventarien, vgl. Anhang 5.

auch eine Firma wie Preiswerk 1932 schliesslich ihre Filialen abstiess und sich auf den Grosshandel konzentrierte, ist ein anschauliches und typisches Beispiel für diese Entwicklung.

Eine besondere Art Grosshändler waren die als Selbsthilfeorganisation der Kleinhändler gegründeten Einkaufsvereinigungen.[13] Obwohl mehrere davon auftraten, sind wir in den Inventaren einzig auf die Einkaufs- und Rabattsparvereinigung der Schweizerischen Gewerbepartei, Sektion Basel gestossen. Eine erhalten gebliebene Rechnung dieser Vereinigung[14] zeigt, dass den Mitgliedern nebst Grundnahrungsmitteln auch Markenprodukte der Firmen Knorr, Maggi und Sunlight vermittelt wurden.

16.1.7 Kontakte zwischen den Lieferanten und den Spezierern

Zur Anbahnung und Pflege der Kontakte zwischen Lieferanten und Einzelhändlern sind verschiedene Wege denkbar. Branchen- und Firmenverzeichnisse lieferten Anbietern und Nachfragern von Spezereiwaren eine Auswahl möglicher Geschäftspartner. So konnten die Spezierer Lieferanten ausfindig machen und bei Interesse kontaktieren. Als Lieferanten mögen Händler, welche den Absatz im Grossen suchten, und Fabrikanten mit Angeboten und Preislisten[15] an potenzielle Kunden herangetreten sein. Der persönliche Kontakt dürfte damals – genau wie auch heute noch – eine wichtige Rolle gespielt haben (Werbung von Kunden, Bestellwesen). Grossisten und Fabriken beschäftigten zu diesem Zweck im 19. Jahrhundert eine wachsende Zahl von Reisenden bzw. Vertretern. Diese besuchten bestehende und potenzielle neue Kunden zu Informations- und Verkaufsgesprächen. Die Rolle der firmeneigenen Vertreter konnten auch selbstständige Agenten[16] übernehmen, welche vor Ort oder reisend Bestellungen zuhanden ihrer Auftraggeber gegen eine Provision akquirierten. Besondere Angebote und Preislisten liessen sich den Kunden auch auf dem Postweg unterbreiten. Um 1900 stand in zunehmendem Masse als Kommunikationsmedium bereits auch das Telefon zur Verfügung. Bei gegenseitigem Vertrauen und attraktiven Bedingungen schrieben Abnahme-, Liefer- oder Depotverträge die Geschäftspartnerschaft fest.[17]

Nebst den Agenten vermittelten auch Makler Handelsgeschäfte, und Kommissionäre kauften und verkauften Waren im Auftrag von Dritten gegen eine Entschädigung. Bei wachsenden Warenströmen gewann im 19. Jahrhundert das Kommissionsgeschäft stark an Bedeutung. Es beruhte auf dem Prinzip, dass der Kommissionär dem Kaufmann seine Anwesenheit am fremden Ort ersetzte.[18] In den Basler Adressbüchern sind Agenten aller möglichen Ausrichtungen, aber zeitweise auch die Branchenrubriken «Commissionshandlungen» bzw. «Kommission

und Spedition» ersichtlich. Komissionshandlungen sind teils als Grosshandelsfirmen identifizierbar.[19]
Treibende Kraft bei der Einführung und Verbreitung von Markenprodukten war damals und ist heute noch die Produktwerbung der Fabrikanten in Zeitungen und Journalen, auf Plakaten und über weitere Werbeträger.[20] Die bei den Verbrauchern ausgelöste Nachfrage öffnete den Herstellern die Absatzkanäle des Einzelhandels. Ein Beispiel illustriert die Funktionsweise sehr gut: Warum wird die Sunlight-Seife schliesslich ins Warenangebot des Allgemeinen Consumvereins aufgenommen, obwohl ein anderes Produkt mit einem besseren Preis-Leistungs-Verhältnis zur Verfügung stand? Viele Kunden hatten nach dem Artikel gefragt, den sie über Reklame kennen gelernt hatten.[21]

16.2 Lieferantenkredite, Reinvermögen, Liquidität und Geschäftsguthaben

Nur dank grosszügiger Lieferantenkredite konnte so mancher Lebensmittelhändler sein Geschäft betreiben. Diese häufig geäusserte These haben wir mit den uns zur Verfügung stehenden Informationen aus den Inventaren konfrontiert. Für 20 verstorbene SpeziererInnen verfügen wir nebst den Angaben zu den Lieferantenkrediten aus vorangehenden Untersuchungen[22] bereits über Informationen zu Reinvermögen und Warenlagerwert. Zusätzlich haben wir die Liquidität ermittelt, eine im Geschäftsleben und besonders im Zusammenhang mit der Beanspruchung von kurzfristigen Krediten (z. B. Lieferantenkrediten) überaus wichtige Grösse. Die 1850er- und 60er-Jahre werden allerdings nicht abgedeckt, da aus sieben Inventaren konkursiter Spezierer zwar die Lieferantenkredite bekannt sind,[23] hingegen fehlen aus einsichtigen Gründen Vermögensangaben. Sodann bekannt sind aus diesen Jahren fünf Nachlassinventare – seltsamerweise alle ohne Lieferantenschulden (vgl. Tab. 47).[24]
Die Summe der ermittelten Lieferantenkredite bewegte sich für unsere 20 Fälle zwischen 92 Fr. und 6610 Fr., die Zahl der Lieferanten-Gläubiger zwischen drei und 26. Wenn wir die Lieferantenkredite am ausgewiesenen Reinvermögen messen, so betrugen die offenen Kredite in neun Fällen weniger als 10% des Reinvermögens. In fünf Fällen lagen sie zwischen 14% und 51%. In zwei Fällen konnten die offenen Lieferantenrechnungen bei relativ geringem Reinvermögen als nachrangige Schulden gerade noch zurückbezahlt werden. Mit einer Überschuldung von 1856–6157 Fr. schlossen vier der untersuchten Spezierer-Inventare ab. In diesen Fällen waren die Lieferantenkredite nicht oder nur teilweise durch das Vermögen des verstorbenen Schuldners gedeckt. Unsere wenigen Beispiele zeigen also eine recht heterogene Situation bezüglich der Verschuldung bei

Warenlieferanten und der Finanzkraft von Spezierern. Vermögende und eine Anzahl weniger vermögender Geschäftsinhaber nahmen verhältnismässig geringe Lieferantenkredite in Anspruch; in Franken betrugen diese Schulden zwischen 92 Fr. und 1771 Fr. Eine Reihe von weniger vermögenden und teils überschuldeten Spezierern beanspruchte relativ hohe Lieferantenkredite, die insgesamt zwischen 340 Fr. und 6610 Fr. lagen. Diese Gruppe stand also bei ihren Lieferanten tiefer in der Kreide als die erstgenannte Gruppe der finanziell besser gestellten Berufskollegen.

Ein ähnlich uneinheitliches Bild zeigt die Liquidität der untersuchten Spezierer. Bargeld und Sichtguthaben bei Banken betrugen je 0–8623 Fr., wobei sich die Verhältnisse im Zeitverlauf stark wandelten. In den 1870er-Jahren begegnen wir einigen Spezierern ganz ohne Liquidität. Und nebst einer allfälligen Barschaft erscheinen Bankeinlagen erst ab den 1880er-Jahren regelmässig in den Inventaren. Vermutlich deponierten breite Bevölkerungskreise erst ab diesem Zeitpunkt Geld bei Banken, obwohl bereits vorher in Baselstadt entsprechende Institute bestanden, beispielsweise die 1860 gegründete Handwerkerbank[25] oder auch Ersparniskassen.[26]

Ein Vergleich von Liquidität und Lieferantenkrediten zeigt, dass nur in sieben von 20 Fällen die liquiden Mittel die Lieferantenschulden übertrafen, sodass diese Spezierer ihre Schulden jederzeit sofort hätten zurückzahlen können. Die übrigen 13 Spezierer verfügten über keine (3 Fälle) oder sehr wenig liquide Mittel. Die vier überschuldeten Spezierer stechen durch eine auffallend geringe Liquidität hervor. Warenlieferanten halfen demnach in einer Vielzahl der Fälle über Liquiditätsengpässe hinweg, indem sie nicht auf die sofortige Bezahlung der Rechnungen bestanden. Die Kreditgewährung war somit Teil des Geschäfts von Grosshändlern und Fabrikanten. Sie konnte allerdings je nach Risikofreude des Gläubigers und finanzieller Lage seiner Schuldner auch Verluste eintragen, wie die Konkurse und Überschuldungen von Spezierern zeigen.

Werden die Lieferantenkredite mit dem geschätzten Wert des jeweiligen Warenlagers verglichen, so zeigt sich: In zehn Fällen waren die Lieferantenkredite weniger hoch als die im Lager vorhandenen Waren, in Prozent gemessen bewegte sich der Wert zwischen 10% und 99%. Bei den restlichen zehn verstorbenen SpeziererInnen übertrafen die Lieferantenkredite den Wert des Warenlagers, im Extremfall eines hoch überschuldeten Geschäftsinhabers gar um das 13,6fache. Auch wenn wir die Bewertungsgrundlagen für die Warenlager nicht kennen – bewertet zu Einkaufspreisen oder sogar unter dem Einkaufspreis? –, so zeigt dieser Vergleich, dass die Warenlager der Spezierer grossteils durch ihre Lieferanten finanziert wurden.

Zur geringen Liquidität einzelner Spezierer trug auch die Kreditgewährung an Kunden bei, das so genannte Anschreiben.[27] Soweit aus den Inventaren ersicht-

Tab. 47: Lieferantenkredite und Liquidität von Spezierern im Vergleich mit anderen Grössen, 1854–1912

Inventar (Jahr, Nr.)	Rein-vermögen (Fr.)	Wert Warenlager (Fr.)	Geschäftsguthaben: effektive und angeschlagene Werte (Fr.)	Liquidität (Fr.)	Lieferantenkredite (Fr.)	Lieferanten (n)	Lieferantenkredite gemessen am Reinvermögen (%)	Lieferantenkredite gemessen am Wert des Warenlagers (%)
1854, 80*	?	?	?	?	2418	12		
1855, 127*	?	?	?	45	3049	10		
1858, 32*	?	?	?	?	3114	13		
1859, 37*	?	?	?	?	2956	21		
1863, 26*	?	?	?	0	1016	10		
1863, 335*	?	?	?	?	1708	6		
1864, 275*	?	?	?	87	5124	12		
1874, 105	4460	1591	0	90	1573	13	35	99
1876, 229	35'023	6103	109	200	842	3	2	14
1877, 244	9167	1746	0	0	411	5	4	24
1877, 323	414	2577	370	0	4936	22	1192	192
1878, 147	2508	602	0	0	340	8	14	56
1886, 642	19'256	4550	(309) 150	978	468	10	2	10
1887, 272	1273	500	(200) 50	284	444	5	35	89
1887, 298	-2955	1216	0	11	5362	12	-136	441
1887, 499	2565	1492	(56) 40	790	228	8	9	15
1887, 653	-6157	487	(110) 30	26	6610	26	-107	1357
1898, 366	-1856	2200	(2936) 500	58	3272	20	-176	149
1898, 649	5063	681	(1154) 50	718	2598	13	51	381
1899, 195	6682	1800	(k. A.) 50	5131	1859	24	28	103

Tab. 47: *Lieferantenkredite und Liquidität von Spezierern im Vergleich mit anderen Grössen, 1854–1912 (Fortsetzung)*

Inventar (Jahr, Nr.)	Rein-vermögen (Fr.)	Wert Warenlager (Fr.)	Geschäfts-guthaben: effektive und angeschlagene Werte (Fr.)	Liquidität (Fr.)	Lieferan-tenkredite (Fr.)	Lieferan-ten (n)	Lieferan-tenkredite gemessen am Rein-vermögen (%)	Lieferan-tenkredite gemessen am Wert des Warenlagers (%)
1899, 254	24'394	1017	0	8623	92	4	0	9
1900, 459	6449	500	0	1000	245	6	4	49
1910, 974	16'263	**0	(347) 100	544	1109	25	7	
1910, 1041	40'650	4822	0	3186	1771	25	4	37
1911, 488	1335	1607	(1390) 500	191	1850	11	139	115
1911, 823	-2896	835	0	60	1023	19	-35	123
1912, 1116	18'273	270	0	2816	403	13	2	149

* Inventare konkursiter Spezierer ohne Vermögensbewertung bzw. Ganterlöse.
** Das Warenlager war beim Tod des Spezierers bereits veräussert.

Quelle: StABS, Gerichtsarchiv PP1 Inventarien, vgl. Anhang 4 und 5.

lich, hatten nicht alle Spezierer solche Kredite gewährt, denn nicht alle wiesen bei den Aktiven eine entsprechende Rubrik auf. Haben sich möglicherweise gerade die finanziell schlechter gestellten Spezierer mit hohen Schulden und wenig Liquidität veranlasst gesehen, solch riskante Verkäufe einzugehen? Eine Frage, die auf Grund der zur Verfügung stehenden Informationen nicht abschliessend beantwortet werden kann.[28] Dass Verkäufe auf Kredit risikoreich und die ausstehenden Guthaben eventuell nur schwer einbringbar waren, darauf weisen die Inventare nur allzu deutlich hin: Ab den 1880er-Jahren herrschte die Praxis, diese Geschäftsguthaben nur zu einem Bruchteil ihres nominalen Wertes anzuschlagen. Die verschiedenen Bemerkungen zu einzelnen Guthaben wie «bestritten», «abgereist» oder «fort» erhellen die Gründe für die schwere Einbringbarkeit solcher Forderungen. Schon diese wenigen Erkenntnisse über Verlustabschreibungen legen den Schluss nahe, dass Kreditverkäufe aus kaufmännischer Sicht wohl kaum zu rechtfertigen waren. Dennoch gingen viele Einzelhändler dieses Risiko ein, in den meisten Fällen vermutlich nachdem sie die Kreditwürdigkeit der Kunden in Betracht gezogen hatten.[29] Nebst sozialen Gründen dürften vor allem Wettbewerbsüberlegungen die Händler zur Kreditgewährung veranlasst haben.

16.3 Fazit zur Warenbeschaffung von SpezereihändlerInnen

Die über die Inventare möglichen Einblicke in die Gläubigerlisten von Spezierern lassen uns die Warenbeschaffung als aufwändige und anspruchsvolle Aufgabe erkennen. Viele SpeziererInnen standen bei der Inventaraufnahme mit einem oder zwei Dutzend Lieferanten in Geschäftsbeziehung. Die Lieferanten rekrutierten sich aus einem weiten Feld von möglichen Geschäftspartnern, von ansässigen und auswärtigen Einzel- und Grosshändlern, Fabrikanten und teilweise auch Handwerkern. Dabei waren gut 70% der Lieferanten in der Region Basel domiziliert, 25% in der übrigen Schweiz und einige wenige Prozent im Ausland. Im Laufe der Zeit nahm der Anteil regionaler Lieferanten deutlich ab zu Gunsten solcher aus der übrigen Schweiz.
Mit Handelswaren deckten sich die Basler Spezierer vorzugsweise in Basel selbst ein, in seltenen Fällen und für eine enge Auswahl von Produkten (Wein, Branntwein, Käse, Tuch) aber auch ausserhalb der Region. Eine klare Funktionsteilung der in Basel ansässigen Lebensmittelhändler in Gross- und Einzelhandel ist vor dem Ersten Weltkrieg nur ansatzweise erkennbar. Grössere Lebensmittelhändler vereinigten oft beide Funktionen auf sich, wirkten teilweise sogar als Filialisten mit mehreren Verkaufsstellen im Stadtgebiet, so etwa die Firmen Emanuel Preiswerk, Riggenbach z. Arm/ Gebrüder Riggenbach als Kolonial- und Spezerei-

warenhändler sowie W. Karli als Käse- und Butterhändler. Von den 22 Firmen, die durch mehrmaliges Erscheinen in den Inventaren als potenzielle Grosshändler haben ausgemacht werden können, bezeichneten sich im Adressbuch nur gerade vier explizit als solche. Und von den liefernden Basler Händlern nach 1886 waren nur ein gutes Viertel reine Grossisten. Wenn Spezierer andere Spezierer mit Waren belieferten, so werden die Lieferanten wohl eher zu den grösseren und finanzkräftigeren der Branche gehört haben und die Bezüger zu den kleineren. Auch eine Spezialisierung der zuliefernden Spezierer in einzelnen Sortimentsbereichen – z. B. Branntwein, Mineralwasser, Käse oder Honig – kann für die Geschäftsbeziehung zu anderen Spezierern ausschlaggebend gewesen sein.

Lieferanten aus der übrigen Schweiz waren in erster Linie Fabrikanten von Lebensmitteln und Verbrauchsgütern, also Vertreter der im letzten Viertel des 19. Jahrhunderts rasch an Bedeutung gewinnenden Konsumgüterindustrie. Dabei wurde der Hersteller- oder Firmenname meist zum Markennamen des Produkts und das Produkt zum so genannten Markenartikel. Obwohl viele dieser Firmen seither durch andere Unternehmen aufgekauft und übernommen wurden, sind uns eine grosse Zahl der Namen noch heute ein Begriff: die Schokoladefabrikanten Sprüngli, de Villars, Suchard, Cailler, Favarger, Tobler und Maestrani, die Nahrungsmittelproduzenten Maggi, Knorr und Wander oder die Seifenfabriken Steinfels und Schnyder. Trotz zuliefernden Fabrikanten aus der ganzen Schweiz, die u. a. dank verbesserter Transport- bzw. Vertriebsmöglichkeiten erst gedeihen konnten, dominierten in gewissen Produktbereichen regionale Hersteller. In Basel waren etwa Kerzen und Seifen, Bürsten, Tabak (vor 1860!), Teigwaren, Konserven und Zichorien typische Produkte lokaler und regionaler Herkunft. Die Spezierer bezogen die Markenprodukte in der Regel direkt ab Fabrik. Bei der Durchsicht der Inventare fällt auf, dass die noch nicht beglichenen Rechnungen der Fabrikanten – im Vergleich zu den Konten der liefernden Händler – relativ bescheiden waren. Und es stellt sich die Frage, ob die Kreditgewährung von den Fabrikanten deutlich restriktiver gehandhabt wurde.

Wie sich Anbieter und Nachfrager von Spezereiwaren zu einer Geschäftsbeziehung finden, ist auf verschiedene Weise denkbar. Bei Handelswaren kann sich eine grössere oder kleinere Zahl von Zwischenhändlern und/oder Vermittlern auf dem Weg vom Produzenten zum Konsumenten dazwischenschalten. So wird es in der Schweiz nicht unbedingt der Importeur gewesen sein, der den Spezierer belieferte. Industrieprodukte hingegen vertrieb der Hersteller meistens direkt an die Ladenbesitzer. Dabei kamen firmeneigene Vertreter oder Agenten zum Einsatz, welche die Besitzer von Verkaufsgeschäften aufsuchten. Auch das Kommissionsgeschäft war im betrachteten Zeitraum von Bedeutung.

Die in den Inventaren ausgewiesenen Lieferantenkredite waren in vielen Fällen erstaunlich hoch und gingen mit einer geringen Liquidität der Spezierer einher.

Spezierer mit mehr liquiden Mitteln bzw. einem grösseren Reinvermögen nahmen tendenziell weniger Lieferantenkredite in Anspruch als ihre illiquiden und vermögensschwachen Berufskollegen. Ein Vergleich zwischen Lieferantenkrediten und Warenlagerwert zeigt, dass Lieferanten die Vorräte der Spezierer zu einem kleineren oder auch grösseren Teil bevorschussten. Die Kredite betrugen in einigen Fällen gar ein Mehrfaches des vorhandenen Lagers, sodass der Grossteil der gelieferten Waren bereits verkauft sein musste. Die geringe Liquidität der Spezereihändler, teils wohl mit verursacht durch Darlehen an die Kunden (Anschreiben der Einkäufe), bedingte also relativ grosszügige Lieferantenkredite. Bei Konkursen oder Überschuldung zum Zeitpunkt des Todes hatten die Lieferanten immer wieder das Nachsehen, standen sie doch an letzter Stelle der Gläubiger.

17 Konkurse der wichtigsten Branchen im Vergleich

Die Lebensmittelversorgung der Stadt Basel hatte in der zweiten Hälfte des 19. Jahrhunderts tief greifende Veränderungen erfahren, wie die Kapitel 6–8 aufzeigen. Zur Rekapitulation hier kurz die wichtigsten festgestellten Tendenzen: 1. Expansion des Sektors parallel zum Stadtwachstum mit einem Überschiessen in den krisenhaften 1880er-Jahren. 2. Strukturelle Veränderungen führen zu Bedeutungsverlusten im Lebensmittelhandwerk und zu -gewinnen im Handelsbereich (vor allem Frischprodukten- und Spezialgeschäfte). 3. Das Phänomen des Filialsystems fasst Fuss, und erlangt vor allem in der Spezerei- und Metzgereibranche bis zum Ersten Weltkrieg einige Wichtigkeit, welche für die Konkurrenz spürbar wird.

Es stellt sich daher die Frage nach der Befindlichkeit des Lebensmittelversorgungssektors sowie seiner grössten Branchen in dieser Entwicklungsperiode sowie im Verlaufe ihrer konjunkturellen Wechsellagen. Wie haben sich Strukturveränderungen und die allgemeine Wirtschaftskonjunktur – gemessen an der Hochbaukonjunktur – auf den Geschäftserfolg bzw. -misserfolg der Marktteilnehmer ausgewirkt? Diese Befindlichkeit wird branchenspezifisch anhand der absoluten Konkurshäufigkeiten und Konkursraten untersucht. Bezüglich der Konkurshäufigkeit vermuten wir eine Entwicklung gegenläufig zur Konjunktur. Auch dürften von wirtschaftlichen Strukturveränderungen bedrängte Branchen höhere Konkursraten aufweisen als neu entstehende und stark wachsende Zweige.

Für eine quantitative Auswertung steht das Fallitenregister[1] zur Verfügung, das sich für die Untersuchung eignet, weil den Namen in der Regel der Beruf des Falliten beigefügt wurde. Allerdings deckt dieser Befindlichkeitsindikator den Untersuchungszeitraum nur teilweise ab. Denn in den frühen 1890er-Jahren änderte die Gesetzesgrundlage im Konkurswesen. Das Bundesgesetz über Schuldbetreibung und Konkurs von 1889 wurde im Kanton Basel-Stadt per 1. Januar 1892 in Kraft gesetzt.[2] Da sich die Konkursbetreibung neu auf im Handelsregister Eingetragene beschränkte, war ein merklicher Rückgang der Konkurse zu verzeichnen.[3] Davon dürfte auch die grosse Mehrzahl der Unternehmen in Lebensmittelhandwerk und -handel betroffen gewesen sein, meist beim Handelsregister nicht angemeldete, von Einzelpersonen geführte Klein- und Kleinstbetriebe.[4]

Fig. 23: *Konkurse in der Lebensmittelbranche und Hochbauinvestitionen in der Stadt Basel, 1850–1914*

Quellen: StABS, Gerichtsarchiv G2 Fallitenregister; Beck, 24 f.

Auch wurden bei der Führung des Registerbandes ab 1892 die Berufe nicht mehr mit derselben Regelmässigkeit aufgeführt wie früher, zwischen 1899 und 1905 fehlen sie praktisch ganz. Diese veränderten Rahmenbedingungen sind zu beachten, um nicht zu falschen Schlüssen zu kommen.

Bei einer kleinen Zahl der Fälle – zwischen 0 (1895) und 35 (1882) Konkurse jährlich – und bedingt durch die neue Gesetzesgrundlage von 1892 haben wir zur Auswertung drei Zeitperioden gebildet: 1854–1874 (erster Konkurszyklus), 1875–1891 (zweiter Konkurszyklus) und 1892–1914 (restlicher Zeitraum ab 1892). Zur Berechnung der Konkursraten nach Branchen haben wir die durchschnittliche Zahl der Konkurse in Beziehung gesetzt zur durchschnittlichen Zahl der Betriebe gemäss Adressbuch.

Die Gegenüberstellung von Hochbauinvestitionen und Konkursen der Lebensmittelversorgungsbranchen zeigt zwischen 1860 und 1891 eine gegenläufige Bewegung der beiden Grössen. Dabei entwickelten sich die Konkurse mit etwa drei Jahren Vorlauf leicht phasenverschoben zur Konjunktur. Sie nahmen bereits vor

Tab. 48: *Konkurse nach Branchen in der Stadt Basel, 1954–1914*

Branche	%-Anteil der Branchen an den Konkursen		
	1854–1874	1875–1891	1892–1914
Bäcker	31,1	19,2	8,7
Metzger	21,7	20,1	7,6
Spezierer	23,0	14,9	16,9
Übrige Lebensmittelbranchen	24,2	45,8	66,8
Fälle (n)	161	323	172

Quellen: StABS, Gerichtsarchiv G2 Fallitenregister.

Erreichen der Konjunkturspitzen 1860 und 1877 zu und tendierten in Konjunkturtiefs zu frühzeitigem Rückgang, z. B. bereits drei Jahre vor dem absoluten Tief von 1885. Für die Jahre ab 1892 wird die Interpretation der Konkurshäufigkeit schwierig. Die Zahl der jährlichen Konkurse aller unserer Branchen bewegte sich gesamthaft zwischen 0 (1895) und 13 (1912) ohne Trend wild auf und ab. Ein Zusammenhang mit dem Konjunkturverlauf ist nicht mehr ersichtlich (vgl. Fig. 23).[5] Bezüglich Niveau und Verlauf messen die Werte nach 1892 eindeutig etwas anderes als vorher. Auch die Verteilung der Konkurse nach Branchen veränderte sich abrupt. Von den Konkursen in den Jahren 1892–1914 entfielen nur noch 8,7% bzw. 7,6% auf die Bäcker und Metzger, im Vergleich zu massiv höheren Anteilen dieser Berufsgruppen in den vorangehenden Zeitabschnitten. Erstaunlich hingegen die Entwicklung der Speziererkonkurse: Bei rasanter Zunahme der Ladengeschäfte[6] betrug ihr Anteil im Zeitabschnitt 1875–1891 nur 14,9%. Die Betriebe in der Rubrik «Übrige Lebensmittelbranchen» legten parallel zur ihrer Vermehrung auch an Konkursen zu und vereinigten 1892–1914 den weitaus grössten Teil der Konkurse auf sich. Im Gegensatz zu den traditionellen Lebensmittelgewerben bildeten Unternehmen dieser Branchen nach 1892 im Handelsregister eine umfangreiche Gruppe und waren somit eher «konkursgefährdet» als die Bäckereien und Metzgereien (vgl. Tab. 48).

Die Zeitabschnitte zwischen 1854 und 1891 waren durch vergleichsweise hohe Konkursraten in den Lebensmittelgewerben geprägt. Jährlich machten 3,1% bzw. 4% der Bäcker und 2,9% bzw. 5,3% der Metzger Konkurs. Bei den Spezierern hingegen sank die Konkursrate von anfänglich 2,1% auf 1,5% in den Krisen- und Expansionsjahren 1875–1891. Das Wachstum dieser Branche, an dem viele Neueinsteiger und Umsteiger beteiligt waren, bewirkte offensichtlich kein überproportionales Anschwellen der Konkurse, wie dies unter Umständen zu erwarten

Tab. 49: *Konkurse und Konkursraten in der Stadt Basel, 1854–1914*

Branche	Konkurse pro Jahr (Anzahl im Mittel)			Jährliche Konkursraten (durchschnittlich in %)		
	1854 –1874	1875 –1891	1892 –1914	1854 –1874	1875 –1891	1892 –1914
Bäcker	2	4	1	3,1	4,0	0,4
Metzger	2	4	1	2,9	5,3	0,6
Spezierer	2	3	1	2,1	1,5	0,4
Übrige Lebensmittelbranchen	2	9	5	0,9	1,6	0,6
Total	8	19	7	1,9	2,1	0,6

Quellen: StABS, Gerichtsarchiv G2 Fallitenregister; *Adressbuch der Stadt Basel*.

gewesen wäre. Vielmehr scheint die stark zunehmende Nachfrage der Bevölkerung nach Spezereiprodukten eine solide Grundlage für das Branchenwachstum gewesen zu sein. Denkbar aber auch, dass sich das berufliche Scheitern in der Spezereibranche mit ihren vielen bescheidenen Kleinstbetrieben nicht zwangsläufig in Konkursen niedergeschlagen hat und somit auch nicht aktenkundig geworden ist, etwa weil mittellosen Händlern keine oder höchstens bescheidene Kredite eingeräumt wurden, oder aber weil allfällige Kredite als schwer einbringbar beurteilt wurden und deshalb von einer Konkursbetreibung abgesehen wurde. Bei Bäckern und Metzgern hingegen, die meist Liegenschaftsbesitzer waren, dürften die Aussichten der Gläubiger auf Rückerstattung wenigstens eines Teils ihrer Guthaben aussichtsreicher gewesen sein. Mit der neuen Gesetzesgrundlage ab 1892 fiel sowohl die Zahl der Konkurse wie auch die Konkursrate der Lebensmittelversorgungsbetriebe auf etwa ein Drittel früherer Werte zurück (vgl. Tab. 49).

Teil V:

Die Anfänge der staatlichen Lebensmittelüberwachung

18 Lebensmittelkontrolle und öffentlicher Chemiker

18.1 Lebensmittelverfälschung im Blickfeld des öffentlichen Interesses

Die Problematik der Lebensmittelverfälschung ist historisch gesehen alt und immer dann aktuell, wenn die Lebensmittel nicht in einer Selbstversorgerwirtschaft erzeugt, sondern über den Markt erworben werden. Die Grenzen der Verfälschung müssen für jedes Grundnahrungsmittel einzeln definiert werden, weil ihre natürliche Beschaffenheit variieren kann. Der Begriff der Naturbelassenheit als Massstab greift zu kurz. Nach heutigen Rechtsvorstellungen ist ein Lebensmittel verfälscht, wenn ihm
– ein wertbestimmender Bestandteil, dessen Anwesenheit der Verbraucher voraussetzt, ganz oder teilweise entzogen ist;
– ein qualitäts- bzw. wertmindernder Stoff zugesetzt worden ist;
– durch Zusatz oder andere Manipulation der Anschein einer besseren Beschaffenheit gegeben oder eine vorhandene Minderwertigkeit verdeckt wird. Die Nachahmung eines Lebensmittels ist ebenfalls eine Fälschung.[1]

Eine Lebensmittelüberwachung, die diesen Kriterien folgt, schützt die Konsumenten sowohl vor gesundheitlicher als auch vor wirtschaftlicher Schädigung im Umgang mit Nahrungsmitteln.

Jutta Grüne führt bereits für das Altertum in Städten wie Athen und Rom Organe der Marktpolizei an, verweist aber besonders auf die planmässige Lebensmittelüberwachung im Rahmen des europäischen Städtewesens.[2] Spätmittelalterliche Markt- und Zunftrechte regelten die Lebensmittelqualität und deren Überwachung z. B. für Fleisch, Brot, Bier, Fische, Wein und Gewürze. Die zuständigen Kontrollorgane prüften Menge, Preis und Qualität der zum Verkauf angebotenen Produkte. Die bei Verstössen vorgesehenen Strafen waren vergleichsweise hoch. Die Aufsicht über die Märkte bezüglich Einhaltung der Marktordnung fiel zu Beginn unseres Zeitabschnitts, um die Mitte des 19. Jahrhunderts, vielerorts einer speziellen Polizeieinheit zu, der Marktpolizei. Wie seit alters wurde bei der Qualitätskontrolle von Lebensmitteln die Sinnenprüfung angewandt, die auf Aussehen, Geruch und Geschmack abstellte. Obwohl zahlreiche Schriften seit Beginn des 19. Jahrhunderts Sachverständige und Laien zur Lebensmittelprüfung anleiteten, waren Verfälschungen ohne wissenschaftliche Hilfsmittel oftmals nicht erkennbar.[3]

Mit dem raschen Stadtwachstum im späteren 19. Jahrhundert[4] ging eine Expansion des Lebensmittelmarkts einher. Viele, die sich bis dahin als Dorfbewohner und Bauern zumindest teilweise noch selbst versorgt hatten, fanden jetzt Arbeit in den Städten, waren auf die Lebensmittelversorgung über den Markt angewiesen und wurden zu Konsumenten. Mit der steigenden Nachfrage der Städte erweiterte sich deren landwirtschaftliches Versorgungsgebiet bzw. Hinterland, womit die Wege der Lebensmittel vom Erzeuger zum Verbraucher länger und unübersichtlich wurden. Versorgungsketten, bei denen sich Produzenten und Verbraucher aus den Augen verloren, eröffneten der Lebensmittelverfälschung zusätzliche Möglichkeiten. Auch die in den 1870er-Jahren einsetzende Lebensmittelproduktion im gewerblich-industriellen Rahmen,[5] insbesondere das Aufkommen der Surrogat-Industrie, förderte bei noch zumeist in offener Form verkauften Produkten und unzulänglicher Warendeklaration zunächst Verfälschungen. Der grosse Erfolg der Surrogate bestand darin, dass auf chemisch-technischer Basis ein dem Naturprodukt zum Verwechseln ähnliches, aber preisgünstigeres Imitat hergestellt wurde. In der Frühzeit der Surrogate wurde beispielsweise Margarine in reiner Form oder mit Butter vermischt als Butter verkauft, oder wurden Wein- und Honigimitate für die Originale ausgegeben. Die Chemie entwickelte sich im 19. Jahrhundert rasant. In der Produktion von Lebensmitteln eröffneten industrielle Verfahren neue Wege. Gleichzeitig verbesserten sich aber auch die Techniken die Lebensmitteluntersuchung und die Möglichkeiten zum Nachweis betrügerischer Verfälschungen.

Für die ursächlichen Zusammenhänge bei der Entstehung der staatlichen Lebensmittelaufsicht gibt es verschiedene Erklärungsansätze. In ihrer ausführlichen Arbeit zu den Anfängen der öffentlichen Lebensmittelüberwachung spricht Jutta Grüne für die 1870er-Jahre von einer erheblichen Zunahme der Lebensmittelverfälschungen, ohne dies allerdings zu belegen.[6] Die Zersplitterung des Handels, betrügerische Grosshändler, Fortschritte in der Chemietechnik, mangelnde Kontrollen, vor allem aber die Gleichgültigkeit der Konsumenten gegenüber Verfälschungen werden für diese Entwicklung verantwortlich gemacht. Vertreter der Wissenschaft, z. B. der von Grüne untersuchte «Vater der Lebensmittelchemie» Joseph König (1843–1930), konstatierten Missstände und trieben im letzten Viertel des Jahrhunderts als Gegenmassnahme die staatliche Lebensmittelüberwachung voran. Mit Erfolg, heisst es, denn bei intensiver Überwachung nahm der Prozentsatz der Beanstandungen ab, so beispielsweise in Münster nach 1900.[7] Einen etwas anderen Erklärungsansatz zur Institutionalisierung von staatlichen Eingriffen, z. B. in Form der Lebensmittelüberwachung, liefert die Diskussion

Abb. 27: *Barfüsserplatz um 1891, vor Birsigüberdeckung und Trambetrieb: An der Ecke zur Gerbergasse präsentiert das Spezereiwarengeschäft Aug. Jeltsch in seinen Schaufenstern vorverpackte Konsumgüter in Pyramidenanordnung. (StABS, Neg. 6487)*

über den Zusammenhang zwischen Wissenschaft und Wohlfahrtsstaat. Sie zeigt, wie Wissenschaftler im 19. Jahrhundert neue Problemfelder und Staatsaufgaben definierten, um sich zum Nutzen der Allgemeinheit eine Tätigkeit als Staatsbeamte zu erschliessen.[8]

Worüber erwarten wir Aufschluss, wenn wir im Zusammenhang mit der Erforschung von Lebensmittelhandel und -handwerk der Lebensmittelkontrolle der öffentlichen Hand nachspüren? Zunächst erhoffen wir uns aus den Quellen Einsicht, ab wann Lebensmittelverfälschungen und -verderb sowie die Möglichkeit von Lebensmittelkontrollen als Gegenmassnahme ins Bewusstsein von Öffentlichkeit und Behörden rückten. Auch interessiert der Stellenwert, der solchen Kontrollmassnahmen beigemessen wurde. Kam der Ruf nach einer wirksamen Lebensmittelkontrolle aus der Bevölkerung, oder ging die Initiative von Fachleuten und staatlichen Stellen aus? Die öffentliche Lebensmittelüberwachung dürfte mit dem sich ausdehnenden Lebensmittelhandel während der zweiten Hälfte des 19. Jahrhunderts an Bedeutung gewonnen haben. So interessiert uns, ob und wann allenfalls in diesem Wachstumsprozess der Ruf nach einer intensiveren Lebensmittelkontrolle laut wurde. Hatte etwa die massive Expansion des Lebensmitteleinzelhandels von den späten 1870er-Jahren bis 1885 und der beträchtliche Zustrom beruflicher Umsteiger zu einer Häufung von Qualitätsproblemen, zu Klagen aus der Bevölkerung und so zur strengeren Lebensmittelüberwachung geführt?

Es stellt sich daraus folgend die Frage, wann eine systematische Aufsicht über Lebensmittelproduktion und -handel einsetzte, d. h. eine Lebensmittelkontrolle im heutigen Sinne, und aus welchem Anlass oder mit welcher Begründung sie eingerichtet wurde. In die gleiche Richtung zielt die Frage, ab wann die Stelle des öffentlichen Chemikers bestand, wie sie dotiert war und welche Hauptaufgaben und -tätigkeiten dem Stelleninhaber oblagen.

Sodann ist zu fragen, welche Rolle der Entwicklungsstand der Lebensmittelchemie spielte. Hemmte er die Umsetzung einer staatlichen Lebensmittelaufsicht, deren Notwendigkeit unbestritten feststand? Oder lag bereits vorhandenes Wissen lange Zeit brach, weil eine systematische Lebensmittelkontrolle nicht für nötig erachtet wurde?

Wir erwarten ferner Erkenntnisse darüber, welchen Lebensmitteln bzw. Branchen der Lebensmittelversorgung bei amtlichen Kontrollen besondere Aufmerksamkeit geschenkt wurde. Gleichzeitig interessiert uns, worin die häufigsten Mängel bestanden, was an untersuchten Waren gerügt bzw. mit Verzeigungen geahndet wurde. Handelte es sich um Verderb oder Verfälschung? Welches waren die geläufigsten Lebensmittelverfälschungen? Allfällige Berichte von Betriebsinspektionen können uns Informationen über Zustand und Ausstattung der Produktions-, Lager- und Verkaufsräume in Lebensmittelhandel und -handwerk liefern. Sie weisen auf heikle Branchen hin und zeigen, in welcher Hinsicht die hygienischen Verhältnisse besonders problematisch waren.

18.2 Die Tätigkeit des öffentlichen Chemikers

Im Sommer 1855 war in der Stadt Basel eine Choleraepidemie ausgebrochen, in deren Folge man auf Verbesserung der hygienischen Verhältnisse sann. Hauptanliegen war die Melioration des damals noch offen verlaufenden Birsig und die Schliessung der Scholen,[9] die vor allem im Sommer durch Gestank unangenehm auffielen. Auf Antrag des Cholera-Ausschusses wurde am 10. Oktober 1856 von einer Expertengruppe ein Bericht und Vorschlag an den Kleinen Rat[10] verfasst betreffend eine «Polizei der Lebensmittel».[11]

«Unter einer solchen Polizei über Lebensmittel verstehen wir jedoch nicht etwa die ausserordentlichen Massregeln, welche in Zeiten einer Epidemie gehandhabt werden müssen, um durch Beseitigung von sonst vielleicht ganz zulässigen

Nahrungsmitteln einer weiteren Krankheitsentwicklung wohlthätig vorzubeugen. Für gewöhnliche Zeiten muss es genügend erscheinen, wenn dem Publikum und in vorkommenden Fällen den Behörden eine beständig zugängliche Gelegenheit geboten wird, im Gebiet der Lebensmittel gründliche und massgebende Untersuchung über den Zustand vornehmen lassen zu können. Wie sehr sich das Bedürfnis solcher Untersuchungen geltend gemacht hat, geht aus den vielen derartigen Anliegen hervor, mit welchen sich in letzter Zeit die Behörden und das Publikum an die hiesigen Chemiker gewandt haben. Es ist aber dieses Auskunftsmittel nicht als ein genügendes anzusehen. In vielen Fällen musste die Gefälligkeit der Fachmänner in Anspruch genommen werden, was doch offenbar nur als eine zufällige und nicht unter allen Umständen bereitstehende Zuflucht zu betrachten ist. Wo aber die Untersuchungen einem Chemiker gegen ein durch diesen zu bestimmendes Honorar übergeben werden, wird sich letzteres, da es nur vereinzelte Fälle berücksichtigen kann, in Folge des zu verwendenden Experten leicht so hoch stellen, dass viele Leute es vorziehen werden, von diesen Untersuchungen abzusehen und auf diese Weise leicht den schädlichen Prellereien ausgesetzt bleiben; abgesehen davon, dass ein solcher Chemiker nicht immer diejenige Garantie für die Richtigkeit seiner Angaben bieten dürfte, als ein durch die öffentliche Behörde geprüfter und offiziell dazu aufgestellter Experte.»

Die wichtigsten Gründe für die Bestellung eines öffentlichen Chemikers waren demzufolge:
– eine steigende Nachfrage nach Lebensmitteluntersuchungen,
– die für die Bevölkerung zu hohen Honorare der privaten Chemiker,
– schädliche Prellereien, denen die Bevölkerung ausgesetzt war und
– eine fehlende Qualitätsgarantie bei Untersuchungen durch private Chemiker.

Im zitierten Schreiben ist ferner von einer «in sanitarischer Hinsicht wichtigen Angelegenheit» die Rede. Nebst preisgünstigen Untersuchungsmöglichkeiten für Lebensmittel wird als Vorteil genannt: eine «sichere Ordnung in dem Sinne, dass damit die Entschuldigung des Nichtwissens in vielen herkömmlichen Verfälschungen beseitigt werden könnte, und es den Behörden möglich würde, gegen solche Vergehen mit der erforderlichen Strenge zum Schutze des Publikums einzuschreiten. Es läge darin für alle ehrlichen Lieferanten und Kostgeber sowohl als für die Konsumenten bisher entbehrte Wohlthat einer Sicherung des Gehaltes der nothwendigen Bedürfnisse.»

Abschliessend wird geraten, «vorläufig einen hiesigen Chemiker als ständigen offiziellen Experten zur Untersuchung der Ächtheit von Lebensmitteln aufzustellen, der gegen festzustellende Taxen dem Publikum zur Verfügung stünde».

Bis 1857 liess das Collegium medicum – der für medizinische Angelegenheiten gebildete Ausschuss des Sanitätskollegiums – nur gelegentlich und auf Klage

Tab. 50: *Öffentlicher Chemiker bzw. Kantonschemiker Basel-Stadt, 1857–1913*

Zeitraum	Amtsinhaber	Sonstige Tätigkeit/ Haupttätigkeit	Laboratorium/ Mitarbeiter
Jan. 1857 bis Feb. 1861	Dr. Carl Bulacher (1828–1893)	Private Tätigkeit als Chemiker	Benutzung des privaten Labors; ab 1860 ist Friedrich Goppelsroeder sein Stellvertreter
März 1861 bis Dez. 1869	Dr. Friedrich Goppelsroeder (1837–1919)	Ab November 1861 Vorlesungen als Privatdozent und Chemieunterricht an der Gewerbeschule; 1869 Ernennung zum a. o. Professor der Universität Basel	Seit November 1861 öffentliches Laboratorium in den Räumlichkeiten der alten Gasfabrik; Assistent(en) ab November 1865
Jan. 1870 bis April 1870	Stelle unbesetzt; Dr. Bulacher übernimmt Untersuchungen für die Behörden.		
Mai 1870 bis März 1875	Dr. Carl Bulacher (1828–1893)	Private Tätigkeit als Chemiker; 1870–1877 Lehrauftrag an der Universität Basel	Benutzung des privaten Labors

hin durch den «Cantonsphysicus» Lebensmitteluntersuchungen veranlassen. Aus einem Brief des Physikus Dr. Stückelberger vom 6. April 1821 an den Präsidenten des Collegiums geht hervor, dass in Zusammenarbeit mit Apotheker Dr. Mieg ein verdächtiger Branntwein untersucht wurde.[12] Auch trat das Collegium medicum im Zusammenhang mit der Bewilligungserteilung für den Verkauf von Mineralwasser – so im April 1838 für ein «Eau de St-Galmier»[13] – und ähnlichen Produkten hin und wieder in Erscheinung. Als 1833 eine Klage bezüglich verfälschten Weins einging, wurde der Chemiker Carl Renz Sohn, Besitzer einer kleinen chemischen Fabrik an der Grenzacherstrasse, mit der Analyse beauftragt. Obwohl Renz bei den untersuchten Weinproben keine Verfälschung feststellte,

Tab. 50: *Öffentlicher Chemiker bzw. Kantonschemiker Basel-Stadt,
1857–1913 (Fortsetzung)*

Zeitraum	Amtsinhaber	Sonstige Tätigkeit/ Haupttätigkeit	Laboratorium/ Mitarbeiter
Apr. 1875 bis Sept. 1876	Stelle unbesetzt; Professor Jules Piccard nimmt im Auftrag der Behörden Analysen vor.		
Nov. 1876 bis Dez. 1884	Prof. Dr. Jules Piccard (1840–1933)	1869–1902 o. Professor für Chemie an der Universität Basel	Benutzung des Institutslaboratoriums im «Bernoullianum»; Assistent(en) und Stellvertreter.
Jan. 1885 bis April 1885	Stelle unbesetzt; verschiedene Apotheker führen im Auftrag der Behörden Analysen durch.		
Mai 1885 bis Nov. 1892	Dr. Carl Bulacher (1828–1893)	Private Tätigkeit als Chemiker	Benutzung des privaten Labors
Dez. 1892 bis 1931	Dr. Hans Kreis (1861–1931)	Kantonschemiker im Vollamt; ab 1895 Privatdozent und ab 1903 a. o. Professor für Angewandte Chemie an der Universität Basel	Kantonales Laboratorium: 1893–1916 im «Stachelschützenhaus» am Petersplatz; verschiedene Mitarbeiter

Quellen: StABS Sanität E 10,1 Öffentlicher Chemiker; Universitätsarchiv, X 3,5; Bonjour, 744 f.

wurde angeregt, dass verdächtige Weine künftig auch ohne Klage aus der Bevölkerung untersucht werden sollten.[14]

Wenn wir bezüglich der Tätigkeit des öffentlichen Chemikers einen Überblick erhalten möchten, steht ab 1857 mit den jährlichen Rechenschaftsberichten eine vorzügliche Informationsquelle zur Verfügung.[15] Zu bedauern ist die zeitweise Knappheit der Jahresberichte, vor allem in der zweiten und dritten Amtszeit von Carl Bulacher. Ab 1893 erschienen sie in gedruckter und sehr ausführlicher Form.[16] Die folgenden Abschnitte sollen einen Eindruck vermitteln, welche Aufmerksamkeit die öffentlichen Chemiker den Lebensmitteln im Vergleich zu anderen Aufgabengebieten zukommen liessen, und zwar im zeitlichen Ablauf.

Tab. 51: *Öffentlicher Chemiker des Kantons Basel-Stadt, untersuchte Gegenstände, 1857*

	Gegenstand Anzahl	Untersuchungen %-Anteil
Milch	175	26
Essig	162	24
Übrige Lebensmittel und Arzneistoffe	195	30
Gebrauchs- und Verbrauchsgegenstände	131	20
Total	663	100

Quelle: StABS Sanität E 11,1 Jahresberichte des öffentlichen Chemikers, *Bericht für 1857*.

18.2.1 Lebensmittel als Ausgangspunkt

Der knapp 30-jährige Carl Bulacher, der als Erster das provisorisch neu geschaffene Amt des öffentlichen Chemikers übernahm, ging – wie der erste Jahresbericht zeigt – voller Tatendrang an die Arbeit. 1857 wurden insgesamt 663 Gegenstände untersucht, wobei nebst Grundnahrungs- und sonstigen Lebensmitteln Gebrauchs- und Verbrauchsgegenstände zur Untersuchung gelangten.

Den Lebensmitteln galten 1857 80% der durchgeführten Untersuchungen, wobei Milch und Essig eine Spitzenstellung einnahmen. Im Jahresbericht werden als häufig untersuchte Lebensmittel ausserdem Kaffee-Essenzen, Zichorienarten und Arrowroot genannt. Milch wurde oft mit Wasser- und Kochsalzzusatz verfälscht, und die elf untersuchten Geheimmittel zu innerlichem und äusserlichem medizinischem Gebrauch «zeigten sich die meisten der Gesundheit geradezu schädlich». Von den 161 amtlich durchgeführten Milchuntersuchungen hatten 77% bzw. 48% der Fälle eine Verzeigung zur Folge. Die Expertisen zu Gebrauchs- und Verbrauchsgegenständen bezogen sich «auf rohe und getragene Seide, auf unorganische und organische, natürliche und künstliche Farbstoffe und Farben, auch auf Gewebe hinsichtlich ihrer Fasern und Farben, auf Mineralien, Fette und ätherische Öle, Parfumerien, Seife, Tabak und viele andere Gegenstände mehr».[17]
Lebensmitteluntersuchungen bildeten in dieser Anfangsphase einen eigentlichen Schwerpunkt nebst der Untersuchung von Stoffen aus Industrie und Handel wie Farben, Seide, Soda und Tapeten. Erste Wasseruntersuchungen fielen ebenfalls in diese Zeit.

18.2.2 Fabrikuntersuchungen und Baugutachten: Ab 1863 ein wichtiges Thema

Von regelmässigen Lebensmitteluntersuchungen kann in der Amtszeit Goppelsroeders nicht gesprochen werden. Im Vergleich zu den übrigen Tätigkeiten des öffentlichen Chemikers stellten sie einen untergeordneten Bereich dar. In einzelnen Jahren wurden gewisse Lebensmittel intensiver untersucht, so Essig 1861, Wein 1863 und 1868, Milch 1865–1868, Butter 1868 und Bier 1869. Eine spezielle Untersuchungsreihe galt 1862 verschiedenen Oblaten, die giftige Zusätze enthielten. Goppelsroeders Arbeit zielte darauf ab, aussagekräftige Analyseverfahren zur Prüfung der Echtheit von Lebensmitteln zu erarbeiten. Immer wieder sprach er die verfügbaren Methoden an, etwa zur Untersuchung von Milch. Vermehrte Milchuntersuchungen im Labor setzten ein, nachdem sich der öffentliche Chemiker in den Jahresberichten für 1863 und 1864 beschwert hatte, nur eine einzige Probe vom Marktamt erhalten zu haben.[18] Die Milchuntersuchungsreihen zeigen ein hohes Mass an Fälschungen durch Wasserbeigabe und Verunreinigungen auf. Wiederholt wies Goppelsroeder auf das mangelnde Interesse der Behörden an einer breit angelegten Lebensmittelkontrolle hin. Eindringlich geschah dies im Jahresbericht für 1863: «Wenn ich auf die sanitarischen Arbeiten des letzten Jahres zurückblicke, so fällt es mir auf, dass in der Praxis des öffentlichen Chemikers manche Hauptnahrungsmittel gar nie zur Untersuchung gelangt sind. Es mag dieses entweder ein Zeichen sein von der Güte und Realität der auf hiesigem Platze consumierten Nahrungsmittel fester oder flüssiger Form oder von der Gleichgültigkeit des Publikums. Die Beantwortung dieser Frage wäre leicht, ich lasse sie jedoch dahingestellt. Ich glaube aber beifügen zu dürfen, dass es mir stets unerklärlich sein wird, warum die betreffende löbliche Behörde nicht mehr *Milch*-Muster einer strengen Untersuchung unterwerfen lässt, wird doch in Basel wie Anderwärts genügend über Wasserzusatz zur Milch geklagt. Eine grobe Milchverfälschung kann zwar öfters schon mit Hilfe einer so genannten Milchwaage und mittels gewisser Anzeichen auf dem Polizeiposten entdeckt werden, in manchen Fällen möchte aber eine Untersuchung von Seiten eines Sachverständigen am Platze sein. [...] Wer sich ein klein wenig um das Sanitarische interessiert, dem wird es sicherlich höchst aufgefallen sein, dass in einem ganzen Jahr, während dreihundertsechzig Tagen, in der Stadt Basel nicht mehr als ein einziges Milchmuster einer sachverständigen chemischen Untersuchung unterworfen wurde.»[19]
Ins Berichtsjahr 1864 fiel die «erste Inspection der hiesigen Apotheken, von welchen eine jede mehrere Stunden in Anspruch» nahm. Es wurden Muster genommen und anschliessend im Labor geprüft. Bis zur nächsten Apotheken-Inspektion 1876 verstrich dann viel Zeit. 1869 wurde erstmals eine Essigfabrik besucht; ob es sich dabei um eine Inspektion handelt, ist nicht ersichtlich.

Brunnen- und Flusswasseruntersuchungen bildeten den Kern der Forschungstätigkeit von Friedrich Goppelsroeder. Sein Interesse galt der chemischen Zusammensetzung der verschiedenen Quellwasser in Basels Umgebung, der Brunnenwasserqualität in den Stadtquartieren, dem Grund- und Flusswasser. Es kann von breit angelegten Mehrjahresstudien gesprochen werden, deren Ergebnisse in separaten Berichten präsentiert wurden. Das Laboratorium wurde auf Antrag des Amtsinhabers hin personell und einrichtungsmässig ausgebaut, um diese Forschung voranzutreiben.

1863 setzten die Fabrikuntersuchungen in Kleinbasel ein, sanitarische Prüfungen im Auftrag des Sanitätsausschusses, die der öffentliche Chemiker üblicherweise in Zusammenarbeit mit dem Physikus durchführte.[20] Die Farbenherstellung – im ersten Untersuchungsjahr stand die Anilinrot- und Fuchsinproduktion im Zentrum – zeigte negative Begleiterscheinungen für die Umgebung. Die Produktion von Anilinrot etwa setzte arsenikhaltige Rückstände frei. In den Jahresberichten für 1864 und 1865 ist von einer «Untersuchung der durch Anilinfabriken infizierten Erden und Bodenwässer» die Rede, welche den Amtsinhaber sehr beanspruchte. Die Fabriken wurden, um baldige Abhilfe zu schaffen, mehrmals jährlich, 1866 gar monatlich inspiziert. Diese Tätigkeit beschäftigte Goppelsroeder bis ans Ende seiner Amtszeit 1869 intensiv.

Von Anfang an widmete sich Goppelsroeder auch der Öffentlichkeitsarbeit. 1861 etwa im Rahmen von zehn öffentlichen Vorlesungen beim Handwerker- und Gewerbeverein und 1867 mit einer Reihe populärer Vorträge im Museum. Im Jahresbericht für 1861[21] äusserte er sich hierzu: «Ich werde auch zukünftig fortfahren, nach dieser Richtung hin nach besten Kräften zu wirken, indem ich es für die Pflicht und Aufgabe des öffentlichen Chemikers halte, aus seinem Laboratorium von Zeit zu Zeit herauszutreten und seine populär-wissenschaftliche, gemeinnützige Aufgabe noch weiterhin auszudehnen.»

Zusammenfassend lässt sich festhalten: Wissenschaftliche Untersuchungen (Wasseranalysen) und ab 1863 vor allem die Fabrikinspektionen beanspruchten Goppelsroeder sehr. Trotzdem regte er vermehrte Lebensmittelkontrollen und vor allem den Einsatz besserer Untersuchungsmethoden an, Bestrebungen die dann sieben Jahre später der Nachfolger Jules Piccard fortsetzte.

Der öffentliche Chemiker Carl Bulacher war 1870–1874 in erster Linie mit Fabrikinspektionen der chemischen Industrie beschäftigt und hatte in diesem Zusammenhang immer wieder die Grundwasserqualität in den betroffenen Quartieren zu prüfen. Auch regelmässige Trinkwasseruntersuchungen waren jetzt üblich. In den Jahren 1871–1873 kamen erstmals verschiedene Gutachten im Rahmen von Baubegehren für Fabrikneubauten als Aufgaben hinzu.

Im Bereich der Lebensmittelkontrolle reorganisierte Carl Bulacher als Erstes die Milchuntersuchungen: Sie wurden der Stadtpolizei übertragen, wobei Bulacher die drei Postenchefs instruierte. Über die Hintergründe dieser Reorganisation ist nichts Näheres zu erfahren; vermutlich sollte sie eine regelmässige Milchüberwachung gewährleisten, ohne Carl Bulacher zu belasten. Die Liste der in dieser Zeitperiode analysierten Lebensmittel ist reichhaltig. Milch, Essig und Wein erscheinen immer wieder, doch die kurzen Jahresberichte lassen keine besonderen Schwerpunkte oder systematische Untersuchungsreihen erkennen. Für Butter beispielsweise, die zusehends in den Blickwinkel des öffentlichen Chemikers rückte, wurden 1870 nur gerade sechs Muster untersucht, mit dem Fazit: «nicht nachweisbar gesundheitsschädlich, doch grösstenteils aus auch tierischem Fett bestehend». 1874 wurden dann Proben frischer, eingesottener und künstlicher Butter geprüft, in welcher Intensität ist allerdings nicht auszumachen. Erwähnenswert waren im Jahr 1870 drei Betriebsinspektionen in «Fabrikationen von Sodawasser», wo die Anlagen, die verwendeten Materialien und das Wasser analysiert wurden. Auch eine Essigfabrik wurde besucht. Diese Inspektionen in Produktionsbetrieben der Lebensmittelbranche dürften die ersten ihrer Art in Basel gewesen sein.

18.2.3 Mehr Aufmerksamkeit zu Gunsten der Lebensmittel, 1876–1884

Als wichtige Aufgabe führte der neue Amtsinhaber Jules Piccard die jährlichen Inspektionen der Farbfabriken fort; nebst der Wasser- wurde jetzt auch die Luftverschmutzung durch industrielle Anlagen thematisiert.[22] Unter Piccard erfuhren die Apotheken regelmässige Kontrollen, wobei Überprüfungen von nach Rezept erstellten, teuren Arzneien teils zu unbefriedigenden Ergebnissen führten.[23] Wasseranalysen standen wiederholt auf dem Programm. Der öffentliche Chemiker lieferte auch Gutachten zu einem Baugesuch für eine neue chemische Fabrik und für eine Gerberei. Im Bereich der Gebrauchsgegenstände und Verbrauchsgüter waren ab 1877 Tapeten Gegenstand ausgedehnter Untersuchungen. Dabei erwiesen sich 12–25% der Muster als stark arsenikhaltig,[24] ein Missstand, dem in der Folge schnell und erfolgreich Abhilfe geschaffen wurde.

Das seiner Ansicht nach wenig griffige Vorgehen gegen Lebensmittelverfälschungen beschäftigte Jules Piccard bereits in seinem ersten Jahresbericht für 1876: «Dank seiner schriftlichen Gutachten ladet der öffentliche Chemiker eine nicht nur moralische, sondern factisch manchmal schwere Verantwortung auf sich, für welche er Gefahr läuft, haftbar erklärt zu werden. Will er sich in dieser Eventualität etwas vorsichtig ausdrücken, so ist den Leuten damit nicht gedient: im Streitfalle will das Publicum eine bündige Erklärung. Lautet wiederum der Ausspruch entschieden auf Verfälschung, so wollen viele Personen die Unannehmlichkeiten einer gerichtlichen Klage nicht auf sich nehmen; und der Verfälscher setzt mit anderen Leuten sein betrügerisches Geschäft ungestraft fort. Da in Fällen, wo die allgemeine Gesundheit nicht bedroht ist, der öffentliche Chemiker nicht selbst als Kläger auftreten kann, hat sich als einziges Mittel eine Reclamation zu veranlassen [erwiesen], die Kosten der Untersuchung, wenn gefälscht nachgewiesen, hoch zu berechnen.

Nach bestimmten Schablonen kann man nicht verfahren. Für einen Weinhändler oder Wirth, der seinen Wein nur deshalb untersuchen lässt, um zu erfahren, ob er nicht die gesetzlichen Grenzen der Fälschung überschritten hat, muss das Urtheil strenger lauten, als für einen Privatmann, welcher bloss über etwaige schädliche Beimengung desselben Weines beruhigt werden soll. Solche Rücksichten erschweren die moralische Aufgabe des öffentl. Chemikers, gerade bei Lebensmitteln am meisten, wo der Begriff der Verfälschung nichts weniger als scharf definiert ist. [...]

Doch muss ich zum Schluss bemerken, dass alle diese und andere Schwierigkeiten dem Publicum gegenüber mich nicht überrascht haben, indem ich bei der Übernahme der Funktion darauf vorbereitetet war. Mit Unterstützung der hohen Behörde hoffe ich, sie nach und nach auf ein Minimum zu reduzieren.»[25]

In diesem Bericht ist von einer moralischen und faktischen Verantwortung des öffentlichen Chemikers im Rahmen von Lebensmittelgutachten die Rede. Jules Piccard klagte, dass ihm die Kompetenz fehlte, bei nicht direkt gesundheitsgefährdenden Verfälschungen Strafmassnahmen zu ergreifen. Da die betrogenen Privatpersonen ein gerichtliches Vorgehen meistens scheuten, wurde weiteren Verfälschungen kein Einhalt geboten. Als erschwerend erwies sich, dass die Grenzen der Verfälschung (noch) nicht definiert waren.

Jules Piccard liess den Lebensmitteln Wein, Milch, Essig, und Bier (inklusive Bierpressionen) viel Aufmerksamkeit zukommen. Wein wurde auf qualitative und quantitative Merkmale untersucht, wobei die Aufmerksamkeit in erster Linie Verfälschungen und Kunstweinen galt. «Die Unterscheidung zwischen gut gemachten Kunstweinen und natürlichem Wein ist schwierig, manchmal unmöglich», stellt der Jahresbericht von 1882 fest. Ergänzend fragte Piccard kritisch: «Soll ein gut gemachter Kunstwein im Urteil der Lebensmittelkontrolle schlechter abschneiden als ein natürliches aber schlechtes Gewächs?» Und: «Wo sind die Grenzen zwischen einer erlaubten rationellen Behandlung des Weins und einem unerlaubten Eingriff?» Die Durchführung des unter seiner Leitung entwickelten Lebensmittelgesetzes von 1883[26] sah der öffentliche Chemiker z. B. für Wein in Frage gestellt. Denn geeignete Nachweismethoden und Ausführungsbestimmungen mit Grenzwertangaben etc. standen – bis zur Lebensmittelverordnung von 1894 – nicht zur Verfügung. Die Problematik fehlender Ausführungsbestimmungen betraf auch andere Lebensmittel.[27]

Bei der Milch interessierten Verfälschungen durch Wässerung und Abrahmung und neu auch die Frage der Haltbarkeit. An den Milchkontrollen beteiligt war der öffentliche Chemiker nur insofern, «als er auf Grund der vom Sanitätscommissär gelieferten Beobachtungen Anträge auf gerichtliche Verzeige stellt».[28] Offensichtlich war die Milchkontrolle fest in der Hand dieses Beamten, der dem öffentlichen Chemiker nicht unterstellt war und die Kontrollmethode selbst wählen konnte. Infolge von Beschwerden der Milchlieferanten gegen den Sanitätskommissär sah sich Piccard veranlasst,

«die ganze Frage der Milchkontrolle einer eingehenden Untersuchung zu unterwerfen, sämtliche bekannten Methoden und Apparate vergleichend zu prüfen, neue zu versuchen und Hunderte von Milchuntersuchungen auszuführen. Diese Arbeit hat die vier letzten Monate des Jahres 1882 fast ausschliesslich in Anspruch genommen.»

Auf Grund dieser Arbeiten schlug er – vermutlich im nicht mehr auffindbaren Jahresbericht für 1883 – die Einführung neuer Kontrollmethoden vor. Weil man seine Aussagen im Verwaltungsbericht des Regierungsrats für 1883 verdreht hatte, hielt er im Jahresbericht für 1884 verärgert fest: Differenzierte Untersuchungen bezüglich Milchkontrollverfahren hätten ergeben, «dass das alte Chevalier-Müller'sche Verfahren der Rahmbestimmung mit dem Cremometer absolut unzuverlässig ist».[29] Eine Autorität auf diesem Gebiet, Oscar Dietsch, Chemiker der Chamer Gesellschaft, empfehle das Marchand-Butyrometer, «denselben Apparat, den ich in modificierter Form im hiesigen Consumverein eingeführt habe». Wurden die Empfehlungen des öffentlichen Chemikers absichtlich missverstanden? Und wenn ja, warum?

Anlässlich einer grösseren Untersuchungsreihe für Essig «aus verschiedenen Spezereigeschäften Kleinbasels» wurden 1876 durch quantitative und qualitative Bestimmungen keine eigentlichen Verfälschungen, jedoch grosse Unterschiede in Bezug auf Gehalt und Preis festgestellt. Bieruntersuchungen galten der Qualität dieses Lebensmittels, aber auch der Sauberkeit und Beschaffenheit der Bierpressionen, der Zapfanlagen für Bier in den Restaurants. Es wurde bemängelt, dass die bleihaltigen Leitungen der Pressionen selten verzinnt waren.[30]

Mit Entsetzen stellte Piccard als öffentlicher Chemiker Salicylsäure als Konservierungsmittel in Lebensmitteln fest, so etwa 1879 in «unmässigen Mengen» in Traubenmost, Wein und Bier. Jules Piccard warf wiederholt die Frage auf, ob diese Substanz als Konservierungsmittel zuzulassen sei. Sollte es statthaft sein, Lebensmittel mit «einem so energischen Mittel» zu behandeln «in der Absicht, schlecht zubereitete oder halb verdorbene Waren länger aufzubewahren und absetzen zu können, z. B. saures Bier im Sommer»?[31] Gesundheitliche Folgen seien nicht auszuschliessen: «Weil die Salicylsäure sich weder durch Geruch noch durch Geschmack auszeichnet, kann sich der Consument nicht davor schützen, und da sie so energische antiseptische Eigenschaften besitzt, ist die Möglichkeit durchaus nicht ausgeschlossen, dass sie nicht ohne Wirkung auf die Gährungsprocesse der Verdauung bleibt, namentlich nach fortgesetztem Genuss.»

18.2.4 Kantonales Lebensmittelgesetz von 1883: Noch kein Vollzug, 1884–1893

Die Grundlage zu einer öffentlichen Lebensmittelkontrolle nach heutigen Vorstellungen war mit dem kantonalen Gesetz von 1883 gelegt worden. Den Akten zufolge liess die Durchführung dieses Gesetzes in der Praxis des Alltags aber noch auf sich warten. So erwähnte Jules Piccard in einem Schreiben vom 24. Mai 1884, dass bisher nur eine einzige Verurteilung seit dem Bestehen des Lebensmittelgesetzes – ein Fall von Kunstbutter – erfolgt sei. Mit der Nachsicht der Behörden gegenüber Lebensmittelfälschern war er ganz und gar nicht einverstanden.
Nach seinem Rücktritt per Ende 1884 wollte Basel-Stadt die Laboratoriums- und die Personenfrage betreffend öffentlichem Chemiker grundlegend neu regeln. Einige Politiker strebten der Wichtigkeit der Aufgabe wegen ein Vollamt an, womit die Stelle für einen Fachmann attraktiver würde, andere äusserten Argumente dagegen. Bei vorbereitenden Gesprächen konnte kein Konsens gefunden werden. Ein entsprechender Gesetzesentwurf wurde im Jahr 1886 zwar ausgearbeitet, gelangte aber wegen der bevorstehenden Neuordnung des Sanitätsdepartements nicht vor den Regierungsrat. Seit 1. Mai 1885 nahm der durch private Geschäfte beanspruchte Chemiker Dr. Carl Bulacher die Aufgabe des öffentlichen Chemikers zum dritten Mal im Nebenamt wahr. Dass das neue Lebensmittelgesetz unter diesen Rahmenbedingungen nicht zum Vollzug kommen konnte, liegt auf der Hand und wird durch die geringe Zahl der Lebensmitteluntersuchungen bestätigt.
Bei den Lebensmittelkontrollen standen in diesem Zeitabschnitt Milch und Wein eindeutig im Vordergrund. Die Milchprüfungen wurden von der Marktpolizei durchgeführt, und der öffentliche Chemiker stellte auf Grund der Ergebnisse die Anträge auf Verzeigung. Die Milchproben nahmen von 1886 (746 Proben) bis 1891 (2206 Proben) erheblich an Umfang zu. Auch bildeten Weinuntersuchungen im Zeitraum 1885–1888 gemäss den Jahresberichten wiederholt einen Schwerpunkt.
Das Hauptgewicht der – vermutlich zeitlich stark eingeschränkten und übergangsweisen – Tätigkeit des öffentlichen Chemikers stellte eine Vielzahl von Gutachten für Bau- und Betriebsbewilligungen industrieller Anlagen dar. Es wurden u. a. solche Bewilligungen und Konzessionsbegehren für Anilin- und Spritfabriken, für eine Papier- und eine Eisfabrik genannt. Gutachten über die Emis-

sionen bestehender Betriebe und ihre sanitarischen Einflüsse wurden ausgelöst durch Klagen aus der Nachbarschaft, Brandfälle und Wasserverunreinigungen. Damit in engem Zusammenhang standen auch die zahlreichen Trinkwasseruntersuchungen. In den Jahren 1887–1892 fanden Inspektionen der Teerfarben- und Extraktfabriken statt, und 1888 wurden Medikamente aus den 17 Apotheken geprüft.

Zur verzögerten Durchsetzung des Lebensmittelgesetzes von 1883 hielt der Kantonschemiker Hans Kreis 1902 fest: «Der Kanton Basel-Stadt besitzt zwar schon seit dem Jahre 1883 ein Lebensmittelpolizeigesetz, das in seinen wesentlichsten Punkten dem deutschen Gesetz betr. den Verkehr mit Nahrungsmitteln, Genussmitteln u. Gebrauchsgegenständen vom Jahre 1879 nachgebildet ist; aber bis zum Jahre 1893 war kein staatliches Laboratorium für Lebensmitteluntersuchungen vorhanden u. die Lebensmittelcontrole beschränkte sich fast ausschliesslich auf eine Beaufsichtigung des Milchhandels. An bestimmten, den Milchhändlern im Voraus bekannten Tagen prüfte der damalige Sanitätscommissär auf den Polizeiposten u. in den Milchläden die Milch mit der Milchwaage u. die ihm hierbei verdächtig erscheinenden Proben wurden sodann nach der, auch damals schon veralteten cremometrischen Methode, näher untersucht und daraufhin endgültig beurteilt. Ich habe es selbst noch mitangesehen, wie das spezifische Gewicht der Milch bei Temperaturen um 0° herum ohne vorheriges Aufwärmen direct abgelesen und in die Control-Tabellen eingetragen wurde. Dass auf diesem Wege der Milchpanscherei nicht erfolgreich begegnet werden konnte, ist leicht erklärlich und dass bezüglich anderen Lebensmitteln so gut wie gar keine Controle stattfand, ist bereits angedeutet worden.»[32]

Warum die zum Gesetzesvollzug notwendige Neuordnung der Ämter nicht schneller vorangetrieben wurde, ist nicht ersichtlich. Gab es allenfalls Kräfte, welche die baldige Umsetzung einer konsequenten Lebensmittelkontrolle sowie die staatliche Ahndung von Lebensmittelverfälschungen behinderten? Hierfür liegen keine Anhaltspunkte vor. Vielmehr massen wahrscheinlich zu dieser Zeit Öffentlichkeit und Politik der Lebensmittelfrage keine grosse Bedeutung bei, sodass die Reorganisation der Lebensmittelkontrolle mit untergeordneter Priorität erfolgte.

18.2.5 Systematische Lebensmittelüberwachung ab 1893

1893 wurde Hans Kreis vollamtlich als Kantonschemiker angestellt und ihm die umfassende Kompetenz zur selbstständigen Überwachung und Kontrolle der Lebensmittel übertragen. Gleichzeitig nahm das kantonale Laboratorium mit dem zugesprochenen Personalbestand den Betrieb auf. Diese Neuordnung beeinflusste die Kontroll- und Untersuchungstätigkeit im Lebensmittelbereich ganz grundlegend. Der Leistungsausbau des Kantonschemikers und seines Labors kam nämlich grösstenteils der Lebensmittelüberwachung zugute und setzte mit einiger Verspätung das kantonale Lebensmittelgesetz von 1883 um. Die ergänzende kantonale Lebensmittelverordnung trat 1894 in Kraft und unterstützte den Gesetzesvollzug. Jetzt konnten auch geringfügige Verstösse, nämlich solche ohne Gesundheitsgefährdung, geahndet werden.

Der Umfang der Lebensmittelkontrollen wurde ab 1893 rasant grösser. Zuerst erfolgte die Integration der Milchuntersuchungen in den Tätigkeitsbereich des kantonalen Laboratoriums. Dann fand der Ausbau der regelmässigen Analysen von Wein, Essig, Gewürzen, Butter, Fetten und Ölen statt. So verdoppelte sich die Zahl der jährlichen Untersuchungen und pendelte bei rund 6000 ein. Von der Eröffnung des Kantonalen Laboratoriums am 15. Januar 1893 bis zum Inkrafttreten der eidgenössischen Lebensmittelverordnung am 1. Juli 1909 wurden insgesamt 88'431 Objekte kontrolliert, d. h. jährlich durchschnittlich 5359. 49% dieser Untersuchungen entfielen auf die Milch.[33] Die Durchsicht der Verzeigungsbücher für den Zeitraum 1893–1908[34] liefert ein Gesamtbild betreffend Untersuchungsschwergewichten und Anzahl der Verzeigungen, das in etwa jenem nach 1909 entspricht: Der Grossteil der Verzeigungen betraf die Milch. Verzeigungen wegen Verfälschung erfolgten häufig für Butter, Essig, Olivenöl, Schweinefett und Wein. Ein ständiges Thema waren unreine Bierpressionen in Wirtschaften. Ferner zogen häufig auch gefärbte Wurstwaren, verdorbene Spezereien und verfälschte Gewürze (Safran, Pfeffer) Verzeigungen nach sich.[35] Bei Milch und Butter erfolgten, wie den Aufzeichnungen mit Adressangabe zu entnehmen ist, die Verzeigungen oft gegen Auswärtige aus Baselland, welche ihre Erzeugnisse den Händlern in der Stadt lieferten oder selbst auf dem Markt feilhielten. Butter wurde beispielsweise noch um 1910 von bäuerlichen Produzenten direkt auf dem Markt abgesetzt.[36]

In den Jahren 1909–1913, am Ende des hier betrachteten Zeitraumes, stand die Milch mit 55% aller amtlichen Untersuchungen immer noch klar an der Spitze und im Mittelpunkt des Interesses. Es folgten mit abnehmender Untersuchungshäufigkeit Wein, Essig, Speiseöl, Butter, Branntwein, Speisefett, Honig und Butter (siehe Tab. 52).

Von den insgesamt 4038 in diesem Jahrfünft ausgesprochenen Beanstandungen betrafen 43% die Milch, 14% Weine und 10% die Butter. Diesen Spitzenreiter folgen mit einigem Abstand Essig, Branntwein, Speiseöl, Speisefett und Gewürze. Die höchsten Beanstandungsquoten (Beanstandungen/Untersuchungen) wiesen Butter (49%), Gewürze (35%), Branntwein (34%) und Speisefette (31%) auf. Die Milch, an erster Stelle betreffend Kontrolluntersuchungen und Beanstandungen, war auch bei den Verzeigungen bzw. Bussen führend: 34% aller lebensmittelpolizeilichen Verzeigungen bezogen sich auf «entrahmte, verunreinigte, verdor-

Tab. 52: *Lebensmittelkontrolle Basel-Stadt, untersuchte Objekte und Beanstandungen, 1909–1913*

	Untersuchungen		Beanstandungen		
	(n)	(%)	(n)	(% der Beanstandungen)	(% der Untersuchungen)
Milch	16'612	54,8	1714	42,4	10,3
Wein	3152	10,4	568	14,1	18,0
Essig	1228	4,1	167	4,1	13,6
Speiseöl	889	2,9	101	2,5	11,4
Butter	830	2,7	409	10,1	49,3
Branntwein	453	1,5	156	3,9	34,4
Speisefett	299	1,0	94	2,3	31,4
Honig	301	1,0	58	1,4	19,3
Gewürze	260	0,9	91	2,3	35,0
Hier aufgeführte Lebensmittel	24'024	79,3	3358	83,2	14,0
Total	30'289	100,0	4038	100,0	13,3

Quelle: *Berichte über die Lebensmittel-Kontrolle für die Jahre 1909–1913.*

bene oder gewässerte Milch». An zweiter Stelle stand Brot, wo nicht Lebensmitteluntersuchungen analytischer Art den Ausschlag gaben, sondern Gewichtskontrollen. 12% aller Verzeigungen der Lebensmittelpolizei hatten als Begründung «Verkauf von zu leichtem bzw. mindergewichtigem Brot». An dritter Stelle der Verzeigungen lagen «unreine, ungenügend verzinnte Bierpressionen». Obwohl wir uns auf den Lebensmittelhandel beschränken, weisen wir gezapftes Bier hier aus. Flaschenbier war zu dieser Zeit bereits eine gängige Handelsware, doch ist unklar, welche Rolle der Bierverkauf der Wirtschaften «über die Gasse» in der Lebensmittelversorgung gespielt hatte. Gleich viele Verzeigungen erfolgten mit der Begründung «verdorbene, minderwertige Butter oder Verkauf von Margarine als Butter». «Lagerung und Verkauf ohne vorschriftsgemässe Bezeichnung» wurde bei Speiseöl und Speisefett geahndet. Ebenfalls unrichtige Bezeichnung, aber auch Verderb und Verfälschung wurden im Handel mit Wein und Essig verzeigt (vgl. Tab. 53).

Tab. 53: *Gerichtliche Verzeigungen betreffend Lebensmittelkontrolle in Basel-Stadt, 1909–1913*

Beanstandung	Verzeigungen						
	1909 (n)	1910 (n)	1911 (n)	1912 (n)	1913 (n)	1909–1913 (n)	1909–1913 (%)
Milch: Verkauf von entrahmter, verunreinigter oder gewässerter Milch	127	248	185	193	122	875	34
Brot: Verkauf von mindergewichtigem Brot	0	57	131	57	64	309	12
Bier: unreine oder ungenügend verzinnte Bierpressionen	24	29	43	17	17	130	5
Butter: Verkauf von verdorbener, minderwertiger Butter oder Margarine statt Butter	17	50	19	14	27	127	5
Speiseöl: Einfuhr, Verkauf und Lagerung ohne vorschriftsgemässe Bezeichnung	0	33	31	27	9	100	4
Wein: Verkauf von essigstichigem, gewässertem, gallisiertem, unrichtig bezeichnetem Wein	23	27	23	11	8	92	4
Speisefett: ohne vorschriftsgemässe Bezeichnung	3	6	25	17	12	63	2
Essig: Verkauf von minderwertigem oder unrichtig bezeichnetem Essig	12	2	13	22	12	61	2
Hier aufgeführte Lebensmittel	206	452	470	358	271	1757	69
Total	252	656	750	516	368	2542	100

Quelle: *Berichte über die Lebensmittel-Kontrolle für die Jahre 1909–1913.*

18.2.6 Betriebsinspektionen in Lebensmittelfabrikation und -handel

Betriebsinspektionen spielten lange eine untergeordnete Rolle. Fast gleichzeitig mit den frühesten Fabrikuntersuchungen von 1863 setzten vereinzelte Inspektionen im Lebensmittelbereich ein. Die erste Apotheken-Inspektion wurde 1864 im Jahresbericht des öffentlichen Chemikers genannt; weitere fanden nach entsprechender Aufgabenerweiterung 1876–1878, 1882 und 1888 statt. 1869 besuchte der öffentliche Chemiker zum ersten Mal eine Essigfabrik; auch 1871 war die Essigherstellung ein Thema. 1870 wurde die Inspektion von drei «Fabrikationen von Sodawasser» im Jahresbericht erwähnt.[37] Speisen in Gasthöfen, Garküchen und Kostgebereien wurden 1864 nur auf Anlass hin kontrolliert.[38] 1879 wurden erstmals Bierpressionen inspiziert und verschiedene Mängel festgestellt; vor allem bleihaltige Leitungen und fehlende bzw. bleihaltige Verzinnungen wurden gerügt.[39]

Ab 1894 sind jährlich mehrere Hundert Inspektionen von Bierpressionen in Wirtschaften und von Abfüllanlagen für Flaschenbier verzeichnet. Sie überprüften die Einhaltung der ausführlichen Vorschriften in § 31 der kantonalen Lebensmittelverordnung von 1894.[40] Betriebe für die Herstellung «künstlicher Mineralwasser» und Limonaden wurden ab 1894 immer wieder besucht, so 1894, 1897, 1898 und 1901–1905 jährlich; die rechtliche Grundlage für diese Inspektionen ist nicht ersichtlich. 1897 und 1901 fanden Inspektionen der Drogerien statt, die der Einhaltung der Gift-Verordnung[41] galten und vermutlich mit den Streitigkeiten zwischen Apothekern und Drogisten zu tun hatten. Weitere Betriebsinspektionen in der Lebensmittelbranche sind vorläufig nicht auszumachen. Der Grund für diese magere Bilanz ist in der noch fehlenden Gesetzesgrundlage für Inspektionen in Produktionsbetrieben und Verkaufslokalen der Lebensmittelbranche zu suchen. Zwar räumte schon das Lebensmittelgesetz von 1883[42] in § 2 den Beamten und Beauftragten des Sanitätsdepartements ein Zutrittsrecht in Geschäfts- und Lagerräume ein, um Proben zu erheben, doch die Inspektion der Räumlichkeiten, Einrichtungen und Apparate war noch keine Thema.

Das eidgenössische Lebensmittelgesetz von 1905 und die zugehörige Lebensmittelverordnung von 1909, die beide per 1. Juli 1909 in Kraft traten, verbesserten gesamtschweizerisch die Kontrolle und Beurteilung von Lebensmitteln und vereinheitlichten das Vorgehen gegen Missstände. Unter anderem befugte Art. 11 die zuständigen Behörden zu Inspektionen in Herstellungs-, Verarbeitungs- und Verkaufsräumen für Lebensmittel sowie zum Entnehmen von Lebensmittelproben. In den Jahren nach 1909 schnellte dann die Zahl der Betriebsinspektionen sprunghaft in die Höhe. Für den Vollzug zuständig waren die kantonalen Lebensmittelinspektoren als Mitarbeiter des Kantonschemikers. Diese waren in den Betrieben oftmals unwillkommene Gäste. Insbesondere die alten Gewerbe sollen sich er-

Tab. 54: *Betriebsinspektionen der Lebensmittelkontrolle Basel-Stadt, 1909–1913*

Branche	Anzahl Betriebsinspektionen					
	1909	1910	1911	1912	1913	1909 –1913
Wirtschaften	430	650	626	613	559	2878
Spezerei-, Kolonialwarenhandlungen und Drogerien	184	273	277	511	693	1938
Bäckereien	12	15	49	50	300	426
Milch-, Käse- und Butterhandlungen	20	17	60	47	72	216
Wein- und Kunstweinhandlungen	8	18	27	14	32	99
Brauereien/Bierdepots	6		12	5	14	37
Mühlen und Mehlhandlungen			17			17
Sonstige Verkaufsstellen		41	89	122	189	441
Limonaden- u. Mineralwasserfabriken		10	34	37	21	102
Margarine- und Kochfettfabriken		6	9	11	7	33
Kunsthonigfabriken		4	5	8	2	19
Kunstweinfabriken			11	9		20
Stallinspektionen			37	46	97	180
Total (ohne Brotwägungen)	660	1034	1253	1473	1986	6406

heblich gegen die Kontrollen und Massnahmen gesträubt haben.[43] Aus den Berichten des Kantonschemikers gehen namentlich die Bäcker als notorische Kontrollverhinderer hervor. Immer wieder wurde die Rechtmässigkeit von Inspektion und Probeentnahme bei Abwesenheit der Inhaber in Frage gestellt, wie der Jahresbericht des Kantonschemikers für 1912 festhält: «Es hat sich gezeigt, dass bei verschiedenen Geschäftsleuten die Meinung vorhanden ist, die Lebensmittelinspektoren dürfen bei Abwesenheit der Geschäftsinhaber keine Inspektionen vornehmen. Dass die Auffassung im Hinblick auf Art. 3 des Reglements betr. die Probeentnahme irrtümlich ist, wurde in einem besonderen Falle dem Vorstand eines Berufsverbandes zum Zweck der Aufklärung seiner Berufskollegen mündlich erläutert.»[44]

Aufstellungen in den Jahresberichten verschaffen einen Überblick zur Aktivität des Lebensmittelinspektors im Bereich der Betriebsinspektionen. Im kurzen Zeitraum zwischen 1909 und 1913 veränderte sich das Bild grundlegend. Nicht nur verdreifachte sich die Gesamtzahl der Betriebsinspektionen von 1909 (660) bis 1913 (1986), auch verdoppelte sich der Inspektionenanteil von Lebensmittelhan-

Tab. 54: *Betriebsinspektionen der Lebensmittelkontrolle Basel-Stadt, 1909–1913 (Fortsetzung)*

Branche	%-Anteil der Branchen an den Inspektionen					
	1909	1910	1911	1912	1913	1909 –1913
Wirtschaften	65	63	50	42	28	45
Spezerei-, Kolonialwaren- handlungen und Drogerien	28	26	22	35	35	30
Bäckereien	2	1	4	3	15	7
Milch-, Käse- und Butterhandlungen	3	2	5	3	4	3
Wein- und Kunstweinhandlungen	1	2	2	1	2	2
Brauereien/Bierdepots	1		1		1	1
Mühlen und Mehlhandlungen			1			0
Sonstige Verkaufsstellen		4	7	8	10	7
Limonaden- u. Mineralwasserfabriken		1	3	3	1	2
Margarine- und Kochfettfabriken		1	1	1		1
Kunsthonigfabriken				1		0
Kunstweinfabriken			1	1		0
Stallinspektionen			3	3	5	3
Total (ohne Brotwägungen)	100	100	100	100	100	100

Quelle: *Berichte über die Lebensmittel-Kontrolle für die Jahre 1909–1913.*

del und -handwerk von 35% auf 67%. Während die Gastwirtschaften von den Inspektionen der Bierpressionen her bereits bekanntes Terrain darstellten, kamen jetzt Verkaufsstellen des Lebensmitteleinzelhandels und Bäckereien neu hinzu. Es fällt die grosse Anzahl Inspektionen in der Kategorie «Spezerei- und Kolonialwarenhandlungen und Drogerien» auf. Im Zeitraum 1909–1913 betrafen 30% aller Betriebsinspektionen diese Branchen, mit leicht steigender Tendenz. An nächster Stelle standen die Bäckereien, Trend stark zunehmend. Sprunghaft an Bedeutung gewannen die Bäckerei-Inspektionen von 1912 (50) auf 1913 (300).[45] Mit grossem Abstand und ohne ersichtlichen Trend folgten die «Milch-, Butter und Käsehandlungen», die durchschnittlich nur 3% der Inspektionen auf sich vereinten. Bemerkenswert noch die Rubrik «Sonstige Verkaufsstellen» mit durchschnittlich 7% der Inspektionen und steigendem Trend (vgl. Tab. 54).
Der weitaus grösste Teil der Beanstandungen, nämlich 70–90% erfolgte mit der Begründung «fehlende oder ungenügende Aufschrift». Betroffen von dieser Verwechslungen und Täuschung fördernden Praxis waren namentlich Produkte wie Speiseöl, Speisefett, Wein etc. Auch «Ungenügende Ordnung im Lokal» war ein

wiederholt bemängelter Umstand. Anlässlich einer grösseren Untersuchung von Lebensmittelläden im Jahr 1910 erhielten von insgesamt 273 Lokalen 86 (31%) gute Ordnung bescheinigt, 139 (51%) genügende Ordnung und 48 (18%) ungenügende Ordnung.[46] Auch bezüglich Beleuchtung und Sauberkeit liessen die Verkaufsläden oftmals zu wünschen übrig. Der Jahresbericht von 1912 äussert sich hierzu: «Sehr oft muss immer noch gerügt werden, dass die Beleuchtung der Verkaufslokale infolge des Verhängens und Verstellens der Fenster mit allen möglichen Plakaten und Gegenständen ungenügend ist. Nicht selten müssen verstaubte Gestelle und Gefässe beanstandet werden.»[47]

Von als verdorben beanstandeten Lebensmitteln ist in den Jahresberichten hin und wieder die Rede. Da ihre Zahl auffallend gering ist, handelte es sich dabei wohl lediglich um Extremfälle verdorbener Lebensmittel, die auf den ersten Blick oder am üblen Geruch erkennbar waren. Die Zahl von 42 (1911), 22 (1912) und 12 (1913) als verdorben festgestellte Lebensmittel dürfte an heutigen mikrobiologischen Kriterien gemessen allenfalls der Spitze des Eisbergs entsprochen haben: Bakteriologische Untersuchungen waren für Wasser früh üblich und belegt,[48] spielten sie doch beim Vorgehen gegen Typhus eine wichtige Rolle. In der öffentlichen Lebensmittelkontrolle der Schweiz hingegen wurden hygienisch-bakteriologische Untersuchungen bis etwa zum Zweiten Weltkrieg kaum als relevant betrachtet.[49] Frischprodukte wurden beim Transport, während der Lagerung, in Produktion und Verkauf selten konsequent und nach heutigen Massstäben völlig unzureichend gekühlt. Künstliche Kälte in der Form von Kühlräumen und -schränken spielten zu Ende unseres Zeitraums in grösserem Massstab erst in der Bierbrauerei und der Fleisch- und Metzgereibranche eine Rolle. Andere Lebensmittelbranchen waren von der Kühltechnik noch weit gehend ausgeschlossen und nutzten – falls vorhanden – kühle Keller für die Lagerung. Gekühlte Vitrinen und Kühlschränke hielten erst im 20. Jahrhundert allmählich auf breiter Front in Verkaufsgeschäften Einzug.

In Bäckereien wurden anlässlich von Betriebsinspektionen vor allem mangelnde Ordnung und Sauberkeit, ungenügende Geräte und die Benützung der Backstube als Wohnraum gerügt. Die Überprüfung des Brotgewichts erfolgte meistens ambulant, beim Austragen des Brotes.[50] Warum die Wägungen nicht in den Bäckereien selbst vorgenommen wurden, ist nicht klar ersichtlich. Doch muss der Widerstand der Bäcker gegen Brotwägungen in den eigenen Lokalen gross gewesen sein. Sonst wäre nicht der umständliche Weg gewählt worden, mit Festhalten der Austräger durch die Polizei und Auswägung der Brotlaibe auf dem Polizeiposten.

Bei Inspektionen der Milch-, Käse- und Butterhandlungen war die ungenügende Trennung von Voll- und Magermilch zur Vermeidung von Verwechslungen und Täuschungen der häufigste Grund für Beanstandungen. Geprüft wurden die

Tab. 55: *Betriebsinspektionen der Lebensmittelkontrolle Basel-Stadt in der Lebensmittelindustrie, 1912*

Art des Betriebs	Betriebe	Inspektionen
Margarinefabrik	1	3
Kokosnussfettfabrik	1	2
Kochfettfabrik	3	6
Kunsthonigfabriken	3	6
Kunstweinfabriken	3	9
Kaffeesurrogatfabrik	1	1
Total	12	27

Quelle: *Bericht über die Lebensmittel-Kontrolle ... während des Jahres 1912,* 64.

vorschriftsgemässe Bezeichnung der Gefässe, der separate Transport und die ausschliessliche Abgabe von Magermilch auf schriftliche Bestellung hin. Ferner wurde die Lebensmittelhygiene angesprochen, etwa die Bemängelung des Verkaufs in unsauberen Gefässen oder die ungeeignete Aufbewahrung der Milch. Immer wieder mussten die Lebensmittelinspektoren gegen den Milchverkauf ohne entsprechende Bewilligung vorgehen.

Ab 1910 findet in den Jahresberichten die Überwachung von Betrieben für die Herstellung von Lebensmittelsurrogaten explizit Erwähnung. Offenbar wurden diese neuen Produktionsbetriebe mit besonderer Aufmerksamkeit bedacht und regelmässig inspiziert. Die Übersicht gemäss dem Jahresbericht für 1912[51] zeigt Tab. 55.

In den Jahren 1910–1913 gaben nur die Kunstweinfabriken zu nennenswerten Beanstandungen Anlass. Die Gründe waren fehlende, ungenaue oder unrichtige Beschriftung, fehlende Ein- und Ausgangsbücher und unrichtige Fakturierung.

Ebenfalls kontrolliert wurden Brauereien sowie Limonaden- und Mineralwasserfabriken, wobei mangelnde Sauberkeit und Ordnung sowie schlechter Zustand der Apparate (Verzinnung, Verwendung ungeeigneter Materialien) wiederholt beanstandet wurden. 1911 wurde festgehalten, dass in vier Fällen «die Abfüllung des Bieres in Flaschen mit Hilfe eines Kautschukschlauches durch direktes Ansaugen mit dem Mund»[52] geschah. Auch wurde die Verwendung ungeeigneter Materialien in der Limonadefabrikation bemängelt: «In einer neu erstellten Limonadefabrik wurden zur Leitung von Kohlensäure und kohlesaurem Wasser Kautschukschläuche verwendet; auch waren messingene Bestandteile des Innern von Apparaten nicht verzinnt.»[53]

Stallinspektionen in Milchwirtschaftsbetrieben führen die Jahresberichte der

Lebensmittelkontrolle ab 1911 auf. Einer der häufigsten Beanstandungsgründe bei der Milch war die Verunreinigung mit Schmutz. Die Stallkontrollen, welche zusammen mit dem Kantonstierarzt durchgeführt wurden, zielten auf die Behebung von Übelständen beim Melken ab.

18.3 Verfälschung und Verderb

Dieser Abschnitt soll einen Eindruck vermitteln, aus welchen Gründen ums Jahr 1900 Lebensmittel bei Kontrollen seitens der Behörden beanstandet wurden. Wir beschränken uns dabei auf jene Lebensmittel(-gruppen), die gemäss Abschnitt 18.2.5 am häufigsten kontrolliert und/oder beanstandet wurden. Als Quelle dienen uns die gedruckt veröffentlichten Berichte über die Lebensmittelkontrolle aus den Jahren 1909–1913, die wir der Anschaulichkeit wegen auch auszugsweise zitieren. Viele der angesprochenen Verfälschungen waren jedoch auch schon 40 Jahre früher aktuell und bekannt, wie die Jahresberichte der öffentlichen Chemiker belegen. Zugenommen hatte gegen 1900 hin die Beanstandung der preisgünstigeren, industriell gefertigten Lebensmittelsurrogate, die öfters für das Original ausgegeben und verkauft wurden, ein typischer Fall von Lebensmittelverfälschung. Nebst Verderb und Verunreinigung standen die Verfälschungen im Vordergrund, das Strecken von Lebensmitteln durch Beimengen von Wasser, Sand etc., die Vermischung teurerer mit billigeren Produkten oder die falsche Deklaration, indem ein preisgünstigeres für ein teureres Produkt verkauft wurde. Lebensmittelverfälschungen beruhten meist auf betrügerischer Absicht, wobei oft nicht abgeklärt werden konnte, auf welcher Stufe von Produktion und Verteilung die Vermischung oder Fehldeklaration erfolgte. Produzent, Importeur, Grosshändler oder Einzelhändler kamen dafür in Frage. Kontrollen und Beanstandungen fanden meistens am Ende der Verteilkette statt, in den Verkaufsgeschäften, wo sich die Endverbraucher mit Lebensmitteln eindeckten. Die verfügbaren Informationen liefern keinen Aufschluss zur Frage, welche Stufe in Produktion und Handel für Lebensmittelverfälschungen am ehesten verantwortlich war. Die zur Streckung, Vermengung oder Fehldeklaration angewandten Techniken waren in den meisten Fällen nicht besonders anspruchsvoll, weshalb kein Glied der Versorgungskette frei von Verdacht bleibt. Das Delikt konnte auf allen Stufen erfolgen, und sei es nur durch absichtliches oder nachlässiges Nichtbeschriften, z. B. der Speiseöl-Behältnisse im Spezereiladen, wodurch dann ein günstigeres anstelle eines teureren Öls an die Kunden verkauft wurde. Der Basler Kantonschemiker wirkte allerdings auch bei der Grenzkontrolle von Lebensmitteln mit, wodurch dem Import verfälschter oder verdorbener Waren vorgekehrt wurde. Entsprechende Transporte wurden an die Absender zurückgewiesen.

Hier zum besseren Verständnis der damaligen Lebensmittelrealität einige Beispiele wichtiger Lebensmittel, ihre besondere Problematik und die häufigsten Beanstandungsgründe:

Bier
Über die genauen Hintergründe der Verzeigungen im Zusammenhang mit «unreinen und unzureichend verzinnten Bierpressionen» liefern die Jahresberichte keine Erklärung. Wir gehen davon aus, dass in Brauereien und Wirtschaften die regelmässige Reinigung der Anlage und Bierleitungen vom Keller zur Zapfstelle der eine Gesichtspunkt war. Der andere ergab sich bei «ungenügender Verzinnung» der bleihaltigen Leitungs- und Ausschankvorrichtungen – wie schon bei den in früheren Zeiten gerügten, ungenügend verzinnten Brennereiapparaturen –, wodurch das Getränk durch giftige Metallverbindungen verunreinigt wurde.

Branntwein
Die Behörde beschäftigte sich vor allem mit dem Vollzug der Lebensmittelverordnung, welche die Alkoholprozente festlegte und die Deklaration regelte. Dies war eine schwierige Aufgabe, weil auf diesem Gebiet noch kaum Erfahrung vorlag und die Einhaltung der Deklarationsvorschriften mittels Analyse teilweise nicht kontrollierbar war.[54] Am meisten Beanstandungen betrafen Weindestillate, die gemäss Lebensmittelverordnung nicht als Cognac in den Handel hätten gebracht werden dürfen. Auch das Verschneiden von Spirituosen und deren richtige Deklaration waren lebensmittelpolizeilich ein hochaktuelles, aber delikates Thema. Aus den Berichten der Jahre 1909–1912 herausgegriffene Zitate zeigen Probleme und die Argumentation der Lebensmittelbehörde.
«Noch nie seit der Eröffnung unseres Laboratoriums hatten wir in privatem Auftrag so oft Spirituosen zu untersuchen wie im Berichtsjahr, und der Andrang von derartigen Objekten machte sich um so mehr bemerkbar, je näher der Termin heranrückte, an dem das eidgen. Lebensmittelgesetz in Kraft treten sollte.
Wir hatten also Gelegenheit, auf diesem so überaus schwierigen Gebiet Erfahrungen zu sammeln und es soll hier nur konstatiert werden, dass wir vor allem den Eindruck erhielten, dass die Beurteilungsgrundsätze des Lebensmittelbuches für Spirituosen einer gründlichen Revision dringend bedürftig seien.»[55]
«Im Berichtsjahr bekamen wir mehrmals als Cognac bezeichnete Branntweine zur Untersuchung, die auf Grund der chemischen Analyse zwar als Weindestillate anzuerkennen waren, aber das für Cognac charakteristische Bouquet nicht besassen. Nachforschungen ergaben, dass es sich in diesen Fällen um junge Weindestillate italienischer Herkunft handelte, die noch nicht genügend gelagert waren. Wir nahmen diesen Produkten gegenüber den Standpunkt ein, dass sie auf die Bezeichnung Cognac im Sinne von Art. 221 der Lebensmittelverordnung

keinen Anspruch erheben könnten, da ihnen wesentliche Eigenschaften dieses Branntweins fehlen, dass sie aber anderseits auch nicht gemäss Art. 222 als Cognac-Façon zu bezeichnen seien, wie es von einer Seite gefordert worden war. [...] Die einzig richtige und zulässige Bezeichnung für diese Branntweine ist: Weindestillat.»[56]
«Mit der Etikette *Schnaps-Façon* wurde in verkapselten Flaschen ein reiner, mit Wasser auf 45 Vol. % Alkohol verdünnter Sprit verkauft. Der Verkäufer beabsichtigte durch die gewählte Aufmachung, die Ware dem kantonalen Alkoholmonopol zu entziehen, indessen konnte dieser Branntwein unmöglich als ‹Qualitäts-Spirituose› anerkannt werden.
Unter der Bezeichnung *Cognall Kräuter-Cognac* wurde ein nach Anis und Pfefferminz riechender Liqueur in den Handel gebracht, der wie die Analyse ergab, nur geringe Mengen von Cognac enthalten konnte.»[57]

Brot
Der Kantonschemiker erläuterte die besondere Problematik der Gewichtskontrolle beim Brot im Jahresbericht für 1910: «Die Kontrolle darüber, ob in den Bäckereien das Brot unaufgefordert vorgewogen werde, hat sich bis jetzt als schwer durchführbar erwiesen. Man beschränkte sich deshalb einstweilen auf das Nachwägen des ausgetragenen Brotes. Es wurde eine transportable Wage angeschafft, mit welcher sich die Lebensmittelinspektoren von Zeit zu Zeit auf die verschiedenen Polizeiposten begeben, wo sie den Vorrat der von der Polizei angehaltenen Brotausträger nachwägen. Diese Nachschau, welche bereits zu einer grossen Zahl von Beanstandungen Anlass gegeben hat, wird zweifellos auch auf das in den Läden feilgehaltene Brot von günstiger Auswirkung sein, da kaum anzunehmen ist, dass ein Bäcker zweierlei Brot, d. h. zu leichtes für den Laden und vollgewichtiges zum Austragen herstellen werde.»[58]
Die Bäcker konnten den Gewichtskontrollen mit dem Angebot so genannter Luxusbrote wie Schrot- bzw. Grahambrot und «Kleinlaibli» entgehen. Diese waren nicht an ein fest einzuhaltendes Gewicht gebunden und mussten deshalb den Kunden auch nicht vorgewogen werden. Dazu ein Jahresbericht: «Die früheren als Pfundlaibli bezeichneten Brote werden, um sie der Gewichtskontrolle zu entziehen durchwegs um ca. 100 Gramm leichter als 1/2 Kg. Brot hergestellt. Da sie unter der Bezeichnung ‹Kleinlaibli› und etwas billiger als 1/2 Kg. Brot verkauft werden, kann nichts eingewendet werden.»[59]

Butter
Minderwertige und verdorbene Butter kam gemäss Erläuterungen des Kantonschemikers wegen verdorbenen Ausgangsmaterials und infolge mangelhafter Herstellung auf den Markt.[60] Auch verdarb Butter bei zu warmer Lagerung rasch,

wurde sauer und ranzig und gelangte in diesem Zustand zum Verkauf. Mangelhafte Kühlung wurde nicht explizit als Grund für den Verderb von Butter angeführt, doch konnte 1912 die unterschiedliche Entwicklung des Säuregrades vergleichbarer Butterproben «bei Aufbewahrung im Kühlhaus bei 0°–2° und im Laboratorium bei gewöhnlicher Temperatur» experimentell nachgewiesen werden. «Es ist hieraus ersichtlich, dass durch Aufbewahren in Kühlräumen das Ansteigen des Säuregrades wesentlich verlangsamt werden kann [...].»
Die begehrte und teure Butter war hinsichtlich Verfälschungen relativ stark gefährdet. Es wurde Margarine für Butter verkauft, und der Fettgehalt der Butter lag oft tiefer als die geforderten 82%. Hierzu einige Auszüge aus dem Jahresbericht von 1910:
«Butter, die aus kleinbäuerlichen Betrieben auf den Markt gebracht wird, ist nicht selten ganz abnorm fettarm; es wurde im Berichtsjahr solche beobachtet, die nur 63% Fett enthielt. Auch fanden wir auf dem Markt mehrfach Butterproben mit hohem Säuregrad und schlechtem Geruch und Geschmack, woraus zu schliessen ist, dass es sich um alte Ware handelt, während das Publikum als selbstverständlich annimmt, dass die auf den Markt gebrachte Butter ganz frisch sei und sie aus diesem Grunde auch höher bezahlt. Offenbar fehlt es den Produzenten von solcher Butter einerseits an den nötigen Einrichtungen, um besonders in der warmen Jahreszeit die Butter gehörig auszukneten und zu waschen und andererseits ist wohl häufig die tägliche Rahmproduktion so gering, dass der Rahm lange aufbewahrt werden muss, ehe er verbuttert wird. Dadurch lässt sich zwar die schlechte Qualität dieser Butter erklären; es kann uns aber natürlich nicht hindern, im Interesse der Konsumenten mit aller Strenge gegen die Verkäuferinnen vorzugehen, selbst auf die Gefahr hin, sie für immer vom Buttermarkt zu vertreiben. [...]
Butter australischer Herkunft war mit Borsäure konserviert.
Aus Italien wurden grössere Sendungen eines Gemisches von ungefähr 1/3 Butter und 2/3 Margarine als prima süsse Butter eingeführt, ohne dass es sofort von der Grenzkontrolle bemerkt worden wäre. Es gelang uns in 4 Fällen, noch ca. 200 kg dieses Produktes mit Beschlag zu belegen und der weitern Einfuhr wurde dann durch eine seitens des schweiz. Gesundheitsamtes in den Zeitungen erlassenen Warnung vor dem Lieferanten ein Ende bereitet.
Mehrfach mussten grössere Sendungen ausländischer Butter mit zu hohem Säuregrad an der Grenze zurückgewiesen werden.»[61]

Essig
Für uns heute vielleicht nicht leicht verständlich, war Essig immer wieder ein von der Lebensmittelkontrolle beachtetes und auch beanstandetes Lebensmittel. Weil Essig häufig zum Konservieren von Lebensmitteln eingesetzt wurde, kam ihm

grundsätzlich mehr Bedeutung zu, als dies heute der Fall ist. Auch war mit einem Schuss Essig versetztes Wasser als durststillendes Getränk geläufig. Als minderwertig eingestuft wurde in erster Linie verdorbener oder gestreckter Essig. Häufig beanstandet wurde von Essigälchen – einer Art Fadenwürmer – befallener Essig. Eine unrichtige Bezeichnung lag vor, wenn der Alkoholgehalt zu hoch war. Die Lebensmittelverordnung legte den zulässige Alkoholgehalt bei 1 Volumenprozent fest. Folgende Mängel wurden festgestellt:
«Es erfolgten Beanstandungen wegen zu geringem Gehalt an Essigsäure, zu geringem Extraktgehalt von Weinessig, wegen zu hohem Alkoholgehalt von Weinessig und wegen Verunreinigung durch zahlreiche Älchen.
Sogenannter Weinessig enthielt bis zu 6 Vol. % Alkohol.
Im allgemeinen darf bemerkt werden, dass die Beanstandungen von Essig wesentlich zurückgegangen sind und somit die seit vielen Jahren auf diesem Gebiet regelmässig durchgeführten Kontrollen von Erfolg begleitet gewesen sind.»[62]
«Mehrfach mussten Beanstandungen erfolgen wegen trüber Essige oder wegen zu reichlichen Gehalts an Älchen.»[63]

Gewürze
Beanstandungen ergaben sich vor allem, wenn gemahlene Gewürze mit Sand, Kalk oder billigeren Gewürzen oder anderen Stoffen verfälscht, gestreckt bzw. beschwert wurden. Zu hoher Sandgehalt bei verschiedenen Gewürzen oder Kalkbeigabe in Pfeffer waren gängige Vergehen im Gewürzhandel. Auch wurde die Qualität und Zusammensetzung, etwa bei Safran und Nelken, im Detail geprüft und gemahlene Safranstempel oder ein zu hoher Anteil von Nelkenstielen beanstandet. Manipulierte, minderwertige Ware lag etwa vor, wenn bereits extrahierte Nelken mit Teerfarbstoff täuschend gefärbt zum Verkauf kamen. Geahndet wurde auch, wenn Gewürze wegen zu langen Aufbewahrens ihren Geruch verloren hatten. Wurmbefall und Käferfrass waren geläufige Beanstandungsgründe. Die Kontrollberichte zeigen eine bunte Palette von Fälschungen und Verunreinigungen:
«Durch Wurmfrass verdorbene Muskatnüsse wurden in einem Fall [...] mit Schwefelpulver denaturiert, in einem anderen Fall an den ausländischen Absender zurückgeschickt. Weitere Anlässe zu Beanstandungen gaben Zimt, Pfeffer und Safran mit zu hohem Sandgehalt.
Ein Pfefferpulver hatte durch allzu langes Aufbewahren seinen Geruch fast vollständig verloren und wurde vernichtet.»[64]
«Unter Selleriesalz wurde ein Präparat verkauft, welches neben 76% Kochsalz das feine Pulver von Selleriewurzeln enthielt. Wegen des hohen Kochsalzgehaltes muss das Präparat unter das kantonale Salzmonopol fallen.
Die Beanstandungen von Gewürzen erfolgten aus den nachstehend erwähnten Gründen:

Koriander war in hohem Grade durch Käferfrass verdorben; Safranproben enthielten zu viel Feminell, zu viel Sand oder waren mit Rotholz verfälscht; Pimentpulver wurde unter der Bezeichnung ‹Nelken› verkauft, welch letztere bekanntlich fast doppelt so teuer sind. Pfeffer war gekalkt, ein Pfefferpulver war mit Pimentpulver vermischt. Paprikapulver war durch langes Liegen vollständig geruch- und geschmacklos geworden. Ein Anispulver war extrahiert.»[65]
«Zimtpulver enthielt bis zu 10,8% Asche und 6,0% Sand.
Gewürznelken enthielten grössere Mengen Stiele und entölte Nelken. In einem Fall waren die extrahierten Nelken mit einem Teerfarbstoff künstlich gefärbt, so dass sie nicht leicht unter der guten Ware erkannt werden konnten. Der höchste Gehalt an Stielen betrug zirka 35%, derjenige an entölten Nelken zirka 40%.
Gekalkter Pfeffer wurde nur einmal gefunden. Mehrere Sendungen Muskatnüsse bestanden vorwiegend aus wurmstichiger Ware.
Ein Safranpulver bestand fast ausschliesslich aus gemahlenen Griffeln der Safranblüte und war zudem mit Borax und Salpeter beschwert. [...]
In einem Fall wurde der Verkauf von Maggi's Suppenwürze beobachtet, die mit zirka 10% Wasser verdünnt war.»[66]
«Unter der Bezeichnung *Muscalla* wurde eine für die Wurstfabrikation bestimmte Gewürzmischung eingeführt, die aus Muskatnusspulver und Ingwerpulver bestand. Gemäss Art. 150 der Lebensmittelverordnung musste verlangt werden, dass die Bestandteile auf der Verpackung anzugeben seien.
Swetol «der neueste Schlager», ein künstlicher Süssstoff, der 800 mal so süss als Zucker sein sollte und zum Preise von Fr. 125 pro Liter verkauft wurde, während der Preis von 2 Kg. reinem Saccharin Fr. 17.50 betrug, bestand aus einer 42%igen wässerigen Lösung von Saccharin-Natrium.»[67]
«Durch Vermittlung einer hiesigen Firma erhielten wir aus London ein Pffeffersurrogat, das aus Pfeffer, Reisstärke, Paprika und Senfpulver bestand. Merkwürdig ist, dass sich darin künstlich grün gefärbte Partikel von weissem Pfeffer vorfanden.
Braune Senfsaat enthielt ca. 7% fremde Samen, wie Leinsamen, Hirse und Raden.»[68]

Honig

Wie bei vielen anderen Lebensmitteln galt auch beim Honig das Hauptaugenmerk der richtigen Deklaration. Kunsthonig, ein günstigeres industrielles Ersatzprodukt, musste im Handel entsprechend deklariert werden. Vielfältige Analysen und Tests zu diesem Thema beschäftigten die Zuständigen im kantonalen Laboratorium. Auch die Angabe des Herkunftslandes durfte bei Honig nicht fehlen. Lag der Wassergehalt über einem bestimmten Wert, so wurde das Produkt beanstandet: «Grössere Quantitäten von Honig amerikanischer Herkunft, von denen uns durch die Grenzkontrolle Muster zugestellt worden waren, mussten als Kunsthonig, und weil sie mehr als 20% Wasser enthielten, beanstandet werden. Da die Ermittlung des Lieferanten nicht möglich war, wurde auf Ansuchen der Empfänger die Wiederausfuhr bewilligt.»[69]

«Seit einiger Zeit befinden sich im Handel Präparate von künstlichem Honigaroma, die zum Teil nicht übel nachgeahmt sind; auch hatten wir schon Gelegenheit einen damit aromatisierten Kunsthonig zu untersuchen.»[70]

«Havanna-Honige enthielten bis zu 23% Wasser.
Sog. Fenchel-Honig war nichts anderes, als ein mit Caramel gefärbter und teilweise invertierter Rohrzuckersirup mit etwas Anisaroma.»[71]

«Bei überseeischen Honigen wurden Wassergehalte bis zu 25% beobachtet.
Ein überseeischer Honig mit zu hohem Wassergehalt wurde unter der Bezeichnung ‹Ia. garantiert ächter kontrollierter Bienenhonig› ohne Angabe der Herkunft in den Verkehr gebracht.
Eine Hausiererin verkaufte Chile-Honig ohne Angabe des Ursprungslandes. [...]
Ein unter der Bezeichnung ‹Schweizer-Honigpulver› in den Verkehr gebrachtes Präparat bestand aus Rohrzucker, Teerfarbstoff, Honigaroma und etwas Weinsäure.
Eine Essenz zur Herstellung von Kunsthonig war mit einem Teerfarbstoff künstlich gefärbt. Der Lieferant bestritt allen Ernstes, dass er einen Teerfarbstoff zugesetzt habe, gab aber gleichzeitig zu, dass er ‹Eigelbfarbe› verwende, die aber eben nichts anderes als ein Teerfarbstoff war.»[72]

Milch

1910 wurden täglich 83'000 Liter Voll- und 8000 Liter Magermilch in die Stadt Basel eingeführt und im Stadtkanton selbst ca. 8200 Liter Milch produziert. Zur Tätigkeit der Lebensmittelkontrolle und zur speziellen Problematik der Milch gibt der Jahresbericht von 1910 Auskunft:

«An 150 Tagen wurden bei den Milchfuhrleuten, in den Milchläden und an den Bahnhöfen 3722 Milchproben erhoben. Hiervon waren 364, entsprechend 9,7% zu beanstanden und zwar aus folgenden Gründen:

	Anzahl	%-Anteil
Gewässert	46	1,2
Teilweise entrahmte Vollmilch	96	2,6
Durch Schmutz verunreinigt	216	5,8
Verdorben	6	0,1

Diese Tabelle bezieht sich nur auf die in amtlichem Auftrag erhobenen Milchproben.
Die Beanstandungen wegen verunreinigter Milch sind immer noch verhältnismässig

häufig. Es rührt dies hauptsächlich davon her, dass wir im Berichtsjahr die an den Bahnhöfen eingeführte Milch in dieser Hinsicht einer besonders strengen Kontrolle unterzogen und dabei eine grössere Anzahl von neuen auswärtigen Lieferanten beobachtet haben. Die von diesen an die hiesigen Milchhändler gelieferte Milch wird hier grösstenteils filtriert und so kommt es denn, dass unter der in der Stadt verkauften Milch verunreinigte nicht mehr häufig zu finden ist. Hoffentlich haben wir in nicht allzuferner Zeit die Genugtuung, melden zu können, dass auch die von auswärts eingeführte Milch schon schmutzfrei ist.»[73]

Speisefett

Ähnlich wie bei den Speiseölen wurde im Bereich der Speisefette tierischer und pflanzlicher Herkunft vor allem der wahrheitsgetreuen Deklaration Nachachtung verschafft:

«Die Beanstandungen betreffen vorwiegend Sendungen von Margarine aus dem Ausland, die nicht der Lebensmittelverordnung entsprechend bezeichnet waren. Namentlich die Fabrikanten der vorwiegend aus Kokosnussfett bestehenden Margarinesorten können sich nur schwer dazu verstehen, das Wort Butter aus den Bezeichnungen wegzulassen und ihre Produkte einfach als Margarine zu deklarieren. Ebenso gaben die Aufschriften auf den Packungen wegen der ungenügenden Grösse der Buchstaben nicht selten Anlass zu Verzeigungen.

Unter der Bezeichnung Nuxo, Nusscrême-Butter kam ein sehr angenehm riechendes und wohlschmeckendes Präparat in den Handel, welches wie unsere Untersuchung ergeben hat, aus Kokosnussfett besteht, das mit ungefähr 20% Walnusskernen fein angerieben worden ist. Es wurde verlangt, dass das Wort Butter weggelassen und das Präparat entweder als Kochfett oder als Gemisch von Kokosnussfett mit Nusspaste bezeichnet werde.

Unter der Bezeichnung Nussa, sollte ein butterähnliches Fett eingeführt werden, auf dessen Verpackungen Hasel- und Walnüsse abgebildet waren, während nichts anderes als ein Gemisch von Kokosnussfett und Sesamöl vorlag.»[74]

«Als Kuriosum mag hier erwähnt werden, dass ein Geschäft im Kanton Graubünden ein ganz gewöhnliches Kochfett, bestehend aus Rindsfett, Sesamöl und Baumwollsamenöl, das aus einer hiesigen Fabrik bezogen wurde, in hiesigen Haushaltungen wieder absetzte unter der Angabe, es sei eine Mischung von Butter und Olivenöl.»[75]

Speiseöl

In diesem Bereich wurde vor allem das Vermischen verschiedener Öle, das Strecken eines teueren Öls mit einem billigeren und die ungenaue Deklaration der Produkte und Gemische im Verkauf geahndet:

«Ein als Sesamöl bezeichnetes Öl, das aber nur 5–10% Sesamöl enthielt, bestand im übrigen aus Rüböl. [...] Arachisöle enthielten 5–10% Sesamöl und mussten deshalb als Speiseöle deklariert werden. Die Verfälschungen von Olivenöl sind selten geworden.»[76]

«Die Beanstandungen von Speiseölen betreffen Verfälschungen von Olivenöl mit Erdnussöl, Cottonöl, Sesamöl, sowie verdorbene Olivenöle.»[77]

«Eine als ‹extra superfeines Arachidenöl› bezeichnete Ware enthielt ca. 20% Sesamöl. Die Einrede, das dies eine in der Technik unvermeidliche Beimischung sei, die von vorangegangenen Pressen von Sesam herrühre, konnte nicht anerkannt werden.

Das Öl aus Sardinenbüchsen, welche mit der Aufschrift ‹Sardines à l'huile d'olive› versehen waren, enthielt reichlich Arachisöl. Als Olivenöl verkaufte Speiseöle enthielten ca. 50% Arachisöl. Sesamöl war mit Arachisöl oder mit Cottonöl vermischt.»[78]

Wasser

Regelmässige Trinkwasseranalysen dienten der Gewährleistung einwandfreier Wasserqualität in der Stadt. Nebst dem Grellinger Quellwasser und dem Wasser des Erlenpumpwerks, die zu keinen Kommentaren Anlass gaben, wurden immer wieder verschiedene Brunnen der Stadt untersucht. Es fällt auf, dass wiederholt Sodbrunnenwasser wegen zu starker bakterieller Verunreinigung als zum Trinken ungeeignet erklärt wurde.

Wein

Weinhandel und Weinpflege waren ein Tummelplatz des Verfälschens und mannigfachen Behandelns. Die häufigsten Beanstandungsgründe waren das Strecken, zu starkes Behandeln (Gipsen, Schwefeln) und der Essigstich. Auch ein Thema, doch ein weit weniger wichtiges, waren die im Handel zugelassenen Kunstweine, wenn sie den Käufern nicht klar als solche kenntlich gemacht wurden:

«Es sind im Berichtsjahr im Ganzen 643 Weine, teils in amtlichem, teils in privatem Auftrag untersucht worden, die in 108 Fällen Anlass zur Beanstandung gaben. Gründe der Beanstandung waren:

Geschmacksfehler	4
Essigstich	31
Anderweitig verdorben	10
Zu stark geschwefelt	16
Zu stark gegypst	11
Gestreckt	23
Unrichtig deklariert	12
Künstlicher Süssstoff	1

Ein angeblich aus Italien stammender Wein, der die typische Zusammensetzung eines Tresterweines aufwies, enthielt deutlich nachweisbare Mengen Saccharin.»[79]

18.4 Lebensmittelüberwachung im Dienste der Basler Öffentlichkeit

Günstige Lebensmitteluntersuchungen für Private und der Schutz der Bevölkerung vor Verfälschungen standen im Zentrum der Argumentation, als 1856 in Basel-Stadt der Regierung ein Vorschlag zur Anstellung eines öffentlichen Chemikers in den Staatsdienst vorgelegt wurde. Diese folgte der Empfehlung, worauf das Nebenamt dann mit der Ausnahme kleiner zeitlicher Lücken bis 1892 durchgehend besetzt wurde. Allerdings war der öffentliche Chemiker während dieser Zeit eine Stabsstelle ohne Vollzugskompetenz im Bereich der Lebensmittelüberwachung. Wenn Neubesetzungen anstanden, wurde wiederholt die Reorganisation oder gar Aufhebung des Amts diskutiert. Die lebensmittelpolizeilichen Bestimmungen der Marktordnung von 1851 veralteten schon bald, doch musste auf die gesetzliche Neuregelung lange gewartet werden. Die nach Erlass des Lebensmittelgesetzes 1883 anstehende Aufwertung der Stelle erfuhr bis 1892 einen Aufschub. Hohe Priorität scheint die Lebensmittelüberwachung nicht genossen zu haben.

Einige Grundnahrungsmittel wurden bis 1892 immer wieder chemischen Untersuchungen unterworfen, so Milch, Wasser, Wein, Essig, Bier und Butter. Aus dem Rahmen fiel allerdings die dritte Amtszeit von Carl Bulacher als Staatschemiker in den Jahren 1885–1893 mit auffallend wenig Lebensmitteluntersuchungen. Doch die vielfältigen Untersuchungen belegen noch lange keine systematische öffentliche Lebensmittelüberwachung. Ihre wenig veränderte Struktur lässt vielmehr auf die über Jahrzehnte hinweg relativ gemächliche Entwicklung der Lebensmittelchemie schliessen. Auch blieben die Möglichkeiten, welche neue Erkenntnisse der Nahrungsmittelchemie boten, bei der Lebensmittelkontrolle oftmals unausgeschöpft. Denn solange der Vollzug der lebensmittelpolizeilichen Erlasse beim Marktamt bzw. beim Sanitätskommissär lag, also bis 1892, kamen in der Lebensmittelüberwachung des Kantons Basel-Stadt Untersuchungen nach wissenschaftlichen Kriterien nicht konsequent zum Zug. Die Beamten der Lebensmittelpolizei hatten ihre eigenen, einfachen Kontrollmethoden und verzichteten weit gehend auf die Dienstleistungen des öffentlichen Chemikers. Bis 1883 bzw. 1893 fehlten zudem gesetzliche und organisatorischen Grundlagen zur wirksamen staatlichen Lebensmittelüberwachung.

Ab 1893 war der – nun vollamtlich angestellte – Kantonschemiker für die selbstständige Lebensmittelaufsicht inklusive Verzeigungen zuständig. Als Folge der Reorganisation stieg die Zahl der Lebensmitteluntersuchungen sprunghaft an. Während bis dahin in erster Linie gesundheitsschädliche Lebensmittelverfälschungen geahndet wurden, kamen jetzt definitiv auch betrügerische Verfälschungen ohne Gesundheitsgefährdung zur Bestrafung. Obwohl es bereits seit 1857 einen öffentlichen Chemiker gab, setzte die systematische und wirkungsvolle Aufsicht über die Lebensmittel nicht vor 1893 ein, spät im Vergleich zu anderen Kantonen. Der Grund für die Bestellung eines vollamtlichen Kantonschemikers mit eigenem Laboratorium war, dass das seit 1883 bestehende Lebensmittelgesetz vollzogen werden sollte.

Es entsteht der Eindruck, dass in Basel die expandierende Industrie für synthetische Farben die öffentlichen Chemiker zwischen 1863 und 1892 sehr mit ihrer Problematik beanspruchte und die Beschäftigung mit Lebensmitteln an den Rand drängte. Weil die Emission giftiger Substanzen aus Fabrikanlagen die Anwohner gefährdete und die Wasserversorgung wiederholt beeinträchtigte, fanden ab 1864 regelmässig Fabrikinspektionen sowie Untersuchungen von Grund- und Trinkwasser statt. Ausserdem fertigte der öffentliche Chemiker in Zusammenarbeit mit dem Staatsphysiker Gutachten für Bau- und Betriebsbewilligungen von Industrieanlagen aller Art an.

Wenn wir die 1856 geäusserten Absichten an dem bis 1892 auf dem Gebiet der Lebensmittelüberwachung Erreichten messen, so entsteht bei uns der Eindruck, dass die anfängliche Argumentation zwar gut formuliert war, aber wenig überzeugte und keine Entscheide folgen liess. Man gab sich schliesslich damit zufrieden, eine Anlaufstelle für die Bevölkerung geschaffen zu haben, falls diese Lebensmittel prüfen lassen wollte. Auch fällt auf, dass der Ruf nach einer verstärkten staatlichen Lebensmittelkontrolle nicht aus der Bevölkerung oder dem Parlament kam.[80] Nicht zunehmende Übelstände und Verfälschungen im Lebensmittelhandel und Klagen hintergangener Einwohner, etwa in der Expansionsphase der späten 1870er- und frühen 1880er-Jahre, hatten Änderungen in der rechtlichen Grundlage und im organisatorischen Vollzug herbeigeführt. Der Anstoss zum Ausbau der staatlichen Lebensmittelüberwachung kam vielmehr von den Amtsinhabern bzw. aus dem Sanitätsdepartement. Schon Friedrich Goppelsroeder hätte 1861–1869 gerne mehr Aktivitäten im Lebensmittelbereich entfaltet, erhielt aber nur wenige Aufträge vom Marktamt. Der grosse Verfechter des Konsumentenschutzes in Basel war dann Jules Piccard. Als Erster beharrte er auf der Bestrafung nicht nur der gesundheitsschädlichen, sondern auch der betrügerischen Lebensmittelverfälschungen. Entsprechende Kompetenzen liess er sich vom Sanitätsdirektor schriftlich bestätigen. Piccard war auch Promotor des kantonalen Lebensmittelgesetzes von 1883. Als Staatsdiener fühlte er die Verpflichtung der öffentlichen Hand gegenüber der Bevölkerung. Nicht, dass er für sich selbst ein Vollamt als Kantonschemiker beansprucht hätte, er war ja bereits ordentlicher Chemieprofessor an der Universität.

Zu den bereits genannten regelmässig untersuchten Lebensmitteln Milch, Wasser, Wein, Essig, Bier und Butter gewannen um 1900 weitere Produkte in den Lebensmittelkontrollen an Bedeutung: Brot, Speiseöle und -fette, Honig und Gewürze.[81] Das mit Abstand wichtigste Lebensmittel gemessen an der Zahl der Untersuchungen, Beanstandungen und Verzeigungen war die Milch; Verzeigungen erfolgten in Fällen gewässerter, entrahmter oder verunreinigter Milch. An zweiter Stelle kam das Trinkwasser: Auf Grund von Wasserproben wurden Sodbrunnen wegen zu starker bakterieller Verunreinigung als zur Trinkwassergewinnung ungeeignet bezeichnet. Brot erwies sich auf Grund der Nachwägungen auf den Polizeiposten häufig als mindergewichtig. Die Bierpressionen in Wirtschaften und Abfüllanlagen für Flaschenbier waren oft unrein und die Leitungen ungenügend verzinnt. Butter kam in verdorbenem Zustand zum Verkauf, war mit Margarine gestreckt, oder es wurde Margarine als Butter verkauft. Wein wurde wegen Essigstich, Wässerung oder unrichtiger Bezeichnung beanstandet. Bei Speisefetten und -ölen fehlte oft die vorschriftsgemässe Bezeichnung an den Behältern, und Essig war immer wieder verdorben oder gestreckt. Honig fiel durch zu hohen Wassergehalt oder Imitate auf. Gewürze verdarben durch zu lange Lagerung oder Wurmbefall, oder sie wurden in gemahlener Form mit anderen Stoffen vermischt und gestreckt.

Von Lebensmittelkontrollen und Probenahmen durch die Behörden waren so nebst dem Milchhandel (inklusive Ladenverkauf) die Bäcker, die Butterverkäufer sowie der Spezerei- und Kolonialwarenhandel am meisten betroffen. Erste Betriebsinspektionen, welche Rohmaterialien, Herstellungsvorgang und betriebliche Einrichtungen unter die Lupe nahmen, fanden in Apotheken (1864), in Wirtschaften bezüglich der Bierpressionen (1879), in Essigfabriken (1869) und in Produktionsbetrieben für Sodawasser und Limonaden (1870) statt. Beim Bier – von dem wir nicht wissen, ob und in welchen Mengen es in Wirtschaften auch über die Gasse verkauft wurde –, überprüften Inspektionen die Sauberkeit der Bierpressionen und die geforderte Verzinnung der Leitungen. Auch Abfüllanlagen für Flaschenbier wurden kontrolliert. Verfälschungen waren insgesamt weit mehr ein Thema als der Verderb, wohl weil Letzterer durch die Sinnenprobe als einfach feststellbar galt. Bakterielle Veränderungen der Lebensmittel waren noch kein Thema. Abgesehen von vereinzelten Betriebsinspektionen wurden bis 1908 in Lebensmittelläden lediglich Proben genommen und anschliessend im Labor untersucht. Ab 1909 fanden in Produktions- und Verkaufslokalen der Lebensmittelbranche und Bäckereien auch Betriebsinspektionen statt, bei denen Einrichtungen, Geräte, Ordnung etc. überprüft wurden. Diese Inspektionen erfuhren zahlenmässig eine rasche Ausdehnung. So fanden 1913 693 Betriebsinspektionen statt in Spezerei-

und Kolonialwarenhandlungen sowie Drogerien und 300 in Bäckereien. Das Gros der Beanstandungen bei solchen Kontrollbesuchen entfiel auf die fehlende oder ungenügende Beschriftung der Produkte, ein häufiger Ausgangspunkte für Verwechslungen und Betrug. Auch ungenügende Ordnung, zu geringe Beleuchtung und mangelnde Sauberkeit wurden immer wieder beanstandet. In den Bäckereien gaben mangelnde Ordnung und Sauberkeit, ungenügender Zustand der Geräte, aber auch die Benutzung der Backstube als Wohnraum zu Beschwerden Anlass.

Teil VI:

Synopsis: Marketingmix
in der Lebensmittelbranche

19 Instrumente und Neuerungen

19.1 Die «vier P» des modernen Marketings im Einzelhandel

Das klassische Konsumgütermarketing[1] hat die so genannten vier P als absatzpolitische Instrumente definiert:
- Produkt
- Preis
- Platzierung
- Promotion

Auf Grund seiner Positionierungsstrategie und der angepeilten Zielmärkte stimmt das Unternehmen diese vier Variablen zum individuellen Marketingmix ab.

Das Produkt beinhaltet beim Ladengeschäft das Sortiment und die Dienstleistungen. Unter dem Preis verstehen wir die Preispolitik des Geschäfts. Mit Platzierung bzw. Distribution ist der Standort gemeint, bei Filialunternehmungen die Standorte. Promotion umfasst Werbung und Kommunikation für das Verkaufsgeschäft selbst, aber auch für die dort angebotenen Produkte und Dienstleistungen.[2]

19.2 Das Marketingverhalten von Lebensmittelhändlern historisch betrachtet

19.2.1 Produkt: Sortiment und Serviceleistungen

Der Einzelhändler hat sich zu entscheiden betreffend Sortiment und Serviceleistungen, die er anbieten will. Der Entscheid über Sortimentsbreite und -tiefe ist zentral. Es stellt sich z. B. die Frage: Betreibe ich ein Spezereigeschäft oder einen Teeladen? Ein Viktualien- oder ein Comestiblesgeschäft? Auch die angestrebte Warenqualität ist Sortimentsbestandteil.

Darüber hinaus müssen die Serviceleistungen festgelegt werden. In unserem Zeitraum waren diese etwa: Schaufensterauslage, Öffnungszeiten, Hauslieferung, das «Anschreiben» (Verkauf auf Kredit), der Postversand sowie persönliches Gespräch und Beratung. Aber auch das Rösten und Mahlen von Kaffee, die individuelle Portionierung von lose verkauften Lebensmitteln, unter Umständen auch in kleinen Tagesmengen, sowie die Verpackung der Waren beinhalteten Kundennutzen, mit denen sich der Einzelhändler von der Konkurrenz im Nichtpreiswettbewerb abheben konnte.

Eine weitere Leistung, die oft dem Produkt als Variable zugerechnet wird, ist die Ladenatmosphäre. Sie stellt den Ladenbesitzer vor weitere Entscheide. Teilweise von Sortiment und Service abhängig, wird sie auch durch die verfolgte Preispolitik beeinflusst. Ein Verkaufsraum kann grösser sein oder kleiner, mit mehr oder weniger Tageslichteinfluss versehen, besser oder weniger gut ausgeleuchtet, einfach oder gehoben ausgestattet, sauber oder schmutzig. Wichtig ist, dass die Atmosphäre zu Zielpublikum und Preispolitik passt.

Die vorliegende Untersuchung hat die Verteilung der Lebensmittelhändler auf die verschiedenen Branchen, auch über die Zeit hinweg, ermittelt und sich in diesem Zusammenhang ebenfalls mit den Sortimenten auseinander gesetzt.[3] Dabei ist uns die umfangreiche Gruppe der Spezierer besonders aufgefallen. Anhand von konkreten Beispielen wird klar, dass der Spezereiladen keinen einheitlichen Standard hatte, sondern die Branche eine beachtliche Vielfalt von Betrieben aufwies. Manche wurden von hochprofessionellen Kaufleuten geführt, andere als Neben- oder Noterwerb von Handwerkern oder Arbeitern.[4] Entsprechend unterschiedlich werden auch Sortimentsentscheide und -bewirtschaftung ausgefallen sein. Das Spezereisortiment konnte ein breites sein, das von Putzmitteln und Gebrauchsartikeln über dauerhafte Grundnahrungsmittel bis zu Frischprodukten wie Eier, Käse und Wurstwaren reichte. Der Verkauf dieses umfangreichen Sortiments bedingte jedoch geeignete Laden- und Lagereinrichtungen mit Regalen, Schubladenkästen, Ladenkorpus etc., die vor dem Ersten Weltkrieg eventuell bereits auch einen Kühlschrank und eine Registrierkasse umfassten. Einfache Spezereihandlungen hingegen dürften sich auf ein engeres Sortiment an Lebensmitteln und Getränken konzentriert haben, weil nur wenig Kapital für Ladeneinrichtung und Warenlager zur Verfügung stand. Da uns lediglich die Preislisten des Allgemeinen Consumvereins vorliegen, der ab den 1870er-Jahren schon ein relativ umfangreiches Angebot führte, lassen sich lediglich Vermutungen zu den Sortimentsunterschieden innerhalb der Branche anstellen. Es wird die Hypothese vertreten, dass kleine Läden und wenig qualifizierte Lebensmittelhändler eher zum Verkauf von vorverpackten Markenartikeln tendieren und mit der Zunahme dieser Artikel leichter Zugang zum Lebensmittelverkauf finden.[5] Teils ist die Argumentation nachvollziehbar, weil solche vorverpackten (Marken-)Artikel eine weniger aufwändige Möblierung bedingten, weniger Warenkenntnis voraussetzten und kein vorgängiges Handling (Reinigung, Zubereitung, Abpacken) im Laden erforderten. Doch kleine und einfache Lebensmittelläden hatten Kunden mit bescheidenen finanziellen Mitteln. Die Markenprodukte waren aber definitiv keine Billig- oder Discountartikel und gehörten meist nicht zum traditionellen Grundbedarf. In den Gläubigerlisten der Inventare tauchen Fabrikanten zudem meist nur mit kleinen Guthaben auf; offenbar waren sie bei der Gewährung von Zahlungsaufschüben eher restriktiv.[6] Kleine Händler benötigten Lieferantenkredite, da sie ihrerseits den Kunden Konsumkredite einräumten.

Bezüglich Dienstleistungen und Ladenatmosphäre dürften die Unterschiede eklatant gewesen sein. Gut etablierte Kaufleute besassen ein Geschäft mit Ausstrahlung nach aussen wie auch im Innern.[7] Repäsentative Schaufenster, gross aufgemalt der Firmenname und eventuell ein Branchenhinweis auf der Gebäudefassade sowie ein freundlich heller, gut ausgestatteter und sauberer Laden gehörten dazu. Einfache Läden waren in Werkstätten, Wohnräumen, Korridoren und Kellern untergebracht. Nach aussen traten sie kaum mit Schaufenster oder Anschrift in Erscheinung, die Kunden als Nachbarn wussten informellerweise Bescheid über Angebot und Öffnungszeiten. Die Analyse der Inventare belegt denn auch erhebliche Unterschiede in Umfang und Wert der Ladenausstattung.[8] Und die Betriebskontrollen der Lebensmittelpolizei bezeugen teils unbefriedigende Ordnung und Sauberkeit.[9] Sowohl Stadt- wie auch Quartierläden der Spezereibranche hatten ausgesprochen lange Öffnungszeiten, von 6 Uhr morgens bis 11 Uhr nachts, da sie breite Bevölkerungsschichten, deren Arbeitstage lange waren, mit Grundnahrungsmitteln versorgten; gesetzliche Beschränkungen bestanden nur vor Feiertagen sowie für Feier- und für Sonntage.[10] Die Gewährung von Konsumkrediten, das «Anschreiben» seitens der Lebensmittelhändler, war weit verbreitet, wohl in allen gesellschaftlichen Schichten. Gegen 1900 hin zeichnete sich eine Tendenz zur Barzahlung ab, oft kombiniert mit Rabattgewährung. Damit fällt ein neues Licht auf den Konsumkredit und die Händler, welche für ihre Kundschaft anschrieben und gewissermassen als *bankers of the poor* Hilfe zur Überbrückung finanzieller Engpässe boten.[11] So entwickelte sich das «Anschreiben» mit zunehmender Kaufkraft in der Bevölkerung von einer allgemeinen Dienstleistung der Lebensmittelhändler zu einer etwas spezielleren und nicht mehr generell verfügbaren.

Diese Studie zeigt ebenfalls auf, dass im Verlauf der wirtschaftliche Entwicklung und mit steigendem Wohlstand Fachgeschäfte mit einem schmalen und tiefen Sortiment ausgeprägt an Bedeutung gewannen. Ihr Angebot umfasste Lebensmittel des gehobenen Bedarfs, Genussmittel und zusehends auch ausgewählte Frischproduktsegmente und war dadurch eher dem Konsum einer anspruchsvollen und zahlungskräftigen Kundschaft, eventuell auch dem periodischen Bedarf breiterer Bevölkerungskreise zuzurechnen.[12] Die Fachgeschäfte werden eine entsprechende Ausstattung und Atmosphäre aufgewiesen haben und sich bei ihrer Kundschaft höchstwahrscheinlich über Dienstleistungen und weniger über den Preis differenziert haben.[13] Ihre Schaufenster dürften gross und ansprechend, der Hauslieferdienst inbegriffen und der Postversand auf Wunsch möglich gewesen sein. Die Öffnungszeiten dieser tendenziell im Stadtzentrum gelegenen Geschäfte mit einem weiten Einzugsradius der Kundschaft waren bestimmt weniger ausgedehnt als jene der Spezereiläden.

Schliesslich sind bestimmte Serviceleistungen, etwa kundenfreundliche lange Öffnungszeiten oder die Zurverfügungstellung des Ladens als Treffpunkt, eventuell sogar wichtige Gründe, weshalb die vielen das Bild des Lebensmittelhandels prägenden Kleinunternehmen gegenüber den Filialunternehmen mit deren *economies of scale* überhaupt eine Chance hatten.

19.2.2 Preispolitik

Die Preispolitik ist gemäss Marketinglehrmeinung für den Einzelhändler ein weiterer zentraler Wettbewerbsfaktor und widerspiegelt die Qualität der Waren und Dienstleistungen. Üblicherweise sind die Preise an die Einstandskosten der Waren gekoppelt, womit umsichtiges Einkaufen ein wichtiges Erfordernis im Einzelhandel ist. Einige Artikel, beispielsweise Güter des täglichen Bedarfs, können mit niedrigeren Kalkulationssätzen dazu benutzt werden, die Kunden täglich in den Laden zu führen. Der Händler erhofft sich, dass die Kunden gleichzeitig noch andere Waren mit höheren Aufschlägen einkaufen.

Im Rahmen der vorliegenden Arbeit haben wir nur wenig über Preise und Preispolitik im Lebensmitteleinzelhandel erfahren. Anhaltspunkte über die absolute Höhe der Einzelhandelspreise von Spezereiwaren geben stellvertretend die Preislisten des Allgemeinen Consumvereins Basel, die über weite Zeiträume hinweg erhalten sind. Die Konsumvereine richteten ihr Preisniveau an der Konkurrenz aus, die eigentliche Verbilligung der Preise erfolgte in Form der Rückvergütung. Grosse englische Filialunternehmen betrieben einen aggressiven Preiswettbewerb, wie wir ihn etwa von Fotos her kennen. Sonderangebote wurden mit grossen Preisschildern am Schaufenster kenntlich gemacht. Einen Preiswettbewerb dieser Art haben wir für Basel nicht feststellen können, auch nicht bei den Filialunternehmungen. Das Filialwesen war jedoch in der Schweiz auch lange nicht so weit entwickelt wie in Grossbritannien. Zwar gibt es viele Anhaltspunkte, dass die selbstständigen Spezierer der Stadt durch die Preispolitik des Consumvereins, welche Barzahlung und Rückvergütung beinhaltete, zusehends mehr unter Druck gerieten. Dies war ein kontinuierlicher Prozess, der das Wachstum des Consumvereins und den Ausbau seines Filialnetzes begleitete. Als Reaktion darauf organisierte sich der gewerblich Einzelhandel nach 1900 in Einkaufs- und Rabattsparvereinigungen. Der gemeinsame Einkauf erlaubte attrak-

Abb. 28: *Ansicht des Spalenbergs von der Schnabelgasse her mit Blick auf das stadtbekannte Kolonialwarengeschäft Emil Fischer zum Wolf vor der Umgestaltung der Fassade. (StABS, Neg 1550)*

tivere Einstandspreise. Die Rabattvergütung bei Barzahlung – sei es in der Form von Einkaufsbüchlein oder von Rabattmarken – erhöhte die Wettbewerbsfähigkeit und drängte den Verkauf auf Kredit zurück. So setzte sich die Barzahlung vor 1914 ansatzweise durch.[14] Die Rabattgewährung dient aber auch der Verkaufsförderung und Kundenbindung.[15]

Die Inhaber einfacher Lebensmittelläden werden den gerade genannten Vereinigungen kaum angehört haben. Bei wenig günstigen Einkaufskonditionen mussten sie deshalb vermutlich mit geringen Margen vorlieb nehmen. Sie hielten dafür ihren Laden von früh bis spät offen und versuchten, die Verkäufe zu maximieren. Bescheidene Mietkosten halfen mit, ein ausreichendes Geschäftsergebnis zu erzielen. Die Domäne dieser LebensmittelhändlerInnen war die Nahversorgung ihrer Nachbarschaft, wobei sie durch mutige Standortwahl in den neuen Quartieren eine wichtige Rolle spielten. Nichtpreis-Wettbewerbsfaktoren wie Standort, Kreditgewährung, Kleinstmengenverkauf und Hauslieferdienst mögen den Preiswettbewerb überlagert und eingedämmt haben. Besonders die Nähe zum Wohnort und der damit verbundene Einkaufskomfort, aber auch irrationales Käuferverhalten – etwa die Loyalität zum Einkaufsort – waren Faktoren, die den LebensmittelhändlerInnen zugute kamen und erwartete Marktmechanismen ausser Kraft setzten bzw. den für den Kaufentscheid relevanten Kriterienrahmen erweiterten.[16]

19.2.3 Standort der Verkaufsstelle

Als Schlüssel zur Gewinnung von Kundschaft wird der Standort des Geschäfts bezeichnet. Für den Einzelhändler ist die Standortwahl eine der wichtigsten Entscheidungen. Liegenschaftspreis bzw. Ladenmiete beeinflussen zudem die Gewinnsituation grundlegend. Eingeschränkt werden die möglichen erfolgversprechenden Standorte durch die Sortiments- bzw. Branchenwahl. Während Güter des täglichen Bedarfs im betrachteten Zeitraum auch im Wohnquartier mit Erfolg verkauft werden können, bedingen Güter des periodischen Bedarfs und des gehobenen Wahlbedarfs einen gut erschlossenen, eher zentralen Standort. Vielleicht ist an der gewünschten Lage kein passendes Lokal zu mieten. Kleine Einzelhändler waren durch ihre finanziell begrenzten Möglichkeiten bei der Standortwahl die Hände gebunden. Ihre Standorte lagen oft weniger gut als jene der grossen. Von der Bedeutung des richtigen Standorts mit der passenden Miete und dem geeigneten Ladenlokal sprechen die häufigen Adresswechsel der Firmen über die Jahre hinweg.[17] Oft zu beobachten sind Umzüge in derselben Strasse oder innerhalb des angestammten Stadtteils; die Stammkundschaft sollte erhalten bleiben.

Geschäfte ballen sich zusammen, weil dadurch ihre Anziehungskraft auf die Kunden steigt. Der Einkauf verschiedener Dinge in unmittelbarer Nähe ist eine Annehmlichkeit. Nicht der zentrale Geschäftsbezirk, wie ihn Kotler und Amstrong[18] für die 1950er-Jahre beschreiben, oder das Einkaufszentrum der heutigen Zeit vermögen die Realität des Lebensmittelhandels im späteren 19. und frühen 20. Jahrhundert zu charakterisieren. Zwar lassen die Centralhallen und die wenig erfolgreiche Ringhalle frühe Ansätze für ein Lebensmittel-Einkaufszentrum erkennen. Auf dem Gebiet der alten Stadt waren deutlich mehrere Zentren der Lebensmittelversorgung auszumachen. Sie erstreckten sich entlang zentraler Strassen und Gassen, fanden sich aber auch in den Vorstädten, den Ausfallstrassen zwischen innerem und äusserem Stadtmauerring. Wir haben Beispiele aus dem Stadtgebiet von Gross- und Kleinbasel im Kapitel 11 dargestellt. In diesen Strassenzügen waren die Branchen oft mehrfach vertreten. Die Nähe zu anderen Läden – u. a. auch zu Konkurrenten – war offenbar attraktiver als ein isolierter Einzelstandort.

19.2.4 Werbung und Absatzförderung

Einzelhändlern stehen die üblichen Mittel der Absatzförderung zur Verfügung: Werbung, Direktverkauf, Verkaufsförderung und Öffentlichkeitsarbeit. Für die Werbung bieten sich Zeitungen, Zeitschriften und andere Publikationen an, aber auch Handzettel und Werbesendungen. Zur Verkaufsförderung sind etwa die Präsentation bzw. Vorführung der Waren im Laden und Rabattmarken geeignet. Öffentlichkeitsarbeit empfiehlt sich für Einzelhändler, die über das reine Produktangebot hinaus etwas Spannendes zu berichten haben.

Zur Untersuchung der Werbemassnahmen der Lebensmittelgeschäfte wird der guten Zugänglichkeit halber in erster Linie auf Tageszeitungen abgestützt.[19] Der Werbeauftritt liesse sich quantitativ und qualitativ über grössere Zeiträume hinweg für verschiedene Branchen beobachten. Wir haben aus Kapazitätsgründen und fehlenden Ressourcen leider keine umfassende Untersuchung durchführen können. Die Geschichte der Werbung ist ein weites Gebiet, aber bereits recht gut aufgearbeitet.[20] Einblicke in Tageszeitungen erlauben einige Feststellungen allgemeiner Art: Mit Anzeigen traten vor allem Geschäfte des gehobenen Bedarfs bzw. Spezialgeschäfte auf, kaum die gewöhnliche Spezereihandlung um die Ecke. Diese Geschäfte riefen sich periodisch bei der potenziellen Kundschaft in Erinnerung. Oft wurde ganz allgemein auf die Spezialitäten des Hauses verwiesen, manchmal mit der Ankündigung von Neuheiten oder Aktualitäten. Ein Grossteil der inserierenden Lebensmittelgeschäfte war fast ausschliesslich in der zweiten Wochenhälfte bzw. aufs Wochenende hin in den Tageszeitungen präsent, vermutlich im Hinblick auf den Sonntagseinkauf. Da wurde etwa das Eintreffen aktueller Angebote und Saisonprodukte angekündet, meistens mit Preis- und Qualitätsangaben. Hier einige Beispiele aus den Basler Nachrichten vom Oktober 1908: «Fischpreise des Vereins der Basler Comestibles-Händler», «Brotschinken» (G. Hartmann-Loosli), «Wienerli, [...]» (Fr. Schetty-Riesterer), «Prima Strassburger Sauerkraut» (Gustav Stumm), «Der beste und preiswürdigste gebrannte Kaffee» (Emil Fischer z. Wolf), «Braun-geröstetes Weizenmehl» (E. Krayer-Respinger), «Besonders preiswürdige Flaschenweine» (F. & A. Sengelet & Cie.), «Bresse Poulets» (Basler Comestibles Haus C. Bühl), «Prima Sauerkraut» (F. Gross), «Milken-Pastetli jeden Sonntag [...]» (Rud. Rüdisühle, Conditor), «Reelle Veltlinerweine» (Vertreter: W. Steinmann & Cie.), «Habana-Raucher!» (Max Oettinger), «Gallerten, Wurstwaren [...]» (A. Jost-Fritz), «Beste Goldtrauben und Blau Trauben» (Centralhallen) und «Tessiner Weintrauben» (Obert-Riedweg, Obsthändler).[21]

Bei Geschäften, die den Postversand betreiben, sind Werbesendungen mit aktuellen Preislisten oder Informationen über Sonderangebote denkbar. Hier kommen etwa Fachgeschäfte des Tee-, Kaffee- oder Weinhandels in Frage.

Werbemassnahmen der Markenartikelhersteller waren grundlegend für die Bedarfsweckung und Information betreffend neuartige Produkte und damit auch für den Einzelhandel, welcher den Vertrieb dieser Produkte an die Letztverbraucher übernahm. Diese Werbung geschah in Zeitungen, Zeitschriften, auf Plakatsäulen, mit Emailschildern rund um die Ladeneingänge und auch mittels Stell- oder Hängeplakaten im Verkaufsraum. In verschiedenen Ausgaben der Basler Nachrichten vom Oktober 1908 findet sich Werbung für Türk & Pabst's rühmlich bekannte Anchovy-Paste bzw. Sardellen-Butter, Oxo Bouillon, Dr. Oetkers Backpulver, Steinfels-Seife, Tobler's Milch-Chocolade, Liqueur Bénédictine, Florios Marsala, Neuheit Persil (in allen Drogerie- und Kolonialwarenhandlungen), Vichy (zu beziehen durch die Mineralwasserhandlungen und Apotheken), Scott's Emulsion (gegen Keuchhusten; in allen Apotheken), Cognac Old Meyer Fils (zu haben in Hotels, Restaurants, Drogerien und Delikatessengeschäften), Odol (in allen Apotheken und Drogerien zu haben), Dr. Hohl's Pektorine (... durch die Apotheken), feinste Pflanzenbutter Marke «Lactine» (Gebr. Riggenbach & Cie.), Oralin-Zahnpaste etc. (W. Müller-Senn), Bergmann's Lilienmilch-Seife (erhältlich in Apotheken, Drogerien und Kolonialwarenhandlungen; 30 Adressen genannt), Ozona Bleichmittel (überall erhältlich; Fabrikation Gebr. van Baerle, Münchenstein), Weissflog-Bitter (in Restaurants und Apotheken).[22]

Der Vorführung und Präsentation von Waren im Ladengeschäft diente einerseits das Schaufenster.[23] Andererseits wurden besonders verlockende Produkte wie Schokoladen, Bonbons und Rauchwaren auf oder neben dem Ladentisch in verglasten Auslegekistchen oder Ausstellkästchen gezeigt.[24] Die gute Sichtbar-

Abb. 29: *Blick vom unteren Spalenberg in die Schneidergasse: Links das Hauptgeschäft der Kolonialwarenhandlung Preiswerk Söhne, geradeaus das Teegeschäft L. Lappe. (StABS, Neg. 9818)*

keit solcher Angebote beim Einkauf war wichtig, da mit der Begehrlichkeit der Kundschaft bei ihrem Anblick gerechnet werden konnte.

Rabattmarken bzw. Rückvergütung als preispolitisches Kundenbindungsinstrument waren zu Ende unserer Zeitperiode gut bekannt. Eingeführt durch den Allgemeinen Consumverein als Rückvergütung, wurden Rabatte als Spareinrichtung mit späterer Rückvergütung um 1900 herum auch von Einzelhandelsvereinigungen angeboten. Bereits andernorts haben wir diese Form der Rabattgewährung und ihre Hintergründe dargelegt.[25] Die Kunden tendierten dazu, möglichst viel in den entsprechenden Läden einzukaufen. Bei bis zu 8% Rabatt dürfte der Mechanismus wirksam gewesen sein. Rabattmarken bleiben bis in die 1970er-Jahre hinein im Lebensmitteleinzelhandel von grosser Bedeutung.

19.3 Neuerungen im Lebensmitteleinzelhandel

Wie hat sich der Lebensmitteleinzelhandel als Wirtschaftsbranche in einem dynamischen Umfeld entwickelt? Wie ist diese Entwicklung insgesamt zu beurteilen? Hat der wirtschaftliche und bevölkerungsmässige Bedeutungsgewinn der Städte im späten 19. Jahrhundert zu einer Revolution im Einzelhandel geführt? Die Antwort hierauf fällt in Fachliteratur und Forschung unterschiedlich aus. Während oft von einer Unterentwicklung des Handels die Rede ist, so etwa bei Schmoller oder auch Jefferys,[26] erkennen andere Wirtschaftshistoriker bei der Untersuchung der Branche erhebliche Wandlungen und Fortschritte[27] oder sprechen im Zusammenhang mit neuen Vertriebsformen wie dem Filialsystem gar von einer Einzelhandelsrevolution.[28]

Sicher ist – dies zeigen die Ergebnisse der vorliegenden Untersuchung zur Stadt Basel –, dass in verschiedenen Bereichen dieses an Betrieben reichen Wirtschaftszweigs grundlegende Veränderungen stattfanden, welche gegenüber den Zuständen vor 1850 einen deutlichen Bruch markierten. Dass diese Entwicklungen mit den neuen Anforderungen und Ansprüchen zusammenhingen, welche das veränderte Umfeld einer wachsenden, arbeitsteilig organisierten Stadt an die Versorgung mit Lebensmitteln stellte, ist offensichtlich.

19.3.1 Filialsysteme und Grossunternehmungen

Eine neue Erscheinung des 19. Jahrhunderts war, dass Einzelhändler zusätzlich zum Stammlokal eine oder mehrere Filialverkaufsstellen eröffneten. Mit der Erschliessung weiterer Einzugsgebiete und Kundenkreise konnte die Unternehmung wachsen. Während beim Produktionsbetrieb zentrales Wachstum üblich ist, sind Unternehmen der Warenverteilung nur begrenzt und sehr bedingt in der Lage, durch Erweiterungen der Verkaufsfläche eines einzigen Standorts grösser zu werden. Dies galt insbesondere für unseren Zeitraum, wo die Personenmobilität noch gering war. Der öffentliche Verkehr steckte in den Anfängen, der private Verkehr innerhalb der Stadt geschah in erster Linie zu Fuss und betraf vor allem den Weg zur Arbeit und zurück. Da war die tägliche Versorgung mit Lebensmitteln in der Nähe der Wohnung umso wichtiger. Wohl existierten auch schon einzelne Grossverkaufsstellen, etwa die Warenhäuser. Diese führten allerdings ein ganz besonderes Warenangebot an dauerhaften Konsumgütern eher gehobenen Niveaus mit grosser Ausstrahlungskraft. Da sie in der Regel nur periodisch und für geplante Käufe aufgesucht wurden, nahmen die Kundinnen lange Wege in Kauf. Entsprechend gross war das Einzugsgebiet von Warenhäusern, das üblicherweise das weite Umland der Städte mit einschloss.

Filialbetriebe erlaubten dem Lebensmittelhändler nun, seinen Betrieb wachsen zu lassen, seine Verkaufs- und Marketingideen im Grossen umzusetzen. Die Verkaufsstellen wurden in ihrer äusseren Erscheinung wie auch bezüglich Inneneinrichtung ähnlich gestaltet, das Warensortiment wurde vom Stammlokal übernommen und nötigenfalls etwas angepasst. So fand das erworbene Know-how mehrmals Verwendung, und der Wareneinkauf erfolgte in grösseren Mengen zu günstigeren Konditionen. Es wurden so genannte *economies of scale* erzielt, Kosteneinsparungen und Mehrgewinne durch Grössenwachstum.

Verglichen mit grösseren Städten in hoch entwickelten Industriegesellschaften – etwa in Grossbritannien – stellen wir für Basel die erste Filialverkaufsstelle im Lebensmittelhandel zu einem relativ späten Zeitpunkt fest, nämlich im Jahr 1861.[29] Auch blieben solche Filialunternehmungen in der Regel eher klein und erstreckten sich geografisch selten über die Stadtgrenzen hinaus. Ausnahmen hiervon waren vor 1914 Filialorganisationen gesamtschweizerischer Handelsfirmen mit Verkaufsstellen in allen Landesteilen, etwa Merkur oder Bell sowie der bedeutende Allgemeine Consumverein Basel. Zu eigentlichen Grossbetrieben wurden Filialunternehmungen selten. Nur wenige unter ihnen lassen sich bezüglich Geschäftsumfang und Beschäftigtenzahl mit dem Warenhaus vergleichen. In der Fachliteratur ist das Warenhaus die weit öfter diskutierte Form der Einzelhandels-Grossunternehmung; es stellte ebenfalls eine Innovation des 19. Jahrhunderts dar, konzentrierte sich allerdings vom Angebot her auf den Nichtlebensmittelbereich. Immerhin teilten Warenhaus und Filialunternehmung vor der Institutionalisierung der Verkäuferinnenlehre die Sorge, qualifiziertes Personal zu finden. Interne Ausbildungskurse wurden durchgeführt.[30]

19.3.2 Einkaufsorganisationen

Einzelhandelsunternehmungen wuchsen durch Filialisierung und vermochten durch Mengenrabatte günstigere Einkaufskonditionen zu erwirken. Kleine Einzelhändler schlossen sich als Antwort darauf in Einkaufsgemeinschaften zusammen, zunächst lokal, später auch regional und überregional. Die Aktivität mehrerer solcher Selbsthilfeorganisationen konnten wir in der Stadt Basel feststellen.[31] Sie waren vorwiegend im Bereich des Spezereiwareneinkaufs tätig, zum Teil auch als Partner von Nahrungsmittelfabrikanten. Als von ihren Mitgliedern gemeinschaftlich finanzierte Einkaufsorganisationen bündelten sie deren Bestellungen zu Grossmengen und erzielten so ähnlich wie Filialunternehmer günstigere Bezugspreise.

19.3.3 Spezialisierung in Gross- und Einzelhandel

Der theoretische Ansatz einer funktionalen Trennung in Import- bzw. Grosshandel und Einzelhandel[32] dürfte in der Lebensmittel- und Gebrauchsgüterbranche kaum je durchgehend der Realität entsprochen haben. Je nach Zeitabschnitt mag diese Arbeitsteilung in der einen oder anderen Branche mehr oder weniger ausgeprägt bestanden haben.

Soweit wir haben feststellen können, wirkten Einzelhändler im Lebensmittelbereich immer wieder zugleich auch als Grosshändler, indem sich kleinere Einzelhändler bei ihnen mit Waren eindeckten. Solche funktionale Überschneidungen von Gross- und Einzelhandel werden sowohl aus den Adressbüchern als auch aus einer Auswertung der Lieferantenlisten in den Inventaren klar ersichtlich.[33] Die alten schweizerischen Grosshandelshäuser waren aus Detailgeschäften herausgewachsen, zu diesem Schluss sind auch die Grosshändler selbst bei der Erforschung ihrer Ursprünge gelangt.[34] Unter den Einzelhändlern mit Grosshandelsfunktion fanden sich nicht selten Betreiber von Filialunternehmungen. Gemäss Felber soll die Kombination von Grosshandel und Detailgeschäft insbesondere im Kolonialwarenhandel stark verbreitet gewesen sein.[35] Die typische Form bestand aus einer Grosshandelsfirma mit mehreren Detailgeschäften. Diese vergrösserte beim Einkauf ihre eigene Nachfrage zusätzlich durch Angliederung von Bestellungen weiterer Einzelhändler.

Eine funktionale Trennung zwischen Gross- und Einzelhandel wird in der Lebensmittelbranche ums Jahr 1900 herum anhand konkreter Beispiele sichtbar. Einerseits definierten sich jetzt Händler vermehrt und eindeutig als ausschliessliche Grosshändler, andererseits zogen sich bestehende multifunktionale Handelsunternehmungen nach 1900 aus dem Einzelhandel zurück und konzentrierten sich

Abb. 30: *Der Quartierladen von Spezierer B. Stürchler-Schneider an der Ecke Oetlingerstrasse-Bärenfelserstrasse um 1910, klar erkennbar an den Email-Werbeschildern rund um den Eingang. (Postkarte Ruedi Bachmann)*

auf den Import- und Grosshandel.[36] Als Grosshandelshäuser gegründete Firmen erschienen erst gegen Ende des 19. Jahrhunderts in grösserer Zahl.[37] Gleichzeitig formierten sich auch Einkaufsorganisationen der Einzelhändler, welche den Einkauf ähnlich wie Grossisten bündelten.[38]

19.3.4 Verfeinerung der Branchenstruktur: Entstehung von Spezialgeschäften

Klar ersichtlich wird im betrachteten Zeitraum die Entstehung einer grossen Palette von Spezialgeschäften im Lebensmittelhandel. Deutlich traten diese im Frischproduktenbereich in Erscheinung, so etwa im Bereich der Grundnahrungsmittel als Butter- und Käse- bzw. Molkereiläden. Mehrheitlich allerdings boten sie Waren des gehobenen Bedarfs bzw. Luxusartikel an.[39] Wir denken etwa an die Comestibleshandlungen ums Jahr 1900 mit ihrem reichen, gehobenen Spezialitätenangebot, welche die traditionellen Fisch-, Geflügel- und Wildbrethändler auf dem Markt ergänzten bzw. deren weiterentwickelte Form im Ladenverkauf darstellten. Oder an die Käse- und Butterhändler sowie die Molkereigeschäfte, die gegen 1900 als neuer Geschäftstyp die verschiedenen Milchprodukte und ein ergänzendes Sortiment an Eiern und Lebensmittelspezialitäten kombiniert anboten. Neue Handelsbranchen wie Fleischwarenhändler, Zigarren- und Tabakhandlungen, Schokoladenhandlungen, Bier- und Mineralwasserhändler sind als spezialisierte Vertriebskanäle für die Produkte der aufkommenden Nahrungs- und Genussmittelindustrie zu verstehen.[40] Auch Kolonialwarenhandlungen erhielten mit vermehrter Einfuhr und steigendem Konsum überseeischer Produkte ihre unbestrittene Rolle als Spezialgeschäfte besonderen Zuschnitts.[41] Häufig betrieben sie eine eigene Kaffeerösterei. Darüber hinaus sind gegen das Jahr 1900 hin auch spezialisierte Kaffee- und Teehandlungen auszumachen.[42]

19.3.5 Frischprodukte: Vom Marktplatz in die Verkaufsläden

Wie soeben dargelegt, entstand eine Reihe neuer Fachgeschäfte im Bereich des Frischproduktenhandels. Dies war die eine Form, wie Frischprodukte, die bisher über den Markt- und Strassenhandel zu den Verbrauchern gelangten, im Ladenverkauf Einzug hielten. Die andere bestand in der zunehmenden Integration dieses Sortiments ins Angebot von Spezerei- und anderen Lebensmittelläden.[43] Diese Integration erfolgte zeitlich in der Reihenfolge der Haltbarkeit der Produkte und Produktgruppen. Zunächst waren es durch Konservierungsmassnahmen haltbar gemachte Lebensmittel wie Würste und Käse. Dann folgten Eier, Butter und die Milch als wichtiges Grundnahrungsmittel, wobei gerade bei der Milch die Hauslieferung durch Milchmänner und Molkereien noch weit über unseren Zeitraum hinaus den wichtigsten Absatzkanal darstellte. Sehr zaghaft nur machte der Verkauf von Gemüse und Obst im Ladenverkauf vor dem Ersten Weltkrieg frühe Anläufe. Er blieb weiterhin Domäne des Markt- und Strassenhandels. Einerseits vermochten die bisherigen Vertriebskanäle der Nachfrage wohl zu genügen, andererseits war gerade bei den leicht verderblichen Produkten ein kurzer, schneller Weg zu den Konsumenten von grossem Vorteil.

Nicht vergessen werden darf in diesem Zusammenhang der Fleischverkauf, der sich zu Beginn unseres Zeitraums von den öffentlichen Fleischverkaufsstätten, den Scholen, in private Metzgereigeschäfte verlagerte. Dieser Prozess war um 1871 abgeschlossen, in den vorangehenden Jahrzehnten dürften beide Verkaufsstätten parallel bestanden haben.[44]

19.3.6 Vorverpackte Konsumgüter und Markenartikel

Die vorverpackten Konsumgüter als Erzeugnisse der neuen Lebensmittel- und Verbrauchsgüterindustrie traten in der zweiten Hälfte des 19. Jahrhunderts allmählich in Erscheinung.[45] Sie sind heute auch unter dem Begriff Markenprodukte geläufig. Wenn wir von der Lebens- und Gebrauchsgüterproduktion sprechen, war der Übergang zwischen gewerblicher und industrieller Herstellung allerdings fliessend und nicht so einfach zu definieren. Im Einzelfall wird es heute auch schwierig oder unmöglich sein, solch frühe Produktionsbetriebe der Industrie oder dem Gewebe zuzuordnen. Beispiele zeigen auf, wie aus gewerblichen Werkstätten gelegentlich Industriebetriebe und Fabriken entstanden, so etwa im Falle von Schokoladefabrikant Sprüngli aus Zürich. Oder eine Seifenfabrik entwickelte sich aus einer gewerblichen Seifensiederei. Der Übergang zum Industriebetrieb war teils evident, wenn eine neue Betriebsanlage erstellt und/oder der Produktionsstandort gewechselt wurde, manchmal aber auch weniger ins Auge stechend. Der wesentliche Unterschied zwischen Fabrik und lokaler gewerblicher Produktion im Kleinen lag darin, dass die neuen Industriebetriebe ihre weit grösseren Produktionsmengen überregional absetzten, verbunden mit erheblichem Werbeaufwand in Zeitungen, Zeitschriften, mit Steh- und Hängeplakaten für den Verkaufsladen, mit Emailschildern für die Ladenfront und später auch mit Strassenplakaten.[46] Während bei gewerblich-handwerklichen Produkten der Händler Vermittler eines in der Regel noch namenlosen regionalen Produktes war, lief der Vertrieb der Industrieprodukte zu einem guten Teil über Markennamen und weiträumige Konsumentenwerbung der Hersteller. Dieser Schritt beinhaltete für Handel und Konsum auch den Übergang von der Bedarfsdeckung zur Bedarfsweckung, zum von Werbung flankierten Verkaufs- bzw. Kaufakt.

Industriell gefertigte Lebens- und Genussmittel sowie auch Gebrauchsgüter wurden in den meisten Fällen in einer Originalpackung angeboten, die auch Platz für Beschriftung und Informationen bot.[47] Anfänglich bestanden Nachfüllsysteme für Markenartikel, so z. B. für die Maggi-Würze, die der Händler in die mitgebrachte Haushaltflasche aus einer Grossmengenflasche nachfüllen konnte. Weil die Unverfälschtheit des Produkts nicht garantiert war, bewährte sich das System nicht.[48] Nur verschlossene Originalpackungen konnten eine gleichbleibend hohe Qualität gewährleisten. Oft stellten Markenprodukte Innovationen dar, wie etwa die gerade erwähnte Maggi-Würze, die Leguminose-Suppen etc. Teilweise löste ein ähnliches Industrieprodukt ein Handwerkserzeugnis ab, z. B. bei den Teigwaren oder Seifen. Die Vorverpackung veränderte die Arbeitsvorgänge im Spezereiladen sowie in anderen Lebensmittelgeschäften einschneidend. Vorbereitungs-, Abfüll- und Beschriftungsarbeiten und das Abwägen vor den Kunden entfielen. Das Aufkommen von Markenprodukten bedeutete also weniger Arbeitsaufwand für das Verkaufspersonal und beschleunigte den Bedienungsvorgang, weil ganze Einheiten ohne weiteres Zutun über den Ladentisch gereicht und ohne Verzug verkauft werden konnten. Im Extremfall entfiel eine Reihe von Händlerdienstleistungen, die neu der Hersteller übernommen hatte: Produktauswahl bei der Beschaffung, Aufbereitung, Reinigung, Verarbeitung, Portionierung und Produkteninformation. Auch das Ladeninterieur änderte sich mit den vorverpackten Produkten. Offene Fächer traten an die Stelle von Schubladen und die dort aufgereihten Verkaufspackungen bewarben die Produkte. Der Schaufenstergestaltung und -werbung kamen die stapelbaren Würfelpackungen ebenfalls entgegen. Beliebt waren die auf Fotos häufig anzutreffenden Pyramidenaufbauten, die mit ihrer Mengenwirkung als Blickfang dienten.

Aus heutiger Sicht dürfen wir die Bedeutung der Markenartikel für die Zeit vor dem Ersten Weltkrieg jedoch nicht überschätzen. Zwar stand eine ganze Reihe von ihnen bereits in den Ladenregalen, was auch die steigende Zahl von Industriebetrieben in diesem Bereich belegt. Markenartikel waren im Vergleich zu Grundnahrungsmitteln und gewerblich hergestellten Produkten damals nicht per definitionem Billigprodukte, sondern häufig im gehobenen Konsumbereich anzusiedeln. Produkteninnovation bedeutete oft Verarbeitung und Mehrwert und damit auch höherer Preis. Für grosse Teile der Bevölkerung dürften Markenprodukte anfänglich noch kaum erschwinglich gewesen sein. Die Bedeutung der Markenartikel im Konsumalltag und im gewöhnlichen Spezereiladen war noch vergleichsweise gering. Spiekermann schätzt den Umsatzanteil für Kolonialwarenläden um 1913 auf 20–25%.[49]

19.3.7 Barzahlung, Rückvergütung und Rabattmarken

Das «Anschreibenlassen» oder «Borgen» aus der Sicht der Kunden, der Verkauf auf Kredit aus Händleroptik, diese Praktik war im Lebensmittelhandel des 19. Jahrhunderts weit verbreitet, allgemein üblich und hatte verschiedene Funktionen.[50] Finanzielle Engpässe konnten überbrückt werden. Ein Instrument der Kundenbindung stand zur Verfügung. Gleichzeitig beinhaltete der Verkauf auf Kredit für den Händler ein erhebliches finanzielles Risiko, wenn bei den Händlern die Summe der gewährten Konsumkredite anschwoll und zu viele schlechte Risiken aufwies.

Wichtige Promotoren der Barzahlung waren die Konsumvereine. Sie hielten den Kauf auf Kredit, die Verschuldung ihrer Aktionäre bzw. Mitglieder für unerwünscht und führten gleich von Beginn an die Barzahlung ein.[51] Dafür gewährten sie ihren Mitgliedern als Dividende und Entschädigung periodisch eine Rückvergütung von einigen Prozent auf die getätigten Einkäufe. Einzelhändler, welche

Abb. 31: *Hinter der grossstädtisch anmutenden Ladenfront kam bei F. & A. Sengelet & Cie an der Gerbergasse 4 ab den späten 1890er-Jahren ein breites Sortiment an Drogeriewaren, Likören, Weinen und Mineralwasser zum Verkauf. (StABS, Neg. Hö D 7559)*

die betriebswirtschaftliche Bedeutung der Barzahlung im Lebensmittelverkauf erkannt hatten, organisierten sich gegen Ende des 19. Jahrhunderts oftmals in Rabattsparvereinen.[52] Bei Barzahlung erhielten die Kunden der angeschlossenen Geschäfte als Entgelt ebenfalls eine Rückvergütung, zunächst mit Eintrag in einem Büchlein, später in der Form von Rabattmarken. Grössere, erfolgreiche Händler konnten bei ihrer Kundschaft eher auf Barzahlung bestehen als kleine, bescheidene Ladeninhaber. So geschah es, dass Letzteren vor allem die weniger zahlungskräftige und auf Kredite angewiesene Kundschaft übrig blieb.

19.3.8 Neue Technik in den Verkaufsläden

Nebst neuer Beleuchtungstechniken mit Gas- und elektrischem Betrieb, die sich allerdings nicht auf den Verkauf beschränkten, sind für unsere Zeit eine Reihe wichtiger Neuerungen in der technischen Ausstattung der Läden zu verzeichnen. Neue mechanische und elektrisch betriebene Apparate und Geräte erleichterten Lagerung, Verarbeitung und Verkauf. Was dies konkret bedeutete, sei hier am Beispiel nur einer Branche ausgeführt: Im Spezereiladen, den wir näher untersucht haben, waren dies ums Jahr 1900 etwa die Kaffeemühlen.[53] Schon etwas früher hielten nach und nach mit Stangeneis betriebene Kühlschränke in die Läden bzw. ihre Hinterräume Einzug. Mechanische Kontrollkassen, auch Registrierkassen genannt, ermöglichten als wichtige Neuerung den Verkaufsgeschäften eine erleichterte, differenzierte Buchhaltung. Allerdings bedingte die Anschaffung dieser neuen Verkaufsgeräte bedeutende Investitionen. Dies galt besonders für die Kassen, weshalb solche vor dem Ersten Weltkrieg noch keine allgemeine Verbreitung gefunden haben dürften.

Anhang

1 Tabellen

Tab. I: *Anzahl Verkaufsstellen in Lebensmittelhandwerk und -handel nach Branchen (bereinigte Daten) in der Stadt Basel, 1854–1910*

Branche	1854	1862	1874	1886	1898	1910
Apotheker	8	8	9	17	25	29
Bäcker	76	77	80	90	136	185
Bierbrauer	13	14	19	14	7	7
Bierhändler			4	9	21	15
Comestibleshändler		3	3	13	23	17
Drogerie- und Materialwarenhandlung	5	16	13	29	29	31
Eierhändler				5	11	11
Fisch-, Geflügel- und Wildbrethändler	3	3	3	5	12	9
Fleischwarenhändler				2	6	4
Honighändler			2	1		2
Hippenbäckerin	1	1				
Kaffeespezialgeschäft						6
Käse- und Butterhändler	2	5	7	13	21	23
Kolonialwaren und Landesprodukte	6	16	24	39	54	62
Konditoren/Zuckerbäcker	17	19	25	36	38	47
Metzger	72	55	47	74	91	96
Milchhändler		6	18	59	70	50
Mineralwasserhändler	1		2	3	1	3
Molkereigeschäft					11	8
Nudelmacherinnen	4	4				
Obst- und Gemüsehändler	2	8		37	58	121
Reformgeschäft						1
Salzverkäufer (nur Salzverkauf)				2	2	2
Schokoladenhandlungen		1				6
Spezierer	62	72	100	209	229	290
Teehandlungen					3	7
Traiteure	4	6	7	11	7	9
Viktualienhändler	1	8	36	70	63	76
Wein- und Spirituosenhandlungen	16	28	57	78	74	85
Zigarren- und Tabakhandlungen	13	24	25	52	68	93
Diverse Lebensmittelhändler			3			
Total	306	377	481	868	1060	1295
Index (1854 = 100)	100	123	157	284	346	423

Quelle: *Adressbuch der Stadt Basel.*

Tab. II: *Versorgungsdichte in Lebensmittelhandwerk und -handel pro 10'000 Einwohner nach Branchen in der Stadt Basel, 1854–1910*

Branche	1854	1862	1874	1886	1898	1910
Apotheker	2,6	2,1	1,8	2,5	2,5	2,2
Bäcker	24,3	19,7	16,0	13,5	13,7	14,1
Bierbrauer	4,2	3,6	3,8	2,1	0,7	0,5
Bierhändler			0,8	1,3	2,1	1,1
Comestibleshändler		0,8	0,6	1,9	2,3	1,3
Drogerie- und Materialwarenhandlungen	1,6	4,1	2,6	4,3	2,9	2,4
Eierhändler				0,7	1,1	0,8
Fisch-, Geflügel- und Wildbrethändler	1,0	0,8	0,6	0,7	1,2	0,7
Fleischwarenhändler				0,3	0,6	0,3
Honighändler			0,4	0,1		0,2
Hippenbäckerin	0,3	0,3				
Kaffeespezialgeschäft						0,5
Käse- und Butterhändler	0,6	1,3	1,4	1,9	2,1	1,8
Kolonialwaren und Landesprodukte	1,9	4,1	4,8	5,8	5,4	4,7
Konditoren/Zuckerbäcker	5,4	4,9	5,0	5,4	3,8	3,6
Metzger	23,0	14,1	9,4	11,1	9,2	7,3
Milchhändler		1,5	3,6	8,8	7,0	3,8
Mineralwasserhändler	0,3		0,4	0,4	0,1	0,2
Molkereigeschäft					1,1	0,6
Nudelmacherinnen	1,3	1,0				
Obst- und Gemüsehändler	0,5	2,1		5,5	5,8	9,2
Reformgeschäft						0,1
Salzverkäufer (nur Salzverkauf)				0,3	0,2	0,2
Schokoladenhandlungen		0,3				0,5
Spezierer	19,8	18,5	20,0	31,3	23,0	22,1
Teehandlungen					0,3	0,5
Traiteure	1,3	1,5	1,4	1,6	0,7	0,7
Viktualienhändler	0,3	2,1	7,2	10,5	6,3	5,8
Wein- und Spirituosenhandlungen	5,1	7,2	11,4	11,7	7,4	6,5
Zigarren- und Tabakhandlungen	4,2	6,2	5,0	7,8	6,8	7,1
Diverse Lebensmittelhändler		0,8				
Läden total pro 10'000 Einwohner	97,9	96,7	96,4	129,9	106,7	98,8

Quellen: *Adressbuch der Stadt Basel; Statistisches Jahrbuch des Kantons Basel-Stadt.*

Tab. III: *Struktur des Lebensmittelhandwerks und -handels in der Stadt Basel, 1854–1910*

Branche	%-Anteil der einzelnen Branchen an allen Lebensmittelbetrieben					
	1854	1862	1874	1886	1898	1910
Apotheker	2,6	2,1	1,9	2,0	2,4	2,2
Bäcker	24,8	20,4	16,6	10,4	12,8	14,3
Bierbrauer	4,2	3,7	4,0	1,6	0,7	0,5
Bierhändler			0,8	1,0	2,0	1,2
Comestibleshändler		0,8	0,6	1,5	2,2	1,3
Drogerie und Materialwaren	1,6	4,2	2,7	3,3	2,7	2,4
Eierhändler				0,6	1,0	0,8
Fisch-, Geflügel- und Wildbrethändler	1,0	0,8	0,6	0,6	1,1	0,7
Fleischwaren				0,2	0,6	0,3
Honighändler			0,4	0,1		0,2
Hippenbäckerin	0,3	0,3				
Kaffeespezialgeschäft						0,5
Käse- und Butterhändler	0,7	1,3	1,5	1,5	2,0	1,8
Kolonialwaren und Landesprodukte	2,0	4,2	5,0	4,5	5,1	4,8
Konditoren/Zuckerbäcker	5,6	5,0	5,2	4,1	3,6	3,6
Metzger	23,5	14,6	9,8	8,5	8,6	7,4
Milchhändler		1,6	3,7	6,8	6,6	3,9
Mineralwasserhändler	0,3		0,4	0,3	0,1	0,2
Molkereigeschäft					1,0	0,6
Nudelmacherin	1,3	1,1				
Obst- und Gemüsehändler	0,7	2,1		4,3	5,5	9,3
Reformgeschäft						0,1
Salzverkäufer (nur Salzverkauf)				0,2	0,2	0,2
Schokoladenhandlungen		0,3				0,5
Spezierer	20,3	19,1	20,8	24,1	21,6	22,4
Südfrüchtehandlung	0,7	0,3				
Teehandlungen					0,3	0,5
Traiteur	1,3	1,6	1,5	1,3	0,7	0,7
Viktualienhändler	0,3	2,1	7,5	8,1	5,9	5,9
Wein- und Spirituosenhandlungen	5,2	7,4	11,9	9,0	7,0	6,6
Zigarren- und Tabakhandlung	4,2	6,4	5,2	6,0	6,4	7,2
Diverse Lebensmittelhändler		0,8				
Lebensmittelbetriebe total	100,0	100,0	100,0	100,0	100,0	100,0
Anzahl Branchen	18	22	19	23	24	28

Quelle: *Adressbuch der Stadt Basel.*

Tab. IV: *Von Frauen betriebene Geschäfte in Lebensmittelhandwerk und -handel nach Branchen in der Stadt Basel, 1854–1910*

Branche	1854	1862	1874	1886	1898	1910
Apotheker					1	
Bäcker	5	4	6	7	6	4
Bierbrauer		2				
Bierhändler					3	2
Comestibleshändler/Delikatessen		2	1	1	4	3
Drogerie- und Materialwarenhandlungen				3		1
Eierhändler				2	4	2
Fisch-, Geflügel- und Wildbrethändler		1		1		1
Fleischwarenhändler						1
Honighändler					1	1
Hippenbäckerin	1	1				
Käse- und Butterhändler					1	3
Kolonialwaren und Landesprodukte					3	4
Konditoren/Zuckerbäcker	2	1	2	3	1	7
Metzger	4	3			3	5
Milchhändler					3	4
Molkereigeschäft						8
Nudelmacherinnen	3	4				
Obst- und Gemüsehändler	1	4		16	25	55
Salzverkäufer (ausschl. Salzverkäufer)				1	1	
Schokoladehandlungen		1				2
Spezierer	15	15	20	46	49	82
Viktualienhändler		3	13	21	25	28
Wein- und Spirituosenhandlungen	1	2	2	2	3	7
Zigarren- und Tabakhandlungen			3	8	17	30
Diverse Lebensmittelhändler		1				
Geschäftsinhaberinnen total	32	44	47	117	145	250
Index (1854 = 100)	100	138	147	366	453	781

Quelle: *Adressbuch der Stadt Basel.*

Tab. V: *Verwitwete Betriebsinhaberinnen in Lebensmittelhandwerk und -handel nach Branchen in der Stadt Basel, 1854–1910*

Branche	1854	1862	1874	1886	1898	1910
Apotheker					1	
Bäcker	4	4	5	7	6	4
Bierbrauer		2				
Bierhändler					2	1
Comestibleshändler/Delikatessen					2	1
Drogerie- und Materialwarenhandlungen				3		1
Eierhändler				1	2	1
Fisch-, Geflügel- und Wildbrethändler		1		1		1
Fleischwarenhändler						1
Honighändler				1		1
Käse- und Butterhändler						3
Kolonialwaren und Landesprodukte					2	3
Konditoren/Zuckerbäcker	2	1	2	3	1	4
Metzger	4	3			3	5
Milchhändler				1		3
Molkereigeschäft						8
Obst- und Gemüsehändler				8	10	27
Salzverkäufer (nur Salzverkauf)					1	
Spezierer	6	7	11	20	26	29
Viktualienhändler			3	9	13	8
Wein- und Spirituosenhandlungen	1	2		2	2	7
Zigarren- und Tabakhandlungen			1	5	5	8
Diverse Lebensmittelhändler		1				
Anzahl Witwen insgesamt	17	21	22	61	76	116

Quelle: *Adressbuch der Stadt Basel.*

Tab. VI: *Ledige Betriebsinhaberinnen in Lebensmittelhandwerk und -handel nach Branchen in der Stadt Basel, 1854–1910*

Branche	1854	1862	1874	1886	1898	1910
Comestibleshändler/Delikatessen		1	1	1	1	
Eierhändler					1	2
Hippenbäckerin	1	1				
Kolonialwaren und Landesprodukte						1
Konditoren/Zuckerbäcker						2
Milchhändler				1		1
Nudelmacherinnen	2	1				
Obst- und Gemüsehändler			1	6	6	8
Schokoladehandlungen						2
Spezierer	1		3	15	15	23
Viktualienhändler		3	5	5	5	5
Wein- und Spirituosenhandlungen				1	1	
Zigarren- und Tabakhandlungen			1	3	9	11
Anzahl Ledige insgesamt	4	7	10	33	39	53

Quelle: *Adressbuch der Stadt Basel.*

Tab. VII: *Verheiratete Betriebsinhaberinnen in Lebensmittelhandwerk und -handel nach Branchen in der Stadt Basel, 1854–1910*

Branche	1854	1862	1874	1886	1898	1910
Bäcker	1		1			4
Bierhändler					1	1
Comestibleshändler/Delikatessen		1			1	2
Eierhändler						1
Käse- und Butterhändler				1		
Kolonialwaren und Landesprodukte					1	
Konditoren/Zuckerbäcker				2		1
Milchhändler					1	
Nudelmacherinnen	1	3				
Obst- und Gemüsehändler	1	3		2	8	20
Salzverkäufer (nur Salzverkauf)				1		
Schokoladehandlungen		1				
Spezierer	8	8	6	9	7	28
Viktualienhändler			5	7	7	13
Wein- und Spirituosenhandlungen			2			
Zigarren- und Tabakhandlungen			1		2	9
Anzahl Verheiratete insgesamt	11	16	15	21	27	75

Quelle: *Adressbuch der Stadt Basel.*

Tab. VIII: *Lehrlinge in Lebensmittelhandwerk und -handel nach Branchen in der Stadt Basel, 1905*

Branche	Betriebe	Lehrlinge	Betriebe mit Lehrlingen		Lehrlinge pro 100 Betriebe
	(n)	(n)	(n)	(%)	(n)
Apotheken	27	k. A.	k. A.	k. A.	k. A.
Bäckerei und Konditorei	223	110	83	37	49
Metzgerei und Wursterei	85	11	10	12	13
Fleisch- und Wurstwarenhandel	26	2	1	4	8
Wildbret-, Geflügel- und Fischhandel, Konserven	23	1	1	4	4
Handel mit Milch, Eiern, Butter, Käse, Obst, Südfrüchten, Gemüse	134	4	3	2	3
Käsehandel allein	6	6	3	50	100
Milchhandel allein	35	0	0	0	0
Mehl-, Mehlprodukte- (Brot) und Zuckerwarenhandel	22	4	2	9	18
Spezerei-, Kolonialwaren- und Konsumwarenhandel	435	74	26	6	17
Wein- und Spirituosenhandel	76	21	16	21	28
Bierhandel	25	0	0	0	0
Essighandel	1	0	0	0	0
Mineralwasserhandel	9	1	1	11	7
Tabak- und Zigarrenhandel	104	5	3	3	5
Drogeriewarenhandel	63	41	17	27	65
Total	1294	166	13	280	22

Quelle: *Ergebnisse der Eidgenössischen Betriebszählung vom 9. August 1905*, Bd. 3, 204 f.; Bd. 4, 156 f. Die Zahl der Betriebe weicht leicht von jener anderer Tabellen ab, weil hier die «Betriebe ohne Personal» in Abzug gebracht wurden. Dies sind Betriebseinheiten, die zur Zeit der Zählung inaktiv waren.

Tab. IX: *Nationalität der Beschäftigten in Lebensmittelhandwerk und -handel nach Branchen in der Stadt Basel, 1905*

Branche	Beschäftigte insgesamt (n)	Schweizer (%)	Deutsche (%)	Übrige Ausländer (%)
Apotheken	106	k. A.	k. A.	k. A.
Bäckerei und Konditorei	1026	50	48	2
Metzgerei und Wursterei	507	54	44	2
Fleisch- und Wurstwarenhandel	66	76	23	2
Wildbret-, Geflügel- und Fischhandel, Konserven	145	61	24	14
Handel mit Milch, Eiern, Butter, Käse, Obst, Südfrüchten, Gemüse	309	66	23	11
Käsehandel allein	51	94	6	0
Milchhandel allein	168	90	9	1
Mehl-, Mehlprodukte- (Brot) und Zuckerwarenhandel	37	65	35	0
Spezerei-, Kolonialwaren- und Konsumwarenhandel	1297	72	22	6
Wein- und Spirituosenhandel	312	63	32	5
Bierhandel	94	62	37	1
Essighandel	1	0	100	0
Mineralwasserhandel	14	36	7	57
Tabak- und Zigarrenhandel	190	77	21	2
Drogeriewarenhandel etc.	346	77	19	4
Total	4669	63	30	7

Quelle: *Ergebnisse der Eidgenössischen Betriebszählung vom 9. August 1905*, Bd. 3, 204 f.; Bd. 4, 152 f.

Tab. X: *Weibliche Beschäftigte in Lebensmittelhandel und -handwerk nach Branchen in der Stadt Basel, 1905*

Branche	Beschäftigte insgesamt (n)	Weibliche Beschäftigte (n)	Weibliche Beschäftigte (%)	Alleinbetriebe (%)
Apotheken	106	7	7	0
Bäckerei und Konditorei	1026	311	30	6
Metzgerei und Wursterei	507	133	26	8
Fleisch- und Wurstwarenhandel	66	30	45	23
Wildbret-, Geflügel- und Fischhandel, Konserven	145	35	24	22
Handel mit Milch, Eiern, Butter, Käse, Obst, Südfrüchten, Gemüse	309	132	43	48
Käsehandel allein	51	2	4	17
Milchhandel allein	168	16	10	60
Mehl-, Mehlprodukte- (Brot) und Zuckerwarenhandel	37	23	62	73
Spezerei-, Kolonialwaren- und Konsumwarenhandel	1297	650	50	36
Wein- und Spirituosenhandel	312	30	10	32
Bierhandel	94	13	14	36
Essighandel	1	1	100	100
Mineralwasserhandel	14	3	21	78
Tabak- und Zigarrenhandel	190	100	53	59
Drogeriewarenhandel etc.	346	30	9	24
Total	4669	1516	32	31

Quelle: *Ergebnisse der Eidgenössischen Betriebszählung vom 9. August 1905*, Bd. 3, 204 f.; Bd. 4, 152 f.

Tab. XI: *Durchschnittliche Betriebsgrösse in Lebensmittelhandwerk und -handel nach Branchen in der Stadt Basel, 1905*

Branche	Betriebe insgesamt (n)	Alleinbetriebe (n)	Beschäftigte insgesamt (n)	Beschäftigte pro Betrieb (n)
Apotheken	27	0	106	3,9
Bäckerei und Konditorei	223	14	1026	4,6
Metzgerei und Wursterei	85	7	507	6,0
Fleisch- und Wurstwarenhandel	26	6	66	2,5
Wildbret-, Geflügel- und Fischhandel, Konserven	23	5	145	6,3
Handel mit Milch, Eiern, Butter, Käse, Obst, Südfrüchten, Gemüse	134	64	309	2,3
Käsehandel allein	6	1	51	8,5
Milchhandel allein	35	21	168	4,8
Mehl-, Mehlprodukte- (Brot) und Zuckerwarenhandel	22	16	37	1,7
Spezerei-, Kolonialwaren- und Konsumwarenhandel	435	155	1297	3,0
Wein- und Spirituosenhandel	76	24	312	4,1
Bierhandel	25	9	94	3,8
Essighandel	1	1	1	1,0
Mineralwasserhandel	9	7	14	1,6
Tabak- und Zigarrenhandel	104	61	190	1,8
Drogeriewarenhandel etc.	63	15	346	5,5
Total	1294	406	4669	3,6

Quelle: *Ergebnisse der Eidgenössischen Betriebszählung vom 9. August 1905*, Bd. 1, 217, 338, 347; Bd. 3, 204; Bd. 4, 156.

Tab. XII: *Betriebe in Lebensmittelhandwerk und -handel nach Branchen und Grössenklassen in der Stadt Basel, 1905*

Branche	Betriebe total	Betriebe mit einem Gesamtpersonal von ... Person(en)									
		1	2	3	4-5	6-9	10-19	20-29	30-29	40-49	50-99	100
Apotheken	27											
Bäckerei und Konditorei	223	14	39	46	70	41	10	3				
Metzgerei und Wursterei	85	7	13	16	23	19	3	3	1			
Fleisch- und Wurstwarenhandel	26	6	10	7	2	0	1					
Wildbret-, Geflügel- und Fischhandel, Konserven	23	5	5	4	1	5	2			1		
Handel mit Milch, Eiern, Butter, Käse, Obst, Südfrüchten, Gemüse	134	64	39	13	10	3	5					
Käsehandel allein	6	1				3	2					
Milchhandel allein	35	21	9	3		1						1
Mehl-, Mehlprodukte- (Brot) und Zuckerwarenhandel	22	16	4		1	1						
Spezerei-, Kolonialwaren- und Konsumwarenhandel	435	155	151	46	54	13	9	4	1		2	
Wein- und Spirituosenhandel	76	24	12	6	13	13	7	1				
Bierhandel	25	9	7	3	3		3					
Essighandel	1	1										
Mineralwasserhandel	9	7	1		1							
Tabak- und Zigarrenhandel	104	61	30	8	2	1	2					
Drogeriewarenhandel etc.	63	15	12	8	13	7	5	1		2		
Total	1294	406	332	160	193	107	49	12	2	3	2	1

Quelle: *Ergebnisse der Eidgenössischen Betriebszählung vom 9. August 1905*, Bd. 3, 204; Bd. 4, 156.

2 Gesetze und Verordnungen des Kantons Basel-Stadt zum Lebensmittelhandwerk und -handel

Dekret über die Wiederherstellung der Zünfte und der Gesellschaften
 der kleinen Stadt, vom 8. Dezember 1803 (aufgehoben per 17. Februar
 bzw. 16. März 1881).
Dekret wegen dem Hausieren der Krämer und Juden; in der Stadt und
 auf der Landschaft, vom 23. Juli 1803.
Dekret gegen die Einfuhr, den Kauf und Verkauf des fremden Salzes,
 vom 14. Herbstmonat 1803.
Verordnung über den Verkauf des Fleisches, oder Metzger-Ordnung
 in der Stadt, vom 3. Oktober 1803.
Verordnung wegen Übernahme von Apotheken, vom 25. November 1815.
Kundmachung wegen Verkauf des hiesigen und fremden Brotes,
 vom 2. März 1816.
Erneutes Verbot wegen dem Hausieren, vom 6. April 1816 (aufgehoben
 per 19. Januar 1856).
Publikation wegen Nachmachung von Fabrikat-Etiketten, vom 12. Juni 1817.
Publikation wegen Verfertigung und Verkauf des Essigs, vom 26. Juli 1817.
Verordnung über Berechnung des Mittelpreises der Früchte und Bestimmung
 der Brottaxe, vom 14. Januar 1818.
Gesetz über Erhöhung des Metzger-Umgelds, vom 7. April 1818.
Verordnung über Errichtung neuer Bierbrauereien, vom 31. Oktober 1821.
Verordnung über das Ragionenbuch der Stadt Basel, vom 28. Dezember 1822.
Verordnung betreffend das Hausieren mit Schweinen, vom 13. Dezember 1824.
Gesetz enthaltend die Aufhebung des Metzger-Umgelds und Bestätigung der
 übrigen Abgaben, vom 20. Dezember 1830.
Gesetz betreffend die Herabsetzung des Salzpreises, vom 7. November 1831.
Kundmachung betreffend eine Abänderung der Mehltaxtabelle,
 vom 18. Februar 1832.
Erneute Kundmachung wegen Verkauf des fremden Brotes, vom 14. März 1834.
Erneute Verordnung über das Hereinbringen fremden Fleisches in die Stadt
 Basel, vom 14. Mai 1834.
Polizei-Strafordnung, vom 1. September 1837.

Verordnung über Bestimmung der Brottaxe, der Mehltaxe und des Mahlerlohns
der Müller nach der schweizerischen Mass- und Gewichtsverordnung,
vom 20. September 1837.
Bekanntgabe über die Aufhebung der Milchtaxe, vom 13. Dezember 1837.
Verordnung über den obrigkeitlichen Salzverkauf, vom 3. August 1839.
Gesetz über das Ohmgeld, vom 8. Oktober 1839
(aufgehoben per 19. Dezember 1887).
Verordnung über Ausführung und Handhabung des Ohmgeldgesetzes,
vom 23. Dezember 1839 (aufgehoben per 19. Dezember 1887).
Verordnung über die Waren-Sensalen, vom 29. Juni 1842.
Verordnung, den öffentlichen Fleischverkauf in der Stadt und die Handhabung
einer diesfallsigen Aufsicht betreffend, vom 19. Mai 1843.
Verordnung über Wirtschaften und Wirtschaftspolizei, vom 16. Mai 1846
(aufgehoben per 14. November 1863).
Verordnung betreffend Gestattung des Hausverkaufs für Kalb- und Schafffleisch,
vom 7. April 1847.
Gesetz über Commanditen und anonyme Gesellschaften, vom 6. Dezember 1847
(aufgehoben per 26. Juni 1882).
Verordnung betreffend das aus dem Landbezirk oder einem anderen Schweizer-
kanton zum Verkauf hieher gebrachte Fleisch, vom 6. März 1850.
Verordnung über Bestimmung der Brodtaxe, der Mehltaxe und des Mahlerlohns
der Müller nach der schweizerischen Mass- und Gewichts-Ordnung, und
dem neuen schweizerischen Münzsystem, vom 25. Oktober 1851
(aufgehoben per 31. Mai 1854).
Verordnung betreffend Gestattung des Hausverkaufs für Rindfleisch,
vom 9. Dezember 1851 (aufgehoben per 11. September 1869).
Warnung an die hiesigen Branntwein- und Liqueurhändler, vom 19. März 1853.
Verordnung betreffend Beschränkung des Fürkaufs von Kartoffeln,
vom 15. Oktober 1853.
Verordnung betreffend Fortdauer der Beschränkung des Fürkaufs von Kartoffeln, vom 4. Januar 1854.
Verordnung betreffend die Fortdauer der Beschränkung des Fürkaufs von Kartoffeln, vom 1. April 1854.
Verordnung über den Verkauf der Kornfrüchte auf öffentlichem Markte nach
dem Gewichte sowie über die Berechnung des Mittelpreises und die Bestimmung der Mehl- und Brodtaxe nach dieser Verkaufsweise, vom 31. Mai 1854
(aufgehoben per 26. August 1864).
Kornhausordnung der Stadt Basel, vom 14. Juni 1854.
Gesetz betreffend Organisation des Sanitätswesens, vom 5. Juni 1854
(aufgehoben per 18. Jan. 1864).

Publikation und Verordnung betreffend Beschränkung des Fürkaufs von Kartoffeln, vom 7. Oktober 1854.

Verordnung betreffend Beschränkung des Fürkaufs von Gemüsen, Obst, Butter und Eiern, vom 4. November 1854.

Verordnung betreffend Aufhebung der §§ 213 und 214 der Polizei-Strafordnung und der Holzmarktordnung vom 18. Dezember 1854 sowie über Erlassung und Handhabung einer neuen Ordnung für die verschiedenen Märkte, vom 15. und 26. November 1851 (ist in der Gesetzes-Gesamtausgabe vom Juni 1877 nicht mehr aufgeführt, mit der Begründung: «wird als vielfach aufgehoben und veraltet nicht abgedruckt»).

Gesetz betreffend Abänderung der Verhältnisse der zünftigen Handwerke, vom 3. April 1855.

Verordnung über Aufhebung der Strafbefugnisse der Vorgesetzten E. E. Zunft der Metzger, vom 13. Oktober 1855.

Verordnung über den obrigkeitlichen Salzverkauf, vom 10. Dezember 1855.

Verordnung über das Hausier- und Trödelwesen, vom 19. Januar 1856.

Bekanntmachung betreffend Fortdauer der Bestimmungen über den Fürkauf, vom 5. November 1856.

Verordnung betreffend Bewilligung von Werkstätten und Kramläden im Stadtbanne, vom 10. Dezember 1856.

Verordnung über das Verhältnis der Gesellen und Arbeiter zu ihren Meistern und Arbeitgebern in Bezug auf Ein- und Austritt und unbefugtes Verlassen der Arbeit, vom 12. April 1859.

Verordnung betreffend teilweise Abänderung der Verordnung vom 31. Mai 1854 über Bestimmung der Brottaxe, vom 23. April 1859.

Gesetz betreffend Übernahme städtischer Geschäfte durch den Staat, vom 18. April 1859.

Verordnung über das Meisterrecht bei den Handwerkern, vom 19. Mai 1860.

Verordnung betreffend den Eingangszoll von ausländischem Wein und Bier und den Konsumzoll von ausländischen Luxusweinen und geistigen Getränken, vom 9. März 1861.

Verordnung betreffend teilweise Abänderung der Verordnung über Konsumgebühren vom 9. März 1861, vom 15. Oktober 1862.

Verordnung über das Ragionenbuch des Kantons Basel-Stadt, vom 6. Mai 1863.

Bekanntmachung betreffend Aufhebung der Fleischtaxe, vom 11. November 1863.

Gesetz über das Sanitätswesen und die Gesundheitspolizei, vom 18. Januar 1864.

Verordnung betreffend Petroleum, vom 5. November 1864.

Regulativ über Ausführung der Petroleum-Verordnung durch die Polizei-Direktion, vom 5. November 1864.

Bekanntmachung betreffend Aufhebung der Brottaxe, vom 26. August 1864.

Grossratsbeschluss betreffend Errichtung eines neuen Schlachthauses,
vom 3. Februar 1868.
Bekanntmachung betr. Aufhebung der Bestimmungen über Beschränkung
des Fürkaufs, vom 2. Juni 1869.
Verordnung über das Schlachten und den Fleischverkauf im Stadtbezirk,
vom 11. September 1869 (aufgehoben per 24. Juni 1871).
Verordnung über das Schlachten und den Fleischverkauf im Stadtbezirk,
vom 24. Juni 1871.
Polizeistrafgesetz für den Kanton Basel-Stadt, vom 23. September 1872.
Verordnung betreffend Sonntagspolizei, vom 18. Dezember 1872.
Bekanntmachung betreffend Sonntagspolizei, vom 12. Februar 1873.
Gesetz betreffend das Mehrjährigkeitsalter und betreffend die Handlungsfähigkeit der Frauenspersonen, vom 16. Oktober 1876.
Bekanntmachung betr. die Fleischschau in den Landgemeinden, vom 16. Dez. 1876.
Vorschrift über die Fleischschau in den Landgemeinden und Instruktion für
den Fleischschauer, vom 27. Dezember 1876.
Verordnung über das Hausier-, Trödel- und Pfandleihwesen, die Wanderlager
und öffentliche Aufführungen, vom 16. Januar 1877
(aufgehoben per 13. November 1882).
Bekanntmachung betr. die Kontrolle über das Gewicht des Brotes,
vom 31. Mai 1878.
Abänderung der Verordnung über das Schlachten und den Fleischverkauf
im Stadtbezirk, vom 8. Juni 1878.
Verordnung über den Verkauf von Giften und Arznei- und Geheimmitteln,
vom 7. Juni 1879.
Verordnung betr. das Apothekenwesen, vom 13. Juni 1879.
Nachtrag zur Verordnung über das Hausierwesen, vom 30. August 1879.
Beschluss des Regierungsrates betr. Abänderung der Verordnung über Mass
und Gewicht, vom 21. Januar 1880.
Bundesgesetz betr. den Schutz von Fabrik- und Handelsmarken,
vom 19. Dezember 1879.
Kundmachung betr. das Ragionenbuch, vom 9. März 1880.
Beschluss des Regierungsrats betr. Aufhebung von gesetzlichen Bestimmungen
über die Zünfte, vom 16. März 1881.
Bundesgesetz betr. die persönliche Handlungsfähigkeit, 22. Juni 1881.
Bundesgesetz über das Obligationenrecht, vom 14. Juni 1881.
Publikation des Regierungsrats betr. Einführung des Bundesgesetzes über
die persönliche Handlungsfähigkeit, vom 5. Nov. 1881.
Ratsbeschluss betr. Abänderung des Maximalquantums für den Kleinhandel
mit Petroleum, vom 22. April 1882.

Bekanntmachung des Sanitätsdepartements, vom 1. Mai 1882.
Gesetz betr. Einführung des Bundesgesetzes über das Obligationenrecht,
   vom 26. Juni 1882.
Gesetz über das Hausierwesen, die Wanderlager, den zeitweiligen
   Gewerbsbetrieb, die öffentlichen Aufführungen und Schauvorstellungen,
   das Trödel- und Pfandleihgewerbe, vom 13. November 1882.
Verordnung des Bundesrates über Handelsregister und Handelsamtsblatt,
   vom 7. Dezember 1882.
Anzeige betr. Anlegung des Handelsregisters für den Kanton Basel-Stadt,
   vom 21. November 1882.
Kundmachung betr. Eintragung in das Handelsregister, vom 2. Januar 1883.
Gesetz betr. den Verkehr mit Nahrungsmitteln, Genussmitteln und Gebrauchs-
   gegenständen, vom 8. Januar 1883 (Lebensmittelgesetz).
Verordnung betr. Einrichtung von Bierpressionen, vom 24. Januar 1883.
Bundesratsbeschluss betr. Abänderung der Verordnung über Handelsregister
   und Handelsamtsblatt, vom 13. März 1883.
Verordnung betr. den Verkauf von Blumen u. s. w. durch schulpflichtige Kinder,
   vom 6. Februar 1884.
Ordnung für die Fortbildungsklassen an der Töchterschule, vom 29. März 1884.
Gesetz betr. die Errichtung einer allgemeinen Gewerbeschule,
   vom 20. Dezember 1886.
Wirtschaftsgesetz, vom 19. Dezember 1887.
Beschluss des Regierungsrates betreffend Inkrafttreten und Ausführung
   des Wirtschaftsgesetzes vom 19. Dezember 1887, vom 7. Februar 1888.
Verordnung betreffend das kantonale Alkoholmonopol, vom 4. April 1888
   (Vollzug von § 11 des Wirtschaftsgesetzes vom 19. Dezember 1887).
Gesetz betreffend den Schutz der Arbeiterinnen, vom 23. April 1888.
Beschluss des Regierungsrates betr. das Inkrafttreten der Bestimmungen
   des Wirtschaftsgesetzes über den Kleinhandel mit Branntwein und
   das kantonale Alkoholmonopol, vom 30. Mai 1888.
Bekanntmachung betr. den Kleinverkauf von Branntwein und Qualitätsspiri-
   tuosen, vom 5. Juni 1888.
Bekanntmachung betr. den Kleinverkauf von Trinkbranntwein und Qualitäts-
   spirituosen, vom September 1888.
Grossratsbeschluss betreffend den Bau der Allgemeine Gewerbeschule und
   des Gewerbemuseums, vom 10. März 1890.
Verordnung über Handelsregister und Handelsamtsblatt, vom 6. Mai 1890.
Grossratsbeschluss betreffend Revision des Wirtschaftsgesetzes,
   vom 23. März 1891.
Grossratsbeschluss betreffend Vollziehung des Bundesgesetzes über den Schutz

der Fabrik- und Handelsmarken und der gewerblichen Auszeichnungen, vom 8. Juni 1891.

Verordnung betreffend die Märkte in Basel, vom 19. September 1891.

Grossratsbeschluss betreffend den Kantonschemiker, vom 21. April 1892.

Verordnung betreffend das Salzmonopol, vom 30. April 1892 (Aufhebung der Verordnung über den obrigkeitlichen Salzverkauf vom 10. Dezember 1855).

Verordnung über den Milchverkauf, vom 18. Februar 1893 (in Ausführung des Gesetzes betr. den Verkehr mit Nahrungsmitteln, etc., vom 8. Januar 1883).

Gesetz betreffend die Sonntagsruhe, vom 13. April 1893.

Beschluss des Regierungsrates betr. Abänderung der Verordnung über den Milchverkauf vom 18. Februar 1893, vom 22. März 1893.

Verordnung betreffend den Verkehr mit Nahrungsmitteln, Genussmitteln und Gebrauchsgegenständen, vom 19. Mai 1894.

Grossratsbeschluss betr. Zusatz zum Polizeistrafgesetz (Lebensmittelpolizei), vom 31. Oktober 1895.

Verordnung betr. das Schlachten und die Fleischschau sowie den Verkauf von Fleisch und Fleischwaren im Kanton Basel-Stadt, vom 5. August 1896.

Verordnung betr. den Betrieb des städtischen Schlachthauses, vom 12. August 1896.

Beschluss des Regierungsrates betr. Abänderung der Verordnung über den Verkehr mit Nahrungsmitteln, Genussmitteln und Gebrauchsgegenständen, vom 7. April 1897.

Verordnung über den Verkauf von Giften und Arznei- und Geheimmitteln, vom 30. September 1899 (Aufhebung der Verordnung vom 7. Juni 1879).

Verordnung über das Apothekerwesen, vom 14. Oktober 1899 (Aufhebung der Verordnung vom 13. Juni 1879).

Feuerpolizeiliche Vorschriften für Warenhäuser, grosse Verkaufsmagazine u. dgl., vom 10. Januar 1900.

Beschluss des Regierungsrates betr. Aufhebung von § 21 der Verordnung betr. das Apothekerwesen, vom 28. Juli 1900.

Beschluss des Regierungsrates betreffend Abänderung von § 7 der Verordnung betreffend den Betrieb des städtischen Schlachthauses vom 12. August 1896, vom 6. September 1902.

Gesetz betreffend den Schutz der Arbeiterinnen, vom 27. April 1905.

Beschluss des Regierungsrates betreffend Abänderung von § 4 Absatz 1 der Verordnung betreffend den Betrieb des städtischen Schlachthauses vom 12. August 1896, vom 17. Juni 1905.

Gesetz betreffend das Lehrlingswesen, vom 14. Juni 1906.

Allgemeine Vollziehungsverordnung zum Gesetz betreffend das Lehrlingswesen vom 14. Juni 1906, vom 6. Oktober 1906.

Verordnung betreffend regelmässige Nachtarbeit von Lehrlingen,
vom 15. Dezember 1906.
Gesetz betreffend Verschmelzung der Gemeinde Kleinhüningen mit der Stadt
Basel, vom 10. Oktober 1907.
Beschluss des Regierungsrates betreffend Abänderung der Verordnung über
den Verkauf von Giften und Arznei- und Geheimmitteln vom 30. September
1899, vom 31. Dezember 1907.
Gesetz betreffend die Allgemeine Gewerbeschule Basel,
vom 9. April 1908.
Beschluss des Regierungsrates betreffend Abänderung der Verordnung über
den Verkauf von Giften und Arznei- und Geheimmitteln vom 30. September
1899, vom 18. Juli 1908.
Bekanntmachung des Santätsdepartements, vom 30. Dezember 1908.
Verordnung betreffen Abänderung der Verordnung über die Märkte in Basel
vom 19. September 1891, vom 4. März 1909.
Gesetz betreffend die öffentlichen Ruhetage, vom 25. März 1909.
Grossratsbeschluss betreffend Vollziehung des Bundesgesetzes betreffend
den Verkehr mit Lebensmitteln und Gebrauchsgegenständen
vom 8. Dezember 1905, vom 17. Juni 1909.
Freibank-Reglement des Schlachthauses Basel, vom 21. Juni 1909.
Verordnung des Regierungsrates betreffend der Fleischschaugebühren,
vom 30. Juni 1909.
Verordnung betreffend die Fleischaufsicht, das Schlachten und den Fleisch-
verkehr, vom 21. Juni 1909.
Gebührentarif für das Laboratorium des Kantonschemikers des Kantons Basel-
Stadt, vom 30. Juni/28. Juli 1909.
Verordnung betreffend das Salzmonopol, vom 11. Dezember 1909
(ersetzt Verordnung vom 30. April 1892).
Verordnung betreffend Ruhetagsarbeit in den Milchgeschäften,
vom 31. Dezember 1909
Reglement betreffend die Verpflichtung der männlichen Lehrlinge der gewerb-
lichen Berufsarten zum Besuche der beruflichen Vor- und Fachkurse und
zur Ablegung der Lehrlingsprüfungen.
Beschluss des Regierungsrates betreffend Abänderung der Verordnung
vom 15. Dezember 1906 betreffend regelmässige Nachtarbeit von
Lehrlingen, vom 9. Februar 1910.
Grossratsbeschluss betr. Einrichtung einer weitern Kleinviehschlachthalle
und einer Reservekühlanlage im Schlachthofe, vom 27. April 1911.
Verordnung betreffend Festsetzung der Fleischschaugebühren,
vom 13. Dezember 1911

Verordnung betreffend den Verkauf von frischen Schwämmen (essbaren Pilzen),
   vom 16. März 1912.
Beschluss des Regierungsrates betreffend die Waaggebühren,
   vom 15. Mai 1912
   (Abänderung der Verordnung betr. die Märkte in Basel
   vom 19. September 1891).
Grossratsbeschluss betreffend Vollziehung des Bundesgesetzes betreffend
   das Absinthverbot vom 24. Juni 1910, vom 13. Juni 1912
   (Ergänzung zum Strafgesetz vom 17. Juni 1872).
Grossratsbeschluss betreffend Vollziehung des Bundesgesetzes betreffend
   das Verbot von Kunstwein und Kunstmost vom 7. März 1912, betreffend
   Ergänzung des Strafgesetzes vom 17. Juni 1872 und betreffend Änderung
   des Gesetzes betreffend Wahl und Organisation der Gerichte etc.
   vom 27. Juni 1895, vom 24. Oktober 1912.
Bekanntmachung zum Inkrafttreten des Gesetzes betreffend die Allgemeine
   Gewerbeschule Basel, vom 9. April 1908 auf dem 1. Januar 1913.
Grossratsbeschluss betreffend die Errichtung von Fachkursen zur Ausbildung
   von Handelslehrern und Bücherrevisoren, vom 6. März 1913.
Reglement betr. die Verpflichtung der Lehrtöchter der praktischen Berufsarten
   zum Besuch der beruflichen Vor- und Fachkurse und zur Ablegung einer
   Lehrlingsprüfung, vom 16. April 1913.
Ordnung betreffend die Organisation der Fachkurse zur Ausbildung von
   Handelslehrern und Bücherrevisoren, vom 14. Juni 1913.
Verordnung des Regierungsrates betreffend Abänderung der Verordnung
   über das Salzmonopol, vom 9. Juli 1913.
Ordnung für die kantonale Handelsschule in Basel, vom 5. November 1913.
Beschluss des Regierungsrats betreffend Abänderung der Verordnung
   betreffend die Märkte in Basel vom 19. September 1891,
   vom 24. Dezember 1913 (betr. Holzhauer).
Ordnung über die Diplomprüfung an der Handelsabteilung der Töchterschule
   Basel, vom 21. Februar 1914.
Beschluss des Regierungsrates über Ergänzung der Verordnung
   vom 15. Dezember 1906 und 9. Februar 1910 betreffend regelmässige
   Nachtarbeit von Lehrlingen, vom 14. März 1914.
Beschluss des Regierungsrates betreffend Abänderung von § 10 der Verordnung
   über das Salzmonopol vom 11. Dezember 1909, vom 11. April 1914.
Gesetz über Änderung des Gesetzes betreffend die Allgemeine Gewerbeschule
   Basel vom 9. April 1908, vom 10. Juni 1914.
Gesetz betreffend das Gewerbemuseum, vom 10. Juni 1914.

3 Basler Filialunternehmungen mit drei und mehr Verkaufsstellen

Mit Ausnahme des Allgemeinen Consumvereins sind für die festgestellten Filialunternehmungen nähere Angaben zur Firmengeschichte weder aus Publikationen noch in Form eines Archivs greifbar. Um diesem Mangel zu begegnen, haben wir für alle Basler Lebensmittel-Filialunternehmungen mit mehr als zwei Verkaufslokalen die verfügbaren Informationen zusammengetragen. Ausgeschlossen aus der Betrachtung bleiben damit die Zwei-Verkaufsstellen-Firmen, man könnte sie als Mini-Filialunternehmungen bezeichnen, welche den Grossteil aller Filialunternehmungen ausmachten.[1] Unsere Kenntnisse über die Filialentwicklung, inklusive Standorte, können so teilweise mit Angaben zur Biografie der Inhaber ergänzt werden. Bei genügender Bekanntheit eines Kaufmanns oder Lebensmittelhandwerkers, etwa infolge besonderer politischer Verdienste oder wirtschaftlicher Erfolge, liefern Nachrufe in Zeitungen und/oder Leichenreden weitere Informationen zum Lebenslauf. Aus solchen Dokumenten ist allerdings über die Geschäftstätigkeit der Verstorbenen bzw. über ihre Firmen, die hier betrachteten Filialunternehmungen, ausgesprochen wenig bis nichts in Erfahrung zu bringen.

Die in Klammern unter dem Titel aufgeführte Zeitperiode umfasst nur jene Jahre, in denen die Firma zwei und mehr Verkaufsstellen betrieb und als Filialunternehmung bezeichnet werden kann. Die betreffende Firma kann also vorher und/oder nachher mit einem einzigen Ladengeschäft bestanden haben. Die Beobachtung zeigt nämlich, dass Filialunternehmungen meist aus einem einzelnen Verkaufsgeschäft hervorgingen und nur selten im ersten Betriebsjahr schon mehrere Verkaufslokale eröffnet wurden. Wir haben ferner abgeklärt und festgehalten, ob die Liegenschaften, in denen sich die Verkaufslokale befanden, Eigentum der Ladeninhaber waren oder nicht.[2]

1 Wwe. Riggenbach zum Arm, Kolonialwaren- und Käsehandlung

Filialunternehmung: 1861–1963; grösste Zahl der Filialen bis 1914, inklusive Hauptgeschäft: 5.
Nach dem Tod ihres Ehemannes 1826, der zur Zeit der Kontinentalsperre eine Zuckerfabrik im Elsass betrieben hatte, kehrte *Gertrud Riggenbach-Landerer* mit

ihren zehn Kindern nach Basel zurück und eröffnete 1828 in der unteren Freie Strasse einen Spezereiladen. Ihr jüngstes Kind war Franz, der später das Geschäft übernehmen und das erste belegbare Filialgeschäft des Basler Lebensmitteleinzelhandels eröffnen sollte. Zu grösserer Bekanntheit brachten es allerdings seine Brüder Niklaus, der weltberühmte Ingenieur und Zahnradbahnerfinder, und Christoph, der bekannte Basler Architekt. Im Haus zum Arm an der Sporengasse 1607, das Witwe Riggenbach am 6. August 1845 gekauft hatte, führte sie bis zu ihrem Tod 1855 eine Spezerei- und Südfrüchtehandlung, in den letzten Lebensjahren gemeinsam mit ihrem Sohn Franz, dem sie 1850 die Prokura erteilte.

Franz Riggenbach-Burckhardt (1825–1902) hatte das Gymnasium durchlaufen und absolvierte nach einem Welschlandaufenthalt eine Lehre im Handelshaus Johann Rudolf Geigy, Material- und Farbwaren en gros. Anschliessend verbrachte er noch ein Ausbildungsjahr in Genf, um dann ins Geschäft seiner Mutter einzutreten.[3] Mit Hauptgeschäft jetzt am Marktplatz 5 eröffnete Franz Riggenbach-Burckhardt 1861 jenseits des Rheins in Kleinbasel das erste Filialgeschäft an der Clarastrasse 24 (Liegenschaftsbesitz).[4] Der Firmenname «Wwe. Riggenbach zum Arm» wurde noch bis 1892 beibehalten,[5] anschliessend firmierte das Geschäft unter Franz Riggenbach. Erst im Jahr 1893 kamen eine zweite Filiale am Petersgraben 18 hinzu (kein Liegenschaftsbesitz) sowie eine dritte an der St. Albanvorstadt 59 (Besitz: August und Niklaus Riggenbach). Im Jahr 1900 wurde die Eröffnung einer vierten Filiale an der Angensteinerstrasse 48 (kein Liegenschaftsbesitz) bekannt gegeben, womit sich die Zahl der Riggenbach-Läden auf insgesamt fünf erhöhte. 1901 übernahmen *Niklaus Riggenbach (1868–1942)* und *August Riggenbach (1861–1927)*, zwei Enkel der Firmengründerin, die Leitung des Geschäfts, das ab 1903 als Gebrüder Riggenbach & Cie. zum Arm firmierte.[6] Während August Riggenbach ein zurückgezogenes Leben führte und der Feinmechanik, insbesondere Uhren, sehr zugetan war,[7] trat der jüngere Bruder Niklaus öffentlich mehr in Erscheinung. So etwa ab 1911 als Verwaltungsrat der Basler Konsumgesellschaft (BKG), später als deren Vizepräsident und Kassier und 1923 bis 1932 als Vertreter der Kleinbasler Liberalen während dreier Amtsperioden im Grossen Rat.[8]

Im Adressbuch von 1854 ist Franz Riggenbach als «Spezierer en gros et en détail» aufgeführt. Wir haben das Geschäft der Kolonialwarenbranche zugerechnet, da ab 1862 im alphabetischen Verzeichnis durchgehend die Bezeichnung «Kolonialwaren- und Käsehandlung» anzutreffen ist. Nebst dem Spezerei- und Kolonialwarenhandel ordnete sich die Firma Riggenbach im Zeitverlauf zusehends noch weiteren Branchen zu, so erscheint sie 1886 auch unter den Käse- und Butterhändlern, 1898 in der Rubrik Mineralwasser-Händler (natürliche Mineralwasser) und 1910 bei den Wein- und Spirituosenhandlungen. Anscheinend wurde das Warensortiment zusehends ausgebaut und zusätzliche Schwerpunkte wurden

geschaffen. Wahrscheinlich betrieb die Firma Riggenbach die ganze Zeit über nebst dem Einzelhandelsgeschäft auch den Import- und Grosshandel.[9]
Zur weiteren Firmengeschichte nach 1914: 1929 übernahm mit *Nicolas Riggenbach* die vierte Generation die Geschicke des Geschäfts, das inzwischen sieben Verkaufsstellen umfasste. Ab Januar 1952, die Firma betrieb damals noch fünf Verkaufsstellen, war er Verwaltungsrat der Krayer-Ramsperger AG, Mineralwasser, Delikatessen- und Kolonialwarengeschäft, mit Geschäftssitz an der Clarastrasse 30. Gemeinsamen Inseraten der beiden Firmen folgte am 3. September 1963 der offizielle Zusammenschluss zur Firma Riggenbach & Krayer AG, feine Lebensmittel, Weine und Spirituosen. Diese neue Firma mit 16 Verkaufsstellen 1964 betrieb jetzt das Detailgeschäft, während die weiterhin existierende Riggenbach zum Arm AG sich auf den Kolonialwarenhandel en gros spezialisierte.
Fazit: Ausgesprochen lange Geschäftstätigkeit als Filialunternehmung über mehrere Generationen hinweg, mit sehr zurückhaltendem Ausbau der Filialen. Später Verschmelzung mit einem anderen Filialunternehmen. Erste beide Verkaufslokale in Liegenschaften, welche der Inhaber erworben hatte. Kombination von Beginn weg mit Import- und Grosshandel. Filialgründer mit Kaufmannsausbildung.

2 Allgemeiner Consumverein Basel, Spezereihandel, Metzgereien etc.

Spezerei-Filialunternehmung: 1865–; grösste Zahl der Filialen bis 1914, inklusive Hauptgeschäft: 77; Metzgerei-Filialunternehmung: 1900–; grösste Zahl der Filialen bis 1914, inklusive Hauptgeschäft: 27.
Nachdem in Basel ab den 1850er-Jahren Vorgängerorganisationen die Idee der Konsumentenselbsthilfe aufgenommen und sich wenig erfolgreich im gemeinsamen Einkauf von Lebensmitteln engagiert hatten, wurde 1865 der Allgemeine Consumverein Basel (ACV) gegründet. Nebst zahlreichen ähnlichen Organisationen im nahen und ferneren Ausland – die Konsumgenossenschaftsbewegung hatte ihren Ausgang in England genommen – mag wohl das Beispiel des 1858 gegründeten Zürcher Konsumvereins die Basler Initianten zu diesem Schritt ermutigt haben. Weil die genossenschaftliche Rechtsform zunächst noch nicht zur Wahl stand, organisierte man sich bis 1884[10] als Aktiengesellschaft. Die Wirtschaft der Stadt befand sich zur Gründungszeit des ACV gerade in einer Rezessionsphase. Die Seidenbandindustrie litt unter sinkender Nachfrage und die durch öffentliche Gelder unterstützte Aussiedelung Arbeitsloser nach Amerika wurde als politische Lösung diskutiert. Doch auch die meisten Erwerbstätigen hatten mit schmalen Budgets durchzukommen, Miete und Lebensmittel verschlangen den Grossteil des Einkommens. Schulden zu haben, sich die Bezüge bis zum nächsten Zahltag beim Lebensmittelhändler aufschreiben zu lassen, war gang und gäbe.

Die Qualität der angebotenen Produkte war oft zweifelhaft, d. h. verdorben, gestreckt oder sonst wie verfälscht. Der von wohltätigen Vertretern des Bürgertums gegründete Allgemeine Consumverein Basel nannte als Zweck im ersten Paragrafen der Statuten: die «Verbesserung der ökonomischen Lage seiner Mitglieder, und zwar durch: a) Ankauf und Verkauf guter und billiger Lebensmittel, b) Verteilung des Reingewinns, welcher bei diesem Geschäft erzielt wird, an die Mitglieder». Die Vorteile der Mitglieder waren also: günstige und qualitativ hoch stehende Lebensmittel sowie eine zusätzliche Rückvergütung, die sich um 1900 bei 8% bewegte. Der Grundsatz des Consumvereins, nur gegen Barzahlung zu verkaufen,[11] kam finanziell schlecht gestellten Bevölkerungsschichten nicht gelegen, doch war er – übrigens nicht nur für den Consumverein[12] – eine wichtige Neuerung und ein eigentlicher Erfolgsfaktor im Lebensmitteleinzelhandel. Die Barzahlung wirkte sich auf die Liquidität der Händler positiv aus und verhinderte Verlust aus nicht einbringbaren Guthaben.

Wie der Zusatz «allgemein» in der Firmenbezeichnung zum Ausdruck bringt, wurden als Mitglieder nicht nur Arbeiter und andere Unselbstständigerwerbende mit bescheidenen finanziellen Verhältnissen angesprochen, sondern es wurde eine breite Abstützung in weiten Kreisen der Stadtbevölkerung angestrebt. Im Jahr 1913 zählte der Allgemeine Consumverein Basel 33'950 Mitglieder, wovon 29'317 in der Stadt und 4633 auswärts wohnten. Basel hatte damals rund 140'000 Einwohner. Eine Schätzung geht dahin, dass 1918 ungefähr 85% der Haushaltungen im Consumverein organisiert waren.[13] Im Jahr 1914 betrugen die Verkaufsumsätze 26,5 Mio. Fr. Die Warenfilialen erzielten einen durchschnittlichen Umsatz von 190'000–200'000 Fr.[14]

Das erste Verkaufslokal wurde 1865 am Spalenberg eröffnet, die erste Filiale noch am 20. Dezember desselben Jahres[15] an der Rebgasse in Kleinbasel. Ende 1866 bestanden bereits vier Läden, zwei in Gross- und zwei in Kleinbasel. Das Verkaufsstellennetz der Warenläden wurde kontinuierlich ausgebaut. Von auffällig hoher Filialbildungsaktivität geprägt waren die frühen 1870er-Jahre, 1891, 1895–1898, 1904/05 sowie 1910–1914. Während der 50-jährigen Entwicklung bis 1914 sind nur 12 Jahre auszumachen, in denen der Consumverein keine neue Filiale eröffnete. Erwähnt werden sollten die häufigen Lokalwechsel der Verkaufsstellen, die teils sicher unter dem Aspekt von steigendem Platzbedarf zu sehen sind, den ein sich stetig ausdehnendes Sortiment erforderte. Aber auch die Standortoptimierung sowie Handänderungen der Liegenschaften, in denen man eingemietet war, konnten Umzüge bewirken.[16] Mit dem erneuten und definitiven Einstieg des Allgemeinen Consumvereins ins Frischfleischgeschäft wurde im Jahr 1900 eine Filialkette von 18 Schlachtlokalen realisiert, deren Zahl sich bis 1914 auf 27 erhöhte.

In den frühen Jahren des Consumvereins wurden Warenlokale auf dem Gebiet innerhalb der alten Stadtbefestigungen eingerichtet. Die Eröffnung von Läden in den neuen Wohnquartieren geschah mit grosser Zurückhaltung. Während die Mitglieder oft schon längere Zeit auf die Realisierung eines neuen Lokals drängten, liess sich der Consumverein mit der Inbetriebnahme von Verkaufslokalen jeweils Zeit, bis das Absatzpotenzial als ausreichend beurteilt wurde. Von den um 1915 bestehenden Waren- und Metzgereilokalen befanden sich dann allerdings nur noch rund ein Fünftel in der Innenstadt, inklusive Vorstädte und die restlichen 80% in den inzwischen entstandenen Wohn- und Gewerbequartieren ausserhalb der früheren Stadtmauern.[17] Die Verkaufslokale wurden vorzugsweise gemietet und Liegenschaften nur ausnahmsweise zur Standortsicherung erworben, so etwa in den Anfangsjahren jene am Spalenberg 19 im Stadtzentrum. Bei geeigneten Neubauten suchte der Consumverein vorzugsweise bereits in der Planungsphase das Gespräch mit den Bauherren, schloss Verträge ab und beteiligte sich an der Ausgestaltung der zukünftigen Verkaufsräume.[18] Langfristige Mietverträge sicherten der Genossenschaft den Standort, wobei viel Wert auf günstige Mieten gelegt wurde.

Der Flächenbedarf der Verkaufsstellen erhöhte sich von 50 Quadratmetern im Jahr 1890 auf 100 Quadratmeter um 1915. Hintergrund dafür war ein stark angewachsenes Warensortiment, das uns Pettermand in seiner Firmengeschichte anschaulich vor Augen führt: «Die Zahl der feilgebotenen Artikel ist sehr gross und dürfte sich auf 500 bis 600 belaufen. Neben den Kolonialwaren, Molkerei- und Bäckereiprodukten werden Obst und Gemüse, Getränke, haltbare Wurstwaren, Glättekohlen und verschiedenen Artikel des Schuhgeschäfts und des Haushaltungsartikelgeschäfts verkauft. Es ist deshalb nicht übertrieben, wenn man sagt, ein Konsumvereinsladen gleiche einem Warenhaus.»[19] Weil es zusehends schwieriger wurde, genügend grosse Verkaufslokale zu mieten, realisierte der Allgemeine Consumverein ab der Jahrhundertwende selbst einige Wohn- und Geschäftshäuser. Befanden sich 1879 bei 14 Warenfilialen erst zwei im Eigentum (Spalenberg 19 und Steinentorstr. 28, Letztere mit Zentrale und Magazin), so waren es 1907 dann 16 Liegenschaften[20] bei insgesamt 104 Waren- und Schlachtlokalen. Bis 1918 hatte sich ihre Zahl dann weiter auf 28 erhöht.[21]

Nebst den so genannten Waren – gemeint sind Spezereiwaren und Artikel des täglichen Gebrauchs – boten die Verkaufslokale praktisch von Beginn an auch Weine und Brot an, Letzteres bis zur Einrichtung der eigenen Bäckerei im Jahr 1866 über Vertragsbäcker. Der Fleischverkauf an die Mitglieder erwies sich als äusserst anspruchsvolle Angelegenheit. Er durchlief mehrere problematische Phasen – Verkauf durch Vertragsmetzger gegen Marken, zwei eigene Verkaufslokale für Ochsenfleisch in den Jahren 1871–1882 – bis im Jahr 1900 eine eigene Schlächtereizentrale in Betrieb genommen und eine Reihe von Schlächterei-Verkaufslokalen eröffnet wurden. Als wichtiger und rasch expandierender Zweig kam 1884 der Milchverkauf hinzu, mit eigener Milchzentrale, Kindermilch-[22] und Käsefabrikation (zur Verwertung von Überschüssen) sowie ab 1888 auch Hauslieferung von Molkereiprodukten.[23] 1890 kam der Flaschenbierhandel mit eigener Bierabfüllerei hinzu, im selben Jahr wurde der Holz- und wenig später der Kohlenhandel aufgenommen. 1896 erfolgte der Einstieg in den Schuhhandel mit separaten Verkaufsgeschäften und eigener Reparaturwerkstatt; 1905 startete der Grosshandel mit holländischen Schuhen zur Belieferung anderer schweizerischer Konsumgenossenschaften. Steigender Beliebtheit erfreuten sich um die Jahrhundertwende kohlensäurehaltige Getränke (Limonaden etc.), welche der Consumverein ab 1901 selbst produzierte und über die Filialen sowie auch in Hausspedition verkaufte.[24] Vor einem Engagement im Obst- und Gemüsegeschäft hatte die Genossenschaft lange zurückgeschreckt. Kartoffelverkäufe in den Jahren 1873–1877, 1891 und 1896 hatten sich finanziell wenig gelohnt, auch machten Abschreibungen durch Verderb und Gewichtsverlust diesen Geschäftszweig besonders risikoreich. Doch ab 1903 wurde das umsatzmässig rasch an Bedeutung gewinnende Obst- und Gemüsegeschäft definitiv betrieben mit dem Ziel, «alle Produkte des täglichen Bedarfs den Konsumenten zu vermitteln»».[25] 1904 entstand auf wiederholtes Drängen der Mitglieder hin ein Haushaltungsartikelgeschäft am Rümelinsplatz. Der baldige Umzug in die grösseren Räumlichkeiten im Börsengebäude führte zum Wunsch nach einem eigenen Warenhaus mit Stoffverkauf.

Schon in frühen Jahren bestand das Verkaufspersonal in den Warenläden praktisch ausschliesslich aus Frauen. So weist der Jahresbericht für 1869 als Aufwandposten u. a. die «Gehalte der Verkäuferinnen» aus.[26] Mit zentralem Einkauf und filialmässig organisiertem Verkaufsstellensystem, festen Preisen und Barzahlung wurde der kaufmännische Teil der Handelsarbeit – Einkauf, Preiskalkulation etc. – personell von der Verkaufstätigkeit abgekoppelt. In Verwaltung und Einkauf waren ausgebildete Kaufleute (männlichen Geschlechts) tätig,[27] in den Filialen angelernte Frauen. Interessant ist auch die Entwicklung hin zu vorwiegend ledigem Verkaufspersonal: Waren in den 1880er-Jahren die Ersten Verkäuferinnen noch etwa zur Hälfte verheiratet bzw. ledig, so überwogen gegen 1900 hin die ledigen Ersten und Zweiten Verkäuferinnen bei weitem.[28] 1918 waren in 86 Warenläden 460 Verkäuferinnen und 8 Verkäufer tätig, davon 393 im definitiven Anstellungsverhältnis. Dazu zählten: 81 Erste Verkäuferinnen und 7 Erste Verkäufer, 89 Zweite Verkäuferinnen und 1 Zweiter Verkäufer, 215 Gehilfinnen und 44 Gehilfinnen mit 5-stündiger Arbeitszeit. Hinzu kamen ca. 16 Aushilfen und 50 Lehrtöchter.[29] Die Öffnungszeiten der Läden waren ausgedehnt.[30] Der grösste Andrang soll jeweils am Abend geherrscht haben, wenn sich die Kunden mit Milch und Brot eindeckten; Frischprodukte wirkten schon damals als Frequenzbringer. Die Arbeitszeit des Verkaufspersonals betrug 1918 täglich netto

9 Stunden an 6 Wochentagen. Pro Woche wurden drei Freistunden gewährt, womit die wöchentliche Nettoarbeitszeit – was immer auch unter «Netto» zu verstehen ist – 51 Stunden betragen haben dürfte.

Zentrale Einkaufs-, Verwaltungs-, Lager- und Produktionseinrichtungen in eigenen Räumlichkeiten sind Teil des aufstrebenden Lebensmittelfilialbetriebs. Mit der Vergrösserung der Unternehmung wurden diese immer wieder erweitert, umgebaut und auch an neue Standorte verlegt. Auch bestanden schon vor dem Ersten Weltkrieg eigene Produktionsbetriebe: die Bäckerei, die Molkerei, eine Limonadenproduktion und die Schlächterei sind zu nennen. Die eigenständige Import- und Grosshandelstätigkeit sowie auch die Angliederung von Produktionsbetrieben bewirkten bereits in frühen Jahren eine vertikale Integration von Wirtschaftsaktivitäten verschiedener Stufen. Betriebliche Notwendigkeiten, wie die Warenbeschaffung in ausreichender Menge und Qualität, waren die Beweggründe für dieses Vorgehen. Sie ermöglichten der Grossunternehmung Margenkumulationen, welche für den Unternehmenserfolg zentral waren und sich in niedrigeren Verkaufspreisen bzw. höheren Rückvergütungen an die Mitglieder niederschlugen. Mit Sortimentserweiterungen im Bereich der Frischprodukte und mit der Eröffnung von Fachgeschäften der Schuh-, Haushalts- und Metzgereibranche vollzog die Unternehmung eine horizontale Integration von Handelsbranchen, um ein breites Spektrum an Mitglieder- bzw. Konsumentenbedürfnissen abzudecken.

Der Allgemeinen Consumverein Basel wirkte als Hauptinitiant der Gründung des Vereins Schweizerischer Konsumvereine (VSK; heute Coop), die 1890 nach früheren erfolglosen Versuchen zustande kam. Vorerst waren der Erfahrungsaustausch und die Wahrung wirtschaftspolitischer Interessen auf Bundesebene Hauptinhalte der Zusammenarbeit. Bereits nach ein, zwei Jahren jedoch wurde der gemeinsame Einkauf Thema und ab 1892 in die Tat umgesetzt.[31]

Fazit: Selbsthilfeorganisation von Konsumenten, zunächst in Form einer Aktiengesellschaft, später als Genossenschaft. Der Einkauf im Grossen für die Mitglieder wurde zielgerichtet durch ein schnell wachsendes Verkaufsstellennetz ergänzt, das alle Quartiere der Stadt umfasste. Die Adressen der bis um 1900 in der Regel gemieteten Verkaufslokale wechselten oft, sei dies durch Wechsel im Liegenschaftsbesitz, weil die Räumlichkeiten den gestiegenen Anforderungen nicht mehr genügten oder weil ein besserer Standort erhältlich wurde. Beliefert wurden die Filialen von einer ebenfalls immer wieder erweiterten Zentrale. Denn zusätzliche Sortimente – z. B. Brot, Wein, Milch, Fleisch, Limonade – gingen mit der Betriebsaufnahme eigener Produktions-, Lager- und Abfüllanlagen einher. In vielen Bereichen wurden dem Handel vorgelagerte Wertschöpfungsprozesse in die Unternehmung integriert. Folge einer strengen Funktionsteilung zwischen Einkauf und Verkauf war ein System, das in der Zentrale qualifizierte Kaufleute und in den

Verkaufslokalen fast ausschliesslich Frauen beschäftigte, die *on the job* in ihre Tätigkeit eingeführt wurden. Im Gegensatz zum bereits bekannten Kaufmann, zum kleinen Lebensmittelhändler und zur Spezierin – in der Regel als Allrounder in Einkauf, Verkauf, Werbung etc. tätige Selbstständigerwerbende – war die Aufgabe der Filialleiterinnen und ihrer Angestellten vollständig auf den Verkauf ausgerichtet. Hier entstand ein neuer Beruf, der zunächst ein reiner Frauenberuf war: Verkäuferin. Als Bindeglied zwischen der Zentrale und den Filialen wirkten die Ladeninspektoren. – Ab 1900 kam im Lebensmittelbereich ein eigenes, rasch wachsendes Filialnetz von Metzgereien hinzu. Idealerweise wurden Warenverkaufsstelle und Metzgerei in der selben Liegenschaft Tür an Tür eingerichtet.

3   Emanuel Preiswerk, Kolonialwarenhandlung

Filialunternehmung: 1874–1932; grösste Zahl der Filialen bis 1914, inklusive Hauptgeschäft: 6.

Der Firmengründer *Emanuel Preiswerk (1794–1862)* absolvierte nach sechs Jahren Aufenthalt in der Erziehungsanstalt der Brüdergemeine in Neuwied[32] eine Lehre in der Spezereihandlung seines Vaters und seines Bruders. Bereits mit 24 Jahren machte er sich im Haus «zur Ente» am unteren Spalenberg mit einem eigenen Geschäft selbstständig.[33] Von den insgesamt acht Ladendienern und Knechten, welche die Firma beschäftigte, hatten anfänglich sechs im Hause Kost und Logis.[34] Nach dem Tode seiner Eltern kaufte Emanuel Preiswerk 1826 ein Landgut vor dem Spalentor, an der heutigen Missionsstrasse, wo er spätestens ab 1851 wohnte.

1852 trat Emanuel Preiswerk das Geschäftshaus am Spalenberg an seinen Sohn Carl ab, der gerade heiratete. Ein Jahr später übernahmen die beiden Söhne Eduard und Carl die Geschäftsleitung der Firma. Emanuel Preiswerk blieb jedoch noch bis 1860 Teilhaber. Die Firma ist im Adressbuch von 1854 als «Spezereihandlung en gros et en dét.» – immer noch am Spalenberg 2 (Liegenschaftsbesitz) – auszumachen. 1862 figuriert die Unternehmung dann unter den Kolonialwarenhandlungen. 1874 finden wir das Hauptgeschäft der Spezerei- und Kolonialwarenhandlung an der Schneidergasse 34 domiziliert, dem 1871 hinzugekauften Nachbarhaus von Spalenberg 2. Gleichzeitig befand sich 1874 auch eine Filiale an der Unteren Rheingasse 4.[35] Die Liegenschaft war bereits 1855 durch die Handlung Preiswerk erworben worden;[36] in welchem Jahr dort eine Filiale eingerichtet wurde, bleibt offen. 1888 kam ein weiteres Geschäft an der Elisabethenstrasse 35 (kein Liegenschaftsbesitz) hinzu. Ausgehend vom Handel mit Spezereiwaren und Landesprodukten, erweiterte sich das Geschäft auf den «Import von Kolonialwaren, Handel mit Lebensmitteln, Betrieb einer Grossrösterei». Als sich Carl Preiswerk 1888 krankheitsbedingt aus dem Geschäftsleben zurückzog, beteiligte Eduard Preiswerk seine Söhne Wilhelm und Paul an der

Leitung der Firma, die ab 1892 dann als Preiswerk Söhne firmierte. Unter der nachrückenden Generation nahm die Filialisierung ihren Aufschwung: 1899 wurde ein Geschäft an der Missionsstrasse 39 (Liegenschaftsbesitz) eröffnet, 1909 und 1910 zwei zusätzliche Verkaufsstellen in den Centralhallen und in den Ringhallen am Steinenring (Liegenschaftsbesitz: Beteiligung an der Centralhallen AG 1910), sodass die Zahl der Ladengeschäfte auf sechs anstieg. Vieles spricht dafür, dass der Import- und Grosshandel mit Kolonialwaren bereits um 1850 den Kern der Handelstätigkeit der Familie Preiswerk bildete.[37] Emanuel Preiswerk erwarb verschiedene Liegenschaften in der näheren Umgebung seiner Handlung, um darin Warenmagazine zu errichten.[38]

Eduard Preiswerk (1829–1895) hatte nach der Volksschule sechs Jahre das Gymnasium besucht und absolvierte anschliessend ein Welschlandjahr in Lausanne. Ab 1844 folgte eine vierjährige kaufmännische Lehre bei der Tuchgrosshandlung Benedict Bischoff in Basel. 1848–1851 arbeitete er als Buchhalter und Kassier beim Bankhaus Martin & Pury in Neuenburg, von wo ihn sein Vater Emanuel zum Eintritt ins eigene Geschäft nach Hause zurückrief. 1858–1876 war Eduard Preiswerk Mitglied des Zivilgerichts, zwischen 1867 und 1884 gehörte er mit kürzeren Unterbrechungen dem Grossen Rat an. In den 1860er-Jahre wirkte Eduard Preiswerk als Mitbegründer des Basler Börsenvereins, dessen Mitglieder – alle Grosshändler – sich täglich gegen 12 Uhr zum Gedankenaustausch im Hof des Kaufhauses mit den Agenten trafen. 1864–1884 war er auch Präsident der 1859 gegründeten Missionshandlung, der Handelsfirma der Basler Mission.[39] 1872 übernahm Eduard Preiswerk das Präsidium des Börsenvereins und war 1876 an der Gründung des Basler Handels- und Industrievereins und dessen Vorstandes, der Handelskammer, beteiligt. 1876–1889 amtierte er als Vizepräsident der Handelskammer. Die Ämter in Börsenverein und Handelskammer führten ihn schliesslich als Vertreter der Basler Kaufleute in den Vorort des Schweizerischen Handels- und Industrie-Vereins. Ausserdem wirkte Eduard Preiswerk in den Verwaltungsräten der Schweizerischen Centralbahn, der Basler Versicherungs-Gesellschaften und der Basler Lagerhaus-Gesellschaft.[40] Politisch stand er entschieden rechts, als Mitglied der Kommission des «Eidgenössischen Vereins» und 1873 als Gründungsmitglied der Allgemeinen Schweizer Zeitung, einer protestantisch-konservativen Zeitung und Vorläuferin der Basler Nachrichten. Eduard Preiswerk war daneben in verschiedenen Organisationen und Kommissionen gemeinnützig tätig. Gesellschaftlich aktiv war er in der Zunft zur Safran und als Gründungsmitglied des Schweizerischen Alpen-Clubs. Seine religiöse Gesinnung verband ihn mit der reformierten Kirche und insbesondere mit der pietistisch orientierten «Brüder-Sozietät».[41] Bis 1857 wohnte Eduard Preiswerk im Haus seines Bruders am Spalenberg 2, um sich dann auf dem Landgut seiner Schwiegereltern an der Missionsstrasse 27 niederzulassen.

Der ältere Bruder und Geschäftspartner Eduards, *Carl Preiswerk (1826–1893)*, erhielt den grössten Teil seiner Schulausbildung an der Knabenanstalt der Brüdergemeine in Königsfeld (Schwarzwald) und an einem Institut in Neuenstadt. Anschliessend absolvierte er eine kaufmännische Lehre im Geschäft des Vaters am Spalenberg. Zwei Jahre führten den Jüngling zur Erweiterung der kaufmännischen Kenntnisse nach Deutschland, von wo er 1849 ins väterliche Geschäft zurückkehrte und sich 1852 mit der Tochter des Handelsmannes Rudolf Sulger verheiratete. Mit dem Geschäft, das er ab 1853 zusammen mit seinem Bruder leitete, hatte er vom Vater auch die Stelle eines Armenpflegers übernommen, der noch weitere wohltätige Aufgaben in verschiedenen Institutionen folgen sollten. Zusätzliche öffentliche Ämter bekleidete er 1863–1871 als Mitglied des Ehegerichts, 1874–1880 in der Synode der evangelisch-reformierten Kirche, im Stadtrat und Engeren Bürgerrat. Krankheiten machten zahlreiche Erholungskuren nötig und die nachlassende Gesundheit zwang ihn schliesslich 1888/89 zum Rücktritt aus der Geschäftstätigkeit und von öffentlichen Ämtern. Nach dem Tod des Vaters kaufte er 1862 vor dem Spalentor ein Stück Land und liess sich mit Adresse Missionsstrasse 15 ein Wohnhaus errichten. Das Haus am Spalenberg 2 ging durch Verkauf 1865 an die Firma Emanuel Preiswerk über.[42] Die 37-jährige gemeinsame Geschäftstätigkeit der Brüder Carl und Eduard soll harmonisch gewesen sein, da sich die beiden als Geschäftspartner gut ergänzten.[43]

Wilhelm Preiswerk (1858–1938), ein Sohn von Eduard, absolvierte nach der Schule und einem einjährigen Aufenthalt in Lausanne 1874–1877 beim Basler Kolonialwarenhaus Lichtenhahn eine kaufmännische Lehre. Anschliessend lernte er die (Handels-)Welt anlässlich verschiedener Auslandaufenthalte – einige davon im Auftrag der Basler Mission – kennen. Die Stationen waren: 1877/78 Bremen, 1878–1880 Liverpool, 1880 Indien, 1881/82 USA, 1883 Afrika, 1888/89 Indien und China. 1883 trat er ins Handels- und Kolonialwarengeschäft seines Vaters ein, zuerst als Prokurist unter seinem Vater und dessen Bruder Carl, seit 1888 dann als Teilhaber zusammen mit seinem Vater. Der Familientradition getreu, gehörte auch Wilhelm Preiswerk der Brüder-Sozietät an. Politisch war er nur kurz aktiv, als Mitglied des Grossen Rates 1892–1893. Rege war seine Betätigung in wirtschaftlichen Ämtern und Organisationen, nämlich 1899–1934 bei der Basler Handelskammer, davon mehrere Jahre als Vizepräsident. Ferner wirkte er in Zolltarifkommissionen und Lebensmittelsyndikaten, während des Ersten Weltkrieges in der Kommission für Lebensmittelversorgung des Kriegsfürsorgeamtes, im Schweizerischen Grossistenverband, im Bankrat der Schweizerischen Nationalbank und im Verwaltungsrat der Schweizerischen Bundesbahnen. Verwaltungsrat war er beim Schweizerischen Bankverein, bei den Basler Versicherungs-Gesellschaften sowie der Basler Lagerhaus-Gesellschaft. Vieles in Wilhelms Lebenslauf erinnert an die zahlreichen Geschäftsaktivitäten seines Vaters Eduard. Genau wie dieser war auch er – ab 1895 – langjähriger Präsident der Handelsgesellschaft der Basler Mission.[44]

Paul Preiswerk (1861–1939), der jüngste Bruder Wilhelms und ab 1888 Geschäftspartner in der Firma Preiswerk Söhne, besuchte nach der Schule die Pensionate der Brüdergemeine in Königsfeld (Schwarzwald) und Prangins (bei Nyon). Anschliessend absolvierte er eine kaufmännische Lehre bei der Firma Zaeslein & Müller, Warengeschäft en gros (Drogerie- und Materialwaren). Es folgten berufliche Stationen in Nizza 1882/83, in Amerika 1883–1885 und in Algier 1886/87. Nach seiner Rückkehr trat er ins väterliche Geschäft ein und wurde 1889 Teilhaber. Er wohnte 1891–1894 im Landhaus Missionsstrasse 29, dann als Liegenschaftsbesitzer am Nonnenweg 33 und ab 1906 am Steinenring 10. Auch er war Mitglied der Basler Brüder-Sozietät.[45]

Zur weiteren Firmengeschichte nach 1914: 1924 ging die Firma Preiswerk zur Rechtsform der Familien-Aktiengesellschaft über. Im Jahr 1932 zog sich die Preiswerk AG aus dem Einzelhandel zurück und beschränkte sich auf die «Beteiligung an Kolonialwarengeschäften sowie kaufmännische und industrielle Tätigkeiten jeder Art usw.». Die fünf dann bestehenden Ladengeschäfte gingen an die Firma Schaad & Cie. AG über, die später mit der Riggenbach-Krayer AG fusionierte und schliesslich in der Christen AG aufgehen sollte.[46]

Fazit: Über Generationen hinweg bestehende Filialunternehmung mit langsamem Ausbau. Hauptgeschäft und Filialen befanden sich meistens in von den Geschäftsinhabern erworbenen Liegenschaften. Bereits der Betrieb des Einzelgeschäfts war mit Import- und Grosshandelstätigkeit kombiniert. Der Gründer der ersten Filiale besass eine gründliche kaufmännische Ausbildung im Grosshandel und Berufserfahrung im Bankgeschäft. Einige Inhaber der Firma Preiswerk waren eindeutig Persönlichkeiten von grossbürgerlichem Format, was ihr vielfältiges wirtschaftliches, politisches und gesellschaftliches Engagement unterstreicht. Über zwei Generationen hinweg ist eine enge personelle Verbindung mit dem Präsidium der Handelsfirma der Basler Mission feststellbar. Die Einzelhandelsfilialen wurden 1932 verkauft, worauf sich die Preiswerk AG auf Beteiligungsgeschäfte kaufmännischer und industrieller Art konzentrierte.

4   F. Bélat-Studer, Drogerie- und Materialwaren

Filialunternehmung: 1877–1885; grösste Zahl der Filialen, inklusive Hauptgeschäft: 3.

1874 ist *Franz Bélat* erstmals im Adressbuch als Commis an der Stadthausgasse 2 erwähnt. 1877 sind zwei Verkaufsgeschäfte am Nadelberg 26 und an der Aeschenvorstadt 40 (beide kein Liegenschaftsbesitz) feststellbar. Als Eigentümer des Drogerie-, Material- und Farbwarengeschäfts ist *François Etienne Bélat-Studer* aufgeführt. 1883 kommt vorübergehend eine dritte Adresse,

Johannvorstadt 18 (kein Liegenschaftsbesitz), hinzu. Jetzt betreibt die Firma auch die Fabrikation von Lederlack, Weingeistfirniss und Eisenlack. Nachdem 1884 nur noch die Adresse Aeschenvorstadt 40 (Liegenschaftsbesitz) und dann 1885 wieder eine zweite an der Steinenvorstadt 12 genannt werden, bestand ab 1886 einzig das Ladenlokal an der Aeschenvorstadt 40. Im Jahr 1900 ist F. Bélat-Studer als Inhaber einer Drogerie en gros an der Grellingerstrasse 40 anzutreffen, also im Gundeldingerquartier hinter dem SBB-Bahnhof. Bis 1904 ist dieses Handelsunternehmen feststellbar, zuletzt mit Sitz an der Thiersteinerallee 68.

Fazit: Filialunternehmung während neun Jahren. Zunächst kein Hausbesitz, weder fürs Hauptgeschäft noch für die Filialen, Liegenschaftserwerb erst später. Die Vorbildung des Inhabers bestand vermutlich in einer Lehre als Drogist/Materialist. Der Filialverkauf und dann die Einzelhandelstätigkeit überhaupt wurden zu Gunsten eines ausschliesslichen Engrosgeschäfts aufgegeben.

5 Emil Fischer zum Wolf, Spezereihandlung

Filialunternehmung: 1878–1920; grösste Zahl der Filialen bis 1914, inklusive Hauptgeschäft: 5.

Emil Fischer (1833–1907) erlernte als Sohn eines Bäckermeisters in Basel das Müllerhandwerk. Anschliessend an Aufenthalte im Waadtland führten ihn die Wanderjahre nach Frankreich, wo er sich von der Fremdenlegion für eine Schweizereinheit anheuern liess. Als Unteroffizier verbrachte er seine Dienstzeit 1855–1858 grösstenteils in Nordafrika.[47] In die Schweiz zurückgekehrt, treffen wir den nun verheirateten Emil Fischer-Miville im Jahr 1862 als Mehlhändler und Wirt an der Gerbergasse 38 an (kein Liegenschaftsbesitz). Ebenso noch 1874 an der selben Adresse mit einer Spezerei-, Packtuch- und Samenhandlung. 1877 befand sich das Geschäft neu am Spalenberg 22 (Liegenschaftsbesitz) unter Beibehaltung der Branchenbezeichnung. Der Hausname «zum Wolf» wurde bald auch als Zusatz in der Firmenbezeichnung verwendet. Noch heute fällt die 1914/15 von Kunstmaler Burkhard Mangold[48] gestaltete Hausfassade im Strassenbild auf. Sie zeigt Sgraffito-Szenen zum Kolonialwaren- und Fernhandel, die ergänzende Inschrift lautet «Öle – und – Südfrüchte – Zucker – Der – Thee – Der – Kaffee». In der Mitte der Fassade ist in einem Medaillon ein Wolf im Profil abgebildet, darunter steht zu lesen «gegr. 1861». Die erste Filiale eröffnete Emil Fischer 1878 an der Aeschenvorstadt 23 (kein Liegenschaftsbesitz).[49] In den 1880er-Jahren war er Mitglied des Grossen Rates.

Sohn *Emil Fischer (1868–1945)* absolvierte bei der Farbwaren-Firma Joh. Rud. Geigy eine kaufmännische Lehre, arbeitete in den Jahren 1887–1889 zunächst in einem neapolitanischen Agenturgeschäft und danach in einer Ölraffinerie bei Marseille. Ab 1889 unterstützte er den Vater in der Führung des Geschäfts, um es per Mitte 1893 auf eigene Rechnung zu übernehmen.[50] 1899–1908 sass Emil Fischer junior im Grossen Rat und engagierte sich dort als Vertreter des Freisinns für Anliegen des Mittelstandes.[51] So etwa am 20. September 1900 mit einer Interpellation, die Lehrern öffentlicher Schulen die Übernahme von Verwaltungsratsmandaten beim Allgemeinen Konsumverein verbieten wollte. Er begründete seinen Vorstoss mit der ruinösen Konkurrenz des Consumvereins für breite Bevölkerungskreise. Noch im selben Jahr präsidierte Emil Fischer die als Selbsthilfe für das Gewerbe eben gegründete Basler Konsumgesellschaft (BKG), die im Adressbuch den Zusatz «Anti-Consumverein» trägt. Die darin vereinigten Detaillisten gewährten ihren KundInnen, ähnlich wie der Allgemeine Consumverein, eine Einkaufsrückvergütung in Form von Rabattmarken.[52] Sohn Emil Fischer entschied sich für eine weitere Filialisierung, die ab 1906 rasch voranging. Das zweite Filialgeschäft wurde 1906 an der Therwilerstrasse 19 (kein Liegenschaftsbesitz) eröffnet, ein drittes und viertes folgten 1911 an der Austrasse 107 (Liegenschaftsbesitz) und der Eulerstrasse 56 (Liegenschaftsbesitz). Insgesamt betrieb die Firma Emil Fischer 1914 fünf Verkaufsläden. In einem selbst verfassten Lebenslauf sprach Emil Fischer von den «schweren Jahren des Existenzkampfes nach der Jahrhundertwende» und schilderte seine Strategie wie folgt: «Ich gliederte den zwei bestehenden Verkaufsstellen mit der Zeit vier neue Filialen an und widmete speziell dem Artikel Kaffee all meine Sorgfalt und mein ganzes Interesse, sodass ich mit Anfang des 20. Jahrhunderts eine führende Stellung im Basler Kaffeedetailhandel einnehmen und mich oft mit Stolz als den ‹Kaffeefischer› bezeichnen hörte.»[53]

Wir ordnen die Filialunternehmung Emil Fischer zum Wolf der Spezereibranche zu, obwohl sie 1886 zudem als Viktualienhandlung und 1898 auch als Kolonialwaren- und Comestibleshandlung bezeichnet wurde. Im alphabetischen Verzeichnis des Adressbuchs tritt ab 1909 die Bezeichnung «Kaffeespezialgeschäft und Kolonialwarenhandlung» an die Stelle der früheren «Spezerei-, Packtuch- und Samenhandlung», 1911 lesen wir «Kaffee-Import, Kolonialwaren und Spirituosen». Der Sortimentsschwerpunkt der Handlung hatte sich unter der Leitung des Gründers von Mehl zu Spezereien, Packtuch und Samen gewandelt. Mit dem Übergang 1893 an Emil Fischer Sohn, den ausgebildeten Kaufmann, vollzog sich gegen Ende unserer Untersuchungsperiode eine Neuausrichtung auf den Kolonialwaren- bzw. Kaffeehandel mit eigener Rösterei.

Die weitere Firmengeschichte nach 1914: Es wurden zusätzliche Filialen an der Jurastrasse und an der Rebgasse eröffnet. Per Mitte 1920 nutzte Emil Fischer die Gelegenheit, alle damals sechs Verkaufsgeschäfte seines Kolonialwarengeschäfts und die Kaffeerösterei an die Firma Krayer-Ramsperger AG, Mineralwasser-, Delikatessen- und Kolonialwarengeschäft, zu verkaufen.[54] Der frühere Inhaber arbeitete als Prokurist bei der Krayer-Ramsperger AG. Weil ihm diese Tätigkeit nach einiger Zeit «keine Befriedigung mehr bot», machte er sich 1933 als bereits 65-Jähriger nochmals als Kaffeegrosshändler selbstständig.[55]

Fazit: Kleine Familien-Filialunternehmung über zwei Generationen hinweg. Erstes Filialgeschäft im Lebensmitteleinzelhandel, das 1878 nicht von einem Kaufmann klassischer Art eröffnet wurde. Emil Fischer stieg als gelernter Müller zunächst in den Mehlhandel ein, betätigte sich als Wirt und wurde später im Spezerei-, Packtuch- und Samenhandel aktiv, ab 1877 in der Liegenschaft «zum Wolf» am Spalenberg. In den 1880er-Jahren war Emil Fischer-Miville Mitglied des Grossen Rates. Sein Sohn Emil Fischer erhielt eine kaufmännische Ausbildung im Farbwarengrosshandel und absolvierte einige Berufsjahre im Ausland. Nach der Übernahme des väterlichen Geschäfts 1893 richtete er das Sortiment mehr auf Kolonialwaren, insbesondere Kaffee, aus. Bestandteil des Geschäfts war eine eigene Kaffeerösterei. Ab 1906 ging die Eröffnung weiterer Filialen rasch voran, und es entstand vor dem Ersten Weltkrieg eine kleine Filialunternehmung mit fünf Läden. Liegenschaftsbesitz: Das Hauptgeschäft am Spalenberg und zwei von vier hinzukommenden Filialen befanden sich in von den Geschäftsinhabern käuflich erworbenen Liegenschaften. Während seiner politisch aktiven Zeit als Grossrat 1899–1908 war Emil Fischer junior an der Gründung der gewerblichen Selbsthilfeorganisation Basler Konsumgesellschaft beteiligt und präsidierte diese auch. Nach dem Verkauf der Firma E. Fischer z. Wolf an ein Konkurrenzunternehmen im Jahr 1920 arbeitete der frühere Inhaber dort zunächst als Prokurist, wurde aber später nochmals als selbstständiger Kaffeegrosshändler aktiv.

6   Jean Baptist Mondet-Brunner, Tabak- und Zigarrenhandlung

Filialunternehmung: 1887–1900; grösste Zahl der Filialen, inklusive Hauptgeschäft: 3.

Nachdem *Jean Baptist Mondet-Brunner* von Vizille (Frankreich) 1868 als Commis an der Steinenvorstadt 8 und 1870 als Taglöhner an der Horburgstrasse 35 auszumachen ist, erscheint er 1874 als «Détaillant» an der Gerbergasse 75 (Liegenschaftsbesitz). 1887–1900 sind drei Verkaufslokale an der Gerbergasse 75, an der Eisengasse (kein Liegenschaftsbesitz) und an der Ochsengasse 1 (kein Liegenschaftsbesitz) aufgeführt, später nur noch ein einziges. 1888–1900 finden wir als Geschäftsinhaber Jean Baptist Mondet-Weiler, der sich offensichtlich nach dem Tod von Elisabeth Mondet-Brunner 1878 wieder verheiratet hatte. Mondet-Weiler & Cie. heisst die Firma 1901 mit den Eigentümern *Wwe. Rosa Mondet-Weiler, Johann. Ludw. und Rosa Martha Mondet.* Im Jahr 1902 übernahm *Louis Mondet-Zehnder* das Geschäft vorübergehend, doch bereits 1903 heisst die Firma wieder Wwe. Mondet-Weiler, während Louis Mondet-Zehnder sich an der Gerbergasse 78 als Tabakhändler niedergelassen hatte. Noch 1912 war das frühere Hauptgeschäft an der Gerbergasse 75 in Betrieb mit *Wwe. Mondet-Weiler* als Inhaberin; diese verstarb im selben Jahr.

Fazit: Ein Familiengeschäft des Tabak- und Zigarrenhandels dehnte seine Aktivitäten auf drei Verkaufslokale aus. Als der Firmengründer nach einem guten Jahrzehnt starb, blieb nur noch ein Laden übrig. Liegenschaftsbesitz nur für die Adresse des Hauptgeschäfts, nicht aber für die Filialen. Typisches Firmenwachstum im Rahmen eines überschaubaren Familienbetriebs, das dann durch den Tod des Eigentümers in Frage gestellt wurde. Berufliche Herkunft des Filialgründers: Commis, Taglöhner.

7   Carl Banga, Molkerei

Filialunternehmung: 1887–1969; grösste Zahl der Filialen bis 1914, inklusive Hauptgeschäft: 11.

Im August 1884, zwei Tage nachdem der Allgemeine Consumverein in Annoncen[56] den Einstieg in den Milchhandel publik gemacht hatte, teilte der Münchensteiner Bürger *Carl Eugen Banga (1840–1901)* mit, er werde in einem Neubau an der Dornacherstrasse 71 (Liegenschaftsbesitz) die «Molkerei Basel» eröffnen.[57] Die Firma erscheint 1885 im Adressbuch unter den Rubriken Milchhändler, Milchkuranstalten und Molkereigeschäft «Basler Molkerei, Banga Carl, 71 Dornacherstr.». Zunächst stand die Hauslieferung von Milch per Pferdefuhrwerk im Vordergrund, ergänzt durch einige weitere Molkereiprodukte wie Rahm, Butter und verschiedene Käsesorten. Die Verkaufswagen sahen jenen des Consumvereins ähnlich und waren während Jahrzehnten in den Strassen Basels anzutreffen. Im Jahr 1887 erscheinen in Inseraten acht Molkereifilialen, die sich auf das Stadtzentrum, die Vorstädte und die neu entstehenden Kleinbasler Quartiere verteilten: Schneidergasse/Imbergasse 1, Rheingasse 8, Weisse Gasse 22, Hammerstrasse 73, Aeschenvorstadt 69, Spalenvorstadt 40, Maulbeerweg 10 und St. Johannsvorstadt 18.[58] Aus Inseraten erfahren wir auch Näheres über das Warenangebot der Molkerei: Nebst Vollmilch, Tafelbutter, Kochbutter, verschiedenen Käsen, Schabzieger, weissem Zieger und Eiern waren Honig, Kakao, Eiernudeln und Makkaroni bei Banga zu kaufen, und zwar zweimal täglich im Strassenverkauf sowie in den Filialen.[59] 1908 soll die Molkerei Banga erstmals Joghurt produziert und verkauft haben. Nach dem Tod von Carl Banga im Dezember 1901 übernahm die *Witwe Sabina Ottilie Banga-Peters* die Unternehmensleitung. Als sie ihrerseits 1912 verstarb, führte der Sohn *Heinrich Banga-Sänger (1881–1933)* das Geschäft.[60] Der tägliche Milchumsatz der Molkerei wuchs von 1000 Litern im Jahr 1890 auf 4000 Liter 1909[61] und 6500 Liter 1910 an. Die Molkerei Carl Banga war 1910 nach dem Allgemeinen Consumverein der zweitgrösste Anbieter im Basler Milchhandel. Sie verkaufte ausschliesslich an Konsumenten, täglich 3000 Liter in den acht Ladenlokalen und 3500 Liter durch Hausspedition per Pferdefuhrwerk oder Handkarren, womit ihr Marktanteil im Milchhandel bei rund 8% lag.[62]

Zur weiteren Firmengeschichte nach 1914: Unter der Leitung von Heinrich Banga wurde der Betrieb erweitert und 1927 ein eigener Landwirtschaftsbetrieb in Pfeffingen errichtet, der sich als Mustergut einen Namen schuf. Heinrich Banga wurde 1923 Mitglied des Grossen Rates.[63] Als er am 6. Mai 1933 im Alter von 52 Jahren starb, führte seine Witwe das Geschäft weiter. Die Molkerei litt stark unter der schwierigen Wirtschaftslage während des Zweiten Weltkriegs und wurde in eine Aktiengesellschaft umgewandelt. Zwischen 1962 und 1969 nahmen die Filialen von neun auf drei ab. In den letzten Jahren hatte man das Geschäftsdomizil von der Dornacherstrasse 71, wo das Grundstück umgenutzt wurde, an die Güterstrasse 126 verlegt. 1970 ist die Firma nach 85-jährigem Bestehen im Adressbuch nicht mehr anzutreffen.

Fazit: Bedeutende Basler Molkerei in Privatbesitz, die einzige dieser Art und als direkte Konkurrenz zum Milchgeschäft des Allgemeinen Consumvereins praktisch gleichzeitig im Jahr 1884 gegründet. Eine eigene Molkerei- und Produktionsanlage, später auch ein Mustergut bildeten die Basis für die umfangreiche Firmenaktivität. Zusätzlich zum Hauslieferdienst per Pferdewagen wurde der Direktabsatz an die Bevölkerung auch über feste Ladengeschäfte betrieben. Die zeitliche Entwicklung, Ausgestaltung und Funktion des Filialnetzes (möglicherweise nur Ablagen) bleiben unklar, ebenso die Herkunft und Vorbildung des Firmengründers. Liegenschaftsbesitz für das Hauptgeschäft mit Produktionsanlagen, jedoch nicht für die Filialverkaufsstellen.

8 Jenny & Kiebiger, Schweizerische Lebensmittel-Gesellschaft, Kolonialwaren, Fleischwaren, Comestibles und Spezialitäten, en gros und en détail

Filialunternehmung: 1888–1890; grösste Zahl der Filialen, inklusive Hauptgeschäft: 5.

Das Adressbuch von 1877 führt *Johann Georg Jenny-Hindermann (1845–1899)* als Colonialwarenagent an der Austrasse 32 an, jenes von 1880 dann als Kaufmann. *Ernst Albert Kiebiger-Riggenbach (1848–1906)* ist ab 1884 als Kaufmann verzeichnet. Mit den genannten beiden Kaufleuten als Inhaber ist die Firma 1880 erstmals als Fleischwarengeschäft und Rauchanstalt mit Büro an der Bäumleingasse 7 (kein Liegenschaftsbesitz) und Fabrikation/Lager am Sandgrubenweg (Liegenschaftsbesitz) anzutreffen. 1883 wurden Büro und Magazin an die Adresse Maulbeerweg 46/Sandgrubenweg 12 verlegt. 1888 sind drei Verkaufsstellen am Sandgrubenweg 12, an der Hutgasse 1 und an der Ochsengasse 2 (beide kein Liegenschaftsbesitz) festzustellen, 1889 dann fünf Adressen am Marktplatz 11, Ochsengasse 2, Totentanz 14, Birmannsgasse 28 (alle kein Liegenschaftsbesitz) und Sandgrubenweg 12. 1890 befand sich die Firma in Liquidation. Ihre Geschäfte und die verbleibenden vier Verkaufslokale wurden von der Schweizerischen Lebensmittel-Gesellschaft AG übernommen. Diese baute den Detailverkauf allerdings ab, sodass 1891 keine Ladengeschäfte mehr bestanden. 1894 war die Schweizerische Lebensmittel-Gesellschaft ihrerseits in Liquidation, dafür wurde die Firma Jenny & Kiebiger wieder aktiv, noch bis ins Jahr 1900. 1898 ist die Geschäftstätigkeit im Adressbuch mit «Fabrikation und Handel in Lebens- und Genussmitteln» angegeben. Die Firma war jetzt – diesen Schluss lassen die in Inseraten[64] genannten Spezialitäten zu – im Lebensmittelimportgeschäft tätig, besass aber auch eigene Produktionsanlagen für Fleischwaren und Konserven. Nach dem Tod von Johann Georg Jenny im Jahr 1899, wird die Firma im Jahr 1900 durch Gerwig, Herker & Cie. übernommen und weitergeführt.

Fazit: Kurze, wenig erfolgreiche Betätigung von zwei Lebensmittelhändlern/ -fabrikanten im Direktabsatz von Waren über ein eigenes, lokales Verkaufsstellennetz. Versuch mit einer Aktiengesellschaft, später wieder als Kollektivunternehmen aktiv. Kein Liegenschaftsbesitz, ausser am Hauptsitz.

9   Karl Junker-Wagner, Bäcker, Konditor und Leckerlifabrikant

Filialunternehmung: 1891–1934; grösste Zahl der Filialen bis 1914, inklusive Hauptgeschäft: 4.

1890 als Bäcker an der Hutgasse 17 (kein Liegenschaftsbesitz) anzutreffen, war *Karl Junker-Wagner (1860–1940)* der einzige Vorgänger von Christian Singer, was die Filialisierung im Bäckereigewerbe der Stadt Basel anbetrifft. 1895 betrieb die Bäckerei vier Verkaufsstellen: Nebst dem Hauptgeschäft an der Elsässerstrasse 14 auch die Filialen Hutgasse 4, Colmarerstrasse 1 und Angensteinerstrasse 27 (Liegenschaftsbesitz nur Elsässerstrasse 14), doch bereits 1898 nahm deren Zahl wieder ab. Im Adressbuch für 1903 sind nur noch zwei Läden verzeichnet, Elsässerstrasse 14 und Hutgasse 4. Zwei Verkaufsstellen wurden dann bis 1935 beibehalten. Anschliessend finden wir Karl Junker als Partikular ausgewiesen.

Fazit: Eine Filialisierung grösseren Stils gelang diesem Bäckereibetrieb nicht. Vier Verkaufsstellen waren offensichtlich zu viel und wurden nach wenigen Jahren schon auf zwei reduziert. Als Mini-Filialunternehmen wies die Bäckerei allerdings eine beachtlich lange Lebensdauer auf. Ausser für das Hauptgeschäft ist kein Liegenschaftsbesitz an den Geschäftsadressen feststellbar.

10   Sänger, Beil & Cie, Sänger & Cie. (1900), Käse- und Butterhändler en gros u. en détail

Filialunternehmung: 1891–1914; grösste Zahl der Filialen, inklusive Hauptgeschäft: 3.

Ohne dass vorher bereits ein Geschäft bestanden hätte, erscheint 1891 die Firma Sänger, Beil & Cie. mit zwei Adressen Pfeffingerstrasse 71 und Marktplatz 12. Die Eigentümer sind *Otto und Walter Sänger* sowie *Jean Beil*. Alle drei bezeichneten sich als Kaufleute, ohne dass über ihren beruflichen Werdegang mehr zu erfahren wäre. In den Jahren 1895–1897 bestanden drei Verkaufsstellen Pfeffingerstrasse 83 (Liegenschaftsbesitz), Marktplatz 23 (kein Liegenschaftsbesitz) und Spalenvorstadt 40 (kein Liegenschaftsbesitz), danach nur noch die zwei Pfeffingerstrasse 83 und Schneidergasse 6 (Liegenschaftsbesitz) bis 1914. Ab 1900 waren Otto und Walter Sänger die einzigen Inhaber der Firma, die nun auf Sänger & Cie. lautete. Nach 1914 ist sie nicht mehr zu beobachten.

Fazit: Ein Unternehmen des Käse- und Butterhandels betrieb zugleich den Gross- und Einzelhandel, Letzeren in maximal drei Verkaufsstellen. Es bestand fast 25 Jahre lang, wobei nach zehn Jahren bereits ein Gründungspartner aus dem Geschäft ausstieg. Die Firmeninhaber bezeichneten sich als Kaufleute, ihr Berufshintergrund bleibt unklar. Die Liegenschaften der Geschäftsadressen befanden sich teilweise nachweisbar im Besitz der Firmeninhaber.

11   W. Karli, Käse-, Butter- und Eierhandlung

Filialunternehmung: 1892–1925; grösste Zahl der Filialen bis 1914, inklusive Hauptgeschäft: 4.

Ab 1877 treffen wir *Wilhelm Karli* als Commis im Adressbuch an, mit den Adressen Austrasse 34 und später Birsigstrasse 31. 1883 wurde Wilhelm Karli-Zumkeller an der Greifengasse 40 als Commis und Viktualiendetaillant bezeichnet und bereits 1884 als Käse-, Butter- und Eierhändler. Ab 1889 lautet die Adresse Ochsengasse 1 (später 1 und 3; Liegenschaftsbesitz). 1892 ist eine Filiale an der Stadthausgasse 4 (kein Liegenschaftsbesitz) erwähnt, die ihr Domizil schon bald einige Häuser weiter an die Schneidergasse 7 verlegte (kein Liegenschaftsbesitz). 1898 kam das Geschäft an der Hammerstrasse 141 (kein Liegenschaftsbesitz) hinzu. 1900–1903, 1906 und 1914 sind weitere Ladengeschäfte im Adressbuch feststellbar; die Adressen lauten: Hegenheimerstr. 52, Kanonengasse 37 und Spalenring 98 (jeweils kein Liegenschaftsbesitz). Obwohl die Firma W. Karli sich in späteren Jahren «Käse-, Butter-, Eier- und Spezereihandlung» nannte, haben wir sie von ihrem Schwerpunktgeschäft her unter den Käse- und Butterhandlungen eingeordnet. Hinweise auf eine Grossistentätigkeit von Wilhelm Karli gegenüber anderen Basler Lebensmittelhändlern besitzen wir ab 1887.[65] Das Adressbuch bestätigt diese erst 1911 mit dem Zusatz «Käse-, Butter- und Eierhandlung en gros et en détail, Export in Emmentalerkäsen». Und ein Rechnungsformular aus dem Jahr 1911[66] enthält nebst dem Hinweis «Import/Export» auch den Zusatz «Filiale in Schüpfheim a./E.». Ab 1912 sind *Wilhelm Karli Sohn* und *Walter Richard-Karli* aus Affoltern (Bern) als Eigentümer der Firma Karli & Co., Lebensmittelgeschäft, auszumachen.

Wie entwickelt sich die Firma nach 1914 weiter? Karli & Co. bauten ihr Filialnetz weiter aus und sind 1925 letztmals mit elf Läden im Adressbuch anzutreffen. Danach ist die Unternehmung in Basel nicht mehr greifbar. Von den ehemaligen

Eigentümern figuriert Wilhelm Karli-Paravicini, früher als Kaufmann bezeichnet, 1926 als Direktor im Adressbuch, Walter Richard Karli als Kaufmann.
Fazit: Als zunächst einfacher Lebensmittelhändler mit unbekannter Vorbildung entwickelte sich Wilhelm Karli zum Grosshändler und Inhaber einer Filialunternehmung für Molkereiprodukte und Eier. Käseexport und Eierimport waren die beiden wichtigsten Grosshandelsaktivitäten der Firma. Mit dem Übergang der Unternehmung an den Sohn und den Schwiegersohn des Firmengründers erfuhr die Filialisierung neue Impulse. Liegenschaftsbesitz für die Hauptadresse nachgewiesen, jedoch nicht für Zweigverkaufsstellen.

12   Wyss Senn & Cie., Wyss & Senn (1898) und Ulrich Wyss (1908), Käse- und Butterhandlung

Filialunternehmung: 1894–1916; grösste Zahl der Filialen bis 1914, inklusive Hauptgeschäft: 3.
1893 erstmals mit einem Geschäft an der Gerbergasse 62 (Liegenschaftsbesitz) anzutreffen, 1894–1897 mit drei Läden in der Stadt vertreten (Theaterstrasse 6 und 8, Gerbergasse 62 und Greifengasse 32; Liegenschaftsbesitz nur Gerbergasse 62). An der Firma Wyss Senn & Cie. waren *Ulrich Wyss-Fünfschilling*, *Wilhelm Senn-Mory* (beide Kaufleute) und *Joh. Friedr. Baumgartner* (Commis) beteiligt, 1898–1907 hiessen die Partner Wyss und Senn, anschliessend führte Ulrich Wyss das Geschäft allein weiter. 1898–1914 betrieb die Firma nebst dem Hauptgeschäft an der Theaterstrasse 6 nur noch die Filiale an der Gerbergasse 62. Nicht ganz klar ist, ob immer zwei Detailhandelsgeschäfte bestanden, oder ob sich ab 1908 Firmensitz und Grosshandelsaktivitäten an der Theaterstrasse konzentrierten und der Detailverkauf ausschliesslich an der Gerbergasse stattfand.
Entwicklung der Firma nach 1914: Ab 1917 bestand das Geschäft Ulr. Wyss Witwe als Käse-, Butter- und Eierhandlung an der Gerbergasse 62 mit *Witwe Anna Salome Wyss* als Eigentümerin. 1918 wird *Otto Althaus-Wyss,* vermutlich ein Schwiegersohn, als Prokurist ausgewiesen. Von 1921 an erscheint zusätzlich zum Laden an der Gerbergasse die Adresse Friedensgasse 24 als Standort für Lager, Engrosgeschäft und Domizil von Otto Althaus-Wyss. Im Jahr 1927 übernahm Otto Althaus-Wyss die Firma als Eigentümer und führte sie als Detail- und Engrosgeschäft unter seinem Namen fort.
Fazit: Zwei bis maximal drei Einzelhandelsgeschäfte, wahrscheinlich von Beginn an in Kombination mit einer Engrosgeschäftstätigkeit, schufen die Grundlage für eine Weitergabe an die nächste Generation. Liegenschaftsbesitz nur für die Hauptadresse. Der Direktabsatz über eigene Verkaufsstellen verlor früh an Bedeutung, möglicherweise zu Gunsten der Grosshandelstätigkeit. Näheres über Herkunft und Vorbildung der Gründungspartner ist nicht zu erfahren gewesen, im Adressbuch bezeichneten sie sich als Kaufleute.

13 Christian Singer, Bäckerei und Brezel-/Zwiebackfabrik
Filialunternehmung: 1896–1969; grösste Zahl der Filialen bis 1914, inklusive Hauptgeschäft: 6.
In einem Inserat kündete *Christian Singer* 1872 die Übernahme des Geschäfts von Frau Wetzel, Freie Strasse 107 an.[67] Der neue Basler Bäcker stammte aus Württemberg und verwies bei der Geschäftsaufnahme auf eine langjährige Erfahrung in Klein- und Grossbäckereien. Ab 1873 war die Bäckerei Singer am Fischmarkt 12 (Liegenschaftsbesitz) niedergelassen. Fastenwähen, heute ein typisches Basler Fasnachtsgebäck, wurden als Spezialität intensiv beworben, und waren auch an einer Ablage an der Rebgasse 52 zu kaufen. Eine erste Filiale ist ab 1896 an der Angensteinerstrasse 27 (kein Liegenschaftsbesitz) auszumachen. Um 1900 führte die Bäckersfamilie ein Café-Restaurant mit Weinstube am Fischmarkt 10. *Christian Singer junior (1873–1929)* absolvierte im Geschäft des Vaters eine Bäckerlehre. Seine Fachkenntnisse erweiterte er in einem mehrjährigen Auslandaufenthalt in Stuttgart, Wien und Paris.[68] 1899 nahm er an der Clarastrasse 13 eine moderne «Dampf-Bäckerei» in Betrieb, der ein Verkaufslokal angegliedert war (Liegenschaftsbesitz).[69] Die Betriebe von Vater und Sohn schlossen sich im Jahr 1900 zusammen. Aus der Dampfbäckerei wurde dann um 1903 die «Schweizerische Brezel- und Zwiebackfabrik Ch. Singer». 1906 kam eine Verkaufsstelle in den Centralhallen hinzu, die allerdings nur in Inseraten,[70] nicht aber im Adressbuch erscheint. 1910 nahm die Filiale an der Türkheimerstrasse 1 (kein Liegenschaftsbesitz) den Verkauf auf, 1911 folgten Läden an der Centralbahnstrasse 9 (kein Liegenschaftsbesitz) und Eulerstrasse 28 (kein Liegenschaftsbesitz).[71] Im Jahr 1914 beschäftigte die Firma Singer 180 Personen, 100 mehr als 1910.[72] Christian Singer galt in der Bäckereibranche als Autorität. 1913 war er nach St. Petersburg gerufen worden, um dort eine Grossbäckerei und -konditorei einzurichten und zu leiten, ein Vorhaben, das er inmitten der Vorbereitungsarbeiten vor Ort beim Ausbruch des Kriegs abbrechen musste.[73]
Nach 1914 gestaltete sich die Firmengeschichte wie folgt: Zurück aus St. Petersburg, entschied sich Christian Singer, das Geschäft in Basel auszubauen. Die auf einer Reise durch deutsche Städte gewonnene Idee für ein repräsentatives Geschäftshaus am Marktplatz wurde 1915 umgesetzt. An die Stelle eines kleingliedrigen Häusergevierts, das abgebrochen wurde, trat in einer nur zehnmonatigen Bauzeit das «Singerhaus», dessen Realisierung wegen «Verdeckung des Stadthauses» Widerstand erfahren hatte. Dieses markante Gebäude prägt noch heute den Marktplatz mit. «Es enthielt nebst dem für Basel äusserst geräumigen, in Hufeisenform angelegten Laden mit Zentralkasse und einer ans Stadtnetz angeschlossenen Uhr einen zweigeschossigen Tea-Room, in dem nachmittags und abends eine Kapelle konzertierte.»[74]
Vermutlich hatte sich Christian Singer auch von den 1906 und 1909 realisierten

Projekten Centralhallen und Ringhallen zum Bau des Singerhauses anspornen lassen.[75] Genau wie diese beiden frühen Einkaufszentren, muss auch die Singer'sche Bäckerei-Konditorei für Basel eine ausserordentliche, weil eher grossstädtische Erscheinung gewesen sein. Für die Zeit unmittelbar nach dem Ersten Weltkrieg wird die Grossbäckerei und -konditorei Ch. Singer als grösster privatwirtschaftlicher Bäckereibetrieb der Schweiz bezeichnet.[76] Die Aktiengesellschaft Ch. Singer's Erben führte die Firma nach dem Tod des erst 55-jährigen, ledigen Christian Singer im Jahr 1929 fort. An dieser Firma beteiligt war Christian Singers jüngerer Bruder Hans (1877–1968), von Beruf Hotelier, der das Singerhaus als vielseitiges Etablissement gehobenen Stils mit Locanda Ticinese, Tea-Room und Bar bis 1935 leitete.[77] Die 14 Läden – 13 auf Stadtgebiet und einer in Allschwil – erscheinen 1957 letztmals im Adressbuch. Die Brezel- und Zwiebackfabrik produzierte die in der ganzen Schweiz bekannten Singer-Spezialitäten noch bis 1969.[78]

Fazit: Grösstes und sehr langlebiges Filialunternehmen der Bäckereibranche. Grundlage für diese Entwicklung bot eine bereits früh eingerichtete Grossbäckerei, wo auch Zwieback und Brezeln mit Vertrieb in weiten Teilen der Schweiz fabriziert wurden. Sohn Christian Singer, der Promotor der Firmenexpansion, erhielt wichtige Impulse für seine Geschäftspolitik bei Reisen und Aufenthalten im Ausland. Zur Zeit von Bäcker Christian Singer senior hatte sich die Expansion der Geschäfte sachte entwickelt: Die Bäckerei am Fischmark wurde mit Ablagen für die Spezialitäten des Hauses und nach mehr als 20 Jahren schliesslich auch mit einer Zweigverkaufsstelle im neu entstehenden Gundeldinger Quartier ergänzt. Von einem Auslandaufenthalt zurückgekehrt, richtete Christian Singer Sohn an der Clarastrasse eine Brotfabrik, die spätere Zwieback- und Brezelfabrik, mit Verkaufslokal ein. Nach der Zusammenlegung der Fabrik mit dem Bäckereibetrieb des Vaters wurden in verschiedenen Stadtteilen weitere Verkaufslokale eröffnet. Liegenschaftsbesitz ist nur für das Hauptgeschäft am Fischmarkt und den Produktionsstandort Clarastrasse nachzuweisen.

14   A. Louot, Wein- und Spirituosenhandlung

Filialunternehmung: 1900–1910; grösste Zahl der Filialen, inklusive Hauptgeschäft: 4.

Im Jahr 1900 erscheinen gleich vier Läden im Adressbuch mit dem – in Genf wohnhaften[79] – Eigentümer *Alb. Jos. Antoine Louot* mit den Adressen Sempacherstrasse 34, Türkheimerstrasse 70, Dolderweg 4 und Klybeckstrasse 51/53 (alle kein Liegenschaftsbesitz). Die genaue Bezeichnung der Geschäftstätigkeit im Adressbuch lautet auf «Weinhandlung, Kleinhandel in Wein, Bier, Öl etc.». Abwechslungsweise drei bzw. vier Verkaufsstellen wurden anschliessend bis 1905 betrieben, danach nur noch deren zwei (Klybeckstrasse 51/53 und

Zürcherstrasse 149; beide kein Liegenschaftsbesitz). Im Jahr 1911 fehlt die Firma Louot im Adress- und Ragionenbuch.
Fazit: Ein Geschäftsmann aus Genf versuchte mit wenig Erfolg, in Basel ein kleines Filialnetz von Wein- und Lebensmittelläden zu betreiben. Die Verkaufsstellen wurden im selben Jahr eröffnet. Nach fünf Jahren bereits erfolgte eine Reduktion auf nur noch zwei Läden. Es hat für die Geschäftsadressen kein Liegenschaftsbesitz nachgewiesen werden können. Nach weiteren fünf Jahren wurde die Firma A. Louot in Basel aufgelöst.

15   Gustav Koger, Spezereiwaren
Filialunternehmung: 1902–1908; grösste Zahl der Filialen, inklusive Hauptgeschäft: 4.
Wir begegnen dem Spezierer *Gustav Koger* erstmals 1896 am Pfirterweg 9 mit einem Verkaufslokal. 1897/98 fehlt er im Adressbuch. 1899 erscheint die Firma Gustav Koger, Agentur und Kommission, an der Bachlettenstrasse 23. 1902 führte Gustav Koger, nun mit Hauptgeschäft an der Dornacherstrasse 41 (Liegenschaftsbesitz), insgesamt drei Spezerei-Verkaufslokale: nebst jenem an der Dornacherstrasse 41 eines an den Bachlettenstrasse 23 und ein weiteres an der Pfeffingerstrasse 93 (beide kein Liegenschaftsbesitz). Von 1903 an bezeichnete Koger seine Firma als Spezerei- und Materialwarenhandlung und eröffnete eine weitere Verkaufsstelle an der Allschwilerstrasse 10 (kein Liegenschaftsbesitz). Ab 1905 wurde an der Dornacherstrasse 41 auch Salz verkauft (Salzpatent). Die insgesamt vier Läden sind bis 1908 greifbar. Ab 1909 erscheint Gustav Koger im Adressbuch nur noch mit dem Stammlokal bzw. Firmensitz an der Dornacherstrasse 41. Die Geschäftstätigkeit lautet jetzt wieder auf Agentur und Kommission, trotzdem finden wir Gustav Koger im Branchenverzeichnis noch bis 1913 als Spezierer aufgeführt. 1914 als Eigentümer einer «Agentur und Kommission» an der Bachlettenstrasse 27, nannte sich Gustav Koger-Müller 1915 dann Vertreter. 1917–1942 ist er als Vertreter und Trödler (Altwarenhändler) an dieser Adresse anzutreffen.
Fazit: Nach einem – möglicherweise misslungenen – Einstieg als Spezierer in der Stadt Basel und einer zweijährigen Ortsabwesenheit eröffnete der Agent und Kommissionär (Vertreter und Warenvermittler) Gustav Koger gleich drei Verkaufsläden für Spezereiwaren. Nach sieben Jahren beschränkte sich der Inhaber wieder auf seine Agentur- und Kommissionstätigkeit, die Läden wurden aufgegeben. Kein Liegenschaftsbesitz ist feststellbar, ausser für die Hauptadresse. Nach weiteren sechs Jahren ist Gustav Koger als Vertreter zu beobachten, dann für den Rest seines noch 25 Jahre dauernden Lebens als Vertreter und Trödler. Bezüglich der Berufsbildung dieses Einzelhändlers und Filialisten stehen uns keine Informationen zur Verfügung. Dem Namen nach zu schliessen, dürfte er deutscher Herkunft gewesen sein.

16 Samuel Bell Söhne AG, Handel und Fabrikation in Fleisch- und Wurstwaren

Filialunternehmung: 1902–; grösste Zahl der Filialen bis 1914, inklusive Hauptgeschäft: 23 in Basel, 130 in der ganzen Schweiz.

Schon zu Beginn des 18. Jahrhunderts hatte die spätere Basler Metzgerdynastie mit dem Zuzug des lothringischen Gesellen *Laurenz Bell (1689–1759)* ins Fischerdorf Kleinhüningen in der Region Fuss gefasst. Laurenz wirkte als Metzger und Wirt. Nach den politischen Umwälzungen von 1798 konnten sich dessen Enkel Johann Jakob und Johann Rudolf in Basel als Metzger niederlassen; sie sind 1803 als Inhaber von Fleischbänken der Neuen Schol aufgeführt. Wiederholt sind Mitglieder der Familie Bell in Basel als Metzger und Wirte auszumachen. So führte *Samuel Bell-Löhrer (1792–1851)* zuerst das Gasthaus «Zur Sonne» an der Oberen Rheingasse und ab 1834 eine Weinschenke am Barfüsserplatz 17, was Auseinandersetzungen mit der Metzgerzunft bewirkte, nach deren Meinung ein Bürger nicht mehrere Berufe zugleich ausüben durfte. Sein Sohn *Samuel Rudolf Bell-Roth (1840–1920)* wuchs am Barfüsserplatz auf, und sein Arbeitsort als Metzger war zunächst die Schol mit Schlachthaus und öffentlicher Verkaufshalle. Seine ums Jahr 1870 eingerichteten Ochsenmetzg an der Streitgasse 13 (Liegenschaftsbesitz) zählte zu den frühen privaten Metzgereigeschäften der Stadt. Die erste Filiale eröffnete Samuel Bell 1889 am Spalenberg 13 (Liegenschaftsbesitz), übergab dieses Geschäft jedoch 1893 seinem ältesten Sohn *Eduard Bell (1867–1936)*. Die Metzgerei an der Streitgasse führte Samuel Bell bis zur Übergabe an seine Söhne im Jahr 1897 selbst weiter. 1899 wurde die Firma Samuel Bell Söhne mit Metzgereilokal an der Streitgasse 22 gegründet (Liegenschaftsbesitz). Noch im selben Jahr erfolgte der Kauf der Eckliegenschaft Streitgasse 20/ Weisse Gasse 21, um 1901 darin die neue Metzgerei zu eröffnen. Eine erste, vorübergehende Filiale erscheint im Adressbuch von 1902/03 an der Steinenvorstadt 9 (Liegenschaftsbesitz). Das neue Hauptgeschäft nahm im Jahr 1906 in den neuerstellten Centralhallen den Betrieb auf, einem gehobenen Einkaufszentrum für Lebensmittel mit verschiedenen Anbietern und einem Café im ersten Stock.[80] An der Aktiengesellschaft, welche die Centralhallen finanzierte, war die Firma Bell Söhne beteiligt. Im Adressbuch für 1906 wird nebst dem Hauptgeschäft eine Kleinbasler Filiale an der Rheingasse 3 (kein Liegenschaftsbesitz) genannt.

Im Zeitabschnitt von 1907–1914 erfuhr die Firma Bell eine rasante Filialexpansion, sind doch dem Basler Adressbuch 1910 zehn und 1914 bereits 23 Niederlassungen zu entnehmen. Gleichzeitig erfolgte ab 1909 mit Filialen in Zürich, Luzern, Neuenburg, Biel, La Chaux-de-Fonds, Lausanne, Bern usw. der Aufbau eines gesamtschweizerischen Filialnetzes, das 1911 76 und bei Kriegsausbruch 1914 bereits 130 Verkaufsgeschäfte zählte.[81] Die Liegenschaften, in denen die

Verkaufsfilialen betrieben wurden, befanden sich – abgesehen von jenen des frühen Familienunternehmens – nicht im Besitz der Firma Bell. Hintergrund für die Entwicklung dieses weit verzweigten Absatznetzes ist der Übergang vom handwerklichen Metzgereibetrieb der 1890er-Jahre mit einem halben Dutzend Angestellten zur grossbetrieblichen Fleisch- und Wurstwarenproduktion im Fabrikneubau an der Elsässerstrasse ab 1908 mit zunächst 65 Arbeitern. Schon in den 1890er-Jahren hatte Vater Samuel Bell der Wurstfabrikation gute Zukunftschancen eingeräumt. Als Berufsmann des alten Zunftsystems hatte er das Wurstereihandwerk nicht erlernt, da dieses den Brätern vorbehalten war, die den Zünften der Gartner oder Rebleute angehörten. Zielsicher liess er deshalb seinen jüngsten Sohn *Rudolf Bell (1878–1945)* nach der Lehre in Colmar die Wursterei erlernen und anschliessend in Grossbetrieben von Paris, Berlin, London, München und Stuttgart Erfahrungen in der modernen Wurstfabrikation sammeln. Nachdem der Betrieb an der Streitgasse umgebaut und mit Wurstereimaschinen ausgerüstet worden war, wurde im Oktober 1897 die maschinenunterstützte Charcuteriewarenproduktion aufgenommen. Der Fleischwarenkonsum war im Aufwind begriffen, und die Bell-Produkte fanden guten Absatz.[82] Im Adressbuch von 1901 erscheinen Samuel Bell Söhne dann auch als Fleischwarenhändler. Weil der Raum für die Wurstwarenproduktion an der Streitgasse bald knapp wurde, strebte die Firma Bell einen Produktionsstandort ausserhalb der Stadt an. 1907 lagen konkrete Pläne vor, die Firma wurde zur Samuel Bell Söhne AG, und im Oktober 1908 konnte der Fabrikneubau nahe beim Schlachthof bezogen werden. 1912 wurde die Firma in Bell AG umbenannt und das Aktienkapital zur Finanzierung des grossen Kühlhauses mit dem markanten 40 Meter hohen Turm auf 1 Mio. Fr. verdoppelt. Die umfangreichen Investitionen in zentrale Anlagen innerhalb eines knappen Jahrfünfts brachte das Familienunternehmen offensichtlich in finanzielle Engpässe: Am 24. Dezember 1913 erwarb der Verband schweizerischer Konsumvereine VSK – heute Coop – eine 30%-Beteiligung an der Bell AG.
Nach dem Allgemeinen Consumverein mit einer grossen Anzahl Verkaufsgeschäften und separaten Metzgereien war die Firma Bell 1914 das zweitgrösste Filialunternehmen in der Stadt Basel. Zudem gründete Bell als einziger Basler Lebensmitteldetaillist jener Zeit ausserhalb der Region Filialen. Vergleichbar grosse Filialketten wie Kaiser's Kaffeegeschäft und das Schokoladen- und Kolonialhaus Merkur, beide als Fachgeschäfte gesamtschweizerisch tätig, traten in Basel zwar in Erscheinung, hatten ihren Hauptsitz aber anderswo.
Einige Stichworte zur weiteren Entwicklung der Bell AG: Die noch heute bestehende Unternehmung hat seither eine wechselvolle Geschichte geschrieben. Im Ersten Weltkrieg mussten über 50 Läden geschlossen werden. 1920 folgte eine Beteiligung an einem Grossbetrieb in Berlin, in den 1930er- und 40er-Jahren wurden Zweigniederlassungen in Winterthur, Genf und Baden eröffnet. Die eige-

nen Verkaufsstellen, die ursprünglich der Absatzsicherung dienten, wurden durch andere Absatzkanäle, u. a. durch das Verkaufsstellennetz der regionalen Coop-Genossenschaften, abgelöst und der Schwerpunkt klar auf Produktion und Grosshandel gelegt. Eine rückläufige Zahl vorbildlich geführter Fachgeschäfte für Fleisch- und Wurstwaren an gut frequentierten Standorten – 1995 waren es noch 66 Bell-Filialen – wirken als Imagestifter und dienen der Markenpflege. Die Kapitalbeteiligung von Coop Schweiz lag 1995 bei 73% und jene von Coop Basel Liestal Fricktal bei 5%.

Fazit: Ein seit Jahrzehnten in Basel bestehender Metzgerei-Familienbetrieb errichtete 1907/08 eine umfangreiche Produktionsanlage im Industriequartier am Stadtrand. Vor allem die Wurstproduktion, eine frühe Spezialität der Familie Bell, sollte ausgedehnt werden. Weil der finanzielle Rahmen der Fabrik die Möglichkeiten der Besitzer überschritt, entstand 1912 eine Aktiengesellschaft, an der sich der Verband schweizerischer Konsumvereine bald namhaft beteiligte. Der Warenabsatz erfolgte, nebst der vermutlich beträchtlichen Abnahme durch die Consum-Bewegung, über ein ab 1907 rasch wachsendes Filialnetz. 1914 bestanden in Basel 23 und gesamtschweizerisch bereits 130 Verkaufsstellen. Diese waren, abgesehen von den ganz frühen Filialen, in gemieteten Ladenlokalitäten untergebracht.

17   M. Conrad, Kolonialwaren und Landesprodukte

Filialunternehmung: 1902/03; grösste Zahl der Filialen, inklusive Hauptgeschäft: 3. Im Jahr 1900 noch Beamter der ELB (Elsass-Lothringen-Bahn) an der Sempacherstrasse 30, betrieb Kaufmann *Max Conrad* 1901 an der selben Adresse (Liegenschaftsbesitz) eine Kolonialwaren- und Delikatessenhandlung. Eine zweite Verkaufsstelle folgte 1902 am Leonhardsgraben 8 (kein Liegenschaftsbesitz), eine weitere 1903 an der Kandererstrasse 36 (kein Liegenschaftsbesitz). Die erweiterte Geschäftsbezeichnung lautet nun «Kolonial- und Delikatesswarenhandlung, Landesprodukte und Agenturen». 1904 ist M. Conrad weder als Geschäftsmann noch als Einwohner der Stadt Basel auszumachen, allerdings erscheint er 1904 und auch 1908 noch als Eigentümer der Liegenschaft Sempacherstrasse 30, mit einem Hinweis auf auswärtigen Wohnsitz.

Fazit: Kurzes Engagement eines Beamten als Lebensmittel-Filialunternehmer. Liegenschaftsbesitz nur für Hauptadresse.

18   Fr. Bitterli, Butter- und Milchhandlung

Filialunternehmung: nur 1902; grösste Zahl der Filialen, inklusive Hauptgeschäft: 3. Seit 1892 war der vormalige Gehülfe *Franz Bitterli* mit einer Butter- und Milchhandlung an der Drahtzugstrasse 57 ansässig. Im Adressbuch für 1902 erscheinen insgesamt drei Verkaufsstellen an den Adressen Drahtzugstrasse 57 (Liegenschaftsbesitz), Spalenvorstadt 29 und Feldbergstrasse 72 (beide kein Liegenschaftsbesitz). 1903–1917 bestand nur das Hauptgeschäft an der Drahtzugstrasse 57, danach zog sich Franz Bitterli – nun als Partikular bezeichnet – aus dem Geschäftsleben zurück.

Fazit: Kurzer Versuch als Filialist mit zwei Geschäften, die vorher von der Molkerei Banga betrieben und offensichtlich aufgegeben worden waren. Liegenschaftsbesitz nur für Hauptgeschäft.

19 Kaiser's Kaffeegeschäft GmbH, Kolonialwarenhandel und Kaffeespezialgeschäft

Filialunternehmung in Basel: 1903–; grösste Zahl der Basler Filialen bis 1914, inklusive Hauptgeschäft: 10; weitere Filialen in der ganzen Schweiz und in Deutschland.

Ende 1902 kam die deutsche Grossunternehmung Kaiser's Kaffeegeschäft mit einer Niederlassung in die Schweiz und richtete an der Güterstrasse 311 in Basel eine Kaffeerösterei und ein Vertriebszentrum ein (Liegenschaftsbesitz 1904). Im Handelsregister wird der Firmenzweck mit «Rösterei, Verarbeitung und Vertrieb von Kaffee, Cacao, Tee und verwandten Artikeln» umschrieben. Die Firma mit Hauptniederlassung in Viersen (Deutschland) bezeichnete sich selbst als grösste Kaffeerösterei Europas. Basel trat nach Berlin, Breslau und Heilbronn in die Reihe regionaler Vertriebszentren, wie sie in Deutschland bereits bestanden. Die ersten beiden Läden Gerbergasse 11 (kein Liegenschaftsbesitz) und Greifengasse 9 (kein Liegenschaftsbesitz) wurden 1903 eröffnet. Nebst Kaffee sollen auch Produkte von Maggi, Knorr und Nestlé zum Verkauf gekommen sein.[83] Weitere Basler Filialen entstanden 1906, 1912, 1913 und 1914, womit sich die Zahl der Basler Geschäfte auf zehn erhöhte und alle Stadtquartiere abdeckte. Von den sechs Filialen um 1910 befand sich keine einzige in einer Liegenschaft, die Kaiser's Kaffeegeschäft gehörte.[84]

Die Entwicklung der Firma nach 1914: 1942 bestanden in der Schweiz 111 Kaiser's-Filialen und ein wiederholt erweiterter Fabrikationsbetrieb an der Güterstrasse 311, der nebst der Kaffeerösterei auch Produktionsräume für Schokolade und Confiseriewaren umfasste. 1958 zählte man in Basel 14 Verkaufslokale und je eines in Binningen und Birsfelden. Am 10. August 1963 berichtete die Presse, dass Kaiser's Kaffeegeschäft in einen Kaffeevertrieb und die Süsswarenkette Hussel aufgeteilt werde, wobei Hussel die 90 Verkaufsstellen in der Schweiz übernehme.[85] Kaiser's Kaffee und Hussel sind heute in der Schweiz kein Begriff mehr. In Deutschland wirkt die Firma Kaiser's Kaffee Geschäft mit Hauptsitz in Viersen noch immer als Betreiberin von Lebensmittelfilialgeschäften.[86] Sie wurde 1997 von der deutschen Tengelmann-Gruppe übernommen.

Fazit: Kaiser's Kaffeegeschäft kombinierte den Grosseinkauf von Kaffee mit der

Veredlungsstufe – der Röstung – und war gleichzeitig mit den selbst betriebenen Läden im Einzelhandel aktiv. Das deutsche Filialunternehmen der Kaffee- und Schokoladenbranche expandierte in die Schweiz und errichtete ein Verkaufsstellennnetz. In Basel allein bestanden 1914 zehn Filialen. Einzig die Liegenschaft, in der sich die Niederlassung für die Schweiz und die Rösterei befand, wurde von der Firma erworben, die Ladenlokale wurden hingegen alle gemietet.

20 Giacomo (Jakob) Trussi, Viktualienhändler, Comestibles, Wein und Spirituosen

Filialunternehmung: 1903–1919; grösste Zahl der Filialen bis 1914, inklusive Hauptgeschäft: 4.

Seit 1902 mit Geschäft an der Feldbergstrasse 102 (kein Liegenschaftsbesitz) betätigte sich Trussi zunächst als Lebensmittel- und Südfrüchtehändler (Viktualienhändler), erscheint dann aber im Branchenteil auch als Comestibles- bzw. Wein- und Spirituosenhändler. Ab 1903 stellen wir eine Filiale an der Elsässerstrasse 84 (kein Liegenschaftsbesitz) fest. Von 1905 an bestand das Hauptgeschäft an der Güterstrasse 118 mit Filiale Elsässerstrasse 84, 1907 dann Feldbergstrasse 121. Eine weitere Filiale am Küchengässlein 9 kam 1908 hinzu. Jetzt ist aus Giacomo Trussi ein Jakob Trussi geworden. 1911 finden wir nur noch das Verkaufsgeschäft Güterstrasse 118 (kein Liegenschaftsbesitz) im Adressbuch, 1912 sind es wieder deren drei (Steinentorstrasse 25, Güterstrasse 118 und Elisabethenstrasse 85), 1914 mit dem neuen Lokal an der Steinenvorstadt 73 insgesamt vier Verkaufsläden (kein Liegenschaftsbesitz).

Entwicklung der Firma nach 1914: Bis 1919 finden sich im Adressbuch die vier Verkaufsstellen, danach ist nur noch das Geschäft an der Steinentorstrasse ersichtlich. Der Hauptakzent des Handelsgeschäfts von J. Trussi hat in diesen späteren Jahren gemäss den Nennungen im Branchenteil vermutlich beim Wein- und Spirituosenhandel gelegen.

Fazit: Aktivität als kleiner Lebensmittel-Filialist über einen Zeitraum von mehr als 15 Jahren, allerdings mit ständig wechselnden Adressen und einer variierenden Zahl von Verkaufsstellen. Kein Liegenschaftsbesitz an den Geschäftsadressen feststellbar. Sortimentsschwerpunkte mit Südfrüchten, Comestibles und Weinen waren typisch für einen Lebensmittelhändler italienischer Herkunft.

21 Merkur, Schweizer Chocoladen- und Colonialhaus, Kolonialwaren- und Schokoladenhandlung

Filialunternehmung in Basel: 1905–; grösste Zahl der Basler Filialen bis 1914, inklusive Hauptgeschäft: 4, weitere Filialen in der ganzen Schweiz.

Die Firma Merkur wurde am 18. Mai 1905 in Olten als AG gegründet; 1912 Verlegung des Geschäftssitzes nach Bern. Firmenzweck bestand im «Verkauf von Schokolade, Kaffee und Tee und eventuell auch anderen Lebens- und Genussmitteln». Kaffee bildete nebst Schokolade den wichtigsten Sortimentsschwerpunkt. War Kaffee früher in den Haushaltungen selbst geröstet worden, so deckten sich die Konsumenten zusehends mit geröstetem und auch bereits gemahlenem Kaffee ein. Merkur betrieb eine gezielte Qualitätspolitik, welche sich durch den Import besten Kaffees, die richtige Mischung und Röstung sowie eine entsprechende Mahlung auszeichnete. Die Anfang des Jahrhunderts in rasantem Tempo eröffneten Verkaufsräume wirkten «sehr ansprechend mit ihrem gediegenen, neuen Mobiliar». Nicht nur hatten die Filialen dasselbe Warenangebot, sondern sie glichen sich auch in Schaufenster- und Ladengestaltung, «so dass sich die Kundschaft auch in einer fremden Filiale sofort heimisch fühlte».[87] Während die Einrichtung der Geschäfte kaum Schwierigkeiten bereitete, war geschultes Verkaufspersonal kaum zu finden und musste durch die Firma selbst ausgebildet werden. Merkur betrieb im November 1905 29 und Ende 1906 bereits 81 Filialen in allen Regionen der Schweiz.[88]

Die ersten beiden Basler Verkaufsgeschäfte eröffnete Merkur im Gründungsjahr 1905 in den Räumlichkeiten des früheren Schokoladenhauses C. Ungelenk an der Gerbergasse 44 (kein Liegenschaftsbesitz) und im Eckhaus Hutgasse/Münzgässlein 1 (kein Liegenschaftsbesitz).[89] Bereits im Januar 1906 folgten die dritte und vierte Basler Filiale an der Gerbergasse 89 und Greifengasse 28 (beide kein Liegenschaftsbesitz). Dann veränderte sich am Platz Basel bezüglich der Zahl der Filialen nichts mehr bis zum Ausbruch des Ersten Weltkriegs.

Zur weiteren Entwicklung der Merkur-Kette nach 1914: In den Kriegsjahren expandierte die Firma Merkur ihr Filialnetz auf 137 Verkaufsstellen im Jahr 1919. 1954 zählte man 165 Filialen in 99 Ortschaften der Schweiz. Die Firma Merkur ist noch heute in zahlreichen Schweizer Städten mit Spezialgeschäften für Schokoladen und Kaffee vertreten. 1996 bestanden in der Stadt Basel fünf Filialen.

Fazit: Wahrscheinlich war die Gründung der Merkur AG von der Geschäftstätigkeit der Kaiser's Kaffeegeschäft GmbH inspiriert worden, die seit 1902 mit einem vergleichbaren Warenangebot als Filialunternehmen in der Schweiz tätig war. Die von Beginn an als Aktiengesellschaft gegründete Firma baute in wenigen Jahre ein gesamtschweizerisches Filialnetz auf und eröffnete in Basel bis zum Ersten Weltkrieg vier Verkaufsgeschäfte. Alle Filialräumlichkeiten wurden gemietet, kein Kapital mit Liegenschaftskäufen gebunden. Merkur vertrieb ein ausgesuchtes Sortiment an Schokoladenspezialitäten, Kaffee, Tee sowie Markenartikeln des Lebens- und Genussmittelbereichs. Alle Läden waren in Ausstattung und Sortiment identisch. Genau wie die Consumvereine und Warenhäuser musste die Firma Merkur im Bereich der Personalausbildung selbst aktiv werden und geeignete Verkäuferinnen schulen.[90] Die Verkäuferinnenlehre wurde erst 1930 gesamtschweizerisch eingeführt.[91]

22   Oesterlin & Cie., Eier-, Käse- und Butterhandlung

Filialunternehmung: 1907–1925; grösste Zahl der Filialen bis 1914, inklusive Hauptgeschäft: 4.

Der Firma Oesterlin & Cie. an der Bruderholzstrasse 40 (kein Liegenschaftsbesitz) erscheint 1903 erstmals als Eier-, Käse- und Butterhandlung en gros. Die Inhaber waren *Karl Friedrich Oesterlin,* Tellstr. 1, und *Rudolf Grossmann,* Leonhardsgraben 1, beide Kaufleute. Bereits 1907 führt das Adressbuch zwei weitere Verkaufsstellen auf, eine in den 1906 eröffneten Centralhallen an der Streitgasse 22, die andere an der Hutgasse 14 (kein Liegenschaftsbesitz). 1908 muss Rudolf Grossmann die Firma verlassen haben. 1910 folgte eine weitere Filiale mit Adresse Rheingasse 12 (kein Liegenschaftsbesitz). Tätigkeitsgebiet der Firma war jetzt der Import und Export von frischen Eiern, Butter und Käse.

Zum Werdegang von Karl Oesterlin: Er erscheint im Adressbuch erstmals 1886 als Commis an der Steinentorstr. 43, 1893 mit derselben Berufsbezeichnung an der Margarethenstr. 55. 1900 ist er als Kaufmann an der Gundeldingerstr. 95 auszumachen. Zusammen mit Johann Jakob Lüchinger führte er jetzt die Firma Lüchinger & Oesterlin, Dornacherstr. 36, Eier-, Butter- und Käsehandlung mit einem Detailgeschäft an der Stadthausgasse 15.

Weiterentwicklung der Firma Oesterlin & Cie/Oesterlin & Co nach 1914: Bis 1925, d. h. solange Carl Friedrich Oesterlin Inhaber des Geschäfts war, wurde der Detailhandel in vier Verkaufslokalen betrieben, danach scheint dieser aufgegeben worden zu sein. 1926–1935 führte Sophie Oesterlin-Sutter die Firma mit dem Bestimmungszweck «Import, Export und Kommission in Eiern, Butter und Käse», während Carl Oesterlin-Sutter die Prokura innehatte. 1939–1959 ist die Einzelfirma Karl Oesterlin-Sutter mit wechselnder Adresse anzutreffen. Der Firmenzweck lautet nun: Handel und Kommission in Comestibleswaren.

Fazit: Einem Grosshandelsgeschäft mit dezentral gelegenen Geschäfts- und Lagerräumen wurden nach dem Vorbild anderer Firmen der Branche mehrere Verkaufsstellen im Stadtzentrum für den Direktabsatz angegliedert. So entstand eine kleine Filialunternehmung. Der Geschäftsgründer Karl Oesterlin besass aus früheren Berufsaktivitäten bereits Erfahrung in der Milchprodukten- und Eierbranche. Er und sein Gründungspartner bezeichneten sich als Kaufleute. Keine der Geschäftsliegenschaften befand sich im Besitz der Firmeninhaber.

23   F. Paronella, Wein- und Spirituosenhandlung

Filialunternehmung: 1910–1921; grösste Zahl der Filialen bis 1914, inklusive Hauptgeschäft: 3.

Francisco Paronella tritt uns zunächst als Wirt der Spanischen Weinhalle am Barfüsserplatz 16 ab 1896 entgegen, der bis 1900 die Filialen Rebgasse 6 und Streitgasse 11 angegliedert wurden. Ab 1910 sind im Branchenteil des Adress-

buchs unter Wein- und Spirituosenhandlungen die bereits genannten drei Adressen aufgeführt (Barfüsserplatz 16 und Rebgasse 6 Liegenschaftsbesitz). Im Adressbuch lautet der Zusatz bei Streitgasse 11 «Katalonischer Weinkeller». Vermutlich ein gebürtiger Spanier, brachte Paronella den Baslern als Wirt und später auch als Weinhändler die Erzeugnisse seiner Heimat nahe.
Die Firma nach 1914: Bis 1919 noch als Wirt am Barfüsserplatz 16 zu treffen, bezeichnete sich Francisco Paronella ab 1920 als Wein- und Spirituosenhändler mit drei Verkaufsstellen, ab 1921 aber bereits mit nur noch einem Verkaufsgeschäft am Barfüsserplatz 16. Ab 1924 war Paronella nicht nur Inhaber dieses Geschäfts, sondern auch wieder Wirt, nun im Kleinbasel an der Ochsengasse 5. Letztmals begegnen wir ihm 1926 als Partikular und Eigentümer des Wein- und Spirituosengeschäfts am Barfüsserplatz 16.
Fazit: Aus einem spanischen Wirt mit (Weinkeller-?)Filialen wurde ein Wirt und Weinhändler mit mehreren Verkaufsgeschäften. Oder hat der Inhaber beide Geschäfte immer parallel betrieben? Dieser Modus ist mit einem Weinverkauf über die Gasse gut vorstellbar. Teilweise Liegenschaftsbesitz für Geschäftsadressen nachweisbar.

24   Gebr. Leuenberger, Metzgerei
Filialunternehmung: nur 1914; grösste Zahl der Filialen, inklusive Hauptgeschäft: 3.
1913 noch nicht im Adressbuch verzeichnet, erscheint die Firma 1914 im Branchenverzeichnis mit den 3 Verkaufsgeschäften Aeschenvorstadt 71 (Liegenschaftsbesitz), Albanvorstadt 56 (Liegenschaftsbesitz) und Greifengasse 26 (Liegenschaftsbesitz). Sie bestand aus den beiden Verkaufsstellen von Joh. Leuenberger-Grauwiler und jener von Friedr. Leuenberger-Grauwiler. Bereits 1915 finden wir die Firma nicht mehr vor, Joh. Leuenberger-Grauwiler war jetzt Partikular an der Aeschenvorstadt 71, und Wwe. M. Emilie Leuenberger-Grauwiler wohnte an der Albanvorstadt 56.
Fazit: Dieses Zusammengehen von zwei Metzgerbetrieben zu einer Filialunternehmung mit drei Verkaufsstellen war vermutlich eine Notlösung zur kurzfristigen Fortführung des Verkaufsgeschäfts.

4 Inventare von Spezierern: Ladeneinrichtungen und -geräte, Warenlager und Reinvermögen

Quelle: StABS, Gerichtsarchiv PP1 Inventarien, aufgenommen durch die Gerichtsschreiberei Basel.

Nebst dem privaten Hausrat und dem Warenlager, das teils detailliert, teils summarisch aufgeführt bzw. geschätzt wurde, sind als Vermögensposten meist auch vorhandene Ladeneinrichtungen und -gerätschaften aufgeführt und (teilweise) bewertet. Die Angaben verstehen sich in Schweizer Franken.

Aufschlussreich ist – insbesondere bei Liegenschaftsbesitzern – die Gegenüberstellung von Aktiven und Passiven. Diese zeigt etwa, dass die Häuser der Spezierer meist fremdfinanziert waren durch Obligationen privater Leihgeber und dass das effektive Vermögen bescheiden war.

Glossar

Bascule(waage)	= bascule portative = tragbare Brückenwaage; Dezimalwaage; für grössere Gewichte geeignet, da die Gewichte nur 1/10 Zehntel der Last betragen
Bouteillen	Flaschen
Chapelle	= Schabelle = Stabelle? oder: Schmelzschale, Destillierkolben, Ofen?
Dezimalwaage	Waage, bei der die ausgleichenden Gewichte nur 1/10 der Last betragen
Ladenkorpus	zentraler, geschlossener Verkaufstisch (mit Schubladen)
Ladentisch	Tisch für den Laden bzw. im Laden
Kapsel	kleiner runder oder ovaler Behälter
Kruse	Krug, Becher
Montregestell	Ausstellmöbel bzw. -kästchen, Vitrine
Pièce	Stückfass; grosses Fass, meist für Wein
Regulateur	genau gehende Uhr, Pendule
Schaft, Schäfte	Regal(e)
Schapfe	Schöpfmass, z. B. für Milch
Schabelle	Stabelle? Vgl. oben: Chapelle
sturzen	aus dünnem Eisenblech gefertigt
Tabouret	Stuhl ohne Lehne

1854, Nr. 80
Inventarium über das Vermögen des sich Schulden halber von hier entfernten Joseph Oser, Spezierer von Schönenbuch, aufgenommen den 14. März 1854

Unter «an hauswirtsch. Effekten: Keller» (ohne Bewertung, da Gant):
1 Käszuber
2 Pièce
1 kl. Fässl.
2 Kisten

Unter «an Waren und Ladenutensilien»:
3 Ölstanden
4 Mass & 1 Trichter
2 Fässl. mit Branntwein
1 Fässl. mit Essig
1 Corpus
1 Ladentisch
1 lg. Bank
1 messingene Waag mit 10 1/2 lb Gewicht
1 Schlag Allerhand

1855, Nr. 127
Inventarium über das Vermögen des sich schuldenhalber von hier entfernten Sebastian Hofer, Spezierer und Bürger allhier zu Basel, aufgenommen den 15. Mai 1855

Ladengerätschaften (ohne Bewertung, da Gant):
1 Ladentisch
2 Waagen mit messing. Schalen
1 kleine Waage mit messing. Schalen
1 Ladencorpus
10 Tabakhäfen mit Deckel
2 Essigfässchen
3 Strohflaschen
1 Wälderuhr
1 Lampe
4 Kapseln
3 zinnene Mass
4 sturzene do.
4 sturzene Ölstanden mit Mass und Trichter
27 lb Eisengewicht
29 Loth Messinggewicht
1 Schabelle
2 Teebüchsen
4 Einmachgläser

1 Auslegkistl.
1 Zuckersäge
1 Zuckersieb
1 stein. Krug
2 Branntweinfässl.
1 Tabaktisch
1 Tabakkiste
1 Sieb
2 Wannenkörbe
3 Tabakschaufeln
Hammer & Zange
4 Fass mit Tabak
10 leere Fass
1 Kiste do.
3 sturzene Flaschen
2 Trichter
5 steinerne Häfen

(Warenlager: Spezerei- und Tabakwaren)

1856, Nr. 222
Inventarium über das Vermögen des sich insolvent erklärten Carl Jenny von Langenbruck, Spezierer dahier in Basel, aufgenommen den 7. Oktober 1856

Ladengerätschaften (ohne Bewertung, da Gant):
2 Ladencorpus
1 Ladentisch
4 Essigfässchen st. Gestell
4 Mass & 1 Trichter
1 kleiner Corpus & 1 Schaft
1 kleine Bascule
1 Waag mit kupf. Schalen
15 3/4 lb Gewicht
4 Tabakhäfen

1858, Nr. 32
Inventar über die Effekten des sich absentierten Anton Zeugger, aufgenommen den 26. Dezember 1857

Unter «Vermögen» (ohne Bewertung, da Gant):
11 leere Bouteillen
1 kleines Fässchen
1 Waage & 1 Kästl.
1 Mehlwaage

1 Käsmesser
26 Pf. Gewicht
1 Kalender
9 ird. Schüsseln
1 kleiner Trichter
1 Milchhafen
2 leere Ankenständl.
1 Strohflasche
1 Fässchen mit etwas Schnaps
1 Schaft
1 Bank
1 Tisch
1 Schemel
1 Lichtstock
1 Kiste mit etwas Plunder
1 Käsbohrer
4 alte Säcke
1 Pièce
1 Fass (422 Mass)
1 Käskübel

1858, Nr. 99
Inventarium über die Verlassenschaft von Herrn Samuel Rudolf Hofer, sel.
gestorbenen Spezierer und Bürger allhier zu Basel, aufgenommen
den 29. April und 22. Mai 1858

Ladengerätschaften:

1 Ladentisch	40
1 Ladencorpus	40
2 kl. Bascule st. Gewicht	40
3 Essigfässl.	15
4 Tabakhäfen	2.40
1 Tabouret	1.50
3 Ölstanden	6
1 Kalender	1
1 Haumesser	1
1 Centrumbohrer	1
1 Flaschenkellen	2
(1 Hobelbank st. Werkzeug	50)
Total Ladenmobiliar	149.90 (199.90)
Waren	629.50
Aktiven	51'550.95
Passiven	28'600
Reinvermögen	22'950.95

1859, Nr. 37
Inventarium über das Vermögen des rechtlich ausgeklagten Jacob Harlacher von Schöfflinsdorf Kt. Zürich, Spezierer dahier in Basel, aufgenommen den 1. März 1859

Ladengerätschaften (ohne Bewertung, da Gant):
1 Ladentisch
1 Ladencorpus
1 Bascule, 15 3/4 lb Gewicht
1 Auslegkistl.
2 Tabakhäfen
3 zinn. Mass
3 Ölstanden
3 Liqueurgläsl.
1 Essigfässl.
1 Trichter

1862, Nr. 212
Inventarium über das Vermögen des rechtlich ausgeklagten Johannes Mangold, Spezierer und Bürger dahier und dessen Ehefrau geb. Müller, aufgenommen an 15. Juli 1862

Unter «Spezereiwaren» (ohne Bewertung, da Gant):

4 Ölstanden	
5 Trichter	
9 Ölmasse	
2 Essigfässlein	
2 zinn. Mass	
2 Trichter	
1 Ölstandengestell	1.50 (Ganterlös)
1 Kasten mit 35 Schubladen	50
2 Ladentische	7.10 (Ganterlös)
2 Ladencorpusse	12.40 (Ganterlös)
5 Ladenschaufeln	
1 kupferne Waage	3.00 (Ganterlös)
1 mess. Waage	10.60 (Ganterlös)
Gewichtsteine 18 1/4 lb	3.40 (Ganterlös)
6 Tabakhäfen	6.80 (Ganterlös)
div. Schäfte	
1 Vorhangkästlein	
2 Essenzbüchsen	
1 Zweitritt	

(Warenlager: Ellen- und Spezereiwaren sowie landwirtsch. Gerätschaften)

1863, Nr. 26
Inventarium über das Vermögen des ausgetretenen (= abgereisten?) Victor Vonarx von Wiesen Canton Solothurn, gewesen Spezierer dahier, vom 20 Januar 1863 (Konkurs)

Ladengerätschaften (ohne Bewertung, da Gant):
1 Ladentisch
3 grosse & 3 kleine Schäfte
2 leere Kisten
1 Waage mit 15 1/2 lb Eisengewicht
6 blech. Mass & 1 Trichter

Unter «Waren»:
1 Fässchen von 49 1/2 Mass bezeichnet JD
1 Fässchen von 16 1/4 Mass bezeichnet JD
1 Fässchen von 41 1/4 Mass bezeichnet JD
1 Fässchen von 17 Mass bezeichnet JD
2 Fässchen mit Resten Tabak
1 Cigarrenfach mit 8 Bund Cigarren
10 leere Flaschen
Packpapier
leere Cigarrenkistchen

1864, N. 275
Inventarium über das Vermögen des Jacob Hufschmied, des Spezierers von Trimbach Kt. Solothurn, aufgenommen den 22. August 1864 (Konkurs)

Unter «Im Laden», zusammen mit dem Wareninventar (ohne Bewertung, da Gant):
1 Aushängekästl. mit Cigarren
3 blechene Ölständlein
7 Ölmässl. & 2 Trichter
2 Häfen mit Rauchtabak
1 blechenes Ständlein mit Schmalz
1 steinerner Krug
7 Fässlein (mit Essig und Branntwein gefüllt)
1 Kanne
1 Petroleumlampe
1 engl. Waage
1 Käsmesser

Unter «Magazin»:
1 leeres Fässlein
4 Buch Packpapier
4 leere Säcke
1 Fässl.

1 Ständl.
1 Sägblock
1 Abschlager & 1 Axt & 1 Säge
1 Schwenkzuber & 1 Zuber
1 Bänkl.
1 Leiter

Unter «Keller»:
2 leere Korbflaschen
2 leere Fässl.
1 Schnapstrichter
6 Fässl.
1 leere Pièce
2 Fässchen mit Nusswasser
1 leere Kiste
2 Fässl.

1864, Nr. 297
Inventarium über die Verlassenschaft des den 16. September 1864 verstorbenen Rudolf Senn, Spezierer von Oberuster Ct. Zürich, aufgenommen den 21. September 1864

Laden:

1 Ladentisch	5
1 messingene Waage	6
25 lb 16 Loth Eisengewicht	7
1 Ladenkorpus	8
3 Ladenschäft	6
2 hölzerne Tabourets	6
2 tannene Tische	8
1 Lehnbank	4
2 alte Ölgemälde	5
1 Spiegel	3
1 Lampe	1.50
2 Essigfässlein	4
1 grosse Bascule	30
1 Fässlein	2
Total Ladenmobiliar	95.50
Waren	602.75
Aktive	18'215.85
Passive	9338.50
Reinvermögen	8877.35

1864, Nr. 372
Inventarium über die Verlassenschaft des den 21. November 1864 verstorbenen Johannes Götz, Spezierer von Wyl Ct. Zürich, aufgenommen den 8. Dezember 1864

Unter «Hausrat»:

1 Ladentisch	10
1 Ladenkorpus	20
1 Ladenschaft	8
1 Waage mit messingenen Schalen, 1 lb Einsatz	25
29 lb Eisengewicht	5.70
2 Essigfässlein	3
1 Petroleumlampe	10
4 Tabakhäfen	2.40
diverses Blechgeschirr	12
Total Ladenmobiliar	96.10
Waren geschätzt	752.70
Aktiven	22'996.00
Passiven	18'400.74
Reinvermögen	4595.26

1865, Nr. 133
Inventarium über die Verlassenschaft des den 27. April 1865 verstorbenen Bonifazius Thoma, Spezierer von Krotzingen Bad, Amt Stauffen, aufgenommen den 4. Mai 1865

Laden:

1 Bascule mit 45 lb Eisengewicht	50
1 lb Einsatz	1.50
1 gr. eiserne Waage	10
2 Waagen mit mess. Schalen	20
1 Ladentisch u. 1 Bank	12
1 grosser Korpus	100
1 Auslegfach	5
2 Tabourets	4
4 Tabakhäfen	4
3 Standfässlein	4.50
1 Ölfässlein (sturz.) mit Mass	4
1 Ankenblech	2
1 kleiner Korpus	5
1 Sieb	1
1 sturzene Petroleumflasche	1
1 grosser eis. Mörser	5

3 Trichter	3
4 ovale Wein- u. Essigfässlein	20
Total Ladenmobiliar	252
Waren	3468.56
Aktiven	25'968.36
Passiven	14'135.60
Reinvermögen	11'833.20

1865, Nr. 307
Inventarium über die Verlassenschaft des den 31. August 1865 verstorbenen Johannes Madöry, Spezierer von Ittingen Ct. Baselland, aufgenommen den 5. September 1865

Ladengerätschaften:

1 Waage mit 5 lb Eisengewicht	10
1 lb Einsatz	1.50
1 tann. Tisch	3
1 Ladentisch	5
1 Petroleumlampe	5
Total Ladenmobiliar	24.50
Waren	320.66
Aktiven	943.76
Passiven (Inventurgebühren)	4.70
Reinvermögen	939.06

1874, Nr. 105
Inventar über das Vermögen, welches der am 2. März 1874 verstorbene Martin Jenny, Dreher und Spezierer, geb. 1814 von Langenbruck Ct. Baselland, gemeinschaftlich mit seiner Ehegattin besessen hat, aufgenommen den 9. März 1874

Ladenmobiliar:

1 Glaskästchen	12
1 Ausstellkästchen	3
5 Tabakhäfen	5
1 Butter- und 1 Schmalzblech	3
2 Mehlschaufeln	2
3 Confiseur-Gläser	2
1 Hänglampe	5
4 ovale Fässlein mit Gestell	20

1 kleiner Korpus	10
1 Zuckerschneidmaschine	25
Total Ladenmobiliar	87

Dreherwerkzeug:
1 Drehbank	25
1 Hobelbank	15
Diverses Werkzeug	10
1 Schraubstock	4
Total	54
Waren	1590.54
Aktiven	26'677.54
Passiven	22'217.35
Reinvermögen	4460.19

1876, Nr. 229
Inventar über das Vermögen, welches der am 1. Mai 1876 durch Selbstmord verunglückte Johannes Stump-Wenk, Spezierer geb. 1833 von Riehen Ct. Baselstadt, gemeinschaftlich mit seiner Ehegattin besessen hat, aufgenommen den 10. u. 12. Mai 1876

Ladenmobiliar:
1 Ladentisch	20
1 Waage mit 6 lb Messinggewicht und 22 3/4 lb Eisengewicht	25
1 Ausstellkistchen	1.50
4 ovale Fässchen	24
3 Ölstanden mit 3 Messk. u. 3 Trichter	9
1 Petroleumstande nebst Zubehörde	8
1 kleiner Corpus	10
1 Stuhl	1
1 Pult	15
1 langer tann. Tisch	6
1 Chapelle	5
1 Jonc Sessel	8
1 Stuhl	2
2 Lampen	4
2 Stehlampen	3
7 Schnupftabakhalter	7
1 Zweitritt	1
1 Waage mit kupf. Schalen	3

Magazingerätschaften:

1 Bascule mit 83 lb Eisengewicht	50
1 Zugseil	10
1 Öl-Pumpe	5
1 Petroleum-Pumpe	5
3 Strohflaschen	3
1 Säge	2
2 Butterschüssele	2
1 Zuckersäge mit Sieb	3
1 Magazinleiter	2
1 Petroleumstande	4
1 Abladleiter	8
Total Ladenmobiliar u. Magazingerätschaften	246.50
Warenlager (Stoffe und Spezereiwaren)	6102.55
Aktive	56'860.65
Passive	21'837.71
Reinvermögen	35'022.94

1877, Nr. 244
Inventar über das Vermögen, welches der unterm 25. Mai 1877 in hiesigem Spital verstorbene Johann Rudolf Urech, Spezierer geb. 1832, von Niederhallwyl, Ct. Aargau, gemeinschaftlich mit seiner Ehegattin besessen hat, aufgenommen den 30. Mai 1877

Ladenmobiliar:

1 Ladentisch	18
2 Waagen mit mess. Schalen u. 8 lb Eisengewicht	32
1 alte Mehlwaage	2
6 diverse Fässlein	18
5 Öl-Behälter	10
4 Tabakhäfen	4
2 Tische	4
1 Wälderuhr	5
1 Mehlkasten	5
5 grosse Flaschen	5
1 Ladenkorpus	25
1 Sessel, 1 Stuhl u. 1 Schemel	4
Total Ladenmobiliar	132
Warenlager	1745.51
Aktiven	41'002.91
Passiven	31'836.25
Reinvermögen	9166.66

1877, Nr. 323
Inventar über das Vermögen, welches der unterm 10. Juli 1877 hier
verstorbene Eduard Wildenthaler-Greter, Spezierer von Thunsel,
Amt Stauffen (Baden), geb. 1839 gemeinschaftlich mit seiner Ehegattin
besessen hat, aufgenommen den 17. u. 18. Juli 1877

Ladeninventar:
Corpusse, Waagen, verschiedenen Mass
u. Geschirr pauschal   300

Warenvorräte   2577.25

Aktive   40'365.14
Passive   39'904.61

Reinvermögen   460.53

1878, Nr. 147
Inventar über das Vermögen, welches der unterm 25. März 1878 im hiesigen
Spital verstorbene Martin Reinacher-Aebi, Erdarbeiter und Spezierer, von
Bubendorf (Baselld.) geb. 1838 gemeinschaftlich mit seiner Ehegattin
besessen hat, aufgenommen den 3. u. 8. April 1878

Ladeneinrichtung:
1 Ladentisch   25
1 Kommode mit Aufsatz von Glas   60
verschiedene Korpusse   80
2 Fassgestell   7
1 Fenster- und 1 Tischgestell   4
1 Decimalwaage st. Gewicht   24
Schäfte   10
1 Petrolblechflasche   12
5 blech. Mass   5
3 blech. Trichter   0.90
1 Wanduhr   20
1 Zuckersäge   2
3 Lampen   5.50
1 Ausstellkästchen   6
1 Ladenglocke   2.50

Total Ladenmobiliar   263.90

Warenvorräte   601.81

Aktive   8439.41
Passive   5931.60

Reinvermögen   2507.81

1886, Nr. 642
Inventarium über das Vermögen, welches der am 29. November 1886 in Basel verstorbene Johann Jakob Frey, geb. 1831, Spezierer, von Basel, gemeinschaftlich mit seiner Ehefrau Anna Margaretha Johanna geb. Sandreuter, besessen hat, aufgenommen den 9./10. Dezember 1886

Geschäftsmobiliar

Im Laden:
1 tann. Pult	40
1 grosser Ladencorpus	40
1 Schaft mit 3 ovalen & 1 rundes Fässli	30
1 Ladencorpus mit 1 Türe & 12 Schubladen	20
1 Ladengestell mit 4 ovalen Fässlein	30
1 Kaffeekasten	10
1 kl. Ausstellkästlein	3
1 Cigarrengestell	1
1 Cigarrenkasten	4
1 Cigarrenmesser	1
1 Waage mit Gewicht	15
2 Ladentische	60
1 Dreitritt	2
1 Petroleumgestell mit Blech	2
4 Clochen mit Teller	10
4 Petroleumkannen	5
1 Olivenkessel	2
1 kleiner Schaft	2
2 Armkörbe & 1 kl. Sieb	3
4 steinerne Tabakhäfen	4

Im Sommerhaus:
1 Basculewaage mit Gewicht	18
Total Ladenmobiliar	302
Warenlager	4549.76
Aktiven	62'390.36
Passiven	43'134.59
Reinvermögen	19'255.77

1887, Nr. 272
Inventarium über das Vermögen, welches die am 25. April 1887 in Basel verstorbene Veronika Feiner geb. Blattner, geb. 1854, Spezierin, von Wangen i/Allgäu (Württemberg), gemeinschaftlich mit ihrem Ehemann Joseph Alois Feiner, Maler, besessen hat, aufgenommen den 10. Mai 1887

Ladenmobiliar:	
1 Ladentisch	4
2 Cigarrenkästlein	3
1 Schalenwaage mit Gewicht	20
3 Ladenschäfte	10
1 Kasten	12
1 Hänglampe	10
1 Stuhl	2
Verschiedene Blechbüchsen etc.	5
Total Ladenmobiliar	66
Spezereiwaren geschätzt	500
Aktiven	18'647.15
Passiven	17'373.67
Reinvermögen	1273.48

1887, Nr. 298
Inventarium über den Nachlass der am 20. Mai 1887 in Basel verstorbenen Maria Anna Stenzler geb. Weiss, geb. 1843, Spezereiwarenhändlerin, von Hettenschwyl (Aargau) aufgenommen den 24. Mai 1887

Unter «Ladengerätschaften u. Warenvorräte»:	
1 Ladencorpus mit Schiebladen	6
1 Schalenwaage mit Messinggewicht	15
1 Corpus mit Schiebladen	10
1 Partie Ladenschäfte	6
1 Blechkessel (Levaillant)	-
1 Hänglampe	2
3 Sessel	4.50
4 kleine Fässchen (J. C. Meyer)	-
1 Schäftchen	1
2 Petrolbehälter	30
1 Tropfblech	6
1 Basculewaage	10
1 erd. Hafen mit Schnupftabak	2
1 Ausstellkästchen	2
1 Partie Papiersäcke	3
1 erd. Hafen	1

leere Flaschen	0.50
1 Ölbehälter mit ca. 6 Liter Salatöl	8
2 Krusen u. 2 Körbe	1
1 Ausstellkästchen mit Cigarren	3
2 Käsmesser	1
1 Drahtglocke mit Brett	0.50
1 Partie Packpapier	5
1 Partie leere Papiersäcke	3

Im Keller:
1 Partie leere Kisten	5
2 erd. Häfen	1
1 Sestermass	1
12 div. Fässchen (nicht Eigentum)	
2 Korbflaschen (nicht Eigentum)	
3 leere Fässchen u. Kisten (im Hof)	3
Total Ladenmobiliar	130.50
Warenvorräte	1215.55
Passiven	5767.51
Aktiven	1812.22
Überschuldung	3955.29

1887, Nr. 499
Inventarium über das Vermögen, welches der am 18. August 1887 im Bürgerspital verstorbene Christian Witschi, Spezierer, von Basel, (geb. 1829), gemeinschaftlich mit seiner Ehefrau Anna Karolina geb. Baumann besessen hat, aufgenommen am 26. August 1887

Geschäftsmobiliar:
4 Schnapsfässlein	20
3 Ständeli mit Deckel	5
1 Petroleumstande mit 3 Trichter	25
1 Schalenwaage mit Gewicht	10
3 Ölkannen & einige stein. Häfen	5
1 Ladencorpus & sämtliche Schäfte	50
1 Basculewaage	20
1 Leiter	2
2 Stühle	3
1 Mehltrog	8
8 Fässl. & einige Kistl.	5
1 Spritfässli	6
Total Ladenmobiliar	159

Warenlager	1491.99
Aktiven	3152.34
Passiven	587.75
Reinvermögen	2564.59

1887, Nr. 653
Inventarium über das Vermögen, welches der am 9. November in Courrendlin (Bern) verstorbene, in Basel wohnhaft gewesene Johannes Pfirter, geb. 1851, Spezierer, von Muttenz (Baselland), gemeinschaftlich mit seiner Ehefrau Karolina geb. Glinz besessen hat, aufgenommen den 17. November 1887

Ladenutensilien:

1 Schalenwaage mit Messinggewicht	8
1 Petroleumbehälter	10
1 Spritbehälter	4
1 Tabouret & 1 Dreitritt	1
1 Stehlampe	1
1 Hängelampe	2
1 Wanduhr	5
1 Joncsessel & 1 Gartenstuhl	3
1 Handsäge & 2 Siebe	1
1 ovales Fässl.	12
1 Leiter & einige leere blech. Flaschen etc.	2
17 leere Korbflaschen, 1 Käszuber mit Deckel, 12 Fässli & die übrigen Ladeneinrichtung sollen nicht Eigentum des Verstorbenen sein.	—
Total Ladenmobiliar	49
Warenlager	486.63
Passiven	20'222.95
Aktiven	14'065.68
Überschuldung	6157.27

1898, Nr. 366
Inventarium, aufgenommen den 31. Mai 1898, über das Vermögen, welches der am 22. Mai 1898 in Basel verstorbene Xaver Maier-Frommherz, geb. 1830, Spezierer, von Eschbach (Baden), gemeinschaftlich mit seiner Ehefrau Franziska geb. Frommherz besessen hat

Ladeninventar:

1 Ladentisch	20
3 Ladencorpus	80
2 Ladenschäfte	10
1 Decimalwaage mit Gewicht	20
1 Ladenwaage	10
6 Bonbongläser	3
6 Schapfen	3
4 Essigfässchen	10
1 Petroleumbehälter mit Blechkasten	20
1 Cigarrenkasten	5
Total Ladenmobiliar	181

Warenlager bestehend in: Spezerei-, Mercerie-, Ellen- & Schuhwaren, Lebensmittel, Haushaltungsgegenständen, Geschirr, Schreibmaterialien, Tabak & Cigarren, durch die Witwe geschätzt zu   2200

Aktiven	99'237.15
Passiven	101'093.25
Überschuldung	1856.10

1898, Nr. 649
Inventarium, aufgenommen den 31. Oktober 1898, über den Nachlass der am 11. Oktober 1898 in Basel verstorbenen Emilie Stöckli, ledig, geb. 1841, Speziererin, von Neuendorf (Solothurn)

Im Laden:

1 Ladencorpus	20
1 Waage mit Gewicht	8
1 grosser Ladenschrank	30
1 zweit. Glaskasten	5
2 Tabourets	2
1 Eisschrank	30
1 Hängelampe	2
1 Petrolreservoir	20
1 Wanduhr	10
1 Spiritusfass	2
diverse Schäfte	10
Total Ladenmobiliar	139

Spezereiwaren (geschätzt von O. Näf, Spez.)   681

Aktiven	52'070.61
Passiven	47'007.75
Reinvermögen	5062.86

1899, Nr. 195
Inventarium, aufgenommen den 10. März 1899, über das Vermögen, welches der am 2. März 1899 in Basel verstorbene Franz Xaver Schmid-Müller, geb. 1831, Spezierer, von Basel & Kaiseraugst (Aargau), gemeinschaftlich mit seiner Ehefrau Susanna Juliane geb. Müller besessen hat

Geschäftsmobiliar geschätzt zu	200
Spezereiwaren geschätzt zu	1800
Aktiven	8875.40
Passiven	2193.17
Reinvermögen	6682.23

1899, Nr. 254
Inventarium, aufgenommen den 14. April 1899, über das Vermögen, welches der am 2. April 1899 in Basel verstorbene Heinrich Rubli-Kessi geb. 1833, Spezierer von Basel, gemeinschaftlich mit seiner Ehefrau Elisabeth geb. Kessi besessen hat

Im Laden:

1 Ladencorpus	15
2 Ladenschränke	40
1 Ladentrog mit Aufsatz	40
1 Waage mit Gewicht	10
1 Hängelampe	3
1 tann. Tisch	2
1 Tabouret	1
(1 Kinderwagen	10)
Total Ladenmobiliar	111
Warenvorräte im Schätzwerte von	1016.85
Aktiven	31'721.95
Passiven	7328.40
Reinvermögen	24'393.55

1900, Nr. 459
Inventarium, aufgenommen den 25. Mai 1900, über das Vermögen, welches der am 18. Mai 1900 in Basel verstorbene Emil Glatt-Hilbold, geb. 1857, Spezierer, von Eichen Amt Schopfheim (Baden), gemeinschaftlich mit seiner Ehefrau Karolina geb. Hilbold besessen hat

Im Laden:

1 Ladencorpus	20
1 Tisch	5
1 Schaft	5
1 Eckkasten	8
1 Wanduhr	10
1 Hängelampe	2
2 Stühle	2
(1 Nähmaschine	50)
2 Bänke	4
1 Waage mit Gewicht	8
2 Milchkessel	3
Total Ladenmobiliar	67
Spezerei- und Merceriewaren geschätzt	500
Aktiven	49'304.50
Passiven	42'855.35
Reinvermögen	6449.15

1900, Nr. 690
Inventarium, aufgenommen den 30. August 1900 über den Nachlass der am 20. August 1900 in Basel verstorbenen Anna Niederer geb. 1857, Spezierin von Basel (Miteigentümerin zur Hälfte ist die Schwester Lydia Niederer)

Ladenmobiliar:

1 Ladenkorpus	30
2 grosse Ladenschäfte mit Schubladen	60
1 kleines Stehpult	5
2 Waagen mit Gewicht	10
1 Mehltrog	15
2 kleine Tische	4
3 kleine ovale Fässer	6
1 Wälderuhr	4
1 Dezimalwaage mit Gewicht	20
1 tann. Tisch	2
1 Stuhl	1
Total Ladenmobiliar	157

Spezerei- und Merceriewaren geschätzt	1646.30
Aktiven	18'958.80
Passiven	14'202.90
Reinvermögen	4755.90

1910, Nr. 974
Inventarium, aufgenommen den 28. November 1910, über den Nachlass des am 20. November 1910 im Bürgerspital verstorbenen Albert Hügin (-Wunderlin), geb. 1859, Spezierer von Oberwil (Baselland)

Im Laden:

1 Ladenkorpus mit Marmorplatte	40
1 Cigarrenkasten	5
1 Kartenständer	2
1 Waage mit Gewicht	10
1 kleiner Tisch	3
2 Schaufeln, 1 kleiner Wischer,	
1 Käsemesser, 1 Speckmesser mit Brett	5
1 Stuhl	1
1 kleine Doppelleiter	4
3 ovale & 2 runde Glasschalen	5
6 Glasschalen	6
4 Confseriegläser	5
4 Cacaobüchsen	4
1 Eiskasten	100
1 Öl-Korbflasche	2
Total Ladenmobiliar	192
Waren bereits veräussert	
Aktiven	68'941.40
Passiven	52'678.65
Reinvermögen	16'262.75

1910, Nr. 1041
Inventarium, aufgenommen den 3. Januar 1911, über das Vermögen, welches der am 30. Dezember 1910 in Basel verstorbene Mathias Blum-Kopfmann, geb. 1850, Spezierer, von Basel, gemeinschaftlich mit seiner Ehefrau Frederike geb. Kopfmann besessen hat

Ladenmobiliar:

1 Ladenkorpus	25
5 grosse Ladenschäfte	50

1 electr. Kaffeemühle	250
1 Eiskasten	50
1 Stehpult	10
1 Wollenkasten	10
(1 Nähmaschine	120)
1 Wanduhr	5
1 Waage mit Gewicht	10
1 Tabouret & 1 Stuhl	2
1 Cigarrenkasten	5
1 Ladenkorpus	50
4 Kaffeebehälter	10
Total Ladenmobiliar	477
Warenvorräte	4822
(u. a. Tonwaren, Geschirr, Merceriewaren, Lebensmittel und Haushaltsartikel)	
Aktiven	74'055.65
Passiven	33'405.70
Reinvermögen	40'649.95

1911, Nr. 488
Inventarium, aufgenommen den 22. Mai 1911, über den Nachlass des am 17. Mai 1911 in Basel verstorbenen Johann Jakob Leupin, geschieden von Emma Tanner, geb. 1868, Spezierer, von Basel & Muttenz

Ladenmobiliar:

1 Ladenkorpus	50
1 Controllkasse	300
2 Waagen mit Gewicht	20
2 Cigarrenausstellkasten	10
1 Regulateur	12
2 Korpus mit 27 Schubladen & 2 grossen Schäften	80
1 Schirmständer	4
1 Essigfässl.	5
1 Spiritusbehälter	5
3 Kaffeebüchsen	24
1 Kaffeemühle	60
1 Ölbehälter mit Mass	6
6 geeichte Flaschen & 3 Trichter	3
1 Mandelmühle	2
3 Weinkrüge	3
3 Käseglocken	6
5 blechene Schaufeln	3

1 Dezimalwaage mit Gewicht	20
1 Partie Blechbüchsen	15
1 Montregestell	5
1 Kaffeeröster	5
1 Doppelleiter	4
1 Mehlkasten	4
1 Fliegenkasten	5
1 Korbflasche	2
2 Krautstanden, 1 Partie leere Kisten	5
Total Ladenmobiliar	658
Warenlager (geschätzt v. Gebr. Riggenbach)	1606.96
Aktiven	3815.53
Passiven	2480.95
Reinvermögen	1334.58

1911, Nr. 823
Inventarium, aufgenommen den 8. September 1911, über das Vermögen, welches der am 1. September 1911 in Basel verstorbenen Karl Litschgi-Rüde, geb. 1862, Spezierer, von Heitersheim, Amt Staufen (Baden) gemeinschaftlich mit seiner Ehefrau Regina geb. Rüde besessen hat

Im Laden:
1 nussb. Tisch	10
1 Bureaustuhl	5
1 Regulateur	12
1 Spiegel	5
1 Joncsessel	3
Total Ladenmobiliar	35

Das übrige Mobiliar im Laden ist Eigentum des Hauseigentümers Aemmer & Cie. in Basel.

Warenvorräte	834.59
Passiven	5647.45
Aktiven	2751.59
Überschuldung	2895.86

1912, Nr. 1116
Inventar, aufgenommen den 4. September 1912, über das Vermögen, welches der am 28. August 1912 verstorbene Dionysius Faitsch-Theurer, geb. 1846, Spezierer, von Basel, gemeinschaftlich mit seiner Ehefrau Rosina geb. Theurer besessen hat

Im Laden:

1 Ladenkorpus	15
2 Ladenschränke	15
1 Cigarrenaustellkasten	2
1 Hängelampe	5
1 Waage mit Gewicht	10
2 Sessel	2
1 grosser Schaft	5
Total Ladenmobiliar	54
Warenlager (Schatzungswert)	270
Aktiven	148'727.51
Passiven	130'454.86
Reinvermögen	18'272.65

1913, Nr. 676
Inventar, aufgenommen den 20. u. 22. Mai 1813 über das Vermögen, welches der am 12. Mai in Basel verstorbene Spezierer Friedrich Wilhelm Gross-Wendel, geb. 1848, von Basel gemeinschaftlich mit seiner Ehefrau besessen hat

Ladenmobiliar im Schatzungswert von	395
Waren im Schatzungswert von	1334
Aktiven	55'213.80
Passiven	38'484
Reinvermögen	16'729.80

1913, Nr. 891
Inventar, aufgenommen den 1. Juli 1913 über das Vermögen, welches der am 25. Juni 1913 verstorbene Emanuel Blatter-Christener, geb. 1854, Milchhändler und Spezierer, von Basel und Rüderswil (Bern), gemeinschaftlich mit seiner Ehefrau Katharina geb. Christener, besessen hat

Geschäftsutensilien im Laden des Spezereigeschäfts:

1 grosser Ladenkorpus mit Schaft	80
1 grosser eiserner Ladenschaft	30
1 Ladencorpus mit Marmorplatte	100

1 Ausstellkasten mit Glastüren	50
1 tann. Tisch	4
1 kl. Ausstellkasten	10
1 Schirmständer	2
2 Essigfässchen mit Gestell	10
4 blecherne Kaffeebehälter	20
1 Papierständer	5
1 Schaft mit 5 Fässchen	50
1 grosser Ladenschaft mit Schubladen	40
1 Tabouret	1
1 Waage mit Gewicht	10
diverse Messer	5
1 Doppelleiter	4
1 Tischli mit Kaffeemühle & Motor	30
1 grosse Milchstande (im Gang)	4
Total Ladenmobiliar	455
(Geschäftsutensilien des Milchgeschäfts:	860
2 Pferde	1000)
Warenlager geschätzt zusammen zu	1600
Aktiven	80'451.30
Passiven	68'390.10
Reinvermögen	12'061.20

5 Inventare von Spezierern: Warenlieferanten

Quelle: StABS, Gerichtsarchiv PP1 Inventarien, aufgenommen durch die Gerichtsschreiberei Basel.

Unter den Passiven sind in den Inventaren die noch ausstehenden Verpflichtungen erfasst, u. a. gegenüber von Warenlieferanten. Diese figurieren meist unter den Gläubigern letzter Ordnung.
Gläubiger ohne Angabe des Geschäftssitzes sind in Basel domiziliert. Die Branchenangabe der Gläubiger sind gemäss den Adressbüchern der Stadt Basel ergänzt worden. Bei auswärtigen Lieferanten haben wir versucht, die Branche über Nachfragen bei Archiven und durch persönliche Recherchen in Adressbüchern zu vervollständigen.
Ausser den Gesamtschulden bei Warenlieferanten haben wir die Zahl der Posten notiert sowie den durchschnittlichen Schuldbetrag pro Gläubiger ermittelt. Die Angaben verstehen sich in Schweizer Franken.

1854, Nr. 80; Joseph Oser

Imhof-Mieg, Basel	Weinhändler	504
Emanuel Preiswerk, Basel	Spezierer	167
Eml. Ramsperger, Basel	Spezerei- und Mineralwasserhandlung	192
Nathan Lauf, Hägenheim F	?	86
Rud. Bloch	Spezierer	25
Lindenmeyer-Schmid	Weinhandlung	19
Jos. Amberg, Schötz	Schweinehändler	95
Andr. Fuchs Wwe.	Müller	790
Joh. Meyer, Gerbergasse	Spezerei- und Branntweinhandlung	15
Joh. David	Wein-, Branntwein- und Essighandlung	44
Joseph Hellstern	Müller	459
Gebr. Hugo	Tabakfabrik	22
Schulden insgesamt		2418
Posten	12	
Schulden im Durchschnitt		202

1855, Nr. 127; Sebastian Hofer

Gebr. Hugo	Tabakfabrik	47
Gedeon Meyer	Spezerei- und Käsehandlung	34
Breck, Mörgelin & Cie.	Tabakfabrik	110
Joh. Meyer, Gerbergasse	Spezerei- und Branntweinhandlung	234
Eml. Preiswerk	Spezierer	198
Heinr. Bürgy	Kerzenfabrikant	77
David Sprüngli & Sohn, Zürich	Zuckerbäckerei (und Schokoladenfabrikation)	44
Eml. Ramsperger	Spezerei- und Mineralwasserhandlung	259
And. Braun	Tabakfabrikant	51
Gebr. Respinger	Spezerei- und Tapetenhandlung	1995
Schulden insgesamt		3049
Posten	10	
Schulden im Durchschnitt		305

1858, Nr. 32; Anton Zeugger

Emanuel Preiswerk	Spezierer	125
Joh. Brüderlin	Wirt («für Milch»)	19
Rudolf Grüninger	Müller	59
Wüst	Käsehändler	209
Seb. Grunauer, Vater	Spezierer	86
J. B. Vest junior	Spezierer und Kolonialwarenhändler	127
Rud. Bloch	Spezierer	109
Gebr. Schiesser, Aarau	Käse- und Butterhandlung?	277
Frieda Siebenmann, Aarau	Metzger	95
Herzog (?) Söhne, Affoltern BE?	Käsehändler? («für Käse»)	822
Lindenmeyer	Weinhändler	40
Tondet-Moihenet (?), F	Weinhändler	1074
Rud. Koblet, Eidberg ZH	Sennerei (Molkerei)	72
Schulden insgesamt		3114
Posten	13	
Schulden im Durchschnitt		240

1859, Nr. 37; Jacob Harlacher

Hauser-Oser	Wein- und Branntweinhandlung	20
Jos. Kuenzer, Freiburg D	Wichsefabrikant («für Wichse»)	32
Frau Schrämli	Zigarrenfabrik	137
Meyer & Schmidt	?	57
R. Bloch	Spezierer	182

Sagnol fils & Co.	Weinhandlung	86
Gebr. Stähelin	Kolonialwarenhandlung	441
Ch. Ronus	Quincailleriehandlung	185
G. Weber	Tabakfabrikant	13
Heinr. Bürgin	Tabakfabrikant	263
Kugler, St. Georgen D?	?	131
Frau Brand, Wwe.	Kerzenmacher («für Kerzen, Seife»)	207
Haas	Wirt? («für Branntwein»)	49
Riggenbach z. Arm	Spezierer	250
J. G. Muff	? («für Waren»)	83
J. B. Vest junior	Spezierer und Kolonialwarenhändler	292
C. Matzinger	?	38
Dav. Sprüngli & Sohn, Zürich	Zuckerbäckerei (und Schokoladenfabrikation)	81
M. Hugo & Cie., Lahr D	Tabakfabrik	159
Jos. Diellmann, Rheinfelden AG	Fabrikant von Schnupf-, Rauch- und Kautabak	119
AG Feldmühle, Rorschach SG	Mühle	131
Schulden insgesamt		2956
Posten	21	
Schulden im Durchschnitt		141

1863, Nr. 26; Victor Vonarx

Frau Giger-Grieder	Speziererin? («für Spezereiwaren»)	52
Ph. Meyer-Linder	Käsehändler	115
Hch. Bürgin	Seifen- und Lichterfabrikant	80
Rud. Bär, Arlesheim BL	Wirt?	99
Heinr. Müller	Spezierer, Obst- und Branntweinhändler	52
Dornacher, Arlesheim BL	Ellen- und Tuchwarenhandlung?	37
J. Gessler-Zeller	Bäcker	116
Johannes David	Wein- und Branntweinhandlung	115
Eduard Lotz & Cie.	Zigarren- und Tabakhändler	227
Joh. Rud. Valair	Zuckerbäcker	123
Schulden insgesamt		1016
Posten	10	
Schulden im Durchschnitt		102

1863, Nr. 335; Jacob Oettiger

J. Eckenstein Sohn	Spezierer	50
Rudolf Bloch	Spezierer	1345
Hch. Bürgin	Seifensieder	39
Joh. Goetz-Sutter	Spezierer («für Zigarren»)	32

| Joh. Meyer, Gerberg. 22 | Spezerei und Branntweinhandlung | 18 |
| AG zur Feldmühle, Rorschach SG | Mühle | 224 |

Schulden insgesamt		1708
Posten	6	
Schulden im Durchschnitt		285

1864, Nr. 275; Jakob Hufschmied

Joh. Meyer, Gerbergasse 22	Spezerei- und Branntweinhandlung	69
Wwe. Riggenbach zum Arm	Spezierer («für Käse»)	465
Leonhard Bernoulli	Drogerie-, Material- und Farbwaren	110
Rud. Bienz Sohn	Metzger («für Fleisch»)	172
Grossmann-Byland	Käsehändler	204
J. A. Christlieb, Schaffhausen	Wein, Bieressig, Spirituosenfabrik («f. Essig»)	55
J. B. Vest junior	Spezerei und Kolonialwarenhandlung	2376
Rud. Grossmann-Heinzelmann	Spezierer	57
Heinr. Wüst	Käsehändler	808
Seligmann-Bollag, adr. N. Braunschweig	Ellen- und Tuchwarenhändler («für Waren»)	159
Kunkler-Hirzel	? («für Butter»)	486
Landolt, Aarau	Metzger	163

Schulden insgesamt		5124
Posten	12	
Schulden im Durchschnitt		427

1874, Nr. 105; Martin Jenny und Ehegattin

Sengelet & Stehlin	Material- und Branntweinhandlung	40
Meyer, Gerbergässchen	Spezierer und Branntweinhändler	308
Stöcklin-Weissenberger	Kolonialwarenhandlung	376
Martin Frey, Binningen BL	?	68
Bürgin, Birsigstrasse	Seifensieder und Kerzenfabrikant	145
Biedert	Eisenhandlung?	9
Liechti, Kalt(en)berg BE?	?	108
Johannes Ryser, Könitz BE	?	153
Schieferlin-Seiler	Commis	108
Buschmann-Blatter	?	80
Munzinger-Vögtlin	?	30
Sutter-Krauss, Oberhofen TG	Essig- und Wichsefabrik	23
Gottlieb Zürcher, Langnau BE	Tuch- und Spezereihandlung?	125

Schulden insgesamt		1573
Posten	13	
Schulden im Durchschnitt		121

1876, Nr. 229; Johannes Stump-Wenk und Ehegattin

Wwe. Riggenbach zum Arm	Kolonialwaren	552
Gebr. Von Moos & Cie., Luzern	Eisenwarenfabrikation und -handel	211
Carl Hofer	Kerzen- und Seifenfabrikant	79
Schulden insgesamt		842
Posten	3	
Schulden im Durchschnitt		281

1877, Nr. 244; Johann Rudolf Urech und Ehegattin

X. Nithardt	Weinhandlung	53
J. Wüthrich-Hofmann, Kirchberg BE	Zigarren- u. Tabakfabr., Spez.- u. Ellenwh.	42
Thomas Kölle, Ulm D	Landesprodukten- und Zunderhandlung	34
Gebr. Schiesser, Aarau	Käse- und Butterhandlung	207
C. Trampler, Lahr D	Zichorienfabrikation	75
Schulden insgesamt		411
Posten	5	
Schulden im Durchschnitt		82

1877, Nr. 323; Eduard Wildenthaler-Greter und Ehegattin

Wwe. Riggenbach zum Arm	Kolonialwaren	204
Emil Fischer zum Wolf	Spezerei-, Packtuch- und Samenhandlung	61
A. Sengelet, Gerbergasse 10	Materialwaren- und Branntweinhandlung	163
J. C. Meyer	Spezerei- und Branntweinhandlung	683
Dietschy Faesch & Cie.	Wein- und Spirituosenhandlung	61
Moritz Dinkelspiel, Mannheim D	Kolonialwaren en gros	582
Wwe. Riggenbach zum Arm	Kolonialwaren	85
Grossmann-Byland	Käsehandlung	103
Melchior Portmann	Müller	397
E. Fenner-Matter	Papierhandlung und Buchbinderei	14
Ludwig Faesch, Freiestrasse 52	Wirt	11
Caspar Egli, Wyla ZH	Bäckerei, Mehl- und Spezereihandlung?	101
Caspar Bluntschly, Zürich	Seifen- und Stearinlichterfabrik	115
H. Sutter-Krauss, Oberhofen TG	Essig- und Wichsefabrik	54
C. Trampler, Lahr D	Zichorienfabrikation	138
Henri Bürgin	Seifensieder und Kerzenfabrikant	556
Carl Glenck	Fabrikation chemischer Produkte	563
G. Leder, Bern	Metzger	224
J. J. Hürlimann, Rapperswil SG	Baumwollspinnerei?	179

Klaiber & Cie.	Kolonialwarenhandlung	249
J. Näf	Spezerei und Honighandlung	295
H. Nägeli Sohn, Zürich	Buttersiederei und Handel mit Schweinefett	98

Schulden insgesamt		4936
Posten	22	
Schulden im Durchschnitt		224

1878, Nr. 147; Martin Reinacher-Aebi und Ehegattin

Gebr. Dietisheim, Gelterkinden BL	Manufakturwaren und Elastiqueweberei	24
Hch. Bürgin, Basel	Seifensieder und Kerzenfabrikant	45
Saml. Birmann, St. Ludwig D	? («für Waren»)	91
Zaeslin & Baumann, Basel	Kolonialwaren und Landesprodukte	58
Wilhelm Fromherz, Eulerstr. 75	Zigarren, Tabak und Quincaillerie	15
J. F. Kammerer, Brunnen SZ	Chem. Zündwarenfabrik («für Zündhölzer»)	11
Joseph Lützelberger, Zürich	Handel in ätherischen Ölen und Essenzen	33
Treichler-Schneider, Wädenswil ZH	Wein- und Branntweinhandel («für Branntwein»)	63

Schulden insgesamt		340
Posten	8	
Schulden im Durchschnitt		43

1886, Nr. 642; Johann Jakob Frey und Ehefrau Anna Margaretha Johanna geb. Sandreuter

Fendrich & Münch, Rheinfelden AG	Zigarrenfabrikation	18
Eugen Bluntschli, Zürich	Seifen- und Stearinlichterfabrikation	47
Gemuseus & Staehelin, Basel	Kolonialwaren en gros & en détail	29
C. H. Knorr, Heilbronn D	Fabr. von Suppeneinlagen und Gemüsekonserven	74
Gebr. Weilenmann, Veltheim ZH	Teigwarenfabrikation und Lebensmittelhandlung	86
Heinr. Franck Söhne, Basel	Zichorienfabrikation	31
Rieffel, Ballis & Comp., Strassburg D	Sauerkrautfabrikant	12
Zaeslin & Baumann	Warenhandel	110
Jacob Bleiler, Basel	Kolonialwaren- und Samenhandlung	31
C. Futterer, Basel	Kolonialwaren und Landesprodukte	30

Schulden insgesamt		468
Posten	10	
Schulden im Durchschnitt		47

1887, Nr. 272; Veronika Feiner geb. Blattner und Ehemann Joseph Alois Feiner, Maler

J. Naef	Spezerei und Honighandlung	261
P. Thöni	Bäcker	99
Gebr. Rhein	Mercerie en gros («für Stoff»)	26
J. Haller Sohn, Reinach BL/AG?	?	44
Thommen	Confiseur	14
Schulden insgesamt		444
Posten	5	
Schulden im Durchschnitt		89

1887, Nr. 298; Maria Anna Stenzler geb. Weiss

Consumgesellschaft Groener & Cie.	Kolonialwarenh. (Schuld lt. Gerichtsurt.)	3922
Johann Glanzmann	Farbarbeiter («für Käse»)	8
K. Kathriner	Spezerei- und Obsthändler («für Speck»)	55
Bertolf & Ziller	Seifen- und Kerzenfabrik («für Seife»)	21
J. C. Meyer, Gerbergasse	Sprit- und Kolonialwarenhandlung	219
A. Schneebeli & Cie., Affoltern ZH	Nahrungsmittelfabrik («für Fideli»)	13
Wilhelm Güntert	Weinhandlung en gros (Abnahmevertrag!)	511
Heinr. Franck Söhne	Zichorienfabrik	36
W. Schnetzer, Mühlhausen D	Käsefabrik («für Münsterkäse»)	28
Gebr. Ditisheim	Getreide, Mehl, Kolonialwaren, Wein, Spirituosen («für Kaffee»)	122
S. Levaillant	Kolonialwaren en gros, Kaffeerösterei	371
A. Rebsamen & Cie., Richterswil ZH	Fabr. v. Teigwaren, Fettw. u. Landesprod.	56
Schulden insgesamt		5362
Posten	12	
Schulden im Durchschnitt		447

1887, Nr. 499; Christian Witschi und Ehefrau Anna Karolina geb. Baumann

J. Ad. Weitnauer	Zigarren- und Tabakimportgeschäft	37
Melchior Portmann	Handelsmühle	33
Beck & Roth	Seifen- und Kerzenfabrikation	10
Henri Biber, Horgen ZH	Schokoladenfabrikation	30
Bertolf, Ziller & Cie.	Seifen-, Kerzen- und Firnisfabrikation	27
J. Naef	Spezerei- und Honighandlung	29

Frölicher & Schwab, Solothurn	Kolonialwarenh., Essigfabr. und Buttersied.	32
Carl Glenk	Fabr. u. Handel in chem. Produkten	30
Schulden insgesamt		228
Posten	8	
Schulden im Durchschnitt		29

1887, Nr. 653; Johannes Pfirter und Ehefrau Karolina geb. Glinz

Leonhard Bernoulli	Drogerie- und Materialwaren	141
Brunner & Vogel	Kolonialwarengeschäft	1045
W. Karli	Käse-, Butter- und Eierhandl. («für Käse»)	93
Bertolf Ziller & Co.	Seifen-, Kerzen- und Firnisfabrikation	130
Gust. Steib	Bürstenmacher	51
Raphael Braunschweig	Kolonialwaren	648
J. A. Weitnauer	Zigarren- und Tabakimportgeschäft	52
S. Böhny	Bäcker	534
Philipp Majer	Drogerie- und Materialwaren	206
Louis Mayer & Co.	Sprit und Branntwein en gros	128
Heinr. Franck Söhne	Zichorienfabrik	105
F. Gass	Teigwarenfabrik	57
N. Glinz, Liestal	Kolonialwaren en gros et en détail	2250
Carl Glenk	Fabr. u. Handel in chemischen Produkten	244
Gebr. Rusterholz, Wädenswil ZH	Buttersiederei, Fettwaren u. Landesprod.	124
Gustav Burckhardt	Landesprodukte und Zigarren en gros	73
Sutter-Krauss & Co., Oberhofen TG	Essig- und Wichsefabrik	20
J. Suter, Niederhallwyl AG	Zigarrenfabrikation	34
Melchior Portmann	Müller (Handelsmühle)	68
J. Mattmann, Horw LU	Teigwarenfabrik	126
Merz-Lotz, Aarburg AG	Tabak- und Zigarrenfabrikation	64
August Niedermayr, St. Gallen	Essigfabrik, Senf- und Gewürzmühle	42
Heiz & Schmidlin, Reinach AG	Zigarrenfabrikation	128
Wwe. Riggenbach z. Arm	Kolonialwaren und Käse	79
Jak. Hegnauer, Seengen AG	Strohflechterei	68
Joseph Lang	Weinhändler	100
Schulden insgesamt		6610
Posten	26	
Schulden im Durchschnitt		254

1898, Nr. 366; Xaver Maier-Frommherz und Ehefrau Franziska geb. Frommherz

Basler Brotfabrik	Brotfabrik (für Mehl)	33
Leonhard Bernoulli	Drogerie und Materialwaren	137
Heinr. Burckhardt & Co.	Quincaillerie, Bijout. und Haushaltw. en gr.	15
Cigarrenfabrik Diessenhofen TG	Zigarrenfabrik	36
R. Eichenberger-Merz, Beinwil AG	Tabak- und Zigarrenfabrikat. («f. Cigarren»)	80
J. Halff & Cie. (vorm. N. Braunschw.)	Manufakturwaren en gros	726
Paul Heidlauff, Pratteln BL	Zichorienfabrikant (für Kaffee)	49
Frid. Hösli & Co., Netstal GL	Käsehandlung	365
A. Maestrani & Co., St. Gallen	Esswaren, Schokoladenfabrikation	128
Misslin-Mahrer	Eierhandlung	247
Karl Pfirter	Käsehandlung	61
Preiswerk Söhne	Kolonialwaren	183
L. Reichmuth, Zürich	Confiserie	121
B. Schäfer	Bierdepot/Bierhändler	55
Adolf Schmid, Spalenvorst.	Papeterie	62
Herm. Thoma	Bierbrauerei («für Bier und Flaschen»)	140
Wilh. Schnell, Hochstrass b. Lindau ZH?	Käsefabrikant	139
Gebr. Weber, Luzern	Weisswaren, Mercerie und Bonneterie en gros	379
C. Werner & Co.	Wein- und Spirituosenhandlung	211
Fritz Ziller	Seifensiederei	105

Schulden insgesamt		3272
Posten	20	
Schulden im Durchschnitt		164

1898, Nr. 649; Emilie Stöckli, ledig

Bertolf, Walz & Cie.	Stearinkerzen- und Seifenfabrikation	106
Cuny-Ebel	Weinhandlung	73
Futterer & Cie.	Kolonialwaren und Landesprodukte	602
Haas frères	Kolonialwaren und Weine	156
P. M. Gräfinger, Rastatt	Stoffhändler? («für Stoff»)	25
A. Hofer & Cie.	Wein- und Spirituosenhandlung	613
Leonhard Kost	Bürsten- und Pinselfabrikation	24
O. Näf zum Bienenkorb	Spezierer und Honighändler	463
J. H. Neukomm	Mineralwasser- und Limonadenfabrikant	56
Ernst Oesterlé	Konditor («für Confiseriewaren»)	21
J. Tobler, Bern	Konditorei-Confiserie	164

Ullmann & Meyer	Wein- und Spirituosenhandlung	134
Aug. Wenzinger	Mineralwasser- und Limonadenfabrikant	161

Schulden insgesamt	2598
Posten	13
Schulden im Durchschnitt	200

1899, Nr. 195; Franz Xaver Schmid-Müller und Ehefrau Susanna Juliane geb. Müller

J. C. Meyer's Witwe & Cie.	Kolonialwaren und Weine	441
Sattler	Limonadenfabrikant? («für Limonade»)	25
F. Zeiher, Biel BE	Zuckerbäckerei	74
Bertolf, Walz & Cie.	Stearinkerzen- und Seifenfabrikation	118
F. Jonasch	Konditor	13
Fridolin Hösli & Cie., Netstal GL	Käsehandlung	55
Helfenberger & Cie.	Kolonialwaren und Landesprodukte	19
R. & M. Frey, Aarau	Schokoladen- und Kakaofabrikation	50
J. Tobler, Bern	Konditorei-Confiserie	31
J. Ad. Weitnauer	Zigarren- und Tabakimportgeschäft	76
Albert Meyer, Lenzburg AG	Teigwarenfabrikation	41
Waechter & Cie.	Landesprodukte, spez. Käse und Eier	64
Müry, Meyer & Cie.	Quincaillerie und Mercerie	9
Russ-Suchard & Cie., Neuchâtel	Schokoladefabrik	71
Wilhelm Bertolf	Tabak- und Kolonialwarenhandlung	13
Gebr. Tschopp	Drogerie und Materialwaren	6
Hermann Thoma	Bierbrauerei	407
Paul Heidhauff, Pratteln BL	Zichorienfabrikant	26
Sutter-Krauss & Cie., Oberhofen TG	Essig- und Wichsefabrik	17
J. Klaus, Locle NE	Confiserie- und Schokoladenfabrikation	29
Franz Müller & Cie., Schaffhausen	Weinhandlung	76
Theod. & Ed. Eichenberger, Beinwil AG	Tabak- und Zigarrenfabrikation	78
Dr. A. Wander, Bern	Chem. pharmaz. Labor, Fabr. künstlicher Mineralwasser	15
Müry, Meyer & Cie.	Quincaillerie und Mercerie	105

Schulden insgesamt	1859
Posten	24
Schulden im Durchschnitt	77

1899, Nr. 254; Heinrich Rubli-Kessi und Ehefrau Elisabeth geb. Kessi

J. Marti-Sulzer, Frick AG	Kaffeesurrogatfabrikation	19
Bühler & Manger	Kolonialwaren, Landesprodukte und Tee	14
Jenny & Kibiger	Kolonialwaren, Fleischwaren, Comestibles	26
Gebr. Rhein	Mercerie und Bonneterie en gros	33
Schulden insgesamt		92
Posten	4	
Schulden im Durchschnitt		23

1900, 459; Emil Glatt-Hilbold und Ehefrau Karolina geb. Hilbold

J. Hürlimann	Fabrikant von Früchtekonserven u. Drogen	48
Gebr. Steib	Bürsten- und Pinselfabrikation	37
Bertolf, Walz & Cie.	Stearinkerzen- und Seifenfabrikation	20
Wwe. M. Sommer	Wein- und Spirituosenhandlung	22
D. L. Rueff	Mercerie und Bonneterie, spez. Strickgarne	109
Bollag, Braunschweig & Cie.	Mercerie und Bonneterie en gros	9
Schulden insgesamt		245
Posten	6	
Schulden im Durchschnitt		41

1910, Nr. 974; Albert Hügin(-Wunderlin)

Ed. Adam, Solothurn	Zichorien- & Essigfabrik («für Essig»)	33
Ammann-Stähli & Cie.	Zigarren u. Tabak en gros u. en détail	12
Sam. Bell Söhne AG	Fleisch und Wurstwaren («für Speck»)	10
Bruckner & Cie.	Weinhandlung	102
Cailler, Broc FR	Schokolade- und Lebensmittelfabrik	45
B. Dokow, Luzern	Gummiwaren Manufaktur	67
Einkaufs- u. Rabattsparvereinigung der schweiz. Gewerbepartei, Sektion Basel		254
J. Favarger, Versoix	Schokoladefabrik	19
Wilh. Frey	Papeterie u. Luxuspapiere en gros	29
E. Gack, Altstetten ZH	?	36
Konkursmasse Helfenberger & Cie.	Kolonialwaren en gros («für Kaffee»)	56
Ernst Hürlimann, Wädenswil ZH	Fabrik. chem. Produkte en gros	32
Luchsinger & Cie.	Wichsefabrik	17
J. C. Meyer's Witwe & Cie.	Sprit und Kolonialw., Fleischprod., Kons.	87
Charles Nordmann	Kolonialwarenhandlung	18
Jean Steiner & Cie.	Papierhandlung	2
Friedr. Steinfels, Zürich	Seifen- und Parfümeriefabriken	34

Theodor Sutter	Seifenfabrik	9
H. Taverney, Vevey VD	Zigarrenfabrik	21
Gebr. van Baerle, Münchenstein BL	Chem.-techn. Prod., Soda- u. Seifenfabrik	15
de Villars, Fribourg	Schokoladenfabrikation	45
Gebr. Walder, Goldbach ZH	Weinhandlung	34
Wildberger & Cie.	Weinhandlung	58
K. Essig	Postkartenverlag	40
J. Suter-Walty, Boniswil AG	Zigarrenfabrikation	34

Schulden insgesamt

Posten	25
Schulden im Durchschnitt	44

1910, Nr. 1041; Mathias Blum-Kopfmann und Ehefrau Frederike geb. Kopfmann

Suchard & Cie., Neuchâtel	Schokoladenfabrikation	33
S. Levaillant	Kaffeerösterei, Kolonialwaren, Weine etc.	37
Basler Wichsefabrik		
Luchsinger & Cie.	Wichsefabrik	14
S. Plüss, Uster ZH	?	19
P. Bürgin, Neuhausen SH	Fabrikant v. Verpackungsmaterial	79
J. J. Hürlimann	Fabrikant v. Früchtekons. u. Sauerkraut	30
L. Goldinger	Basler Zuckerwarenfabrik	12
Hunziker-Kessler	Fabrikat. v. Teigwaren, Hdl. in Mehl/Griess	78
Maestrani, St. Gallen	Fab./Verk. v. Schokolade, Cacao, Confiserie	60
Walz & Cie.	Seifen-, Stearinkerzen- u. Kokosfettfabrik	79
Otto Baumgartner	Kolonialwaren- u. Käsehandlung etc.	25
Müry & Cie.	Quincaillerie u. Mercerie	86
Wilhelm Frey	Papeterie u. Luxuspapiere en gros	21
Gebr. van Baerle, Münchenstein BL	Chem.-techn. Prod., Soda- u. Seifenfabrik	16
Bohny, Holinger & Cie.	Handel in Drogen u. chem.-pharm. Prod.	51
Küng-Hösli, Winterthur ZH	Käsehandlung und Hotel Schweizerhof	126
H. Schätti, Hinwil ZH	Confiserie en gros	8
Zäslin Sohn	Kolonialwarenhandlung en gros	258
In Albon-Lorentz	Weinessig- und Senffabrik	32
P. Levy-Brunschwig	Mercerie, Bonneterie, Schuhe en gros	128
Gerwig & Cie.	Fabr./H. in Konserven, Fleisch- u. Wurstw.	21
Weitnauer & Cie.	Zigarren- u. Tabakimportgeschäft	106
R. Schloeth-Burckhardt	Kolonialwaren, Landesprod. u. Sämereien	299
Maggi & Cie., Kemptal ZH	Nahrungsmittelfabrik	75
C. Hecklinger	Modewaren?	78

Schulden insgesamt

Posten	25
Schulden im Durchschnitt	71

1911, Nr. 488; Johann Jakob Leupin, geschieden von Emma Tanner

Brunner & Co., Sitterdorf TG	Zichorienfabrik	19
Einkaufs- u. Rabattsparvereinigung	d. schweiz Gewerbepartei, Sektion Basel	537
Fautin & Mäder, Birsfelden BL	Confiserie- und Biscuitfabrik	10
Hunziker-Kessler	Fabrikat. v. Teigwaren, Hdl. in Mehl/Griess	17
W. Karli	Käse-, Butter- u. Eierh. en gros u. en dét.	64
Leon Levy	Mercerie und Bonneterie	12
Gebr. Riggenbach & Co.	Hdl. in Kolonialwaren und Käse	920
Friedr. Steinfels AG, Zürich	Seifen- und Parfümeriefabriken	151
Emil Stebler-Probst	Landwirt («für Milch»)	9
Ad. Weitnauer & Co.	Zigarren- u. Tabakimportgeschäft	108
Wixler & Co.	Hdl. in Spiel- u. Kurzwaren etc.	3

Schulden insgesamt	1850
Posten	11
Schulden im Durchschnitt	168

1911, Nr. 823; Karl Litschgi-Rüde und Ehefrau Regina geb. Rüde

Bader & Laengin, Zürich	Stahlspähnefabr. u. F. chem.-techn. Prod.	32
Bruckner & Cie.	Wein- und Spirituosenhandlung	351
F. L. Cailler, Broc FR	Schokoladefabrik	60
Denecke, Braunschweig	Wurst- und Fleischwarenfabrik	25
Rabattsparvereinigung Basel	(welche?)	167
Wilh. Glück, Eisenberg D	?	14
Gerwig & Cie.	Fabr./H. in Konserven, Fleisch- u. Wurstw.	30
Jurassische Mühlenwerke, Laufen BE	Mühle	50
W. Karli	Käse-, Butter- u. Eierh. en gros u. en dét.	54
London Tea Cie.	Teehandel	12
Löffler & Cie.	Glas-, Porzellan-, Kristall- u. Steinguthandl.	6
L. Musante	Handel in Comestibles en gros	8
Rudolf Rensch	Senffabrikant	3
Riniker Strübin & Cie.	Kolonialwaren u. Landesprod. en gros	26
F. Steinfels, Zürich	Seifen- und Parfümeriefabriken	67
K. Schärlig, Dürrenroth BE	?	74
Schlaich & Köpplin	Käseexport u. Butterhandel	13
Schindler, Oberdiessbach BE	?	21
Walz & Cie.	Seifen-, Stearinkerzen- u. Kokosfettfabrik	10

Schulden insgesamt	1023
Posten	19
Schulden im Durchschnitt	54

1912, Nr. 1116; Dionysius Faitsch-Theurer und Ehefrau Rosina geb. Theurer

Löw & Spreyermann	Kolonialwaren u. Landesprodukte	23
A. Stumpf-Bechtel	Fabr. v. Bürstenwaren, Handel in Korbwaren	11
Adolf u. Pleuler	H. in Fleisch-, Wurst- u. Fettwaren, Konserv.	22
A. Brüderlin, Muttenz BL	Fabr. v. Trockenbeerwein, Weinhandel	29
Gebr. Rhein	Mercerie u. Bonneterie en gros	34
Maggi & Cie., Kemptthal ZH	Nahrungsmittelfabrik	65
A. Hofer & Cie.	Wein und Spirituosenhandlung	94
Gebr. Schnyder & Cie., Madretsch/Biel	Seifen-, Kerzen- u. Sodafabrik, Fettwarenh.	32
Ernst Hürlimann, Wädenswil ZH	Fabrik. chem. Produkte en gros	27
Einkaufs- und Rabattsparvereinigung der schweiz. Gewerbepartei, Sektion Basel		27
Luchsinger & Cie.	Wichsefabrik	12
Walz & Cie.	Seifen-, Stearinkerzen- u. Kokosfettfabrik	20
A. Wunderlich-Schläpfer	Fabrikation von Zuckerwaren	7

Schulden insgesamt	403
Posten	13
Schulden im Durchschnitt	31

6 Tätigkeit des öffentlichen Chemikers: Zahlen und Schwerpunkte

Jahr	Untersuchungen insgesamt	Schwergewicht im Lebensmittelbereich (Analysen und Betriebsinspektionen)	Tätigkeiten ausserhalb des Lebensmittelbereichs (Analysen, Inspektionen, Gutachten etc.)
1857	663	Milch (175; 77 Bestrafungen), Essig (162)	Geheimmittel, Seide, Farbstoffe
1858	353	Milch (54; 29 schlecht u. 21 bestraft), Essig (86; mehrere verdorben), Brunnen- und Mineralwasser (18)	Farbstoffe (52), Soda (35)
1859	339	Milch (177: 92 schlecht bzw. strafbar), Bier (18; einige geringe und verdorbene), Brunnen- und Mineralwasser (16)	Stoffe aus Industrie und Handel (vor allem Untersuchungen für die Zollbehörden)
1860	126	Wasser (15), Stärkezucker (6)	Tapete
1861	301	Essig (174), Trinkwasser (Quell- und Brunnenwasser)	Flusswasser, 10 öffentliche Vorlesungen beim Handwerker- u. Gewerbeverein
1862	124 (teilweise umfangreiche)	Wasser, giftige Oblaten, Bier	Leuchtgas
1863	131 (teilweise umfangreiche)	Wein, Milch, Wasser	Fabrikuntersuchungen auf Arsenikrückstände aus der Produktion von Anilinrot

Jahr	Untersuchungen insgesamt	Schwergewicht im Lebensmittelbereich (Analysen und Betriebsinspektionen)	Tätigkeiten ausserhalb des Lebensmittelbereichs (Analysen, Inspektionen, Gutachten etc.)
1864	keine Angaben	Essig, nur 1 Milchprobe vom Marktamt (!); erste Apotheken-Inspektion	Untersuchung betr. «Infektion der Erde und des Bodenwassers in Quartieren Kleinbasels» durch Arsenik, Inspektion der Anilinfabriken
1865	350	Milch (142; 27% rein, 11% zweifelhafte Reinheit; Rest mit Verfälschung durch Wasserbeigabe), Trinkwasser (Typhus!)	Inspektion der Anilinfarbenfabriken
1866	keine Angaben	Milch ($\rightarrow$ hohes Mass von Fälschungen), Wasser	Monatliche Inspektion der Anilinfabriken (Arsenikvergiftung des Wassers!), Gutachten betr. Übelständen bei Anilinfabriken und einer Färberei (Klage der Nachbarn)
1867	213	Milch (107)	Inspektion der Anilinfarbenfabriken, populäre Vorträge
1868	keine Angaben	Wein, Milch, Butter, Trinkwasser (Nitrite, Nitrate)	Inspektionen der Anilinfabriken
1869	keine Angaben	Bier, Wasser; Inspektion einer Essigfabrik	Inspektionen in Anilinfabriken
1870	keine Angaben	Milch (86 Strafen wegen Verfälschung), Wasser; 3 Fabrikationsbetriebe für Sodawasser inspiziert	11 Inspektionen in Anilinfabriken

Jahr	Untersuchungen insgesamt	Schwergewicht im Lebensmittelbereich (Analysen und Betriebsinspektionen)	Tätigkeiten ausserhalb des Lebensmittelbereichs (Analysen, Inspektionen, Gutachten etc.)
1871	keine Angaben	Milch, Wasser; Inspektion einer Essigfabrik	Inspektionen einiger Seidenfärbereien, Inspektion und Gutachten über bestehende und beabsichtigte Anilinfabriken, Gutachten für geplante Essigfabriken
1872	keine Angaben	Milch, Essig, Wein, Branntwein, Butter, gemahlener Pfeffer, amerikanisches Fleisch, medizinische Mittel, Trinkwasser	Inspektion der Anilinfabriken, Inspektion von Färbereien, Gutachten betr. Baubegehren für Fabrikationen
1873	keine Angaben	Mehl und Brot, Milch, Wein, Essig, importiertes geräuchertes und gesalzenes Rind- und Schweinefleisch, Trinkwasser	11 Inspektionen von Anilinfabriken, Baugesuche für chemische Fabriken, Untersuchungen von Grundwasser und fliessenden Gewässern
1874	keine Angaben	Wein; Branntwein; Milch (38); frische, eingesottene und künstliche Butter; Essig, Brunnen- und Quellwasser	
1875	keine Angaben	Wein (12 Untersuchungen mit 70 qualitativen und quantitativen Bestimmungen; Fabrikate aus Konkurs eines Weinhändlers), Trinkwasser (22 Untersuchungen mit 150 Inhaltsanalysen)	Inspektion aller Anilinfabriken, Zemente untersucht inklusive Gutachten, Abklären der «Birsiginfektion» durch eine Gundeldinger Brauerei
1876	111 (November und Dezember)	Essig (47 aus verschiedenen Spezereigeschäften Kleinbasels), Milch (Vorschläge für Anzeigen → Abnahme der Fälschungen), Wein; Kontrolle der Apotheken	Pharaoschlangen (Messeware mit giftigen Quecksilbersalzen)

Jahr	Untersuchungen insgesamt	Schwergewicht im Lebensmittelbereich (Analysen und Betriebsinspektionen)	Tätigkeiten ausserhalb des Lebensmittelbereichs (Analysen, Inspektionen, Gutachten etc.)
1877	336 für Private, sowie zahlreiche für Behörden	Wein, Bier, Essig, Milch (auch Haltbarkeit); zweimalige Revision der Apotheken	Inspektion der Farbenfabriken, Tapeten (1/4 arsenikhaltig)
1878	keine Angaben	Wein; Frage in Diskussion: Soll Salizylsäure als Konservierungsmittel zugelassen werden? Revision der Apotheken	Inspektion der Farbenfabriken, Tapeten (805; 12% mit hohem Arsenikgehalt), Expertise zur Anlage einer Gerberei
1879	keine Angabe	Wein, Milch (Wässerung, Abrahmung, Haltbarkeit), Butter, Wein und Bier (grosse Mengen Salizylsäure als Konservierungsmittel), Wasser; Inspektion der Bierpressionen (bleihaltige Leitungen, fehlende oder bleihaltige Verzinnung)	Inspektion der Farbenfabriken, Tapeten (113; 20% arsenikhaltig)
1880	kein Bericht		
1881	kein Bericht		
1882	keine Angaben	Milch (mehrere 100 Untersuchungen; Überprüfung des Vorgehens, der Methoden und verwendeten Apparate), Wein (25% verdächtig; Erkennung und Ahndung von Kunstwein); Kontrolle der Apotheken	Inspektion der 5 Farbenfabriken (Luftverschmutzung), Gutachten zum Bau einer neuen chemischen Fabrik
1883	kein Bericht		
1884	keine Angaben	Wein, Wasser	Inspektion der Farbenfabriken, Tapeten

Jahr	Untersuchungen insgesamt	Schwergewicht im Lebensmittelbereich (Analysen und Betriebsinspektionen)	Tätigkeiten ausserhalb des Lebensmittelbereichs (Analysen, Inspektionen, Gutachten etc.)
1885	keine Angaben	Wein (36), Trinkwasser (17)	Gutachten zu Einrichtung und Betrieb von 3 Anilin- und 2 Spritfabriken, einer Papierfabrik und einer Eisfabrik
1886	109 («gemäss dem Gesetz über Lebensmittel von 1883»)	Milch (746 marktpolizeiliche Untersuchungen auf Anzeige geprüft), Wein (42), Trinkwasser	Gutachten für Behörden über Baubegehren, Anlagen, Betriebe und den sanitarischen Einfluss der Gewerbe
1887	156	Wein (85), Milch (Verzeigungsanträge zu 1177 marktpolizeiliche Untersuchungen), Gutachten betreffend den Verkauf von Konservierungsmitteln	Inspektionen der Teerfarbenfabriken, Gutachten und Berichte für Behörden über Anlagen, Betriebe und ihren Einfluss in sanitarischer Hinsicht (Konzessions- und Baubegehren, Brandfälle, Wasserverunreinigungen)
1888	134	Weine (68), Milch (Verzeigungsanträge zu 1656 marktpolizeilichen Untersuchungen); Medikamente aus 17 Apotheken	Inspektionen der Extrakt- und Teerfarbenfabriken, Gutachten und Berichte betr. Neueinrichtung und Abänderungen oder den Betrieb von Industrien (Baubegehren, Klagen etc.)
1889	139	Milch (Verzeigungsanträge zu 1712 marktpolizeilichen Untersuchungen)	Inspektionen der Extrakt- und Teerfarbenfabriken, Gutachten und Berichte über Konzessionen für neue industrielle Betriebe
1890	146	Milch (Verzeigungsanträge zu 1406 marktpolizeilichen Untersuchungen)	Inspektionen in 6 Teerfarben- und Extraktfabriken

Jahr	Untersuchungen insgesamt	Schwergewicht im Lebensmittelbereich (Analysen und Betriebsinspektionen)	Tätigkeiten ausserhalb des Lebensmittelbereichs (Analysen, Inspektionen, Gutachten etc.)
1891	158	Milch (Verzeigungsanträge zu 2206 marktpolizeilichen Untersuchungen)	Inspektionen in 6 Teerfarben- und Extraktfabriken
1892	98	Milch (Verzeigungsanträge zu 2017 marktpolizeilichen Untersuchungen)	
1893	2776	Milch (1508; 169 beanstandet), Wasser (451; 1), Wein (137; 19), Gewürze (197; 15), Butter (96; 23), Brot und Teigwaren (80; 1)	Chemische und technische Produkte (39); Inspektion der Farbenfabriken, Gutachten für zwei chemische Fabriken (Bewilligung für kontinuierlichen Betrieb, Unfall), Gutachten betr. eine Papierfabrik (Belästigung der Nachbarschaft durch übelriechende Dämpfe)
1894	4046	Milch (2412; 166), Wasser (508); Wein (362; 41), Essig (116; 42), Gewürze (112; 7), Butter (89; 14) Inspektionen der Bierpressionen (227 beanstandet) und Mineralwasserfabriken	Chemische und technische Produkte (93), Tapeten
1895	4057	Milch (2530; 109 beanstandet), Wasser (273), Wein (254; 31), Essig (103; 30), Gewürze (91; 1), Butter (83; 7), Inspektion der Bierpressionen	Chemische und technische Produkte (131); Leuchtgas-Analysen; Inspektion der Farbenfabriken, Mitarbeit am Lebensmittelbuch

Jahr	Untersuchungen insgesamt	Schwergewicht im Lebensmittelbereich (Analysen und Betriebsinspektionen)	Tätigkeiten ausserhalb des Lebensmittelbereichs (Analysen, Inspektionen, Gutachten etc.)
1896	4540	Milch (2571; 106 beanstandet), Wein (362; 58), Wasser (268); Butter (250; 30), Gewürze (187; 0), Essig (169; 54), Schweinefett u. andere Speisefette (161; 8), Inspektion der Bierpressionen	Chemische und technische Produkte (235); Gutachten betr. Belästigung der Nachbarschaft durch Industrie, Gutachten betr. Baubegehren, Abwasserverhältnisse bei chemischen Fabriken und betr. Färberei
1897	4738	Milch (2274; 86 beanstandet), Wasser (513), Wein (464; 65), Essig (376, 100), Schweinefett und andere Speisefette (201; 5), Butter (167; 7), Fleisch- und Wurstwaren (111; 20); Inspektionen der Bierpressionen, Mineralwasserfabriken und Drogerien (Gift-Verordnung)	Chemische und technische Produkte (241); Inspektion der Farbenfabriken
1898	5458	Milch (2493; 140 beanstandet), Wein (664; 104), Essig (536; 207), Wasser (311), Butter (300; 32), Gewürze (203; 10); Inspektionen der Bierpressionen und Mineralwasserfabriken	Chemische und technische Produkte (284), Gutachten betr. Baubegehren für chemische Fabrik, Verunreinigung des Rheinwassers durch Abfälle einer chemischen Fabrik und betr. Fabrikationsbewilligungen
1899	5469	Milch (2712; 95 beanstandet), Wein (493; 111), Butter (388; 45), Wasser (285), Essig (255; 63), Schweinefett u. andere Fette (203; 11), Gewürze (162; 4); Inspektion der Bierpressionen	Chemische und technische Produkte (350); Inspektionen der Farbenfabriken, diverse Gutachten zu Baubegehren und Fabrikationsbewilligungen für Fabriken, Untersuchung zur Verunreinigung des Rheinwassers durch Abfälle einer chem. Fabrik, Mitarbeit am Lebensmittelbuch

Jahr	Untersuchungen insgesamt	Schwergewicht im Lebensmittelbereich (Analysen und Betriebsinspektionen)	Tätigkeiten ausserhalb des Lebensmittelbereichs (Analysen, Inspektionen, Gutachten etc.)
1900	5744	Milch (2762; 150 beanstandet), Wasser (852), Wein (583; 96), Butter (273; 19), Essig (241; 57); Inspektion der Bierpressionen	Chemische und technische Produkte (273); diverse chemische Gutachten, Gutachten betreffend zwei Fischvergiftungen im Kanton Aargau
1901	5965	Milch (2924; 136 beanstandet), Wein (705; 109), Butter (462; 70), Essig (359; 96), Wasser (301), Gewürze (223; 10); Inspektionen der Bierpressionen, Mineralwasserfabriken und Drogerien (Gift-Verordnung)	Chemische und technische Produkte (340); Gutachten betreffend Verunreinigung von Fischgewässern
1902	6640	Milch (3225; 130 beanstandet), Wein (656; 109), Butter (479; 95), Essig (449; 167), Wasser (328), Gewürze (312; 23), Honig (195; 8), Speisefette (167; 25), Speiseöle (149; 46); Inspektionen der Bierpressionen (ca. 25% beanstandet) und Mineralwasserfabriken	Chemische und technische Produkte (232), Kosmetische Mittel (56)
1903	5791	Milch (2687; 87 beanstandet), Wein (595; 72), Wasser (380), Butter (319; 73), Essig (430; 114), Gewürze (255; 6), Speisefette (199; 48), Speiseöle (198; 40); Inspektionen von Bierpressionen und Abfüllanlagen für Flaschenbier (681) sowie der Limonadefabriken	Chemische und technische Produkte (321), giftige Haarfärbemittel; Gutachten betr. Abwässer von Farbenfabriken, Gutachten betr. Kulturschaden durch chemische Fabrik (Belästigung der Nachbarschaft durch üble Gerüche), Mitarbeit an der Revision des schweizerischen Lebensmittelbuchs

Jahr	Untersuchungen insgesamt	Schwergewicht im Lebensmittelbereich (Analysen und Betriebsinspektionen)	Tätigkeiten ausserhalb des Lebensmittelbereichs (Analysen, Inspektionen, Gutachten etc.)
1904	5775	Milch (2606; 85), Wein (767; 112), Essig (454; 117), Wasser (355), Butter (235; 47); Inspektionen der Bierpressionen (594) und Abfüllanlagen für Flaschenbier sowie der Limonadenfabriken	Chemische und technische Produkte (415); Gutachten betr. Knallfeuerwerk, Riehenteichwasser, Gewässerverunreinigungen und einen elektrischen Entstaubungsapparat
1905	5934	Milch (2601; 108 beanstandet), Wein (725; 97), Essig (467; 131), Wasser (358), Butter (297; 68), Gewürze (278; 11), Speiseöle (162; 30), Speisefette (130; 11); Inspektionen der Bierpressionen (636) und Abfüllapparate für Flaschenbier sowie der Limonadenfabriken	Chemische und technische Produkte (384); diverse Gutachten, Mitarbeit an der Revision des schweizerischen Lebensmittelbuchs
1906	6205	Milch (3254; 237 beanstandet), Wein (515; 71), Wasser (434), Butter (308; 84), Essig (110; 22), Gewürze (154; 5); Inspektion der Bierpressionen (456) und Abfüllapparate für Flaschenbier	Chemische und technische Produkte (478); Besichtigungen von chemischen Fabriken wegen Belästigung der Anwohner oder infolge von Kulturschaden
1907	5797	Milch (3049; 195 beanstandet), Wein (483; 69), Wasser (462), Essig (261; 49), Butter (190; 48), Fleisch- und Wurstwaren (139; 42), Speiseöle (130; 24); Inspektion der Bierpressionen (576) und der Abfüllapparate für Flaschenbier	Chemische und technische Produkte (442); diverse Gutachten, Mitarbeit an der Revision des schweizerischen Lebensmittelbuchs

Jahr	Untersuchungen insgesamt	Schwergewicht im Lebensmittelbereich (Analysen und Betriebsinspektionen)	Tätigkeiten ausserhalb des Lebensmittelbereichs (Analysen, Inspektionen, Gutachten etc.)
1908	6389	Milch (3041; 346 beanstandet), Wein (629; 94), Wasser (524), Essig (353; 61), Gewürze (213; 23), Butter (211; 66), Fleisch und Fleischwaren (191; 20), Speiseöle (119; 13); Inspektion der Bierpressionen (602) und Abfüllapparate für Flaschenbier	Chemische und technische Produkte (465); diverse Gutachten
1909	5744	Milch (2874, 216 beanstandet), Wein (782; 114), Wasser (501), Essig (218; 31), Branntwein (149; 42); Inspektion der Bierpressionen (428), Betriebsinspektionen des Sanitätskommissärs (660)	Chemische und technische Produkte (398); diverse Gutachten und Teilnahme in Fachgremien, Kurs für die Lebensmittelinspektoren der deutschen Schweiz, Einführung des eidgenössischen Lebensmittelrechts
1910	6540	Milch (3795; 388 beanstandet), Wein (643; 108), Essig (231; 38), Butter (220; 105), Trinkwasser (206), Speiseöl (121; 21); Inspektion der Bierpressionen (623), Betriebsinspektionen des Lebensmittelinspektors (1034), Brotwägungen	Chemische und technische Produkte (348) (In neuer Form beschränken sich die Jahresberichte ab 1910 auf die Lebensmittelkontrolle.)
1911	5979	Milch (3275; 393 beanstandet), Wein (678; 139), Speiseöl (225; 37), Trinkwasser (200; 2 beanstandet), Butter (160; 92); Inspektionen der Bierpressionen (613), Betriebsinspektionen der Lebensmittelinspektoren (1253), Brotwägungen (558)	Chemische und technische Produkte (347)

Jahr	Untersuchungen insgesamt	Schwergewicht im Lebensmittelbereich (Analysen und Betriebsinspektionen)	Tätigkeiten ausserhalb des Lebensmittelbereichs (Analysen, Inspektionen, Gutachten etc.)
1912	6124	Milch (3390; 414 beanstandet), Wein (586; 142), Speiseöl (359; 16), Trinkwasser (207; 4 beanstandet), Butter (171; 76); Betriebsinspektionen der Lebensmittelinspektoren (1473), Brotwägungen (453)	Chemische und technische Produkte (345)
1913	5902	Milch (3378; 303 beanstandet), Wein (463; 74), Essig (330; 29), Trinkwasser (220; 3), Butter (180; 84), Honig (130; 8); Betriebsinspektionen der Lebensmittelinspektoren (1986), Brotwägungen (246)	Chemische und technische Produkte (336; 1)

Quelle: StABS, Sanität E 11,1 Jahresberichte des öffentlichen Chemikers, Bericht über die Tätigkeit des kantonalen chemischen Laboratoriums Basel-Stadt 1893–1908 und Bericht über die Lebensmittel-Kontrolle im Kanton Basel-Stadt 1909–1913.

Anmerkungen

0 Einleitung

1. Vgl. Zitat in Abschnitt 3.2.3 sowie Abschnitt 6.2.
2. Ritzmann, 446 f.
3. Robert, 24; Homberger; Freudenthal, bes. 242 f.
4. Vgl. z. B. Furrer, Stichwort «Handel», 821 f. oder Bergier.
5. Schmoller 1870, 211 f.; Ders. 1923, Bd. 1, 361 f. und Bd. 2, 17–44.
6. So etwa Reichesberg.
7. Crossick und Haupt; Haupt 1985; Haupt 1994, 61–67.
8. Haupt und Crossick; Benson 1994.
9. Siegrist et al. (Hg.).
10. Jasper.
11. Spiekermann.
12. Vögelin.
13. Jefferys; Alexander; Mathias; Winstanley.
14. Alexander, 231–238. Ähnlicher Ansicht ist Winstanley, der mit seinen Branchenstudien unterschiedliche Entwicklungen punktuell auslotet.
15. Benson und Shaw.
16. Benson 1983 und 1994.
17. Schmoller 1870, 213 f.; Ders. 1923, Bd. 2, 39 f., 42 f.
18. Schmoller 1923, Bd. 2, 39.

1 Wirtschafts-, Bevölkerungs- und Verkehrsentwicklung

1. Erste mechanisierte Betriebe waren die 1824 gegründete Florettseidenspinnerei J. S. Alioth & Cie., die durch ein Göpelwerk mit Ochsen betrieben wurde, die Bandfabrik J. J. Richter-Linder mit Wasserantrieb aus dem Jahr 1832 sowie die Florettspinnerei Braun & Ryhiner mit Dampfantrieb aus dem Jahr 1837. Vgl. Sarasin, 76.
2. In der Zeit selbst sprach man von Anilin- bzw. Teerfarben. Da bei ihrer Herstellung Nebenprodukte aus der Gasproduktion verwertet werden konnten, gingen Gas- und Farbenproduktion oftmals Hand in Hand, was auch in Basel mit der Ansiedlung einer Farbfabrik neben dem Gaswerk zu beobachten ist.
3. Beck, 24 f.
4. Statistisches Jahrbuch des Kantons Basel-Stadt, 106 f.
5. Ebd.
6. Sarasin, 23.
7. Sarasin, 29.
8. Sarasin, 32 f.
9. Sarasin, 40.

2 Orte des Lebensmittelverkaufs

1 Das Zusammenspiel von Frischwarenmärkten, ambulantem Lebensmittelhandel und Verkaufsgeschäften schildert beispielsweise Alexander, 231 f. Zur wechselseitigen Ergänzung von Markt und Ladengeschäften in englischen Städten vgl. Blackman, 1963, 83–97 und 1967, 110–117.
2 StABS, Handel und Gewerbe MMM 1 Marktwesen, Bericht des Polizeidepartements an den Regierungsrat vom 28. Dezember 1889.
3 StABS, Handel und Gewerbe MMM 1 Marktwesen, Bericht des Polizeidepartements an den Regierungsrat vom 28. Dezember 1889.
4 Ankenmarkt = Buttermarkt.
5 Ordnung für die verschiedenen Märkte vom 26. November 1851, Verordnung betreffend die Märkte in Basel vom 19. September 1891, Verordnung betreffend Abänderung der Verordnung über die Märkte in Basel vom 19. September 1891, 4. März 1909.
6 Vgl. Ordnung für die verschiedenen Märkte vom 26. November 1851.
7 Ordnung für die verschiedenen Märkte vom 26. November 1851, § 4.
8 Verordnung betreffend Beschränkung des Fürkaufs von Kartoffeln vom 15. Oktober 1853, Verordnung betreffend die Fortdauer der Beschränkung des Fürkaufs für Kartoffeln vom 4. Januar 1854, Verordnung betreffend die Fortdauer der Beschränkung des Fürkaufs von Kartoffeln vom 1. April 1854, Publikation und Verordnung betreffend Beschränkung des Fürkaufs von Kartoffeln vom 7. Oktober 1854, Verordnung betreffend Beschränkung des Fürkaufs von Gemüsen, Obst, Butter und Eiern vom 4. November 1854, Bekanntmachung betreffend Fortdauer der Bestimmungen über den Fürkauf vom 5. November 1856.
9 Bekanntmachung betreffend Aufhebung der Bestimmungen über Beschränkung des Fürkaufs vom 2. Juni 1869.
10 Furrer, Bd. 2, 17.
11 StABS, Handel und Gewerbe MMM 1 Marktwesen, Stellungnahme des Polizeidepartements zur Petition für ein Fürkaufsverbot an den Regierungsrat vom 14. August 1883.
12 Vgl. weitere Ausführungen zur Herkunft der FürkäuferInnen in Kap. 9.
13 Verordnung betreffend die Märkte in Basel vom 19. September 1891, § 9.
14 Verordnung betreffend Abänderung der Verordnung über die Märkte in Basel vom 19. September 1891, 4. März 1909.
15 StABS, Handel und Gewerbe MMM 1 Marktwesen, Schreiben des Polizeidepartements des Kantons Basel-Stadt an den Regierungsrat vom 10. September 1880.
16 StABS, Handel und Gewerbe MMM 1 Marktwesen, Schreiben des Polizeidepartements an den Regierungsrat vom 24. Januar 1885. Ausgaben: Für die Löhne zweimal 1000 Fr. plus 208 Fr. als Entschädigung für den Dienstmann.
17 So etwa für den Zeitraum, als die Marktaufsicht an eine Privatperson verpachtet war; vgl. weiter oben, S. 30, in diesem Abschnitt.
18 Vgl. auch Dambach, 72 f.
19 Vgl. Abschnitt 2.3.
20 StABS, Handel und Gewerbe MMM 1 Marktwesen, Bericht des Polizeidepartements an den Regierungsrat vom 28. Dezember 1889.
21 *Inventar der neueren Schweizer Architektur,* Bd. 2, 177.
22 StABS, Handel und Gewerbe MMM 1 Marktwesen, Schreiben des Landwirtschaftlichen Vereins Baselstadt vom 2. und 9. April 1900 sowie Bericht des Polizeidepartements an den Regierungsrat vom 20. April 1900.
23 Spiekermann, 193 f.
24 Vgl. zu diesem Wandlungsprozess auch Alexander, 36 f., 232 f.
25 Alexander, 84, 233.
26 StABS, Handel und Gewerbe MMM 1 Marktwesen, Bericht des Polizeidepartements an den Regierungsrat vom 28. Dezember 1889.

27 Vgl. zur Handels- und Gewerbefreiheit Kap. 3.
28 Zit. nach Meier, 93 f.
29 StABS, Handel und Gewerbe MMM 1 Marktwesen, Bericht des Polizeidepartements an den Regierungsrat vom 28. Dezember 1889.
30 Wanner, 1981, 14 f. Zentrale Fleischbänke waren in vielen grösseren Städten des deutschen Sprachraums üblich. Vgl. dazu Spiekermann, 165.
31 Wanner 1969, 6; Ders. 1981, 14 f. Vgl. auch Unger, 75 f.
32 Vgl. das Beispiel von Samuel Bell, der 1821 seine ungünstig gelegene Bank zu tauschen wünschte in: Wanner (1969), 14.
33 Verordnung betreffend Gestattung des Hausverkaufs für Kalb- und Schaffleisch vom 7. April 1847, Verordnung betreffend Gestattung des Hausverkaufs für Rindfleisch vom 9. Dezember 1851.
34 StABS, Zunftarchiv Metzgern 39 Metzgerlehen sowie Bau CC 2 School. Zwar wurde die Grosse Schol erst 1887 abgerissen, doch abgesehen von einer um drei Monate bis 30. Juni 1871 verlängerten Betriebszeit ist bis zu diesem Zeitpunkt keine Nutzung zum Fleischverkauf mehr auszumachen. Die Räumlichkeiten wurden u. a. an eine Dienstmänneranstalt, ein Glasgeschäft, ein Comestiblesgeschäft; einen Metzger, einen Küfer und ein Tapezierergeschäft zu Lagerzwecken vermietet; ein Teil der alten Schol diente bis 1884 als Ankenmarktlokal.
35 Reichlin, 12 sowie Nordmann, 1935, 30 f.
36 Bruckner, *Die Zunft zu Brotbecken in Basel. Zur Siebenhundertjahrfeier ihrer Erwähnung*, Basel 1956, 94.
37 Nordmann, 1935, 28 f. und Bruckner, *Die Zunft zu Brotbecken in Basel. Zur Siebenhundertjahrfeier ihrer Erwähnung*, Basel 1956, 96 f.
38 Bruckner, *Die Zunft zu Brotbecken in Basel. Zur Siebenhundertjahrfeier ihrer Erwähnung*, Basel 1956, 98.
39 Im Adressbuch 1854 finden wir: Liegenschaften 1115 d. sog. Brodhaus und 1116 Schlachthaus.
40 StABS, Zunftarchiv Brotbecken 28.2 Brotlaube, Pflichtenheft die Brotlaube betreffend vom März 1869 sowie Bau, BB 7 Brodlaube, Haus zum Seufzen, Ehegerichtshaus und Lädemlin daran.
41 StABS, Bau BB 7 Brodlaube Haus zum Seufzen, Brief der Zunft zu Brotbecken ans Finanzdepartement vom 29. April 1880.
42 Vgl. Abb. 6, S. 39.
43 StABS, Bau BB 7 Brodlaube Haus zum Seufzen.
44 Nach dem Abriss des Häusergeviertes mit Schol und Brotlauben lag das Gasthaus «Zur Brotlaube» ab 1890 als prominente Liegenschaft direkt am erweiterten Marktplatz. Vgl. auch Abschnitt 2.1.
45 In Spezereihandlungen des 19. Jahrhunderts wurden Gewürze, feine Lebensmittel und Gemischtwaren des täglichen Bedarfs angeboten. Kolonialwarenhandlungen hingegen verkauften die bedeutsamer werdenden Lebens- und Genussmittel aus Übersee; ihre Inhaber besorgten den Import meist gleich selbst und waren Kaufleute. Trotz der empirisch festgestellten Überschneidung von Spezerei- und Kolonialwarenhandel situierten sich die Branchen recht verschieden, Erstere als Einkaufsorte des täglichen Bedarfs und Letztere als Fachgeschäfte.
46 Im Gegensatz zu den Centralhallen wiesen städtische Einkaufsgalerien eine Vielzahl kleiner, in sich geschlossener Einheiten auf, die sich zu einer wettergeschützten Fussgängerstrasse vereinigten.
47 Vögelin, 34 f.; einen optischen Eindruck der Centralhallen geben die beiden in Vögelin (32) abgedruckten Ansichten der Metzgerei Bell Söhne und der Kolonialwarenhandlung Preiswerk Söhne. Innen- und Aussenansichten aus den 1930er-Jahren finden sich in: Bell AG, Bildteil, ohne Seitenangabe.
48 Vögelin, 34 f.

3   Handels- und Gewerbefreiheit

1. Bauer, 158 f.
2. Furrer, Bd. 2, 17 f., 24.
3. Ebd., 17 f.
4. Beschluss des Regierungsrats betr. Aufhebung von gesetzlichen Bestimmungen über die Zünfte vom 16. März 1881. Vgl. dazu auch Wanner 1981, 40.
5. Die folgenden Ausführungen stützen sich auf Higy, 93 f.
6. Dekret über die Wiederherstellung der Zünfte und der Gesellschaften der kleinen Stadt, vom 8. Dezember 1803.
7. Beschluss des Kleinen Rats des Kantons Basel-Stadt vom 19. Mai 1849.
8. Gesetz betreffend Abänderung der Verhältnisse der zünftigen Handwerke vom 3. April 1855 sowie Verordnung über das Meisterrecht bei den Handwerkern vom 19. Mai 1860.
9. Higy, 105 f.
10. Koelner (1948), 11.
11. Wanner 1981, 39.
12. Higy, 18.
13. Koelner (1948), 35. Verordnung betreffend Gestattung des Hausverkaufs für Kalb- und Schaffleisch vom 7. April 1847 und Verordnung betreffend Gestattung des Hausverkaufs für Rindfleisch vom 9. Dezember 1851.
14. StABS, Zunftarchiv Metzgern, 37 School Schlachthaus, *Bericht der Schlachthaus-Commission an E. E. Rath*, gedruckt, ohne Datum (Oktober 1866?).
15. *Adressbuch der Stadt Basel für 1874*.
16. Koelner (1948), 15.
17. Bruckner, *Die Zunft zu Brotbecken in Basel. Zur Siebenhundertjahrfeier ihrer Erwähnung*, Basel 1956, 101 f., 106 f.
18. StABS, Bau BB 7 Brodlaube Haus zum Seufzen.
19. StABS, Bau BB 7 Brodlaube Haus zum Seufzen, *Brief der Zunft zu Brotbecken ans Finanzdepartement vom 29. April 1880*. Zu den Wegglibuben vgl. Albert Bruckner, *Die Zunft zu Brotbecken in Basel. Zur Siebenhundertjahrfeier ihrer Erwähnung*, Basel 1956, 105 f. sowie StABS, Frucht und Brot S6 Brothüter, Wecklibuben.
20. Bekanntmachung betreffend Aufhebung der Fleischtaxe vom 11. November 1863 und Bekanntmachung betreffend Aufhebung der Brottaxe vom 26. August 1864. Zuletzt war das Marktamt für die Bestimmung der Taxen zuständig; vgl. StABS, Sanität O 1 Lebensmittelpolizei, Gutachten des Sanitätskollegiums vom 24. Mai 1859.
21. Banderet-Lüdin, 67.
22. Ebd., 62.
23. Vgl. etwa Teuteberg, 238, 257 f.
24. StABS, Handel und Gewerbe MMM 1 Marktwesen überhaupt, Marktordnung vom 8. Oktober 1929.
25. Bauer, 66 f.
26. Erneutes Verbot wegen dem Hausieren vom 6. April 1816.
27. Verordnung über das Hausier- und Trödelwesen vom 19. Januar 1856.
28. Verordnung über das Hausier-, Trödel- und Pfandleihwesen, die Wanderlager und öffentliche Aufführungen, vom 16. Januar 1877, Gesetz über das Hausierwesen, die Wanderlager, den zeitweiligen Gewerbebetrieb, die öffentlichen Aufführungen und Schauvorstellungen, das Trödel- und Pfandleihgewerbe, vom 13. November 1882.
29. Reichesberg, 124 (Klassifikation der Hausiergebühren, vom Regierungsrat des Kantons Basel-Stadt genehmigt, den 16. Januar 1897).
30. Polizei-Strafordnung vom 1. September 1837, §§ 199, 204.
31. StABS, Handel und Gewerbe L 2 Krämer, Gewürzkrämer, Spezierer, *Brief des J. Ludwig Merian an Bürgermeister und Kleiner Rat vom 8. Oktober 1856*: «[...], ob ihm gestattet sei, in der Bläsi-Tor-Strasse eine Spezereihandlung eröffnen zu dürfen» sowie Antwort hierauf.

32 StABS, Handel und Gewerbe L 2 Krämer, Gewürzkrämer, Spezierer ..., *Petition vom 15. November 1856.*
33 StABS, Handel und Gewerbe L 2 Krämer, Gewürzkrämer, Spezierer ...., *Beschluss des Kleinen Rats vom 29. November 1856.*
34 Verordnung betreffend Bewilligung von Werkstätten und Kramläden im Stadtbanne vom 10. Dezember 1856: Gemäss § 1 waren Werkstätten nun frei errichtbar ohne Bewilligung. § 2: «Wer hingegen einen Kramladen im Stadtbann eröffnen will, hat hierfür die Bewilligung des Kleinen Raths einzuholen, welcher bei Ertheilung oder Verweigerung derselben sowohl die persönlichen Verhältnisse des Petenten als die Lage und Umgebung des betreffenden Hauses berücksichtigen wird.» § 3 hielt fest, dass die Erlaubnis bei «Übelständen oder Unordnung und erfolgter Warnung» wieder entzogen werden konnte.
35 StABS, Handel und Gewerbe L 2 Krämer, Gewürzkrämer, Spezierer ..., *Brief vom 10. Dezember an Ludwig Merian betr. Bewilligung eines Spezereiladens an der Klybeckstrasse, Brief vom 3. Januar 1859 an Philip Michaud mit Bewilligung eines Kramladens bei der Wiesenbrücke, Brief vom 28. April 1860 an J. Gloor-Zeller und Bewilligung eines Spezerei- und Cigarrenverkaufs im Neu-Quartier.*
36 Furrer, Bd. 2, 17.
37 Geiger und Nordmann, 58, 78 f.
38 Konkordat über Freizügigkeit des schweizerischen Medizinalpersonals (abgeschlossen den 22. Heumonat 1867, vom Bundesrat genehmigt am 2. Augstmonat 1867), in: *Amtliche Sammlung der Bundesgesetze und Verordnungen der schweizerischen Eidgenossenschaft,* Bd. 9, Bern 1869.
39 Verordnung betr. das Apothekenwesen vom 13. Juni 1879, § 1.
40 Verordnung über das Apothekerwesen vom 14. Oktober 1899, § 8.
41 Bundesratsbeschluss in Sachen des Hrn. A. Sauter, von Kreuzlingen, Apotheker in Genf, betreffend Ausübung des Apothekerberufes vom 28. Juni 1881, in: *Schweizerisches Bundesblatt,* 13. August 1881.
42 Verordnung über den Verkauf von Giften und Arznei- und Geheimmittel vom 7. Juni 1879.
43 StABS, Handel und Gewerbe L 2 Krämer, Gewürzkrämer, Spezierer ..., *Brief der Apotheker-Vereinigung Basel-Stadt an das Sanitäts-Departement vom 8. September 1906.*
44 Beschluss des Regierungsrates betreffend Abänderung der Verordnung über den Verkauf von Giften und Arznei- und Geheimmitteln vom 30. September 1899, 31. Dezember 1907; Beschluss des Regierungsrates betreffend Abänderung der Verordnung über den Verkauf von Giften und Arznei- und Geheimmitteln vom 30. September 1899, 18. Juli 1908, § 9.
45 StABS, Handel und Gewerbe L 2 Krämer, Gewürzkrämer, Spezierer ..., *Eingabe des Vereins Basler Drogisten an den Regierungsrat vom 28. Januar 1908.*
46 StABS, Handel und Gewerbe L 2 Krämer, Gewürzkrämer, Spezierer ..., *Verein der Baseler Drogisten an den Schweiz. Bundesrat vom 21. September 1908.*
47 Pfiffner, 153–158.
48 StABS, Handel und Gewerbe L 2 Krämer, Gewürzkrämer, Spezierer ..., *Rekurs vom 7. Mai 1909 und Antwort des Schweiz. Bundesrats vom 28. September 1909.*
49 StABS, Handel und Gewerbe L 2 Krämer, Gewürzkrämer, Spezierer ..., *Erlass des Sanitätsdepartements vom 12. März 1913.*
50 Für weitere Angaben zur Reglementierung von Salz-, Wein- und Spirituosenhandel sowie des Apothekenwesens vergleiche auch Kap. 5.
51 Verordnung über den Milchverkauf vom 18. Februar 1893.
52 Ratsbeschluss betr. Abänderung des Maximalquantums für den Kleinhandel mit Petroleum vom 22. April 1882.

4 Hauptquellen: Beschreibung und Vorgehen

1. Mangold, 17 f.
2. Alexander, 89 f.; Benson und Shaw 1992.
3. Für das dabei angewendete Vorgehen siehe Abschnitt 4.3.
4. Vgl. Abschnitt 3.1.1.
5. Vgl. hierzu in Kap. 9 die Ausführungen zum in Anm. 8 erwähnten Bericht.
6. So z. B. Apotheken, Salzverkaufsstellen, Handel mit alkoholischen Getränken.
7. Verordnung über das Hausier- und Trödelwesen, vom 19. Januar 1856, Verordnung über das Hausier- Trödel- und Pfandleihwesen, die Wanderlager und öffentliche Aufführungen, vom 16. Januar 1877, Gesetz über das Hausierwesen, die Wanderlager, den zeitweiligen Gewerbebetrieb, die öffentlichen Aufführungen und Schauvorstellungen, das Trödel- und Pfandleihgewerbe, vom 13. November 1882, Verordnung betreffend die Märkte in Basel, vom 19. September 1891.
8. *Ergebnisse der Eidgenössischen Betriebszählung vom 9. August 1905*, Bd. 1, Heft 8, Bern 1908, S. 15*.
9. *Ergebnisse der Eidgenössischen Betriebszählung vom 9. August 1905*, Bd. 1, Heft 8, Bern 1908, S. 37*.
10. Hierzu Kap. 9, Anm. 8.

5 Die Branchen, ihre Sortimente und die Ladeninhaber

1. Vgl. auch Abschnitt «Mineralwasserhändler» weiter unten, S. 74.
2. Beschränkungen der Gewerbefreiheit zu Gunsten der Apotheker, die ihre Interessen im Kontakt mit den gesetzgebenden Instanzen gut zu verankern wussten, werden in Abschnitt 3.2.4 behandelt.
3. Verordnung über das Apothekerwesen vom 14. Oktober 1899.
4. Dargestellt wird diese Thematik – leider nur bis zum Ausgang des 18. Jahrhunderts – in: Koelner, 1935, 154 f.
5. August Reichlin, Teil 2, 54.
6. *Adressbuch der Stadt Basel* sowie SWA, Handschr. 192.
7. StABS, Gerichtarchiv PP 1 Inventare, 1898, *Nr. 366 Inventar Xaver Maier-Frommherz*.
8. Vgl. hierzu und betreffend die spezifischen Verhältnisse in der Stadt Basel Eckenstein.
9. Vgl. Stichwort Bierbrauereigewerbe und Bierbesteuerung, in: Reichesberg, Bd. 3.2, 1641 f.
10. Duden, *Das grosse Wörterbuch der deutschen Sprache*.
11. Koelner 1935, 158.
12. Duden, *Das grosse Wörterbuch der deutschen Sprache*.
13. Gemäss dem *Deutschen Fremdwörterbuch* treibt der Materialist Handel mit Spezerei- und Kolonialwaren und ist gleichzeitig Rohstofflieferant für die Apotheker.
14. Koelner 1935, 161.
15. In diesem Zusammenhang traten gegen 1900 hin vermehrte Auseinandersetzungen mit den Apothekern auf, welche in Abschnitt 3.2.4 bereits dargelegt worden sind.
16. Siehe Ausführungen unter dem Stichwort «Kolonialwaaren» in: Furrer, Bd. 2, 127.
17. Koelner 1935, 134.
18. 1888 wurde der Konditor-Confiseurmeisterverein Basel und Umgebung gegründet, nachdem 1885 bereits der Bäcker- und Konditorenmeisterverein Basel und Umgebung entstanden war. Vgl. dazu Wanner und Frei, 134 f.
19. Näheres zu den Scholen in Abschnitt 2.3 und zur Übergangszeit zwischen Zunftverfassung und Gewerbefreiheit in Abschnitt 3.1.
20. Das Heim des Basler Metzgermeisters Fritz Weitnauer um 1890, inklusive detaillierter Angaben über den offensichtlich gerade neu eingerichteten Verkaufsraum, die Produktionsräume und Schlafsäle der Angestellten etc., findet sich beschrieben in: Stocker, 263 f.

21 *Adressbuch der Stadt Basel* 1898, Seite 5 des Inseratenteils.
22 Wanner (1969), 16.
23 Lummel = Filet, Lendenstück; vgl. dazu Suter.
24 O. H. Jenny, 28.
25 Ebd., 31.
26 Ebd., 28.
27 Ebd., 8.
28 Ebd., 31 f.
29 Vgl. Leitherer; Ders. und Wichmann, 58 f.
30 StABS, Salzakten K 1.
31 Merkur trat 1905 in Basel mit zwei Filialen erstmals in Erscheinung. Vgl. auch Anhang 3 unter «Merkur».
32 Bereits eine *Inventurliste des Allgemeinen Consumvereins Basel vom 19. Mai 1877* (SWA, Handschr. 235 G: *Warenbuch Filiale Klybeckstrasse 57*, Basel, Beilage) führt «Chocolade» in drei Varianten auf, in der Preisliste vom 27. März 1887 sind es dann sechs Varianten und in jener vom Mai 1909 figurieren nebst elf Sorten Schokolade auch Pralinen, Cremestengel und Branches etc. (Preislisten im Archiv von Coop Basel Liestal Fricktal).
33 *Deutsches Fremdwörterbuch.*
34 *Deutsches Wörterbuch von Jakob Grimm und Wilhelm Grimm.*
35 Koelner 1935, 95 f.
36 Vgl. dazu Duden, *Das grosse Wörterbuch der deutschen Sprache*, *Deutsches Wörterbuch von Jakob Grimm und Wilhelm Grimm* sowie *Deutsches Fremdwörterbuch.*
37 Duden, *Das grosse Wörterbuch der deutschen Sprache.*
38 Vgl. Abschnitt 16.1.6 und Anhang 4.
39 *Inventurliste des Allgemeinen Consumvereins Basel vom 19. Mai 1877* (SWA, Beilage in Handschriften 235 G: Warenbuch Filiale Klybeckstrasse 57, Basel).
40 Firmenarchiv Coop Basel Liestal Fricktal, *Preislisten des Allgemeinen Consumverein Basel.*
41 Zur Bedeutung der Markenartikel in den Sortimenten von Gemischtwarenläden vgl. Spiekermann, 530–534.
42 Vgl. auch Spiekermann, 162–175.
43 Vgl. Kap. 15.
44 Vgl. Abschnitte 2.1, 19.3.5 und Anhang 3 «Allgemeiner Consumverein Basel».
45 Vgl. Kap. 9.
46 Duden, *Das grosse Wörterbuch der deutschen Sprache; Deutsches Fremdwörterbuch; Deutsches Wörterbuch von Jakob Grimm und Wilhelm Grimm.*
47 Vgl. Kap. 9.
48 Hengartner und Merki.
49 Ausgeschrieben vermutlich: Cigarrendétaillantin und Bierhändlerin, also eine Cigarren(einzel)- und Bierhändlerin.
50 *Inventurliste des Allgemeinen Consumvereins Basel vom 19. Mai 1877*, SWA, Beilage in Handschriften 235 G: Warenbuch Filiale Klybeckstrasse 57, Basel; Firmenarchiv von Coop Basel Liestal Fricktal, *Preislisten 27. März 1887 und Mai 1909.*

6 Umfang von Lebensmittelhandwerk und -einzelhandel 1850–1913

1 Vgl. entsprechende Petitionslisten in StABS, Salzakten K 1 und Handel und Gewerbe L 2 Krämer, Gewürzkrämer, Spezierer ... sowie den Abschnitt 3.2.3.
2 Vgl. Kap. 9.
3 Benson 1983, 114.
4 Vgl. auch Tab. II in Anhang 1.
5 Für Konsumtrends in Deutschland vgl. Teuteberg und Wiegelmann, 63 f., 225 f., 351 f.

6 Vgl. Teuteberg und Wiegelmann, 225 f., 353.
7 StABS, Handel und Gewerbe MMM 1 Marktwesen ..., *Stellungsnahme des Polizeidepartements zur Petition für ein Fürkaufsverbot an den Regierungsrat vom 14. August 1883*, bes. Namens- und Adressliste von Fürkäufern.
8 Vgl. Abschnitt 2.1 und 3.2.1.

7 Strukturelle Veränderungen in der Lebensmittelversorgung

1 Feingebäck: stark zucker- und fetthaltige Gebäcksorten bzw. Gebäck mit mindestens 10 % Zucker- und Fettgehalt, im Extremfall Kuchen und Patisserie. Vgl. auch Reichlin, Teil 2, 58 f.
2 Vgl. Reichlin, Teil 2, 114.
3 Die Brauerei Hürlimann in Zürich, in: Internationale Industrie-Bibliothek, Zeitschrift für Musterbetriebe aller Länder, 5 f.
4 Gemäss der Untersuchung von August Reichlin (Teil 2, 68 f., 126) war die von Hand betriebene Teigteilmaschine 1910 in den meisten Betrieben anzutreffen. Maschinenbetriebene Knetmaschinen hingegen fanden sich 1905 erst in 5 Betrieben, 1910 dann in 19 bzw. 11% der Klein- und Mittelbetriebe sowie in sämtlichen Grossbetrieben. Vgl. auch Stocker, 265, wo eine damals neuzeitliche Produktionsstätte der Metzgereibranche beschrieben wird.
5 Vgl. Kap. 5 «Bäcker» und Anhang 3 «Christian Singer».
6 Vgl. Jasper, 59 f. für eine ähnliche Entwicklung in Köln.
7 Vgl. Kap. 5 «Spezierer – Spezereihandlungen».
8 Für detaillierte Angaben betreffend Prozentanteile vgl. Tab. III in Anhang 1.
9 Vgl. Kap. 5 «Drogerie- und Materialwarenhandlungen».

8 Filialunternehmungen: Ein Phänomen des 19. Jahrhunderts

1 Mathias, 38 f.
2 Jefferys, 34 f.
3 Ebd., 33; siehe auch Kap. 11 der vorliegenden Arbeit.
4 Jefferys, 31 f.
5 Vgl. Müller.
6 Vgl. Zusammenstellung in Anhang 3.
7 Müller, 14 f., Nenadic, 134.
8 Nenadic, 133.
9 Ebd., 132.
10 Ebd., 129 f.
11 Ebd., 134.
12 Müller, 12 f.
13 Vgl. etwa Nenadic, 121–134.
14 Müller, 14; Nenadic, 133.
15 Müller, 16.
16 Ebd., 17.
17 Nenadic, 130 f.
18 Inserat in: *Basler Nachrichten*, 12. Juli 1861 und Abschnitt «Wwe. Riggenbach z. Arm» in Anhang 3.
19 Alexander, 104 f.
20 Vgl. Abschnitt «Allgemeiner Consumverein Basel» in Anhang 3.
21 Vgl. weitere Einzelheiten zu diesen Unternehmen in Anhang 3.
22 Mathias, 35 f., 73 f.
23 Jefferys, 26, hat für Grossbritannien festgestellt, dass regionale Filialunternehmen nach einer

kritischen Phase mit 5–35 Filialen die Expansion des Netzes bis zu 50 Filialen aus reinvestierten Gewinnen finanzierten. Eine überregionale Expansion war so jedoch kaum möglich und erforderte in der Regel eine Kapitalbeschaffung über den Markt.

24 Alexander, 104 f.
25 Vgl. Abschnitt 8.1.
26 Vögelin, 21.
27 Mathias, 1967.
28 Bergier, 111 f.
29 Mathias, 10.
30 Ebd., 188 f.; Jefferys, Fotos I a, II, III, V a, VI a.
31 Mathias, 47.
32 Ebd., 38 f.
33 Im Zusammenhang mit der neuen Generation schnell wachsender und bald umfangreicher Filialunternehmungen, die importierte Landwirtschaftsprodukte verkauften, spricht Mathias von einer Revolution im Einzelhandel. Diese fand in Basel im Untersuchungszeitraum nicht statt.
34 O. H. Jenny, 13.
35 Mathias, 36.
36 Vgl. Abschnitt «Allgemeiner Consumverein» in Anhang 3.
37 Vgl. Abschnitte 8.2.1–8.2.3.
38 Vgl. Abschnitte «Christian Singer» und «Samuel Bell Söhne AG» in Anhang 3.
39 Mathias, 36 f., 74.
40 Vgl. Abschnitt 8.2.2 sowie in Anhang 3 die Abschnitte «Wwe. Riggenbach zum Arm», «Emanuel Preiswerk», «Emil Fischer zum Wolf», «Carl Banga», «W. Karli», «Christian Singer» und «Samuel Bell Söhne AG».
41 Vgl. Abschnitt «Samuel Bell Söhne AG» in Anhang 3.
42 Vgl. Abschnitt «Allgemeiner Consumverein» und «Merkur» in Anhang 3 und Abschnitt 12.2.3.
43 Vgl. Abschnitt 12.2.
44 Vgl. für Details die entsprechenden Abschnitte in Anhang 3.
45 Vgl. auch Abschnitt «Emanuel Preiswerk» in Anhang 3.
46 Vgl. die Fallgeschichten in Anhang 3.
47 Vgl. Abschnitte 6.1 und 6.2 zu Umfang und Versorgungsdichte der Lebensmittelbranche.
48 Vgl. Kap. 9.
49 Die gesellschaftliche Verortung der Einzelhändler sowie die Ausrichtung ihrer Organisationen im deutschen Kaiserreich diskutiert Winkler, 17–27.
50 Champion, 33.
51 Zum Beispiel *Basler Nachrichten*, 23. April 1891.
52 *Schweizerische Spezereihändler-Zeitung*, 1912 f.
53 Champion, 141.
54 Ebd., 93 f.
55 Ebd., 100.
56 Ebd., 86 f., 89. Die Form der Genossenschaft ist flexibel genug für eine wechselnde, vor allem auch für eine steigende Zahl der Beteiligten. Jeder Genossenschafter erhält Einkaufs-Vergünstigungen im Rahmen seiner Bestellungen. Bei der Aktiengesellschaft hingegen werden die Dividenden auf die gezeichneten Aktien ausgeschüttet.
57 *Adressbuch der Stadt Basel*.
58 SWA, H&I C 221, *Statuten 1900*.
59 SWA, H&I C 221, *Jahresberichte*.
60 Schwabe, 299.
61 SWA, H&I C 222, *Statuten, Jahresberichte und Zeitungsausschnitte*.
62 SWA, H&I C 222, *Jahresbericht 1916*.
63 SWA, Handschr. 484.

64 Sie verfolgte auf überregionaler Ebene denselben Zweck wie die baslerische LIGA und andere Einkaufsvereinigungen, nämlich den Grosseinkauf von Waren für ihre Mitglieder zu günstigen Konditionen. Ausgangspunkt für die Gründung der UNION waren merklich verschlechterte Bezugskonditionen für kleine Marktteilnehmer bei den Produzenten. Als Mitglieder wurden «Detaillisten der Kolonialwaren- und anderer Branchen» angesprochen (SWA, H&I C 242, *Statuten 1912*). Die Organisation belieferte 1914 955 Mitglieder mit Waren im Gesamtwert von 4'552'000 Fr. (Champion, 48).

65 Bericht «Eingesandt aus Basel» in: *Die Rundschau*, 14. November 1912.

66 Lüthi, 143. Lüthi versteht die Formation der Gewerbepartei und ihre Teilnahme am Wahlkampf in der Stadt Basel als Reaktion auf die 1890 erstmals in den Grossen Rat gewählten Sozialdemokraten. Auch der Handwerker- und Gewerbeverein sowie die aus dem Hausbesitzerverein hervorgegangene Fortschrittliche Bürgerpartei gehörten zu diesen zeittypischen Untergruppierungen im bürgerlichen Parteispektrum.

67 Inserat in: *Die Rundschau*, 6. November 1912.

68 Vgl. Abschnitte 16.1.2 und 16.1.6.

69 Bericht «Eingesandt aus Basel» in: *Die Rundschau*, 14. November 1912.

70 Vgl. *Adressbuch der Stadt Basel*, verschiedene Jahre.

71 O. H. Jenny, 28.

72 *Adressbuch der Stadt Basel*, verschiedene Jahre sowie *Schweizerisches Ragionenbuch 1894*.

73 Weiteres zu diesen beiden Filialisten siehe in Anhang 3.

74 Wanner und Frei, 134 f.

75 Frei, 49 f.; Schweiz. Ragionenbuch und Adressbuch der Stadt Basel.

76 Nordmann 1935, 94.

9 Lebensmittel als Erwerbsquelle für Handwerker- und Arbeiterfamilien

1 Schmoller 1870, 153.

2 Ebd., 212.

3 Ebd., 441.

4 Vgl. auch Abschnitt 10.3.

5 Schmoller 1870, 215; mit «solche Ladengeschäfte» meint Schmoller kleine und kleinste Geschäfte, die oft dem Konkurs nahe sind.

6 Vgl. Kap. 5 «Salzverkäufer».

7 Vgl. Abschnitt 6.2 und Robert, 23. Nach Robert trat in der grossen Depression erstmals eine Dauerarbeitslosigkeit mit ihren Begleiterscheinungen klar zu Tage.

8 StABS, Handel und Gewerbe MMM 1 Marktwesen, *Stellungnahme des Polizeidepartements zur Petition für ein Fürkaufsverbot an den Regierungsrat vom 14. August 1883, Beilage «Fürkäufer auf dem hiesigen Markt»*.

9 Vgl. Ausführungen zum Fürkauf bzw. Vorkauf in Abschnitt 3.2.1.

10 Vgl. Abschnitt 2.1 und Verordnung betreffend Abänderung der Verordnung über die Märkte in Basel vom 19. September 1891, vom 4. März 1909.

11 Haupt 1982, 105 f.

12 Jasper, 67 f.

13 Benson 1983, 1–7. Den Begriff des *penny capitalism* geprägt hat der Anthropologe Tax 1953.

14 Benson 1983, 3 f.

15 Ebd., 98.

16 Ebd., 98–114.

17 Ebd., 114.

18 Vgl. Abschnitt 11.3 sowie Haupt 1997, 402 f., 406 f. und Hosgood, 447 f.

19 Benson 1983, 115.

20 Alexander, 97–99; Hosgood, 450 f.; Winstanley, Introduction ix, 12 f., 15.

21 Benson 1983, 126 f.; Alexander, 234, 237 f.
22 Alexander, 63 f., 233 f.; vgl. auch Winstanley, 44.
23 Alexander, 237 f.
24 Vgl. Abschnitt 16.2.
25 Schmoller 1870, 214 f.
26 Hosgood, 439 f.

10 Frauen als Unternehmerinnen

1 Vgl. Abschnitt 6.2.
2 Auch Jasper, 61 hat für die Stadt Köln um 1890 für den Kolonialwaren- bzw. den Spezerei- und Viktualienhandel einen Anteil an Betriebsinhaberinnen von 10% bzw. 20% konstatiert.
3 Zumkehr, 36 f. Vgl. zu diesem Zusammenhang aber auch Ulrich, 22 f., 173 f., wo Tabakläden um 1870 für Zürich als Vorstufe zu später legalen Bordellen nachgewiesen werden.
4 Zumkehr hat aus Gerichtsakten ausschliesslich Frauen (meist getrennt vom Ehemann lebende und Witwen) als Inhaberinnen von Zigarrenladen-Bordellen festgestellt, hingegen keine Männer oder Ehepaare.
5 *Ergebnisse der Eidgenössischen Betriebszählung vom 9. August 1905*, Bd. 4, 6 und Bd. 3, 2. Um nicht unrealistisch hohe Werte zu erhalten, haben wir der Zahl der weiblichen Einzelpersonen die Gesamtzahl der Betriebe (inklusive Kollektivunternehmungen) gegenüber gestellt, was sachlich nicht ganz korrekt ist.
6 Wecker 1995, 89; Gerber Jenni, 141 f.
7 Ryter 1995, 111.
8 Wecker 1995, 89; Ryter 1994, 62.
9 Bundesgesetz betr. die persönliche Handlungsfähigkeit vom 22. Juni 1881.
10 Gerber Jenni, 65.
11 Wecker 1995, 88, 92. Was es für eine Frau bedeuten konnte, wenn sie die freie Mittelverwaltung nicht erhielt, zeigt Ryter 1994 am Beispiel der Anna Barbara Imhof aus Wintersingen BL auf. Weitere Fälle von Rechtsstreitigkeiten zwischen bevormundeten Geschäftsfrauen und ihren Vögten sind zu finden in Ryter 1994, 169–190.
12 StABS, Gerichtsarchiv, LL 7a Entzug der Freien Mittelverwaltung S–Z; zit. nach Wecker 1995, 93.
13 Vgl. auch Keller, 112. Eine nochmalige minuziöse Überprüfung des Zivilstands, vor allem auch der Abgleich des Branchenteils mit dem Einwohnerverzeichnis der Adressbücher, ist für die hier abweichenden Ergebnisse verantwortlich.
14 Vgl. Kap. 9.
15 Einen Witwenanteil von über 50% hat Jasper, 61 unter den Lebensmittelhändlerinnen Kölns ausgemacht.
16 Zur Berufstätigkeit von Witwen vgl. auch Simonton, 66, 156 und 159.
17 Vgl. dazu auch die Tab. 14 und 15 in Kap. 9.
18 Jorns.
19 Schötz, 172.
20 Vgl. hierzu auch Schnegg, 27 f., welche für die Stadt Bern um 1800 einen bedeutenden Frauenanteil im Lebensmittelhandel nachweist.
21 Jorns, 146 f.
22 Simonton, 69, 155 f.
23 Ebd., 235.
24 Jorns, 200.
25 Ebd., 197.
26 Vgl. Kap. 9.

11 Standorte der Lebensmittelgeschäfte und Einkaufsstrassen

1 Vgl. Abschnitt 3.2.3.
2 Vgl. Abschnitt 2.3.2.
3 Vgl. Abschnitt 3.2.4 und 3.2.5.
4 Zur Lage der Läden in der Stadt Hamburg 1900–1910 vgl. Spiekermann, 160–162, und zur improvisierten Ladeneinrichtung in verschiedensten Räumlichkeiten vgl. Kap. 9.
5 Stoll, 24.
6 Pettermand, 259.
7 Boll, 12.
8 Als Kartenmaterial für die Lokalisierung der einzelnen Häuser diente der Stadtplan von Geometer L. H. Loeffel aus dem Jahr 1862 (Quelle: Grundbuch- und Vermessungsamt Basel-Stadt).
9 Vgl. Kap. 6.
10 Vgl. Jasper, 61 f. Jasper verweist für Köln auf die besondere Bedeutung, welche die Vorstädte durch ihre Lage zwischen Stadtzentrum und neuen Wohnquartieren in der Lebensmittelversorgung der wachsenden Stadt einnahmen.
11 Für ökonomische Betrachtungen zur räumlichen Konzentration von Anbietern des Einzelhandels vgl. Chamberlin, 263: Anbieter unterschiedlicher Branchen gruppieren sich zusammen, damit Kunden möglichst viele Besorgungen am selben Ort tätigen können. Läden mit vergleichbarem Angebot hingegen, die sich nahe beieinander befinden, erlauben der Kundschaft das Auswählen aus verschiedenen ähnlichen Produkten nach Preis-Leistungs-Kriterien und individuellen Präferenzen.
12 Hosgood, 447 f.
13 Vgl. auch Benson, 1994, 72.
14 Haupt 1997, 406 f.
15 Die spezielle Situation solcher Ladenbesitzer schildert Hosgood, 448 f.

12 Die Beschäftigten in den Lebensmittelgeschäften

1 Vgl. Tab. 2 in Kap. 1.
2 Vgl. Tab. 32 in Kap. 13.
3 *Ergebnisse der Eidgenössischen Betriebszählung vom 9. August 1905*, Bd. 3, 202 f., Bd. 4, 152 f. und Bd. 1, Heft 4, 204.
4 Vgl. Abschnitt 2.1.
5 Vgl. Kap. 9.
6 Maissen, 41.
7 Für diesbezügliche Ausnahmen vgl. Abschnitt 3.2.
8 Vgl. Abschnitt 12.2.
9 Vgl. Abschnitt 8.3.3.
10 Vgl. Kap. 10.
11 Maissen, 41.
12 Ebd., 40. Entsprechende Inserate können in aktuellen Deutschschweizer Tageszeitungen angetroffen werden.
13 Mantovani Vögeli, 156.
14 Maissen, 25; Kübler, 11.
15 *Bundesblatt*, Nr. 2, 1928, 725 (zit. nach Kübler, 11).
16 Kübler, 9 f.
17 Mantovani Vögeli, 156 hält fest, dass die Berufsbildung in Frauenberufen aus diesem Bundesbeschluss nur marginal Nutzen zog, so wurden z. B. auf Drängen des Schweizerischen Gemeinnützigen Frauenvereins Hauswirtschaftskurse finanziell unterstützt. Kübler, 9 f., stellt diesen Bundesbeschluss vom 27. Juni 1884 in eine Reihe von Staatsinterventionen der 1880er-Jahre,

18 Maissen, 25 f.; Kübler, 25.
19 Maissen, 148–162.
20 Gesetz betreffend das Lehrlingswesen vom 14. Juni 1906, in: *Gesetzessammlung des Kantons Basel-Stadt*, Bd. 12, 148. Die Lehrlingsgesetzgebung in Basel-Stadt erfolgte im gleichen Jahr wie jene der Kantone Bern, Zürich, Luzern und Schwyz. Vorangegangen mit Lehrlingsgesetzen waren die Kantone Neuenburg (1890), Freiburg (1895), Genf (1899), Glarus (1903), Wallis (1903) und Zug (1904). Vgl. dazu Maissen, 148–162.
21 Wanner und Frei, 39.
22 Ebd., 39 f.
23 Nordmann 1935, 120.
24 Gesetz betr. die Errichtung einer allgemeinen Gewerbeschule vom 20. Dezember 1886.
25 *Das Basler Schulwesen 1880–1930*, 247, 252 und *Inventar der neueren Schweizer Architektur*, Bd. 2, 55.
26 Grossratsbeschluss betr. den Bau der Allgemeinen Gewerbeschule und des Gewerbemuseums vom 10. März 1890.
27 Vgl. Abschnitt 12.3.4.
28 Vgl. Abschnitt 8.3.3 und die biografischen Angaben zur Christian Singer (1873–1929) und Rudolf Bell (1878–1945) in Anhang 3.
29 Horlebein, 82.
30 Vgl. die biografischen Angaben zu Franz Riggenbach (1825–1902), Eduard Preiswerk (1829 bis 1895), Carl Preiswerk (1826–1893), Wilhelm Preiswerk (1858–1938), Paul Preiswerk (1861–1939) und Emil Fischer (1868–1945) in Abschnitt 8.3.3 und in Anhang 3.
31 Maissen, 28.
32 *125 Jahre kaufmännischer Verein Basel 1862–1987*, 15.
33 *100 Jahre Kaufmännischer Verein Basel 1862–1962*, 74.
34 *Jahresbericht Verein junger Kaufleute Basel 1866/67*.
35 *100 Jahre Kaufmännischer Verein Basel 1862–1962*, 75.
36 Ebd., 81.
37 *125 Jahre kaufmännischer Verein Basel 1862–1987*, 79.
38 *100 Jahre Kaufmännischer Verein Basel 1862–1962*, 80.
39 Ebd., 79.
40 Ebd.
41 Kübler, 25.
42 Zit. nach Maissen, 26.
43 Kübler, 30.
44 Maissen, 26.
45 *100 Jahre Kaufmännischer Verein Basel 1862–1962*, 107.
46 Pettermand, 251 bemerkt dazu: «Der Beruf der Verkäuferin erfordert in hohem Masse Gewandtheit in der Bedienung und im Rechnen und Takt im Umgang mit den kaufenden Mitgliedern.» Gemeint sind die Mitglieder des Allgemeinen Consumvereins Basel.
47 Rehm, 82.
48 Einiges Licht auf Status und Einordnung des neuen Verkäuferinnenberufs werfen die Ausführungen von König et al., 219 ff. Soll das weibliche Verkaufspersonal zur Angestelltenschaft gerechnet werden, oder ist es eher den Arbeitern zuzuordnen? Diese Frage hatte Angestellte, Unternehmer und Statistiker seit dem Aufkommen des Verkäuferinnenberufs beschäftigt.
49 Simonton, 235 stellt fest, dass es eigentlich falsch ist, bei den Berufen Verkäuferin und Typistin von Feminisierung zu sprechen, da es sich um neu geschaffene Berufe handelte, die von Anfang an von Frauen in einem männlich dominierten Arbeitsumfeld ausgeübt wurden. Entstanden waren sie aus dem Widerstand gegen den Eintritt von Frauen in Berufskarrieren.

50 Maissen, 41.
51 Vgl. entsprechende Ausführungen in: *50 Jahre Merkur Kaffee-Spezialgeschäft 1905–1955* (ohne Seitennummerierung).
52 Maissen, 29.
53 Ebd.
54 Ebd., 30 f.
55 Buomberger, 62; Essig, 309–311, legt vergleichbare Zustände für Deutschland dar. Von 508 befragten Verkäuferinnen gaben 75% im Jahr 1909 an, eine praktische Lehre besucht zu haben. Nur 29% hatten eine zwei- bis dreijährige Lehrzeit durchlaufen, bei 46% dauerte sie ein Jahr und bei 26% gar nur ein halbes oder ein Vierteljahr (zit. nach Rehm, 42).
56 Gentner (zit. nach Maissen, 27).
57 Maissen, 27.
58 *Der Schweizerische Kaufmännische Verein und seine Sektionen 1861–1914*, 1914 (zit. nach Maissen, 28).
59 Vögelin, 110.
60 Maissen, 33. Der Unterricht wurde 1926 aufgenommen und der «Seminar»-Besuch 1933 dem Besuch einer Berufsschule des SKV gleichgestellt. Die Verkäuferinnenlehrtöchter, welche dort Kurse hatten, waren von der Unterrichtsteilnahme an einer obligatorischen Berufsschule befreit.
61 Dass auch nach dem Inkrafttreten dieses Gesetzes im Jahr 1933 bei weitem nicht alle «Verkaufslehrlinge» von einer obligatorischen Berufslehre mit Schulbesuch erfasst wurden, ergab sich aus der oft schwierigen Branchenabgrenzung und weil Lehrverhältnisse im gewerblichen Bereich von Bäckereien, Metzgereien bis zu Käse- und Buttergeschäften zunächst ausgeschlossen blieben. Im August 1944 waren dann für Verkäuferinnenlehren 111 Branchen des Detailhandels zugelassen (Maissen, 41 f., 46 f.).
62 Vögelin, 109 f.
63 Vögelin, 109. Weil ab 1959 auch Jugendliche männlichen Geschlechts Verkaufslehren abschlossen, wurde die Basler Frauenarbeitsschule 1963 in Berufs- und Frauenschule umbenannt.
64 Vögelin, 109.
65 *125 Jahre Kaufmännischer Verein Basel*, 49.
66 Ebd., 49 f. Fortsetzung des Zitats: «Und doch sind bescheidene Fortschritte in diesen Bemühungen zu verzeichnen. Zu Beginn der 1970er-Jahre war es möglich, die Ausbildungsbedingungen durch die Form einer Stufenlehre zu verbessern, welche es qualifizierten und ausbildungswilligen Angehörigen des Verkaufsberufs ermöglicht, sich nach der zweijährigen Lehre für ein drittes Lehrjahr zu entscheiden, [...].» Und weiter unten: «Diese Interesselosigkeit [des Verkaufspersonals z. B. an der vertraglichen Regelung des Abendverkaufs] scheint überhaupt massgebend für den Verkaufsberuf zu sein. Viele Berufsangehörige des weiblichen Geschlechts, das ja hier stark überwiegt, sehen ihren Beruf nicht als Existenzgrundlage an, sondern als vorübergehende Lösung, quasi als Wartesaal bis zur Verheiratung. Allerdings sind viele von ihnen auch nach der Heirat wieder berufstätig. Ihr Lohn ist dann nicht mehr Existenzgrundlage, sondern Zusatzverdienst, der eine etwas bessere Lebenshaltung erlaubt. [...] Man geht wohl nicht fehl in der Annahme, dass die grosse Zahl der als ‹dauernde Aushilfen› beschäftigten Teilzeitverkäuferinnen es wesentlich erschwert, die Existenzbedingungen jener zu verbessern, die auf die Ausübung ihres Berufs angewiesen sind.»
67 Zur Entwicklung des Verkäuferinnenberufs nach 1914 und bis nach dem Zweiten Weltkrieg vgl. auch König et al., 219 ff.
68 Vgl. Kap. 13.
69 Vgl. Abschnitte 12.2.2 und 12.2.3.
70 Rehm, 26.
71 Vgl. Abschnitt 12.2.3.
72 Vgl. das Stichwort «Lehrlingsschutz» in Reichesberg, Bd. 2, 919.
73 Vgl. Abschnitt 12.3.4.

74 Flueler, 97.
75 *Das Basler Schulwesen 1880–1930*, 238.
76 Sutter, 36, 70.
77 *Ergebnisse der Eidgenössischen Betriebszählung vom 9. August 1905*, Bd. 4, 62* f.
78 Ebd., Bd. 3, 132* f.
79 Alle Angaben dieses Abschnitts aus: *Ergebnisse der Eidgenössischen Betriebszählung vom 9. August 1905*, Bd. 3, 132* f., Bd. 4, 72* f.
80 Vgl. das Stichwort «Lehrlingsschutz» in Reichesberg, Bd. 2, 916–920.
81 Vgl. Kap. 1.
82 Das benachbarte Elsass gehörte von 1871 bis 1918/19 zum Deutschen Reich.
83 Wecker 1984, 353.
84 Vgl. Kap. 13.
85 Vgl. die Ausführungen in Kap. 10.

13 Betriebsgrösse und Rechtsform

1 Vgl. Abschnitt 8.3.4.
2 *Ergebnisse der Eidgenössischen Betriebszählung vom 9. August 1905*, Bd. 4.
3 Vgl. Tab. XI in Anhang 1.
4 Werden auch als Personenvereinigungen bezeichnet.
5 Die Handelsbetriebe gliedern sich gemäss Definition der Betriebszählung in: Eigentlicher Handel, Bankwesen, Versicherungswesen, Vermittlerwesen und Gastwirtschaftsgewerbe.
6 *Ergebnisse der Eidgenössischen Betriebszählung vom 9. August 1905*, Bd. 4, 26* f.
7 Vgl. hierzu Abschnitt 13.1.

14 Öffnungszeiten der Läden

1 Verordnung betreffend Sonntagspolizei vom 18. Dezember 1872.
2 Gesetz betreffend die Sonntagsruhe vom 13. April 1893.
3 Gesetz betreffend den Schutz der Arbeiterinnen vom 27. April 1905.
4 Polizeistrafgesetz für den Kanton Basel-Stadt vom 23. September 1872.
5 Verordnung betreffend Sonntagspolizei vom 18. Dezember 1872, Einleitung.
6 Ebd., § 5 und 6.
7 Ebd., § 5.
8 Bekanntmachung betreffend Sonntagspolizei vom 12. Februar 1873.
9 Gesetz betreffend die Sonntagsruhe vom 13. April 1893, § 4, § 6–10.
10 Gesetz betreffend die öffentlichen Ruhetage vom 25. März 1909, § 3 lit. g.
11 Ebd., § 12–15.
12 Ebd., § 12.
13 Bundesratsbeschlüsse vom 21. August und 9. Oktober 1917 über die Einschränkung des Verbrauchs an Kohle und elektrischer Energie.
14 Verordnung betreffend die Öffnungs- und Arbeitszeit von Verkaufslokalen, Bureaux und anderen Betrieben und Anstalten vom 17. Oktober 1917, § 7–11.
15 Gesetz betreffend das Offenhalten der Verkaufslokale an Werktagen vom 29. Januar 1920. Dieses Gesetz erlaubte das Offenhalten von Verkaufslokalen an Werktagen zwischen 6.30 und 19.00 Uhr.
16 Gesetz betreffend den Schutz der Arbeiterinnen vom 27. April 1905.
17 Ebd., § 1.
18 Pettermand, 152, 251; vergleiche auch die Listen der Filialleiterinnen und ihrer Mitarbeiterinnen in den Jahresberichten des Allgemeinen Consumvereins Basel.

19 Gesetz betreffend den Schutz der Arbeiterinnen vom 27. April 1905, § 4–18.
20 Benson 1983, 117.
21 Für einfache Lebensmittelgeschäfte in England sind vor dem Ersten Weltkrieg Öffnungszeiten von 7 Uhr morgens bis 23 Uhr belegt. Vgl. hierzu Benson 1983, 121 oder auch Winstanley, 57–58. Und in Bremen waren 1890 Öffnungszeiten von 6 Uhr morgens bis 11 Uhr nachts für die Kolonialwarenbranche (= Spezereibranche in der Schweiz) üblich. Vgl. dazu Haupt 1982, 103. Ferner ergab eine Umfrage bei 8000 deutschen Einzelhandelsbetrieben im Jahr 1893, dass über 60% der Geschäfte an Werktagen mehr als 13 Stunden geöffnet hatten. Siehe hierzu auch Gartmayr und Mundorf, 105.
22 Zum gleichzeitigen Kochen und Bedienen im Laden vgl. Benson 1983, 121.
23 Pettermand, 251.
24 Vgl. Kap. 5 unter «Apotheker».
25 Geiger und Nordmann, 58.
26 SWA, H & I C2 Allgemeiner Consumverein Basel, *Jahresbericht für 1882*, 3.
27 SWA, H & I C2 Allgemeiner Consumverein Basel, *Jahresbericht für 1885*, 12.
28 SWA, H & I C2 Allgemeiner Consumverein Basel, *Jahresbericht für 1886*, 12.
29 Bruckner, *Festschrift zum 75jährigen Bestehen des Metzgermeistervereins Basel*, 1956, 58.
30 Vgl. Stichwort «Arbeitszeit», in: Reichesberg, Bd. 2, 295 f.
31 SWA, H & I C2 Allgemeiner Consumverein Basel, *Jahresbericht für 1892*, 12.
32 Pettermand, 251.
33 Bruckner, *Festschrift zum 75jährigen Bestehen des Metzgermeistervereins Basel*, 1956, 58.

15 Ladeneinrichtungen: Beispiel Spezereihandel

1 Vgl. Kap. 2.
2 Graef.
3 Bachmann und Metzger, 99–125. Vergleiche auch Exponate im Puppenhausmuseum Basel, insbesondere Kaufmannsladen (D) ca. 1880, Krämerladen (D) ca. 1895 und Kaufladen im Jugendstil (D) ca. 1900, die als Postkarte erhältlich sind.
4 Laden der Schwestern Hotz im Ortsmuseum Rüschlikon ZH und ein Gespräch darüber mit Judith Wild, Basel, welche die bis 1979 funktionierende Gemischtwarenhandlung an der Seestrasse noch persönlich erlebt hat. Kolonialwarenladen aus Seewen SZ, dat. 1883, Musée national suisse, Château de Prangins. Vergleiche zur Thematik der Konservierung und Präsentation von Ladeneinrichtungen in Museen auch Kaufmann.
5 StABS, Gerichtsarchiv PP1 Inventarien.
6 Vgl. Abschnitt 7.2.
7 StABS, ohne Signatur, Registerbände zu Gerichtsarchiv PP1.
8 Vgl. Tab. 39 in diesem Kapitel.
9 Vgl. Tab. 38 in diesem Kapitel.
10 Kursiv gesetzt haben wir den Inventaren entnommene Originalbezeichnungen für die verschiedenen Gebrauchs- und Einrichtungsgegenstände.
11 Siehe Inventare in Anhang 4: 1887, Nr. 653; 1911, Nr. 823.
12 Siehe Inventare in Anhang 4: 1858, Nr. 32; 1864, Nr. 275.
13 Zu den verschiedenen historischen Waagentypen vgl. Hempel sowie Haeberle.
14 Siehe Inventar in Anhang 4: 1855, Nr. 127.
15 Täubrich und Tschoek, 114 f.
16 Siehe Inventare in Anhang 4: 1898, Nr. 649; 1910, Nr. 974; 1910, Nr. 1041; 1911, 488; 1913, Nr. 891.
17 Siehe Inventare in Anhang 4: 1865, Nr. 307; 1887, Nr. 272; 1900, Nr. 459; 1912, Nr. 1116.
18 Siehe Inventare in Anhang 4: 1858, Nr. 99; 1865, Nr. 133; 1876, Nr. 229; 1878, Nr. 147; 1886, Nr. 642; 1910, Nr. 1041; 1911, Nr. 488; 1913, Nr. 455.

16 Die Warenbeschaffung der Händler am Beispiel der Spezierer

1 Vgl. Tab. 45, S. 221.
2 Im *Volkswirtschafts-Lexikon der Schweiz* von Furrer, 144, wird unter «Basel-Stadt, Geschäftsfirmen etc.» von zirka 70 Firmen des Kolonialwarenhandels, zirka 55 des Weinhandels und zirka 55 des Tabak- und Zigarrenhandels gesprochen, die im Handelsregister eingetragen sind. Da das Lexikon den Einzelhandel als Branche ignoriert, ist anzunehmen, dass dabei Geschäfte des Import- und Grosshandels angesprochen werden. Unser Daten umfassen also zumindest in diesen drei Branchen einen unbekannten Anteil an Grosshändlern.
3 Siehe auch Kap. 13.
4 Haupt und Crossick, 87 f.
5 StABS, Gerichtsarchiv PP1 Inventarien; vgl. auch Kap. 15.
6 So bei den Staatsarchiven Baselland, Bern, Luzern, St. Gallen, Schaffhausen, Solothurn, Thurgau und Zürich (Adressbuch der Stadt Zürich; III Hb 2 Firmenverzeichnisse) und den Stadtarchiven Braunschweig, Heilbronn, Lahr/Schwarzwald, Mannheim, Ulm und Strassburg. Die verwendeten Verzeichnisse, Listen und Register werden bei den Quellen nicht im Einzelnen aufgeführt.
7 *Schweizerisches Ragionenbuch* 1883 ff.
8 Vgl. Abschnitt 16.1.5.
9 Vgl. auch die aufschlussreichen autobiografischen Zitate hierzu in Benson 1983, 116 f.
10 Die Definition der Region Basel erfolgte nach heutigem Verständnis und umfasst das Gebiet von Laufen bis zur natürlichen Juragrenze und das Fricktal. Zwei Lieferanten aus St. Ludwig/St-Louis und Hegenheim, damals deutsche Gemeinden mit Grenzanstoss an die Stadt Basel, sind hingegen dem Ausland zugeordnet worden.
11 Vgl. Abschnitt 8.4.1.
12 Vgl. diesbezügliche Angaben in Anhang 5.
13 Vgl. Abschnitt 8.4.1.
14 StABS, Gerichtsarchiv PP1, Inventar 1911, Nr. 488.
15 Vgl. beispielsweise die gedruckte Preisliste «Spezerei- und Farbwaaren-Preise bei Leonhard Bernoulli» in Basel, Januar 1868 *(Schweiz. Wirtschaftsarchiv Basel Handschr. 339 K)*. Die Preise verstanden sich übrigens – so die Erläuterung im Untertitel – «zahlbar in 3 Monaten».
16 Kotler und Armstrong, 552.
17 Vgl. den vorgedruckten und handschriftlich ergänzten Depotvertrag vom 30. April 1886 zwischen Wilhelm Güntert, Weinhandlung en gros, Basel, und Maria Anna Stenzler-Weiss, Spezereiwarenhändlerin, Amerbachstrasse 2, in: StABS, Gerichtsarchiv PP1, Inventar 1887, Nr. 298.
18 Vgl. zu den verschiedenen Zwischengliedern in der Handelskette und ihren Funktionen Schmoller 1923, Bd. 2, 27, 36 f. oder auch Kotler und Armstrong, 548 f.
19 Vgl. *Adressbuch der Stadt Basel 1854*, Branchenverzeichnis.
20 Zur Thematik der Markenprodukte vgl. auch Kap. 19.3.6.
21 SWA, H & I C2 Allgemeiner Consumverein Basel, Jahresbericht für 1896, 39.
22 Vgl. Kap. 15. Dass die Zahl der Fälle klein ist, sind wir uns bewusst. Für eine umfassende Studie zur Finanzlage der Spezierer müsste die Datenbasis weit umfangreicher sein. Eine solche Arbeit würde einen unsere aktuellen Möglichkeiten übersteigenden Aufwand bedingen.
23 Vgl. hierzu Abschnitt 16.1.1.
24 StABS, Gerichtsarchiv PP1, Inventare 1858, Nr. 99; 1864, Nr. 297; 1864, Nr. 372; 1865, Nr. 133; 1865, Nr. 307.
25 Furrer, Bd. 1, 122.
26 Vgl. die Inventare 1858, Nr. 99 und 1864, Nr. 297 in Anhang 5.
27 Benson 1983, 117 f.
28 Vgl. hierzu auch Kap. 9.
29 Zur Abschätzung der Kreditwürdigkeit von Kunden das autobiografische Zitat von Robert Roberts in Benson 1983, 116 f., zum Dilemma zwischen Umsatz und Kreditrisiko: Ders. 1983, 124.

17 Konkurse der wichtigsten Branchen im Vergleich

1 StABS, Gerichtsarchiv, G 2 Fallitenregister 1806–1929 (2 Bände).
2 Bundesgesetz über Schuldbetreibung und Konkurs vom 11. April 1889, Gesetz betreffend Einführung des Bundesgesetzes über Schuldbetreibung und Konkurs vom 22. Januar 1891.
3 46. Bericht des Appellations-Gerichts des Kantons Basel-Stadt ..., 3 f.
4 Vgl. Kap. 13.
5 Dabei ist zu vermerken, dass der Bauzyklus ab 1890 bei zunehmender Internationalisierung der Konjunktur als Indikator problematisch ist.
6 Vgl. Kap. 6.

18 Lebensmittelkontrolle und öffentlicher Chemiker

1 Teuteberg, 372.
2 Grüne, 25 f.
3 Ebd., 28 f.
4 Vgl. Kap. 1.
5 Vgl. Tab. 45 in Kap. 16.
6 Grüne, 33.
7 Ebd., 214 f., 304.
8 Siegenthaler, 9 f.
9 Die Scholen waren im Stadtzentrum gelegene Schlachthäuser mit angegliederten öffentlichen Fleischverkaufshallen.
10 Vorgängergremium des Regierungsrats.
11 StABS, Sanität E 10,1 Öffentlicher Chemiker.
12 StABS, Sanität O 1 Lebensmittelpolizei, Aufsicht auf ..., Brief vom 6. April 1821.
13 StABS, Sanität O 1 Lebensmittelpolizei, Aufsicht auf ..., Brief vom 10. April 1838.
14 StABS, Sanität O 1 Lebensmittelpolizei, Aufsicht auf ..., Gutachten vom 11. April 1833.
15 StABS, Sanität E 11,1 Jahresberichte des öffentlichen Chemikers.
16 Bericht über die Tätigkeit des kantonalen chemischen Laboratoriums Basel-Stadt 1893–1908, Basel 1894 f. und Bericht über die Lebensmittel-Kontrolle im Kanton Basel-Stadt 1909–1913, Basel 1910 f.
17 *Basler Nachrichten* vom 19. Februar 1858.
18 StABS, Sanität E 11,1 Jahresberichte des öffentlichen Chemikers, *Berichte für 1863 und 1864*.
19 StABS, Sanität E 11,1 Jahresberichte des öffentlichen Chemikers, *Bericht für 1863*.
20 Die Grundlage dazu wurde mit dem Gesetz über das Sanitätswesen und die Gesundheitspolizei vom 18. Januar 1864 geschaffen. Die Allgemeinen Bestimmungen sahen nebst Massregeln gegen Seuchen (§ 13) in § 14 für Gewerbe, deren Betrieb mit sanitarischen Nachteilen verknüpft ist, Bau- und Betriebsbewilligungen durch den Kleinen Rat vor. Grundlage dazu war der Bericht des Sanitätsausschusses. Dort wird ausgeführt: «Insbesondere dürfen chemische Fabriken, Seifen- und Kerzenfabriken, [...] nicht in enggebauten Quartieren der Stadt oder der Dorfschaften, sondern nur da gestattet werden, wo die Örtlichkeit so gelegen ist, dass deren Betrieb der öffentlichen Salubrität nicht Eintrag thut.»
21 StABS, Sanität E 11,1 Jahresberichte des öffentlichen Chemikers, *Bericht für 1861*.
22 Ebd., *Bericht für 1882*.
23 Ebd., *Bericht für 1876*.
24 Ebd., *Berichte für 1877, 1878 und 1879*.
25 Ebd., *Bericht für 1876*.
26 Gesetz betreffend den Verkehr mit Nahrungsmitteln, Genussmitteln und Gebrauchsgegenständen vom 8. Januar 1883.
27 StABS, Sanität E 11,1 Jahresberichte des öffentlichen Chemikers, *Bericht für 1882*.

28 Ebd.
29 Ebd., Bericht *für 1884.*
30 Ebd., *Bericht für 1879.*
31 Ebd., *Bericht für 1878.*
32 Ebd., *Bericht für 1902.*
33 *Bericht über die Lebensmittel-Kontrolle ... während des Jahres 1909*, 9.
34 StABS, Sanität O 1a Lebensmittel-Kontrollen, *Verzeigungen 1893–1908.*
35 Die Eintragungen zeigen, dass die zu untersuchenden Proben in der Mehrzahl der Fälle serieweise für ein bestimmtes Lebensmittel in verschiedenen Geschäften bzw. bei verschiedenen Lieferanten (z. B. Milchlieferanten) und Anbietern (auf dem Markt) gezogen wurden. Ein ähnliches Bild des Vorgehens bei der Lebensmittelkontrolle ergeben bereits die frühen Akten der Lebensmittelkontrolle für Zichorien-Kaffee und Mehl (1857), Bier (1862, 1869), Wein (1863, 1868), Milch und Essig (1864) in StABS, Sanität O 1 Lebensmittelpolizei, Aufsicht auf ...
36 Vgl. auch Abschnitt 18.3 zur besonderen Problematik einzelner Lebensmittel.
37 Zu diesen frühen Betriebsinspektionen vgl. auch Abschnitt 18.2.2.
38 StABS, Sanität O 1 Lebensmittelpolizei, Aufsicht auf ..., *Brief an die Sanitätsdirektion des Kantons Luzern vom 5. Dezember 1864.*
39 Ihren Niederschlag fanden die Prüfungsergebnisse in der Verordnung betr. Einrichtung von Bierpressionen vom 24. Januar 1883. Für die Überwachung dieser Vorschriften in den nachfolgenden Jahren gibt es keine Anhaltspunkte.
40 Verordnung betreffend den Verkehr mit Nahrungsmitteln, Genussmitteln und Gebrauchsgegenständen vom 19. Mai 1894.
41 Verordnung über den Verkauf von Giften und Arznei- und Geheimmitteln, vom 7. Juni 1879, Verordnung über den Verkauf von Giften und Arznei- und Geheimmitteln, vom 30. September 1899.
42 Gesetz betreffend den Verkehr mit Nahrungsmitteln, Genussmitteln und Gebrauchsgegenständen vom 8. Januar 1883.
43 Hofstetter, 2.
44 *Bericht über die Lebensmittel-Kontrolle ... während des Jahres 1912*, 66.
45 Es kann nicht ausgeschlossen werden, dass die Zahl für 1913 die früher separat erfassten Brotwägung beinhaltet. Doch die 1914 bereits 565 Bäckerei-Inspektionen bestätigen den stark zunehmenden Trend.
46 *Bericht über die Lebensmittel-Kontrolle ... während des Jahres 1910*, 59.
47 *Bericht über die Lebensmittel-Kontrolle ... während des Jahres 1912*, 61.
48 StABS, Sanität E 11,1 Jahresberichte des öffentlichen Chemikers, z. B. *Bericht für 1893.*
49 Hofstetter, 110.
50 Bei Abweichungen von weniger als 50 g/kg wurde der Bäcker verwarnt, bei Mindergewichten von über 50 g/kg erfolgte eine Verzeigung beim Polizeigericht. *Bericht über die Lebensmittel-Kontrolle ... während des Jahres 1913*, 55.
51 *Bericht über die Lebensmittel-Kontrolle ... während des Jahres 1912*, 64.
52 *Bericht über die Lebensmittel-Kontrolle ... während des Jahres 1911*, 61.
53 *Bericht über die Lebensmittel-Kontrolle ... während des Jahres 1912*, 59.
54 *Bericht über die Lebensmittel-Kontrolle ... während des Jahres 1909, 29 und 1913*, 10 f.
55 *Bericht über die Lebensmittel-Kontrolle ... während des Jahres 1909*, 29 f.
56 *Bericht über die Lebensmittel-Kontrolle ... während des Jahres 1910*, 16 f.
57 *Bericht über die Lebensmittel-Kontrolle ... während des Jahres 1912*, 12.
58 *Bericht über die Lebensmittel-Kontrolle ... während des Jahres 1910*, 19 f.
59 *Bericht über die Lebensmittel-Kontrolle ... während des Jahres 1912*, 59.
60 *Bericht über die Lebensmittel-Kontrolle ... während des Jahres 1910*, 21 f.
61 *Bericht über die Lebensmittel-Kontrolle ... während des Jahres 1912*, 13 f.
62 *Bericht über die Lebensmittel-Kontrolle ... während des Jahres 1913*, 14.

63 *Bericht über die Lebensmittel-Kontrolle ... während des Jahres 1911*, 19.
64 *Bericht über die Lebensmittel-Kontrolle ... während des Jahres 1909*, 24.
65 *Bericht über die Lebensmittel-Kontrolle ... während des Jahres 1910*, 24 f.
66 *Bericht über die Lebensmittel-Kontrolle ... während des Jahres 1911*, 23.
67 *Bericht über die Lebensmittel-Kontrolle ... während des Jahres 1912*, 18 f.
68 *Bericht über die Lebensmittel-Kontrolle ... während des Jahres 1913*, 17.
69 *Bericht über die Lebensmittel-Kontrolle ... während des Jahres 1909*, 24 f.
70 *Bericht über die Lebensmittel-Kontrolle ... während des Jahres 1911*, 24 f.
71 *Bericht über die Lebensmittel-Kontrolle ... während des Jahres 1912*, 19.
72 *Bericht über die Lebensmittel-Kontrolle ... während des Jahres 1913*, 18 f.
73 *Bericht über die Lebensmittel-Kontrolle ... während des Jahres 1910*, 30.
74 *Bericht über die Lebensmittel-Kontrolle ... während des Jahres 1911*, 33.
75 *Bericht über die Lebensmittel-Kontrolle ... während des Jahres 1913*, 26.
76 *Bericht über die Lebensmittel-Kontrolle ... während des Jahres 1910*, 34.
77 *Bericht über die Lebensmittel-Kontrolle ... während des Jahres 1909*, 20.
78 *Bericht über die Lebensmittel-Kontrolle ... während des Jahres 1912*, 30.
79 *Bericht über die Lebensmittel-Kontrolle ... während des Jahres 1910*, 37.
80 Dies wird aus den Sanitätsakten ersichtlich. Nur so ist erklärbar, dass dem privat tätigen Carl Bulacher das Amt 1870–1875 und 1885–1892 als Kompromisslösung nochmals übertragen wurde. Bei Vakanzen wurde die Sanitätsdirektion jeweils angewiesen, nach eigenem Gutdünken zu verfahren, und 1870 stand gar die Abschaffung des Amts zur Diskussion.
81 Vgl. Abschnitt 18.2.5.

19 Instrumente und Neuerungen

1 Meffert, 67 f.
2 Kotler und Armstrong, 541 f. Die Autoren legen die Marktingentscheidungen in einem separaten Kapitel mit Beispielen auf den Einzel- und Grosshandel um. Wir lassen uns in den folgenden Abschnitte von dieser Darstellung leiten.
3 Vgl. Kap. 5, 6 und 7.
4 Vgl. Kap. 8 und 9.
5 Spiekermann, 529, 533.
6 Vgl. Abschnitt 16.3.
7 Vgl. viele unserer Fotografien mit Aussenansichten von Läden sowie Reinhardt, 269–280.
8 Vgl. Kap. 15.
9 Vgl. Abschnitt 18.2.6.
10 Vgl. Kap. 14.
11 Vgl. Kap. 9 und Winstanley, 55 f.
12 Wir denken hierbei etwa an die Sonntage und die hohen Festtage im Jahresverlauf.
13 Winstanley, 52 f.
14 Vgl. Abschnitt 8.4.1.
15 Vgl. Abschnitt 19.2.4.
16 Winstanley, 221 f.
17 Vgl. Anhang 3 unter «Allgemeiner Consumverein Basel» und Abschnitt 11.1.
18 Kotler und Armstrong, 539.
19 Vgl. Vögelin, 8–17. Der Autor stellt dort Inseraten-Werbeauftritte der Firma *Christoph von Christoph Burckhardt*, Quincaillerie-Handlung an der unteren Freiestrasse, dar. Das Geschäft handelte mit Eisen- und Haushaltwaren, Drogerieartikeln sowie Textilien. Verkauft wurde aber auch Schokolade! Die abgebildeten Zeitungsinserate umfassen den Zeitraum 1837–1871.
20 Borscheid und Wischermann 1995; Reinhardt 1993; Wichmann 1981; Ernst 1969; Kolb 1921; Feldges 1993.

21 Basler Nachrichten, 3.–7. Oktober 1908. Auch andere wichtige Publikationen, welche viele Haushalte erreichten, hatten einen Inseratenteil, so etwa die Adressbücher.
22 Basler Nachrichten, 3.–7. Oktober 1908.
23 Reinhardt, 269–280.
24 Vgl. Abschnitt 15.2.
25 Vgl. Abschnitte 8.4.1, 19.2.2 und Abschnitt 2 in Anhang 3.
26 Jefferys 1954.
27 Spiekermann, 619.
28 Mathias 1967.
29 Vgl. Kap. 8.
30 Vgl. Abschnitt 12.2.3.
31 Vgl. Abschnitt 8.4.1.
32 Vgl. z. B. Felber, 3.
33 Vgl. Abschnitt 16.1.6, aber auch Alexander, 116 f.
34 Delegation des Handels, 117.
35 Felber, 7.
36 Vgl. Abschnitte 16.1.6 und 8.3.3 sowie die Firmen in Anhang 3.
37 Delegation des Handels, 117.
38 Vgl. Abschnitt 19.3.2 und 8.4.1.
39 Vgl. Abschnitt 7.2.
40 Vgl. die entsprechenden Abschnitte in Kap. 5.
41 Vgl. Kap. 5 unter «Kolonialwaren».
42 Vgl. Kap. 5 unter «Kaffee- und Teegeschäfte».
43 Vgl. die entsprechenden Abschnitte in Kap. 5 sowie «Allgemeiner Consumverein» in Anhang 3. Die Entwicklung des Spezereiwarensortiments lässt sich anhand der Preislisten des Allgemeinen Consumvereins gut verfolgen (Archiv Coop Basel). Wie weit die so gewonnenen Schlüsse für die ganze Branche gelten, kann hier nicht beantwortet werden.
44 Vgl. Abschnitt 2.3.1.
45 Vgl. Abschnitt 16.1.5.
46 Zur historischen Entwicklung der Werbung und ihrer verschiedenen Formen vgl. Reinhardt.
47 Betreffend Verpackung der Markenartikel, deren Gestaltung und Funktion vgl. Leitherer sowie Leitherer und Wichmann.
48 Vgl. Abschnitt 18.3 unter «Gewürze» das Beispiel von Maggi's Suppenwürze.
49 Spiekermann, 530–534.
50 Vgl. Kap. 9 und Abschnitt 16.2.
51 Vgl. Anhang 3 unter «Allgemeiner Consumverein» und Pettermand, 88.
52 Vgl. dazu Abschnitt 8.4.1.
53 Vgl. Kap. 15.

Anhang 3: Basler Filialunternehmungen mit drei und mehr Verkaufsstellen

1 Vgl. Abschnitt 8.2.
2 Eine leicht konsultierbare Quelle zu dieser Frage sind die in den Adressbüchern alle paar Jahre erschienenen Häuserverzeichnisse. Sie liegen für die Jahre 1854, 1862, 1880, 1887, 1893, 1899, 1904, 1908, 1910 und 1915 vor.
3 StABS, LB 20, 30, *Leichenrede Franz Riggenbach-Burckhardt*.
4 Inserat in: *Basler Nachrichten*, 12. Juli 1861.
5 Es war damals allgemein üblich, die Ladengeschäfte nach dem bzw. den Inhaber(n) zu benennen, und es kam vor, dass der bestehende Firmenname sogar nach der Übernahme durch neue Inhaber von ausserhalb der Familie beibehalten wurde. Diese Praxis wurde mit der Verordnung über Handelsregister und Handelsamtsblatt vom 6. Mai 1890 beschnitten, denn Art. 21 be-

stimmte: «Der Erwerber eines bestehenden Geschäftes, welcher gemäss O. 874 seiner neuen Firma einen das Nachfolgeverhältnis andeutenden Zusatz beizufügen befugt ist, darf diesen Zusatz nur am Schlusse seiner eigenen Firma anbringen.»

6 Angaben nach Vögelin, 18 f., der seine Aussagen oft auf Zeitungsinserate stützt. Vgl. auch *Schweizerisches Ragionenbuch 1903*. Durch zeitliche Verzögerungen ergeben sich gewisse Abweichungen zu den Adressbüchern.
7 Nachruf August Riggenbach-Woringer in: *National Zeitung,* 19. Dezember 1927.
8 Würdigung zum 70. Geburtstag von Niklaus F. Riggenbach-Hegar, in: *Basler Nachrichten,* Nr. 335, 5. Dezember 1938; Nachrufe in: *Basler Nachrichten,* Nr. 247, 9. September 1942, *National-Zeitung,* Nr. 419, 10. September 1942.
9 Vgl. Tab. 46 in Abschnitt 16.1.6.
10 Vögelin, 38.
11 Pettermand, 88.
12 Benson und Shaw, 137.
13 Pettermand, 242.
14 Ebd., 259, 272 f.
15 SWA, H&I C 2 Allgemeiner Consumverein Basel, *Jahresbericht für 1865 und 1866*.
16 Stoll, 24.
17 Boll, 12.
18 Pettermand, 259.
19 Ebd.
20 Boll, 12.
21 Pettermand, 266.
22 Kindermilch war in Glasflaschen abgefüllte und dampferhitzte Kuhmilch; vgl. dazu Pettermand, 232.
23 Vgl. Abschnitt «Milch-, Eier-, Käse- und Butterhändler» in Kap. 5.
24 SWA, H&I C 2 Allgemeiner Consumverein Basel, *Jahresbericht für 1891*, 34.
25 Pettermand, 236.
26 SWA, H&I C 2 Allgemeiner Consumverein Basel, *Jahresbericht für 1869,* 14; vgl. auch die auf dem Umschlag späterer Jahresberichte abgedruckten Listen der Verkäuferinnen sowie Handschriften 235 G, Warenbuch Filiale Klybeckstrasse 57, Basel: Auf dem am 19. Mai 1877 ausgefüllten Inventurformular steht vorgedruckt «Inventur im Verkaufslokal ...., Verkäuferin ....»; im vorliegenden Fall war Wwe. M. Imhof als Erste Verkäuferin verantwortlich.
27 Pettermand, 164.
28 SWA, H&I C 2 Allgemeiner Consumverein Basel, *Jahresberichte,* Liste der Verkäuferinnen auf Umschlag hinten, z. B. für 1885, 1891, 1897.
29 Pettermand, 251.
30 Vgl. Kap. 14.
31 Pettermand, 195 f. sowie Champion, 33.
32 Emanuel Preiswerk wurde im Sinne des deutschen Pietismus erzogen und gehörte vermutlich wie sein Sohn Eduard und seine Enkel Wilhelm und Paul, auf deren Lebensläufe wir weiter unten, S. 325 f., eingehen, der Brüder-Sozietät an.
33 Wanner 1984, 14; Schopf-Preiswerk, 61.
34 Schopf-Preiswerk, 74.
35 *Adressbuch von 1874,* Verzeichnis der Handlungsfirmen.
36 Schopf-Preiswerk, 79, Anm. 298.
37 Vgl. Abschnitt 16.1.6, Tab. 46.
38 Schopf-Preiswerk, 61 f.
39 Wanner 1959, 621 f.
40 Wanner 1984, 16–22.
41 Schopf-Preiswerk, 80.
42 Ebd., 73 f.

43 StABS, Leichenreden LB 24,26, *Leichenrede Eduard Preiswerk (1829–1895)*.
44 SWA, Biografien: *Leichenrede Wilhelm Preiswerk-Imhoff (1858–1938)*; Wanner 1984, 52–59; Ders. 1959, 622 f.
45 Schopf-Preiswerk, 89.
46 Vögelin, 21. Vgl. auch Abschnitt 8.2.3.
47 Nordmann 1931, 210 f.
48 *Basler Zeitung*, 23. September 1979.
49 Wir folgen hier Vögelin, 19, der sich auf ein Inserat in den *Basler Nachrichten* vom 26. Januar 1878 stützt, in dem zwei Adressen genannt werden. Im Branchenteil des Adressbuchs erscheint diese Filiale erst 1885, allerdings ist Emil Fischer im Anhang zum Adressbuch 1880 (Häuserverzeichnis) an der Aeschenvorstadt 23 als Mieter eines Ladenlokals feststellbar.
50 SWA, Biografien: Leichenrede *Emil Fischer zum Wolf 1868–1945*, 6.
51 Nachruf Emil Fischer in der *National-Zeitung*, Nr. 312, 10. Juli 1945.
52 Vögelin, 19.
53 SWA, Biografien: Leichenrede *Zum Andenken an Emil Fischer zum Wolf 1868–1945*, 6.
54 Vögelin, 20.
55 Zum Andenken an Emil Fischer zum Wolf 1868–1945, 6; Nachruf in *National-Zeitung*, Nr. 312, 10. Juli 1945.
56 *Basler Nachrichten*, Nr. 181, 1. August 1884.
57 *Basler Nachrichten*, Nr. 183, 3. August 1884 und Vögelin, 25.
58 *Adressbuch der Stadt Basel 1888* und *Basler Nachrichten*, 13. Oktober 1887. Im Adressbuch werden sie als Ablagen bezeichnet. In den Inseraten der Firma ist aber durchweg von Filialen oder eigenen Verkaufslokalen die Rede. In den Häuserverzeichnissen der Adressbücher von 1887 und 1893 ist kein Liegenschaftsbesitz durch Banga nachgewiesen, es sind aber auch keine Banga-Verkaufslokale unter den Mietern ersichtlich. Auch die 1914 in Inseraten genannten «8 eigenen Verkaufslokale» sind im Adressbuch nicht als solche greifbar.
59 *Adressbuch der Stadt Basel 1898*: gelber Inseratenteil, 6.
60 Vögelin, 25.
61 Ebd.
62 O. H. Jenny, 32.
63 Nachruf auf Heinrich Banga-Sänger in *Basler Nachrichten*, 8. Mai 1933.
64 *Adressbuch der Stadt Basel 1898*, gelber Inseratenteil, 5.
65 Vgl. Tab. 46 in Kap. 16.1.6.
66 StABS, Gerichtsarchiv PP 1, *Inventar Nr. 488*, 1911.
67 *Basler Nachrichten*, 22. November 1872.
68 Nachrufe Christian Singer in: *Basler Nachrichten*, Nr. 84, 26. März 1929 und *Nationalzeitung*, Nr. 140, 26. März 1929.
69 Vögelin, 24 mit Bezug auf ein Inserat in *Basler Nachrichten*, 5. Juli 1898.
70 Zum Beispiel *Adressbuch der Stadt Basel 1910*, 544.
71 Vögelin, 24.
72 Ebd., 25.
73 Nachruf Christian Singer in: *Nationalzeitung*, Nr. 140, 26. März 1929.
74 Vögelin, 24 f.
75 Zum Thema Einkaufszentren vgl. auch Abschnitt 2.5.
76 Nachrufe Christian Singer in *Basler Nachrichten*, Nr. 84, 26. März 1929 und *Nationalzeitung*, Nr. 140, 26. März 1929.
77 Nachruf Hans Singer in *Basler Nachrichten*, Nr. 229, 5. Juni 1968.
78 Vögelin, 25.
79 *Schweizerisches Ragionenbuch 1900*; das dort erwähnte Hauptgeschäft in Genf ist im Ragionenbuch allerdings nicht aufgeführt.
80 Zum Thema Einkaufszentren vgl. auch Abschnitt 2.5.
81 *Bell AG*, 6.

82 Wanner (1969), 16.
83 Vögelin, 28 f.
84 Zum äusseren Erscheinungsbild der Filialen vgl. Foto in Spiekermann, 329.
85 Vögelin, 28 f.
86 *Lebensmittel Zeitung*, 26. September 1996.
87 Vgl. Ladeneinrichtung der Filiale an der Spitalgasse in Bern in: *50 Jahre Merkur Kaffee-Spezialgeschäft* (ohne Seitennummerierung); Abb. 23.
88 *50 Jahre Merkur Kaffee-Spezialgeschäft 1905–1955* (ohne Seitennummerierung).
89 Inserat in *National-Zeitung,* 21. November 1905.
90 *50 Jahre Merkur Kaffee-Spezialgeschäft 1905–1955* (ohne Seitennummerierung).
91 Vgl. Abschnitt 12.2.3.

Tabellen-, Figuren- und Abbildungsverzeichnis

Verzeichnis der Tabellen

Tab. 1:	Fabriken mit zehn und mehr Beschäftigten in Basel-Stadt, 1870	22
Tab. 2:	Erwerbstätige im Kanton Basel-Stadt nach Wirtschaftssektoren, 1870–1910	22
Tab. 3:	Doppel- und Mehrfachaufführungen im Branchenteil des Adressbuchs der Stadt Basel, 1854–1910	59
Tab. 4:	Bereinigungseffekt nach Branchen, 1854–1910	60
Tab. 5:	Lebensmittelgeschäfte in der Stadt Basel im Adressbuch 1898 und 1910 (bereinigte Daten) sowie in der Eidgenössischen Betriebszählung von 1905	61
Tab. 6:	Lebensmittelgeschäfte (bereinigte Daten) in der Stadt Basel, 1854–1910	83
Tab. 7:	Versorgungsdichte in Bezug auf Lebensmittelhandwerk und -handel in der Stadt Basel, 1854–1910	89
Tab. 8:	Anzahl Verkaufsstellen von Filialunternehmungen in Lebensmittelhandwerk und -handel nach Branchen in der Stadt Basel, 1854–1910	106
Tab. 9:	Betriebsgrösse (Anzahl Verkaufsstellen) der Filialunternehmungen in Lebensmittelhandwerk und -handel in der Stadt Basel, 1854–1910	107
Tab. 10:	Anteil der Filialunternehmen an den Verkaufsstellen in Lebensmittelhandwerk und -handel nach Branchen in der Stadt Basel, 1854–1910	109
Tab. 11:	Betriebsgrösse (Anzahl Verkaufsstellen) der Filialunternehmungen in Lebensmittelhandwerk und -handel nach Branchen in der Stadt Basel, 1861–1914	110
Tab. 12:	Gründung und Aufgabe von Filialunternehmungen in Lebensmittelhandwerk und -handel in der Stadt Basel, 1855–1910	111
Tab. 13:	Lebensdauer von Filialunternehmungen in Lebensmittelhandwerk und -handel in der Stadt Basel, 1861–1914	112
Tab. 14:	Spezereihandel als Nebenerwerb von Handwerker- und Arbeiterfamilien in der Stadt Basel, 1854–1910	131
Tab. 15:	Viktualienhandel als Nebenerwerb von Handwerker- und Arbeiterfamilien in der Stadt Basel, 1854–1910	131
Tab. 16:	Anzahl der von Frauen betriebenen Geschäfte in Lebensmittelhandwerk und -handel in der Stadt Basel, 1854–1910	137
Tab. 17:	Anteil der von Frauen betriebenen Geschäfte in Lebensmittelhandwerk und -handel nach Branchen in der Stadt Basel, 1854–1910	137

Tab. 18:	Zivilstand der Lebensmittelhändlerinnen und -handwerkerinnen (in %) in der Stadt Basel, 1854–1910	141
Tab. 19:	Verwitwete Betriebsinhaberinnen in Lebensmittelhandwerk und -handel in der Stadt Basel, 1854–1910	142
Tab. 20:	Anteil der Witwen an den Betriebsinhaberinnen in Lebensmittelhandwerk und -handel nach Branchen in der Stadt Basel, 1854–1910	142
Tab. 21:	Ledige Betriebsinhaberinnen in Lebensmittelhandwerk und -handel in der Stadt Basel, 1854–1910	146
Tab. 22:	Anteil der Ledigen an den Betriebsinhaberinnen in Lebensmittelhandwerk und -handel nach Branchen in der Stadt Basel, 1854–1910	146
Tab. 23:	Verheiratete Betriebsinhaberinnen in Lebensmittelhandwerk und -handel in der Stadt Basel, 1854–1910	147
Tab. 24:	Anteil der Verheirateten an den Betriebsinhaberinnen in Lebensmittelhandwerk und -handel nach Branchen in der Stadt Basel, 1854–1910	147
Tab. 25:	Dichte der Lebensmittelgeschäfte in ausgewählten Strassen Basels, 1886	155
Tab. 26:	Lehrlinge in Lebensmittelhandwerk und -handel der Stadt Basel, 1905	180
Tab. 27:	Dauer der Lehrzeit in Handel sowie Industrie und Gewerbe im Kanton Basel-Stadt, 1905	183
Tab. 28:	Nationalität der Beschäftigten in Lebensmittelhandwerk und -handel der Stadt Basel, 1905	184
Tab. 29:	Erwerbstätige Frauen nach Branchen in der Stadt Basel, 1888–1910	185
Tab. 30:	Frauenlohnarbeit in der Stadt Basel, 1888–1910	185
Tab. 31:	Weibliche Beschäftigte in Lebensmittelhandwerk und -handel der Stadt Basel, 1905	186
Tab. 32:	Durchschnittliche Betriebsgrösse in Lebensmittelhandwerk und -handel der Stadt Basel, 1905	188
Tab. 33:	Betriebe in Lebensmittelhandwerk und -handel nach Grössenklassen in der Stadt Basel, 1905	189
Tab. 34:	Rechtsformen der Kollektivunternehmen im Lebensmittelhandwerk des Kantons Basel-Stadt, 1905	190
Tab. 35:	Anteil der Kollektivunternehmungen im Lebensmittelhandwerk der Schweiz, 1905	190
Tab. 36:	Rechtsformen der Kollektivunternehmen im Lebensmittelhandel des Kantons Basel-Stadt, 1905	191
Tab. 37:	Anteil der Kollektivunternehmungen im Lebensmittelhandel der Schweiz, 1905	191
Tab. 38:	Wert von Ladenmobiliaren von SpeziererInnen in der Stadt Basel, 1854–1913	208
Tab. 39:	Ladeneinrichtung, Warenvorräte und Reinvermögen von SpeziererInnen in der Stadt Basel, 1858–1913	210
Tab. 40:	Handelsfunktionen verschiedener Branchen in der Stadt Basel, 1854	214
Tab. 41:	Lieferantenbeziehungen von Spezereigeschäften in der Stadt Basel, 1854–1912	217

Tab. 42:	Klassierung der der Lieferanten von Spezierern in der Stadt Basel nach Domizil, 1854–1912	218
Tab. 43:	Klassierung der Lieferanten von Spezierern in der Stadt Basel nach Wirtschaftszweig, 1854–1912	219
Tab. 44:	Klassierung der Lieferanten von Spezierern in der Stadt Basel nach Wirtschaftszweig und Domizil, 1854–1912	220
Tab. 45:	Produktionsbetriebe für Lebens- und Genussmittel sowie Gebrauchsgegenstände in der Stadt Basel, 1854–1910	221
Tab. 46:	Handelsfirmen, die in den untersuchten Inventaren zweimal und öfter als Lieferanten erscheinen, Stadt Basel, 1854–1912	224
Tab. 47	Lieferantenkredite und Liquidität von Spezierern im Vergleich mit anderen Grössen, 1854–1912	228
Tab. 48:	Konkurse nach Branchen in der Stadt Basel, 1954–1914	235
Tab. 49:	Konkurse und Konkursraten in der Stadt Basel, 1854–1914	236
Tab. 50:	Öffentlicher Chemiker bzw. Kantonschemiker Basel-Stadt, 1857–1913	244
Tab. 51:	Öffentlicher Chemiker des Kantons Basel-Stadt, untersuchte Gegenstände, 1857	246
Tab. 52:	Lebensmittelkontrolle Basel-Stadt, untersuchte Objekte und Beanstandungen, 1909–1913	255
Tab. 53:	Gerichtliche Verzeigungen betreffend Lebensmittelkontrolle in Basel-Stadt, 1909–1913	256
Tab. 54:	Betriebsinspektionen der Lebensmittelkontrolle Basel-Stadt, 1909–1913	258
Tab. 55:	Betriebsinspektionen der Lebensmittelkontrolle Basel-Stadt in der Lebensmittelindustrie, 1909–1913	261
Tab. I:	Anzahl Verkaufsstellen in Lebensmittelhandwerk und -handel nach Branchen (bereinigte Daten) in der Stadt Basel, 1854–1910	297
Tab. II:	Versorgungsdichte in Lebensmittelhandwerk und -handel pro 10'000 Einwohner nach Branchen in der Stadt Basel, 1854–1910	298
Tab. III:	Struktur des Lebensmittelhandwerks und -handels in der Stadt Basel, 1854–1910	299
Tab. IV:	Von Frauen betriebene Geschäfte in Lebensmittelhandwerk und -handel nach Branchen in der Stadt Basel, 1854–1910	300
Tab. V:	Verwitwete Betriebsinhaberinnen in Lebensmittelhandwerk und -handel nach Branchen in der Stadt Basel, 1854–1910	301
Tab. VI:	Ledige Betriebsinhaberinnen in Lebensmittelhandwerk und -handel nach Branchen in der Stadt Basel, 1854–1910	302
Tab. VII:	Verheiratete Betriebsinhaberinnen in Lebensmittelhandwerk und -handel nach Branchen in der Stadt Basel, 1854–1910	303
Tab. VIII:	Lehrlinge in Lebensmittelhandwerk und -handel nach Branchen in der Stadt Basel, 1905	304
Tab. IX:	Nationalität der Beschäftigten in Lebensmittelhandwerk und -handel nach Branchen in der Stadt Basel, 1905	305
Tab. X:	Weibliche Beschäftigte in Lebensmittelhandel und -handwerk nach Branchen in der Stadt Basel, 1905	306

Tab. XI: Durchschnittliche Betriebsgrösse in Lebensmittelhandwerk
und -handel nach Branchen in der Stadt Basel, 1905   307

Tab. XII: Betriebe in Lebensmittelhandwerk und -handel nach Branchen
und Grössenklassen in der Stadt Basel, 1905   308

Verzeichnis der Figuren

Fig. 1: Hochbauinvestitionen und Bevölkerungszunahme in der Stadt Basel,
1850–1914   23

Fig. 2: Lebensmittelgeschäfte und Bevölkerungsentwicklung
in der Stadt Basel, 1850–1914   84

Fig. 3: Ladengeschäfte und Bevölkerungsentwicklung in der Stadt Basel,
1850–1914   85

Fig. 4: Ladengeschäfte und Hochbauinvestitionen in der Stadt Basel,
1850–1914   86

Fig. 5: Lebensmittelgeschäfte pro 10'000 Einwohner und Hochbauinvestitionen in der Stadt Basel, 1850–1914   87

Fig. 6: Branchen mit der grössten Versorgungsdichte um 1886
in der Stadt Basel   88

Fig. 7: Versorgungsdichte in Bezug auf Bäckereien, Konditoreien,
Brauereien, Metzgereien und Obsthandel, 1854–1910   90

Fig. 8: Branchen mit der grössten Versorgungsdichte um 1898
in der Stadt Basel   91

Fig. 9: Relative Bedeutung der Lebensmittelhandwerksbetriebe
in der Stadt Basel, 1854–1910   94

Fig. 10: Struktur von Lebensmittelhandwerk und -handel in der Stadt Basel,
1854–1910   96

Fig. 11: Branchen mit früh rückläufigem Verkaufsstellenanteil
in der Stadt Basel, 1854–1910   97

Fig. 12: Lebensmittelbranchen in der Stadt Basel mit Expansion bis 1886   98

Fig. 13: Lebensmittel-Spezialgeschäfte in der Stadt Basel mit Expansion
bis 1898   98

Fig. 14: Branchen mit steigendem Händleranteil in der Stadt Basel, 1854–1910   99

Fig. 15: Verkaufsstellen von Filialunternehmungen in der Stadt Basel,
1850–1914   105

Fig. 16: Lebensmittelläden in der Spalenvorstadt, Basel, um 1886   157

Fig. 17: Lebensmittelläden in der Aeschenvorstadt, Basel, um 1886   158

Fig. 18: Lebensmittelläden in der Steinenvorstadt, Basel, um 1886   159

Fig. 19: Lebensmittelläden in der Schneidergasse und am Spalenberg,
Basel, um 1886   160

Fig. 20: Lebensmittelläden in der Greifengasse, Basel, um 1886   161

Fig. 21: Lebensmittelläden in der Webergasse, Basel, um 1886   162

Fig. 22: Lebensmittelläden in der Rebgasse, Basel, um 1886   163

Fig. 23: Konkurse in der Lebensmittelbranche und Hochbauinvestitionen
in der Stadt Basel, 1850–1914   234

Verzeichnis der Abbildungen

Abb. 1:	Blick vom Marktplatz in Richtung Eisengasse nach der Platzerweiterung von 1898 (StABS, Neg. Hö 4009 prov.)	29
Abb. 2:	Szene auf dem Marktplatz um 1900 (StABS, Neg. 1726)	31
Abb. 3:	Milchmann (StABS, Neg. 9811)	33
Abb. 4:	Strassen- oder Markthändlerinnen beim Voltaplatz (StABS, Neg. 1241)	35
Abb. 5:	Schol an der Sporengasse (StABS, Bild Schneider 21)	37
Abb. 6:	Untere Brotlaube, Stadthausgasse (StABS, Bildersammlung 2,1032)	39
Abb. 7:	Ansicht der unteren Gerbergasse um 1860/70 (StABS, Bild Schneider 46)	41
Abb. 8:	Die mittlere Freie Strasse vom Ringgässlein abwärts um 1880 (StABS, Bild Schneider 39)	65
Abb. 9:	Spalenvorstadt im Jahr 1868 (Archiv Coop Basel)	71
Abb. 10:	Das Schaufenster der Wein- und Spirituosenhandlung Fritz Hagist an der Grünpfahlgasse (StABS, Neg. 1566)	79
Abb. 11:	Preiswerk-Filiale an der Unteren Rheingasse in Kleinbasel (StABS, Neg. 1762)	115
Abb. 12:	Hof der Molkerei Wwe. Banga, Dornacherstrasse 71 (StABS, Neg. Hö D 6565)	117
Abb. 13:	Filiale des Allgemeinen Consumvereins an der Elsässerstrasse 123 (Archiv Coop Basel)	119
Abb. 14:	Verkaufsraum des Consumverein-Lokals an der Elsässerstrasse (StABS, noch ohne Signatur)	121
Abb. 15:	Ausstattung der Metzgereifiliale an der Elsässerstrasse (Archiv Coop Basel)	123
Abb. 16:	Schaufenster der Schlächtereifiliale des Allgemeinen Consumvereins, Steinenvorstadt 81 um 1907 (Archiv Coop Basel)	125
Abb. 17:	Spezereiwarengeschäft Geiger-Miville, Marktplatz 24 (StABS, Neg. 3033)	139
Abb. 18:	Lebensmittelgeschäfte am Rümelinsplatz (StABS, Neg. 6556)	143
Abb. 19:	Laden von Obst- und Gemüsehändler Ad. Erny-Kögel, 1907 (StABS, Neg. Hö 432 prov.)	145
Abb. 20:	Markthändlerinnen auf dem Nachhauseweg? (StABS, Neg. 1795)	149
Abb. 21:	Spezereigeschäft Friedrich Sütterlin-Bauer, St. Johannvorstadt 31, 1912 (Hans Jenny, 95)	169
Abb. 22:	Verkaufslokal des Allgemeinen Consumvereins nach 1900 (Archiv Coop Basel)	173
Abb. 23:	Merkur-Filiale an der Spitalgasse in Bern um 1905 (50 Jahre Merkur Kaffee-Spezialgeschäfte 1905–1955)	177
Abb. 24:	Innenansicht einer Filiale des Lebensmittelvereins Zürich (Archiv Coop Schweiz, Bild VSK 4757/3)	205
Abb. 25:	Laden «Untergoldach» des Lebensmittelvereins Goldach (Archiv Coop Schweiz, Bild VSK 4913/4)	207
Abb. 26:	Filiale «Obergoldach» des Lebensmittelvereins Goldach (Archiv Coop Schweiz, Bild VSK 4913/3)	211

Abb. 27: Spezereiwarengeschäft Aug. Jeltsch, Barfüsserplatz um 1891
(StABS, Neg. 6487) 241
Abb. 28: Kolonialwarengeschäft Emil Fischer zum Wolf, Spalenberg
(StABS, Neg 1550) 281
Abb. 29: Kolonialwarenhandlung Preiswerk Söhne und Teegeschäft L. Lappe,
Schneidergasse (StABS, Neg. 9818) 285
Abb. 30: Der Quartierladen B. Stürchler-Schneider, Ecke Oetlingerstrasse-
Bärenfelserstrasse um 1910 (Postkarte Ruedi Bachmann) 289
Abb. 31: F. & A. Sengelet & Cie, Gerbergasse 4 (StABS, Neg. Hö D 7559) 293

Literatur- und Quellenverzeichnis

1 Sekundärliteratur

David Alexander, *Retailing in England during the Industrial Revolution*, London 1970.
Hans Bauer, *Von der Zunftverfassung zur Gewerbefreiheit in der Schweiz 1798–1874*, Basel 1929.
Bernhard Beck, *Lange Wellen wirtschaftlichen Wachstums in der Schweiz 1814–1913. Eine Untersuchung der Hochbauinvestitionen und ihrer Bestimmungsgründe*, Bern 1983.
John Benson, *The Penny Capitalists. A Study of Nineteenth-Century Working-Class Entrepreneurs*, New Brunswick 1983.
John Benson, *The Rise of Consumer Society in Britain, 1880–1980*, London 1994.
John Benson und Gareth Shaw, *The Evolution of Retail Systems 1800–1914*, Leicester 1992.
Jean-François Bergier, *Wirtschaftsgeschichte der Schweiz*, Zürich 1983.
Janet Blackman, The Development of the Retail Grocery Trade in the Nineteenth Century, *Business History* 9, 1967, 110–117.
Janet Blackman, The Food Supply of an Industrial Town. A Study of Sheffield's Public Markets 1780–1900, *Business History* 5, 1963, 83–97.
Jean-Marc Boll, *Coop Basel ACV als Faktor der räumlichen Lebensqualität der Stadt Basel*, Manus., Basel 1989 (Basler Feldbuch. Berichte und Forschungen zur Humangeographie, Bd. 6).
Peter Borscheid und Clemens Wischermann (Hg.), *Bilderwelt des Alltags: Werbung in der Konsumgesellschaft des 19. und 20. Jahrhunderts. Festschrift für Hans Jürgen Teuteberg* (= Studien zur Geschichte des Alltags, Bd. 13), Stuttgart 1995.
Walter Champion, *Studie zur Funktion der kleinhändlerischen Einkaufsgesellschaften der Schweiz unter besonderer Berücksichtigung der «Union» Olten*, Diss., Weinfelden 1926.
Edward Hastings Chamberlin, *The Theory of Monopolistic Competition. A Re-orientation of the Theorie of Value*, 6. Aufl., London 1948.
Geoffrey Crossick und Heinz-Gerhard Haupt, *Shopkeepers and Master Artisans in Nineteenth-Century Europe*, London/New York 1984.
Martin Dambach, *Die historische Rolle und Bedeutung des Marktplatzes*, unveröffentlichte Lizentiatsarbeit, Basel 1988.
Elmar Ernst, *Das «industrielle» Geheimmittel und seine Werbung. Arzneifertigwaren in der zweiten Hälfte des 19. Jahrhunderts in Deutschland*, Marburg 1969.

Karl Ernst Felber, *Die Strukturwandlungen im schweizerischen Kolonialwarenhandel,* Diss., Basel 1939.

Benedikt Feldges, *Gesundheit aus der Schachtel oder die Sichtbarmachung von Unsichtbarem. Ein historischer Blick auf die Plakatwerbung für Genuss-, Nahrungs- und Putzmittel, Gesundheits- und Kosmetikartikel (1900–1940),* unveröffentlichte Lizentiatsarbeit, Basel 1993.

Elisabeth Flueler, Die Geschichte der Mädchenbildung in der Stadt Basel, *162. Neujahrsblatt,* Basel 1984.

Margarethe Freudenthal, *Gestaltwandel der städtischen, bürgerlichen und proletarischen Hauswirtschaft zwischen 1760 und 1910,* Frankfurt 1986.

Ute Frevert und Heinz-Gerhard Haupt (Hg.), *Der Mensch des 19. Jahrhunderts,* Frankfurt 1999.

Eduard Gartmayr und Heinz-Dieter Mundorf, *Nicht für den Gewinn allein. Die Geschichte des deutschen Einzelhandels,* 2. Aufl., Frankfurt 1970.

Regula Gerber Jenni, *Die Emanzipation mehrjähriger Frauenzimmer. Frauen im bernischen Privatrecht des 19. Jahrhunderts* (= Rechtshistorische Reihe, Bd. 166), Frankfurt a. M. 1997.

Jutta Grüne, *Anfänge staatlicher Lebensmittelüberwachung in Deutschland,* Stuttgart 1994.

Heinz-Gerhard Haupt, Der Laden, in: Ders. (Hg.), *Orte des Alltags. Miniaturen aus der europäischen Kulturgeschichte,* München 1994, 61–67.

Heinz-Gerhard Haupt und Geoffrey Crossick, *Die Kleinbürger. Eine europäische Sozialgeschichte des 19. Jahrhunderts,* München 1998.

Heinz-Gerhard Haupt, Kleinhändler und Arbeiter in Bremen zwischen 1890 und 1914, *Archiv für Sozialgeschichte,* XXII, 1982, 95–132.

Heinz-Gerhard Haupt, Konsum und Geschlechterverhältnis, in: Hannes Siegrist, Hartmut Kaelble, Jürgen Kocka (Hg.), *Europäische Konsumgeschichte. Zur Gesellschafts- und Kulturgeschichte des Konsums (18. bis 20. Jahrhundert),* Frankfurt/New York 1997, 395–410.

Heinz-Gerhard Haupt, *Orte des Alltags. Miniaturen aus der europäischen Kulturgeschichte,* München 1994.

Heinz-Gerhard Haupt (Hg.), *Die radikale Mitte. Lebensweise und Politik von Handwerkern und Kleinhändlern in Deutschland seit 1848,* München 1985.

Thomas Hengartner und Christoph Maria Merki, Heilmittel, Genussmittel, Suchtmittel: Veränderungen in Konsum und Bewertung von Tabak in der Schweiz, in: *Schweizerische Zeitschrift für Geschichte,* 43, 1993, 375–418.

Camille Higy, *Vom Zunftzwang zur Gewerbefreiheit in Basel. Gewerbepolitik der Stadt Basel in den Jahren 1803–1871,* Diss. (Ms.), Basel 1918.

Manfred Horlebein, *Die berufsbegleitenden kaufmännischen Schulen in Deutschland 1800–1945: eine Studie zur Genese der kaufmännischen Berufsschulen,* Frankfurt 1976.

Ruedi Homberger, *Haushaltungsrechnungen schweizerischer Industriearbeiter 1890–1920,* unveröffentlichte Lizentiatsarbeit, Zürich 1980.

Christopher P. Hosgood, The «Pigmies of Commerce» and the Workingclass Community: Small Shopkeepers in England, 1870–1914, *Journal of Social History* 22 (3), 1989, 439–460.

Karlbernhard Jasper, Die Lage des Lebensmitteldetailhandels zur Zeit der industriellen Urbanisierung (1870 bis 1914) unter besonderer Berücksichtigung der kleinen Nachbarschaftsgeschäfte, dargestellt am Beispiel der Stadt Köln, *Scripta Mercaturae,* 2, 1977, 57–74.

James B. Jefferys, *Retail Trading in Britain 1850–1950,* Cambridge 1954.

Annette Jorns, *Lebens- und Arbeitssituation von Frauen im Lande Braunschweig 1830–1865,* Braunschweig 1991.

Barbara Keller, Lebensmittelhandwerk und -handel in Basel 1850–1914, in: Jakob Tanner et al. (Hg.), *Geschichte der Konsumgesellschaft. Märkte, Kultur und Identität (15.–20. Jahrhundert),* Zürich 1998, 101–115.

Wilhelm Kolb, *Das geschäftliche Waren-Inserat in der Zeitung. Wesen, Entwicklung und Hauptbedeutung,* Diss., Frankfurt 1921.

Mario König, Hannes Siegrist und Rudolf Vetterli, *Warten und Aufrücken. Die Angestellten in der Schweiz 1870–1950,* Zürich 1985.

Philip Kotler und Gary Armstrong, *Marketing: eine Einführung,* Wien 1997.

Eugen Leitherer, *Flaschen und Behälter. Zur Geschichte des industriellen Markenartikels im 19. Jahrhundert,* München 1983.

Eugen Leitherer und Hans Wichmann, *Reiz und Hülle. Gestaltete Warenverpackungen des 19. und 20. Jahrhunderts,* Basel 1987.

Walter Lüthi, Die Struktur des Basler Grossen Rates von 1875 bis 1914 nach politischer Parteizugehörigkeit und sozialer Schichtung, *Basler Zeitschrift für Geschichte und Altertumskunde,* 62 (1962), 125–164.

Placide Maissen, *Die Entwicklung der beruflichen Ausbildung im schweizerischen Detailhandel,* Diss. Lausanne, Zürich 1945.

Linda Mantovani Vögeli, *Fremdbestimmt zur Eigenständigkeit. Mädchenbildung gestern und heute,* Chur/Zürich 1994.

Peter Mathias, *Retailing Revolution. A History of Multiple Retailing in the Food Trades based upon the Allied Suppliers Group of Companies,* London 1967.

Heribert Meffert, *Marketing Management. Analyse – Strategie – Implementierung,* Wiesbaden 1994.

Margrit Müller (Hg.), *Structure and Strategy of Small and Medium-Size Enterprises since the Industrial Revolution (Proceedings of the Tenth International Economic History Congress Leuven, Belgium, August 1990)* (= Zeitschrift für Unternehmensgeschichte, Beiheft 83), Stuttgart 1994.

Stana Nenadic, The Family and the Small Firm in Late Ninteenth-Century Britain, in: Margrit Müller (Hg.), *Structure and Strategy of Small and Medium-Size Enterprises since the Industrial Revolution (Proceedings of the Tenth International Economic History Congress Leuven, Belgium, August 1990)* (= Zeitschrift für Unternehmensgeschichte, Beiheft 83), Stuttgart 1994, 121–134.

Albert Pfiffner, *Henri Nestlé (1814–1890). Vom Frankfurter Apothekergehilfen zum Schweizer Pionierunternehmer,* Zürich 1993.

Angelika Rehm, *Berufsbezogene Differenzierung an kaufmännischen Berufsschulen (1900–1945). Eine Studie zur Genese der Lehrpläne für den Einzelhandel,* Frankfurt 1988.

Dirk Reinhardt, *Von der Reklame zum Marketing. Geschichte der Wirtschaftswerbung in Deutschland,* Berlin 1993.

Heiner Ritzmann-Blickenstorfer (Hg.), *Historische Statistik der Schweiz,* Zürich 1996.
Vincent Robert, Der Arbeiter, in: Ute Frevert und Heinz-Gerhard Haupt (Hg.), *Der Mensch des 19. Jahrhunderts,* Frankfurt 1999, 19–39.
Annamarie Ryter, *Als Weibsbild bevogtet. Zum Alltag von Frauen im 19. Jahrhundert,* Liestal 1994.
Annamarie Ryter, Ein Leben unter Geschlechtsvormundschaft. Anna Barbara Imhof aus Wintersingen, 1840–1888, in: Rudolf Jaun, Brigitte Studer (Hg.), *Männlich – Weiblich. Geschlechterverhältnisse in der Schweiz: Rechtsprechung, Diskurs, Praktiken,* Zürich 1995, 103–113.
Philipp Sarasin, *Stadt der Bürger. Struktureller Wandel und bürgerliche Lebenswelt. Basel 1870–1900,* Basel 1990.
Gustav Schmoller, *Zur Geschichte der deutschen Kleingewerbe im 19. Jahrhundert,* Halle 1870.
Gustav Schmoller, *Grundriss der Allgemeinen Volkswirtschaftslehre,* München/Leipzig 1923.
Brigitte Schnegg, Frauenerwerbsarbeit in der vorindustriellen Gesellschaft. In: Marie-Louise Barben und Elisabeth Ryter (Hg.), *Verflixt und zugenäht! Frauenberufsbildung – Erwerbsarbeit 1888–1988,* Zürich 1988, 77–87.
Susanne Schötz, Handelsfrauen im neuzeitlichen Leipzig: Gewerberecht und Lebenssituationen (16. bis 19. Jahrhundert). In: Gebhard Ute (Hg.), *Frauen in der Geschichte des Rechts. Von der Frühen Neuzeit bis zur Gegenwart,* München 1997, 151–174.
Hansjörg Siegenthaler, Fridolin Schuler und die Anfänge des modernen Wohlfahrtsstaates, in: Ders. (Hg.), *Wissenschaft und Wohlfahrt. Moderne Wissenschaft und ihre Träger in der Formation des schweizerischen Wohlfahrtsstaates während der zweiten Hälfte des 19. Jahrhunderts,* Zürich 1997, 9–23.
Hannes Siegrist, Hartmut Kaelble, Jürgen Kocka (Hg.), *Europäische Konsumgeschichte. Zur Gesellschafts- und Kulturgeschichte des Konsums (18. bis 20. Jahrhundert),* Frankfurt 1997.
Deborah Simonton, *A history of European Women's Work 1700 to the Present,* London/New York 1998.
Uwe Spiekermann, *Basis der Konsumgesellschaft. Entstehung und Entwicklung des modernen Kleinhandels in Deutschland 1850–1914,* München 1999.
Gaby Sutter, «*Der Lehrmeister sagte mir ein paar Mal, er werde mich zum Teufel jagen, da ging ich*». Lehrtöchter, Lehrlinge und LehrmeisterInnen vor dem gewerblichen Schiedsgericht und dem Gewerbe-Inspektorat Basel-Stadt 1890–1920, unveröffentlichte Lizentiatsarbeit, Basel 1990.
Sol Tax, *Penny Capitalism: A Guatemalan Indian Economy,* Washington 1953.
Hans J. Teuteberg, Der Kampf gegen die Lebensmittelverfälschung; in: Hans J. Teuteberg und Günter Wiegelmann, *Unsere tägliche Kost,* 2. Aufl., Münster 1988, 371–277.
Hans J. Teuteberg, Der Verzehr von Nahrungsmitteln in Deutschland pro Kopf und Jahr seit Beginn der Industrialisierung (1850–1975); Versuch einer quantitativen Langzeitanalyse; in: Hans J. Teuteberg und Günter Wiegelmann, *Unsere tägliche Kost,* 2. Aufl., Münster 1988, 225–279.
Hans J. Teuteberg und Günter Wiegelmann, *Unsere tägliche Kost. Geschichte*

und regionale Prägung, 2. Aufl., Münster 1988 (= Studien zur Geschichte des Alltags, Bd. 6).

Anita Ulrich, *Bordelle, Strassendirnen und bürgerliche Sittlichkeit,* Zürich 1985.

J. Unger, Von den alten Scholen zum Schlachthof Basel, in: *Basler Jahrbuch 1949,* Basel 1948, 75–108.

Hans Adolf Vögelin, Wie Basel zu Warenhäusern und anderen Grossverkaufsstellen kam, *156. Neujahrsblatt,* Basel 1978.

Regina Wecker, Frauenlohnarbeit – Statistik und Wirklichkeit in der Schweiz an der Wende zum 20. Jahrhundert, in: Regina Wecker und Brigitte Schnegg (Hg.), *Frauen. Zur Geschichte weiblicher Arbeits- und Lebensbedingungen in der Schweiz,* Basel 1984, 346–356.

Regina Wecker, Geschlechtsvormundschaft im Kanton Basel-Stadt. Zum Rechtsalltag von Frauen – nicht nur im 19. Jahrhundert, in: Rudolf Jaun, Brigitte Studer (Hg.), *weiblich – männlich. Geschlechterverhältnisse in der Schweiz: Rechtsprechung, Diskurs, Praktiken,* Zürich 1995, 87–101.

Hans Wichmann, *Warenplakate. Meisterwerke von der Jahrhundertwende bis heute,* München 1981.

Heinrich August Winkler, *Zwischen Marx und Monopolen: Der deutsche Mittelstand vom Kaiserreich zur Bundesrepublik Deutschland,* Frankfurt 1991.

Michael J. Winstanley, *The Shopkeeper's World 1830–1914,* Manchester 1983.

Nicole Zumkehr, *Prostitution in der Stadt Basel am Ende des 19. Jahrhunderts. Darstellung der Organisations- und Erscheinungsformen anhand des Deliktes Kuppelei,* unveröffentlichte Lizentiatsarbeit, Basel 1992.

2 Quellen

2.1 Gedruckte Quellen

Adressbuch der Kaufleute, Fabrikanten und Gewerbeleute der gesamten Schweiz, Bd. 20 der in 31 Bänden erscheinenden neuen Ausgabe des *Adressbuchs «aller Länder der Erde»,* 5. Aufl., Nürnberg 1877.

Adressbuch der Stadt Basel 1848–1914 (verschiedene Titel; erscheint ab 1883 jährlich).

Adressbuch der Stadt Zürich.

Amtliche Sammlung der Bundesgesetze und Verordnungen der schweizerischen Eidgenossenschaft.

Manfred Bachmann und Wolfram Metzger, *Vom Marktstand zum Supermarkt – Der Kaufladen in Puppenwelt und Wirklichkeit,* Katalog zur Ausstellung des Badischen Landesmuseums im Schloss Bruchsal vom 20. Dezember 1992 bis zum 13. Juni 1993, Karlsruhe 1992.

Elisabeth Banderet-Lüdin, *Obrigkeitliche Marktpolitik im 19. Jahrhundert,* Diss. Basel, Weinfelden 1944.

Basler Nachrichten.

Das Basler Schulwesen 1880–1930, Erziehungsdepartement Basel-Stadt (Hg.), Basel 1930.

Basler Zeitung.
Bell AG. Grossschlächterei und Wurstfabrik, 1908–1933, Basel o. J. (1933).
Bericht über die Tätigkeit des kantonalen chemischen Laboratoriums Basel-Stadt (1893–1908).
Bericht über die Lebensmittel-Kontrolle im Kanton Basel-Stadt (1909–1913).
Ergebnisse der Eidgenössischen Betriebszählung vom 9. August 1905, Bern 1906–1912.
Edgar Bonjour, *Die Universität Basel von den Anfängen bis zur Gegenwart 1460–1960,* Basel 1960.
Die Brauerei Hürlimann in Zürich, in: *Internationale Industrie-Bibliothek, Zeitschrift für Musterbetriebe aller Länder,* Bd. 50, o. O. o. J. (frühe 1930er-Jahre?), 5 f.
Albert Bruckner, *Festschrift zum 75jährigen Bestehen des Metzgermeistervereins Basel,* Basel 1956.
Albert Bruckner, *Die Zunft zu Brotbecken in Basel. Zur Siebenhundertjahrfeier ihrer Erwähnung,* Basel 1956.
F. Buomberger, *Gewerbliche Frauenarbeit in der Schweiz, Ergebnisse einer vom Bund schweizerischer Frauenvereine veranstalteten Enquête,* Bern 1916.
Delegation des Handels (Hg.), *Der schweizerische Grosshandel in Geschichte und Gegenwart,* Basel 1943.
Deutsches Fremdwörterbuch, Berlin 1913–1988.
Deutsches Wörterbuch von Jakob Grimm und Wilhelm Grimm, Leipzig 1854–1960.
Duden, *Das grosse Wörterbuch der deutschen Sprache,* 2. Aufl., Mannheim 1993–1995.
Ed. Eckenstein, *Geschichte der Bierbrauerei Basels,* Basel 1902.
Olga Essig, Einige Zahlen aus dem Ergebnis der Umfrage der «Verbündeten kaufmännischen Vereine für weibliche Angestellte», in: *Deutsche Handelsschul-Lehrer-Zeitung,* Nr. 172, 6. Jg. (1909), 309–311.
Eduard Frei, *100 Jahre Konditor- und Confiseurmeisterverein Basel und Umgebung 1888–1988,* Basel 1988.
50 Jahre Merkur Kaffee-Spezialgeschäft 1905–1955, Bern 1955.
A. Furrer (Hg.), *Volkswirtschafts-Lexikon der Schweiz,* Bern 1889.
Paul Geiger und Theodor Nordmann, *Die Goldene Apotheke in Basel. Mit einem Anhang über die geschichtliche Entwicklung des Apothekenwesens in Basel,* Basel 1931.
F. Gentner, Die Verkäuferin, in: *50 Jahre Schweiz. Schuhhändlerverband,* Zürich 1944.
Gesetzessammlung des Kantons Basel-Stadt.
Max Graef, *Die innere Ausstattung von Verkaufsräumen für alle Geschäftszweige,* Leipzig 1894 (= Klassische Vorlagenbücher für den Praktiker, Bd. 7), Reprint Hannover 1993.
Karl Erich Haeberle, *10'000 Jahre Waage: aus der Entwicklungsgeschichte der Wägetechnik,* hg. von den Bizerba-Werken, Jugenheim 1967.
Gudrun Hempel, *Waage und Mass aus der Metallsammlung des Österreichischen Museums für Volkskunde in Wien,* Katalog zur Sonderausstellung im Schlossmuseum Gobelsburg, Wien 1991.
100 Jahre Kaufmännischer Verein Basel 1862–1962, Kaufmännischer Verein Basel (Hg.), Basel 1962.
125 Jahre kaufmännischer Verein Basel 1862–1987, Kaufmännischer Verein Basel (Hg.), Basel 1987.

Inventar der neueren Schweizer Architektur, hg. von der Gesellschaft für Schweizerische Kunstgeschichte, Bd. 2: Basel, Bellinzona, Bern, Bern 1986.
Jahresberichte Verein junger Kaufleute Basel.
Hans Jenny, *Basler Memoiren 1870–1919*, Basel 1978.
O. H. Jenny, Die Milchversorgung Basels. Ergebnisse einer Erhebung Ende September 1910, in: *Mitteilungen des Statistischen Amtes des Kantons Basel-Stadt*, Nr. 25, Basel 1912.
Gerhard Kaufmann (Hg.), Dufke-Laden. Ein ländliches Gemischtwarengeschäft aus Altenwerder, *Sammlungen des Altonaer Museums in Hamburg, Heft 14*, Hamburg-Altona 1991.
Kantonales Laboratorium (Hg.), *Bericht über die Lebensmittel-Kontrolle*, Basel 1893 ff.
Paul Koelner, *Die Metzgernzunft zu Basel. Zur Siebenhundertjahrfeier ihrer Gründung (1248–1948)*, Basel o. J.
Paul Koelner, *Die Safranzunft zu Basel und ihre Handwerke und Gewerbe*, Basel 1935.
Markus Kübler, *Berufsbildung in der Schweiz: 100 Jahre Bundessubventionen (1884–1984)*, hg. vom Bundesamt für Industrie, Gewerbe und Arbeit, Bern 1986.
Lebensmittel Zeitung.
Fritz Mangold, Industrie, Handel und Verkehr im Kanton Basel-Stadt nach den Ergebnissen der eidgenössischen Betriebszählung vom 9. August 1905, in: *Mitteilungen des statistischen Amtes des Kantons Basel-Stadt*, Nr. 18, Heft 1, Basel 1909.
Eugen A. Meier, *Das andere Basel; Stadtoriginale, Sandmännchen, Laternenanzünder*, Basel 1975.
National Zeitung.
Theodor Nordmann, *Festschrift zum 50jährigen Jubiläum des Bäcker- und Konditorenmeister-Vereins Basel und Umgebung 1885–1935*, Basel 1935.
Theodor Nordmann, *Emil Fischer-Miville als Unteroffizier in der französischen Fremdenlegion (1855–1858)*, Separatabdruck aus dem Basler Jahrbuch 1931.
Karl Pettermand, *Der Allgemeine Consumverein in Basel*, Basel 1920.
N. Reichesberg, Das Hausierwesen in der Deutschen Schweiz, in: *Untersuchungen über die Lage des Hausiergewerbes in Schweden, Italien, Grossbritannien und der Schweiz* (= Schriften des Vereins für Sozialpolitik, Bd. 83), Unveränd. Nachdr. d. Ausg. Leipzig 1899, Vaduz 1989.
N. Reichesberg (Hg.), *Handwörterbuch der Schweizerischen Volkswirtschaft, Sozialpolitik und Verwaltung*, Bern 1905.
August Reichlin, *Die Brotversorgung der Stadt Basel mit besonderer Berücksichtigung des Bäckergewerbes* (vollständige Fassung = Basler Staatswissenschaftliche Studien II. Reihe, Heft 1 und 2), Aarau 1912.
Die Rundschau. Organ der Fortschrittlichen Bürgerpartei Basel.
Ernst Schopf-Preiswerk, *Die Familie Preiswerk*, Basel 1952.
Hansrudolf Schwabe (Hg.), *Schaffendes Basel. 2000 Jahre Basler Wirtschaft*, Basel 1957.
Der Schweizerische Kaufmännische Verein und seine Sektionen 1861–1914, Zürich 1914.
Schweizerisches Bundesblatt.
Schweizerisches Ragionenbuch.

Schweizerische Spezereihändler-Zeitung, Bern 1912 f.
46. Bericht des Appellations-Gerichts des Kantons Basel-Stadt ..., 3 f., in: Neunundfünfzigster Verwaltungs-Bericht des Regierungsrats und sechsundvierzigster Bericht des Appellations-Gerichts über die Justiz-Verwaltung im Jahr 1892 an den Grossen Rat des Kantons Basel-Stadt, Basel 1893.
Eugen Stoll, *Geschichte des ACV beider Basel 1865–1955* (Manuskript) 1955.
Statistisches Jahrbuch des Kantons Basel-Stadt, hg. vom Statistischen Amt des Kantons Basel-Stadt, Basel 1923.
F. A. Stocker, *Basler Stadtbilder. Alte Häuser und Geschlechter,* Basel 1890.
Rudolf Suter, *Baseldeutsch-Wörterbuch,* Basel 1995.
Hans-Christian Täubrich und Jutta Tschoek (Hg.), *Unter Null: Kunsteis, Kälte und Kultur,* Katalog zur Ausstellung im Museum für Industriekultur Nürnberg, München 1991.
Gustaf Adolf Wanner, *La Bell Epoque 1869–1969* (Festschrift), Basel o. J. (1969).
Gustaf Adolf Wanner und Eduard Frei, *Das Basler Gewerbe an der Arbeit. 150 Jahre Gewerbeverband Basel Stadt (1834–1984),* Basel 1984.
Gustaf Adolf Wanner, *Die Basler Handelsgesellschaft AG 1859–1959,* Basel 1959.
Gustaf Adolf Wanner, *Das Basler Metzgerhandwerk; E. E. Zunft zu Metzgern 1248–1981, Metzgermeisterverein 1881–1981,* Basel 1981.
Gustaf Adolf Wanner, *Eduard und Wilhelm Preiswerk. Präsidenten der Basler Handels-Gesellschaft,* Zürich 1984.

2.2 Handschriften und Dossiers

Firmenarchive Coop Basel Liestal Fricktal / Coop Schweiz
Dossier Preislisten.
Eugen Stoll, *Geschichte des ACV beider Basel 1865–1955* (Manuskript) 1955.
Div. Fotoschachteln ohne Signatur.

Grundbuch- und Vermessungsamt Basel-Stad
Stadtplan von Geometer L. H. Loeffel aus dem Jahr 1862

Schweizerisches Wirtschaftsarchiv, Basel (SWA)
Biografien.
Handschr. 192.
Handschr. 235 G.
Handschr. 339 K.
Handschr. 484.
H&I C 2 Allgemeiner Consumverein Basel.
H&I C 221 Basler Konsum Gesellschaft.
H&I C 222 Liga.
H&I C 242 USEGO.

Staatsarchiv des Kantons Basel-Stadt (StABS)
Bau CC 2 School
Bau BB 7 Brodlaube.
Frucht und Brot S 6 Brothüter, Wecklibuben.
Gerichtsarchiv G 2 Fallitenregister 1806–1929.
Gerichtsarchiv LL 7a Entzug der Freien Mittelverwaltung.
Gerichtsarchiv PP 1 Inventarien.
Handel und Gewerbe L 2 Krämer, Gewürzkrämer, Spezierer ....
Handel und Gewerbe MMM 1 Marktwesen.
Salzakten K 1.
Sanität E 10,1 Öffentlicher Chemiker.
Sanität E 11,1 Jahresberichte des öffentlichen Chemikers.
Sanität O 1 Lebensmittelpolizei.
Sanität O 1a Lebensmittel-Kontrollen, Verzeigungen 1893–1908.
Sanität W 1,15 Protokolle Sanitätsdepartement.
Universitätsarchiv X 3,5.
Zunftarchiv Brotbecken 28.2 Brotlaube.
Zunftarchiv Metzgern 37 School Schlachthaus.
Zunftarchiv Metzgern 39 Metzgerlehen.
LB 24,26, *Leichenrede Eduard Preiswerk (1829–1895)*.
LB 20, 30, *Leichenrede Franz Riggenbach-Burckhardt*.
Ohne Signatur, Registerbände zu Gerichtsarchiv PP1 Inventare.
Bilder- und Fotosammlung.
Biographische Zeitungsausschnitt-Sammlung.

Staatsarchiv des Kantons Zürich (StAZH)
III Hb 2 Firmenverzeichnisse